Die Investmentaktiengesellschaft mit veränderlichem Kapital

Frankfurter wirtschaftsrechtliche Studien

Herausgegeben von
Theodor Baums, Andreas Cahn, Brigitte Haar, Katja Langenbucher,
Tobias Tröger, Manfred Wandt, Peter von Wilmowsky

Band 100

PL ACADEMIC RESEARCH

Henny Müchler

Die Investmentaktiengesellschaft mit veränderlichem Kapital

PL ACADEMIC RESEARCH

Bibliografische Information der Deutschen Nationalbibliothek
Die Deutsche Nationalbibliothek verzeichnet diese Publikation in der Deutschen Nationalbibliografie; detaillierte bibliografische Daten sind im Internet über http://dnb.d-nb.de abrufbar.

Zugl.: Frankfurt (Main), Univ., Diss. 2011

Gedruckt auf alterungsbeständigem,
säurefreiem Papier.

D 30
ISSN 0723-0427
ISBN 978-3-631-62294-0 (Print)
E-ISBN 978-3-653-04356-3 (E-Book)
DOI 10.3726/978-3-653-04356-3

PL Academic Research ist ein Imprint der Peter Lang GmbH.

Peter Lang – Frankfurt am Main · Bern · Bruxelles · New York ·
Oxford · Warszawa · Wien

Dieses Buch erscheint in einer Herausgeberreihe bei PL Academic Research und wurde vor Erscheinen peer reviewed.

www.peterlang.com

Meinen Eltern

Vorwort

Die Arbeit lag im Sommersemester 2011 der rechtswissenschaftlichen Fakultät der Johann Wolfgang Goethe-Universität, Frankfurt am Main, als Dissertation vor. Für die Veröffentlichung wurde die Arbeit aktualisiert. Gesetzgebung und Literatur konnten bis Juli 2012 berücksichtigt werden.

Die Arbeit geht auf eine Anregung meines Doktorvaters, Herrn Prof. Dr. Andreas Cahn, LL.M., zurück, der mir die Lektüre eines 2004 erschienenen Aufsatzes über die damals noch kaum bekannte Investmentaktiengesellschaft empfahl. Zum damaligen Zeitpunkt war noch nicht absehbar, dass der gesetzliche Rahmen dieser Gesellschaftsform in den Folgejahren erheblichen Änderungen unterworfen sein würde – ein Umstand, der die Fertigstellung der Arbeit mehrfach verzögert hat. Der vorläufig letzte Meilenstein in dieser Entwicklung, das AIFM-Umsetzungsgesetz, konnte nur noch im Rahmen eines Ausblicks gewürdigt werden.

Herr Prof. Dr. Cahn hat diese Arbeit nicht nur angeregt und mit wertvollen Anmerkungen betreut. Er hat mich darüber hinaus als wissenschaftliche Mitarbeiterin an seinem Lehrstuhl sehr gefördert und stand mir beim Berufseinstieg als Mentor zur Seite. Für seine Unterstützung bin ich ihm zu tiefem Dank verpflichtet.

Für die zügige Erstellung des Zweitgutachtens bin ich Frau Prof. Dr. Katja Langenbucher sehr verbunden. Den Herausgebern der Schriftenreihe Frankfurter wirtschaftsrechtliche Studien danke ich für die Aufnahme meiner Arbeit.

Dank gebührt auch allen, die bereit waren, mit mir über die vielfältigen Fragestellungen zu diskutieren, insbesondere Herrn Rechtsanwalt Dr. Carsten Fischer, LL.M., der eine der ersten Dissertationen über die Investmentaktiengesellschaft verfasst hat.

Schließlich danke ich meinen Eltern, die mich während meiner Ausbildung fortwährend unterstützt haben und großes Verständnis und Interesse für meine Arbeit aufbringen. Ihnen ist diese Arbeit gewidmet.

Berlin, 2013

Inhaltsverzeichnis

Abkürzungen

a.A.	anderer Ansicht
aaO	am angegebenen Ort
Abl.	Amtsblatt
Abs.	Absatz
AcP	Archiv für die civilistische Praxis (Zeitschrift)
a.F.	alte Fassung
AG	Die Aktiengesellschaft (Zeitschrift) oder Aktiengesellschaft
AIF	Alternativer Investmentfonds
AIFM-RL	Richtlinie 2011/61/EU
AIFM-UmsG	AIFM-Umsetzungsgesetz
AktG	Aktiengesetz
Alt.	Alternative
Anh.	Anhang
Anm.	Anmerkung
AntKlV	Anteilklassenverordnung
AnzV	Anzeigenverordnung
AO	Abgabenordnung
Art.	Artikel
AT	Allgemeiner Teil
Aufl.	Auflage
AuslInvestmG	Auslandsinvestment-Gesetz
BaFin	Bundesanstalt für Finanzdienstleistungsaufsicht
BaKred	Bundesaufsichtsamt für das Kreditwesen
BaWe	Bundesaufsichtsamt für den Wertpapierhandel
BayOblG	Bayerisches Oberstes Landgericht
BB	Der Betriebsberater (Zeitschrift)
Bd.	Band
Begr.	Begründung
Beil.	Beilage
BGB	Bürgerliches Gesetzbuch
BGBl.	Bundesgesetzblatt
BGH	Bundesgerichtshof
BGHZ	Entscheidungen des Bundesgerichtshofs in Zivilsachen
BKR	Zeitschrift für Bank- und Kapitalmarktrecht
BMF	Bundesministerium der Finanzen
BörsG	Börsengesetz
BR-Drs.	Drucksachen des Deutschen Bundesrats
BT-Drs.	Drucksachen des Deutschen Bundestags
BVerfG	Bundesverfassungsgericht

BVerfGE	Entscheidungen des Bundesverfassungsgerichts
BVI	Bundesverband Investment und Asset-Management e.V.
bzw.	beziehungsweise
CSSF	Commission de Surveillance du Secteur Financier (Luxemburg)
DAI	Deutsches Aktieninstitut e.V.
DB	Der Betrieb (Zeitschrift)
DCGK	Deutscher Corporate Governance Kodex
ders.	derselbe
d.h.	das heißt
dies.	dieselbe(n)
DiskE	Diskussionsentwurf
Diss.	Dissertation
DM	Deutsche Mark
DrittelbG	Drittelbeteiligungsgesetz
DStR	Deutsches Steuerrecht (Zeitschrift)
EG	Europäische Gemeinschaften
Einl.	Einleitung
EU	Europäische Union
EuGH	Europäischer Gerichtshof
e.V.	eingetragener Verein
EWG	Europäische Wirtschafts-Gemeinschaft
EWR	Europäischer Wirtschaftsraum
f.	folgende
FAZ	Frankfurter Allgemeine Zeitung
FCP	fonds commun de placement
ff.	fortfolgende
FMFG	Finanzmarktförderungsgesetz
Fn.	Fußnote
FS	Festschrift
FR	Finanz-Rundschau (Zeitschrift)
GbR	Gesellschaft bürgerlichen Rechts
GewO	Gewerbeordnung
GG	Grundgesetz für die Bundesrepublik Deutschland
ggf.	gegebenenfalls
GmbH	Gesellschaft mit beschränkter Haftung
GmbHG	Gesetz betreffend die Gesellschaften mit beschränkter Haftung
Hdb.	Handbuch
HGB	Handelsgesetzbuch
h.M.	herrschende Meinung

Hrsg.	Herausgeber
hrsgg. von	herausgegeben von
HRV	Handelsregisterverordnung
Hs.	Halbsatz
i.d.F.	in der Fassung
IFLR	International Financial Law Review
IML	Institut Monétaire Luxembourgois
InhKontrollV	Inhaberkontrollverordnung
InsO	Insolvenzordnung
InvAG	Investmentaktiengesellschaft
InvÄndG	Investmentänderungsgesetz
InvG	Investmentgesetz
InvMaRisk	Mindestanforderungen an das Risikomanagement von Investmentgesellschaften
InvModG	Investmentmodernisierungsgesetz
InvPrüfBV	Investment- Prüfungsberichtsverordnung
InvRBV	Investment-Rechnungslegungs- und Bewertungsverordnung
InvStG	Investmentsteuergesetz
InvVerOV	Investment-Verhaltens- und Organisationsverordnung
IUG	Gesetz über Investmentunternehmen (Liechtenstein)
i.V.m.	in Verbindung mit
J.I.B.L.	Journal of International Banking Law
JuS	Juristische Schulung (Zeitschrift)
JZ	Juristenzeitung
KAG	Kapitalanlagegesellschaft oder Bundesgesetz über die kollektiven Kapitalanlagen (Schweiz)
KAGB	Kapitalanlagegesetzbuch
KAGG	Gesetz über Kapitalanlagegesellschaften
KapitalRL	Richtlinie 77/91/EWG
KKV	Verordnung über die kollektiven Kapitalanlagen (Schweiz)
KWG	Kreditwesengesetz
Kz.	Kennzahl
li. Sp.	linke Spalte
lit.	Litera
Lit.	Literatur
LM	Nachschlagewerk des Bundesgerichtshofs in Zivilsachen, hrsgg. von Lindenmaier, Möhring u.a.
MaRisk	Mindestanforderungen an das Risikomanagement
MDR	Monatsschrift für Deutsches Recht
MitBestG	Mitbestimmungsgesetz

Mio.	Millionen
m.N.	mit Nachweisen
Mrd.	Milliarden
m.w.N.	mit weiteren Nachweisen
n.F.	neue Fassung
NJW	Neue Juristische Wochenschrift
NJW-RR	Neue Juristische Wochenschrift – Rechtsprechungs-Report
Nr.	Nummer
NZG	Neue Zeitschrift für Gesellschaftsrecht
OGAW	Organismus/Organismen zur gemeinschaftlichen Anlage in Wertpapieren
OGAW-RL	Richtlinie 2009/65/EG
OGAW-IV-UmsG	OGAW IV-Umsetzungsgesetz
OLG	Oberlandesgericht
OwiG	Gesetz über Ordnungswidrigkeiten
RefE	Referentenentwurf
RegE	Regierungsentwurf
REIT	Real Estate Investment Trust
REITG	REIT-Gesetz
re. Sp.	rechte Spalte
RG	Reichsgericht
RGBl.	Reichsgesetzblatt
RGZ	Entscheidungen des Reichsgerichts in Zivilsachen
RIW	Recht der internationalen Wirtschaft (Zeitschrift)
RL	Richtlinie
Rn.	Randnummer
Rspr.	Rechtsprechung
S.	Seite
SEC	Securities and Exchange Commission (USA)
SICAF	Société d'investissement à capital fixe
SICAV	Société d'investissement à capital variable
sog.	sogenannt; sogenannte; sogenannten
Sonderbeil.	Sonderbeilage
StGB	Strafgesetzbuch
TGV	Teilgesellschaftsvermögen
Tz.	Textziffer
u.a.	unter anderem
UBGG	Gesetz über Unternehmensbeteiligungsgesellschaften
UCITSG	Gesetz über bestimmte Organismen für gemeinsame Anlagen in Wertpapieren (Liechtenstein)
UmwG	Umwandlungsgesetz

Unstr.	Unstreitig
UR	Umsatzsteuer-Rundschau
UWG	Gesetz gegen den unlauteren Wettbewerb
v.	vom; von
VAG	Versicherungsaufsichtsgesetz
VG	Verwaltungsgericht
vgl.	vergleiche
Vorb.	Vorbemerkung
VVDStRL	Veröffentlichungen der Vereinigung der deutschen Staatsrechtslehrer
WKBG	Gesetz zur Förderung von Wagniskapitalbeteiligungen
WM	Wertpapiermitteilungen (Zeitschrift)
WPg	Die Wirtschaftsprüfung (Zeitschrift)
WpHG	Wertpapierhandelsgesetz
z.B.	zum Beispiel
ZBB	Zeitschrift für Bankrecht und Bankwirtschaft
ZfK	Zeitschrift für das gesamte Kreditwesen
ZGR	Zeitschrift für Unternehmens- und Gesellschaftsrecht
ZHR	Zeitschrift für das gesamte Handels- und Wirtschaftsrecht
ZIP	Zeitschrift für Wirtschaftsrecht
zit.	zitiert
ZKA	Zentraler Kreditausschuss
ZZP	Zeitschrift für Zivilprozeß

§ 1 Einleitung

A. Einführung in den Gegenstand der Untersuchung

Die Geschichte der InvAG mit veränderlichem Kapital ist im deutschen Recht noch jung. Gesellschaften dieses besonderen Typs der AG können erst seit dem 1. Januar 2004 gegründet werden.

Der Gesetzgeber stand dieser Rechtsform lange Zeit ablehnend gegenüber, da ihre Einführung eine Abkehr von der strengen, auf dem System des festen Grundkapitals beruhenden Dogmatik des Aktienrechts erfordert. In das am 18. April 1957 in Kraft getretene KAGG[1] fand daher ausschließlich das von einer KAG aufgelegte und auf vertraglicher Grundlage für die Anteilinhaber verwaltete Sondervermögen Eingang. Im Ausland konnte sich die InvAG dagegen als alternative Anlageform neben dem Sondervermögen etablieren. Insbesondere die luxemburgische SICAV erfreut sich großer Beliebtheit.

Durch das am 1. April 1998 in Kraft getretene Dritte FMFG[2] wurde erstmals eine InvAG eingeführt (§§ 51 bis 70 KAGG). Diese InvAG unterschied sich jedoch kaum von einer klassischen AG. Insbesondere waren die Aktionäre nicht berechtigt, ihre Aktien an die Gesellschaft zurückzugeben. Von der Praxis wurde diese InvAG mit fixem Kapital nicht angenommen. Dieser Fehlschlag einerseits und der Erfolg der luxemburgischen SICAV andererseits bewogen den Gesetzgeber, im Zuge des InvModG vom 15. Dezember 2003[3] eine InvAG mit veränderlichem Kapital einzuführen (§§ 96 bis 106 InvG a.F.). Damit existierte erstmals eine InvAG, die ihre Aktien fortlaufend ausgeben und zurücknehmen konnte.

Die InvAG konnte in den Folgejahren aber nicht an den Erfolg ihres luxemburgischen Vorbilds anknüpfen. Unklarheiten über die Finanzverfassung, die sich aus der weitgehenden Anwendbarkeit der Vorschriften des AktG ergaben, standen ihrem Durchbruch im Wege. Auch blieb der Wunsch der Praxis nach einer an die Bedürfnisse des Investmentgeschäfts angepassten Organisationsverfassung unerfüllt. Aufgrund dieser Defizite konnte es nicht verwundern, dass Ende 2007 nur acht dieser Gesellschaften zu verzeichnen waren[4]. Diese wenig zufriedenstellende Bilanz veranlasste den Gesetzgeber, den gesetzlichen Rahmen grundlegend zu überarbeiten. Im Zuge des InvÄndG vom 21. Dezember 2007[5] wurde die InvAG von den Kapitalvorschriften des AktG losgelöst und mit

1 BGBl. I 1957, 378.
2 BGBl. I 1998, 525.
3 BGBl. I 2003, 2676.
4 BaFin, Jahresbericht 2007, S. 162.
5 BGBl. I 2007, 3089.

einer eigenen Corporate Governance ausgestattet. Durch das OGAW-IV-UmsG vom 22. Juni 2011[6] wurde der Rechtsrahmen der InvAG fortentwickelt. Heute existieren in Deutschland zwanzig InvAGen[7].

B. Ziel der Arbeit und Gang der Untersuchung

Diese Arbeit soll einen Beitrag zur Schärfung der Konturen der InvAG leisten. Der Druckfassung wurde das InvG i.d.F. des OGAW-IV-UmsG zugrunde gelegt. Die Arbeit ist wie folgt aufgebaut:

Im ersten Teil werden die allgemeinen Grundlagen des Investmentgeschäfts dargestellt, auf denen die weitere Untersuchung aufbaut. Erläutert werden die Grundidee und die Funktionen des Investmentgeschäfts, die Organisationsformen von Investmentvermögen und die europarechtlichen Grundlagen des Investmentrechts. Es wird ein Überblick über die Entwicklung der InvAG seit den Anfängen des Investmentgeschäfts in Deutschland gegeben, in dessen Zusammenhang auch die Gründe für das vorläufige Scheitern der InvAG mit fixem Kapital untersucht werden.

Der zweite Teil der Arbeit befasst sich mit der InvAG aus der Perspektive des Aktienrechts. Anhand der Entstehung (1. Abschnitt), der Organisationsverfassung (2. Abschnitt), der Finanzverfassung (3. Abschnitt) und des Schutzes der Aktionäre vor der Insolvenz der InvAG (4. Abschnitt) wird untersucht, ob es dem Gesetzgeber gelungen ist, die aktienrechtliche Grundstruktur der InvAG mit ihrer besonderen Funktion als Investmentvehikel in Einklang zu bringen.

Gegenstand des dritten Teils der Arbeit sind besondere Gestaltungsmöglichkeiten, die die InvAG in ihrer Funktion als Investmentvehikel an das Sondervermögen annähern. Untersucht werden die Aktienklassen (1. Abschnitt), die Umbrella-Konstruktion (2. Abschnitt) und die fremdverwaltete InvAG (3. Abschnitt).

Im vierten Teil werden die wesentlichen Ergebnisse der Arbeit zusammengefasst.

C. Definition grundlegender Begriffe

Im Schrifttum werden die im Zusammenhang mit dem Investmentgeschäft bedeutsamen Begriffe nicht einheitlich verwendet. Der Investmentbegriff, der im allgemeinen Sprachgebrauch auch die Vermögensverwaltung für einzelne Anleger bezeichnen kann[8], wird im Rahmen dieser Arbeit allein im Zusammenhang

---

6 BGBl. I 2011, 1126.
7 BaFin, Liste der zugelassenen KAGen und InvAGen, Stand 18.7.2012.
8 R. C. Müller, S. 11.

mit der kollektiven Vermögensverwaltung, d.h. der Anlage und Verwaltung eines Vermögens für eine Vielzahl von Anlegern, verwendet[9]. Das verwaltete Vermögen wird als Investmentvermögen oder, in Bezug auf die das Investmentrecht harmonisierende RL 2009/65/EG, als OGAW bezeichnet[10]. Die Gesellschaften, die Investmentvermögen auflegen, werden unter dem Begriff der Investmentunternehmen zusammengefasst[11]. Investmentgesellschaften sind der Terminologie der OGAW-RL entsprechend[12] nur die InvAG und vergleichbare ausländische Organisationsformen von Investmentunternehmen[13]. Der Begriff der InvAG bezieht sich auf die InvAG mit veränderlichem Kapital, sofern nicht anders gekennzeichnet. Der Anlegerbegriff wird rechtsformübergreifend verwendet, wobei die Anleger des Sondervermögens in Abgrenzung zu den Aktionären der InvAG als Anteilinhaber bezeichnet werden.

9 Gegenstück ist die Verwaltung des Vermögens einzelner Anleger (individuelle Vermögensverwaltung).

10 Auch die englische Übersetzung (*undertakings for collective investments in transferable securities - UCITS*) ist gebräuchlich.

11 Diesen Begriff verwenden auch Stadler, S. 6 f.; Baur, Investmentgesetze, Einl. I, Überschrift Rn. 70.

12 Art. 1 Abs. 3 OGAW-RL.

13 Vgl. auch Baur, Investmentgesetze, § 1 KAGG Rn. 7: Investmentgesellschaft im engeren Sinne.

1. Teil: Die Grundlagen der InvAG

§ 2 Allgemeine Grundlagen des Investmentgeschäfts

A. Die Grundidee des Investmentgeschäfts

Die Grundidee des Investmentgeschäfts ist einfach[14]: Eine Vielzahl von Anlegern überlässt ihre Anlagegelder einem professionellen Vermögensverwalter zur gemeinsamen Anlage und Verwaltung. Der Vermögensverwalter legt die Gelder in Vermögenswerten unterschiedlicher Art an. Aus diesen Prinzipien, die schlagwortartig mit den Begriffen der Kollektivanlage, Fremdverwaltung und Risikodiversifizierung beschrieben werden können[15], ergeben sich für den Anleger folgende Vorteile gegenüber der Direktanlage:

Grundprinzip und wesentlicher Vorteil des Erwerbs von Investmentanteilen ist die risikodiversifizierte Vermögensanlage. Unter dem Prinzip der Risikomischung ist der Versuch zu verstehen, durch die Anlage des Vermögens in mehrere Vermögenstitel das Anlagerisiko, d.h. die Variationsbreite zwischen den erwarteten und tatsächlichen Einkünften der Anlage, zu minimieren[16]. Dem Kleinanleger kommt es typischerweise in erster Linie auf die Sicherheit und Wertbeständigkeit seiner Anlage an[17]. Da die Risikodiversifizierung die Sicherheit des Portfolios verbessert, ist sie ein wesentlicher Aspekt der Investmentanlage. Der durchschnittliche Anleger verfügt aber weder über die Zeit noch über die Mittel oder die notwendige Sachkunde, um ein seinen Renditeerwartungen entsprechendes Portfolio aufzubauen und zu verwalten[18]. Er beauftragt deshalb einen professionellen Vermögensverwalter, der über das zur Analyse der Finanzmärkte notwendige Expertenwissen verfügt und Vermögenswerte für das Portfolio nach einem zuvor definierten Anlageziel kauft und verkauft. Der Anleger zahlt für die Dienste des Vermögensverwalters Verwaltungsgebühren, die dem Investmentvermögen entnommen werden. Für den Kleinanleger ist die Fremdverwaltung nur dann finanzierbar, wenn das Merkmal der Kollektivanlage hinzutritt. Durch die Verwaltung eines einzigen Portfolios für eine Vielzahl von Anlegern können die Verwaltungsgebühren reduziert werden. Zudem werden die

14 Anschaulich Tormann, S. 7 ff.; vgl. auch Laux/Päsler, S. 9 f.; Schäcker, S. 12 ff.

15 Köndgen/Schmies, in: Bankrechts-Hdb., § 113 Rn. 1 ff.; Canaris, Rn. 2325 ff. Glaus, S. 19 ergänzt die Wesensmerkmale des Investmentgeschäfts um das gemeinsame Anlageziel der Anleger.

16 Köndgen/Schmies, in: Bankrechts-Hdb., § 113 Rn. 2. Grundlegend zur Portfoliotheorie Markowitz, Portfolio Selection, Journal of Finance 7 (1952), 77 ff.

17 Schäcker, S. 14; Meyer-Cording, ZHR 115 (1952), 65, 66.

18 Bericht des Abgeordneten Neuburger, BT-Drs. 2/2973, S. 1; v. Caemmerer, JZ 1958, 41.

Möglichkeiten der Risikodiversifizierung durch das größere Volumen des Portfolios verbessert[19]. Wertverluste einzelner Vermögensgegenstände werden auf sämtliche Anleger verteilt, so dass sich das Risiko des einzelnen Anlegers entsprechend verringert[20]. In bestimmte Märkte kann überhaupt erst mit einem Anlagevermögen ab einer bestimmten Größenordnung investiert werden (z.B. Immobilienmarkt)[21].

B. Funktionen des Investmentgeschäfts

Die Investmentanlage soll dem „kleinen Sparer" ermöglichen, durch die Einbringung seiner Gelder in ein kollektives Anlagevehikel von den Vorteilen zu profitieren, die sich sonst nur großen Investoren bieten[22] und stellt damit „Chancengleichheit für alle an allen Anlagemärkten" her[23]. Die Investmentanlage ist seit den Anfängen der Gesetzgebung in diesem Bereich vor allem ein Instrument der Sozialpolitik[24], was auch in dem speziell in Deutschland gebräuchlichen Begriff des „Investmentsparens" zum Ausdruck kommt[25]. In den letzten Jahren hat die Funktion der Investmentanlage als Mittel zum Aufbau der privaten Altersvorsorge an Bedeutung gewonnen[26]. Wenngleich der Kleinanleger im Zentrum der Regulierung des Investmentgeschäfts steht, werden die Vorteile der Investmentanlage auch von vermögenden Anlegern und institutionellen Investoren (z.B. Versicherungsunternehmen, Pensionskassen) genutzt[27]. Tatsächlich übertrifft das Volumen der auf diese Anlegergruppe zugeschnittenen Spezialfonds das Volumen der allen Anlegern offen stehenden Publikumsfonds bei Weitem[28]. Neben der sozialpolitischen Aufgabe erfüllt das Investmentgeschäft eine wichtige Aufgabe auf dem Kapitalmarkt[29]. Durch den Erwerb von Aktien, Anleihen und Unternehmensbeteiligungen werden neue Kapitalquellen für die Wirtschaft

---

19 Barocka, S. 13.
20 Geßler, WM 1957, Sonderbeil. Nr. 4, S. 10; Dürre, Sparkasse 1956, 147.
21 Baur, in: Hdb. Kapitalanlagerecht, § 20 Rn. 6.
22 Bericht des Abgeordneten Neuburger, BT-Drs. 2/2973, S. 1.
23 Baur, in: Hdb. Kapitalanlagerecht, § 20 Rn. 6; Laux, ZfK 1996, 64, 65. Laux/Päsler, S. 10 beschreiben das Investmentsparen als „die gesetzlich geregelte, standardisierte Form der professionellen Vermögensverwaltung für jedermann".
24 Neuburger, in: Siara/Tormann, Einl. S. 11 ff.
25 Stadler, S. 32 Fn. 1.
26 Begr. RegE, BT-Drs. 16/5576, S. 48 li. Sp.
27 Vgl. bereits Schäcker, S. 14.
28 Ende 2011 wurden Publikumsfonds mit einem Vermögen von 314,9 Mrd. Euro und Spezialfonds mit einem Vermögen von 823,8 Mrd. Euro verwaltet, vgl. BaFin, Jahresbericht 2011, S. 234 f.
29 Neuburger, in: Siara/Tormann, Einl. S. 9 ff.

erschlossen[30]. Dabei transformieren Investmentunternehmen die regelmäßig der kurz- oder mittelfristigen Vermögensanlage dienenden Anlagegelder in das benötigte langfristige Kapital[31]. Schließlich können Investmentvermögen auch zur Finanzierung der öffentlichen Infrastruktur genutzt werden[32].

C. Organisationsformen von Investmentvermögen

Die weltweiten Erscheinungsformen von Investmentvermögen sind vielfältig. Für die Thematik dieser Arbeit genügt eine Klassifizierung anhand der Organisationsform (Trust, Vertragsform, Satzungsform) sowie der Kapitalstruktur des Fonds (offener oder geschlossener Fonds).

I. Trust, Vertragsform und Satzungsform

1. Trust

Der Trust ist eine im angloamerikanischen Rechtsraum gebräuchliche Rechtsform, die zu einer Vielzahl unterschiedlicher Zwecke eingesetzt werden kann[33]. Dem Trust liegt ein fiduziarisches Rechtsverhältnis zugrunde, aufgrund dessen der Treuhänder (*trustee*) verpflichtet ist, die ihm vom Treugeber (*beneficiary*) anvertrauten Vermögenswerte in dessen Interesse zu verwalten[34]. Wesentliches Kennzeichen des Trusts ist die Aufspaltung des Eigentums in das „rechtliche Eigentum" (*legal ownership*) und das wirtschaftliche Eigentum (*beneficial ownership*)[35]. Der Treuhänder ist formal Eigentümer der zum Treugut gehörenden Gegenstände, wohingegen die Treugeber kein Eigentum im Rechtssinne haben. Das Billigkeitsrecht (*equity law*) gestattet ihnen aber in bestimmten Fällen den direkten Zugriff auf die Gegenstände des Treuguts, z.B. wenn der Treuhänder Vermögensgegenstände aus dem Treugut unter Verletzung seiner fiduziarischen Pflichten an Dritte veräußert[36]. In Anbetracht dieser eigentumsähnlichen Rechte der Treugeber erscheint das Treugut als „geteiltes Eigentum"[37]. Investmentver-

30 Beckmann, in B/S/V, Kz. 409, Rn. 3.
31 Laux/Päsler, S. 16.
32 Vgl. Begr. RegE, BT-Drs. 16/5576, S. 78 zur Einführung des Infrastruktur-Sondervermögens.
33 Roth, S. 86 f.; Coing, in: FS Heinsius, 1991, S. 79, 80 f., jeweils mit Beispielen.
34 Stadler, S. 13; Roth, S. 81.
35 Roth, S. 83.
36 Roth, S. 84 f.; Coing, in: FS Heinsius, 1991, S. 79.
37 Coing, in: FS Heinsius, 1991, S. 79.

mögen, die als Trust ausgestaltet sind, werden in den USA als *mutual funds*[38], in Großbritannien als *unit trusts* bezeichnet[39].

2. Vertragsform

In den kontinentaleuropäischen Ländern, denen die Rechtsform des Trusts fremd ist, hat sich für die Zwecke des Investmentsparens die sog. Vertragsform[40] entwickelt. Das Investmentvermögen, das rechtlich unselbständig ist, wird von einem Investmentunternehmen auf der Grundlage eines mit den Anlegern geschlossenen Vertrags treuhänderisch für deren Rechnung verwaltet. Die Anlagegegenstände sind entweder gemeinschaftliches Eigentum der Anleger (sog. Miteigentumslösung) oder Eigentum des Investmentunternehmens (sog. Treuhandlösung). Das Investmentvermögen ist rechtlich vom Eigenvermögen des Investmentunternehmens getrennt. Die Ansprüche der Anleger in Bezug auf das Investmentvermögen sind in Anteilscheinen verbrieft. Investmentvermögen der Vertragsform sind beispielsweise das deutsche Sondervermögen, der schweizerische und der liechtensteinische Anlagefonds sowie der luxemburgische und der französische FCP.

3. Satzungsform

Die Satzungsform wird auch als Gesellschaftstyp[41], körperschafts- oder aktienrechtliche Lösung[42] bezeichnet. Die Satzungsform unterscheidet sich dadurch vom Trust und der Vertragsform, dass das Investmentvermögen Bestandteil des Gesellschaftsvermögens der Investmentgesellschaft ist. Die Investmentgesellschaft verwaltet das Investmentvermögen mithin für eigene Rechnung und nicht für Rechnung der Anleger. Als Gesellschafter verfügen die Anleger über Mitgliedschaftsrechte, die grundsätzlich auch das Recht einschließen, an der Willensbildung der Gesellschaft mitzuwirken[43]. Als Rechtsform für Investmentvermögen der Satzungsform, die sich an das breite Publikum wenden, bietet sich die AG aufgrund der Fungibilität ihrer Aktien besonders an. Investmentvermögen der Satzungsform sind beispielsweise die deutsche InvAG, die luxemburgi-

38 Das Element der Gegenseitigkeit („*mutual*") ist die Ausgabe und Rücknahme von Aktien, K. Steck, S. 72.
39 Köndgen/Schmies, in: Bankrechts-Hdb., § 113 Rn. 10.
40 Vgl. z.B. Laux/Päsler, S. 32; Reiter, in: Bank- und Kapitalmarktrecht, Rn. 9.33; Tormann, S. 16.
41 Laux/Päsler, S. 33; Reiter, in: Bank- und Kapitalmarktrecht, Rn. 9.36; Tormann, S. 16.
42 Canaris, Rn. 2348; Persé, S. 109; v. Caemmerer, JZ 1958, 41; Dürre, Sparkasse 1956, 219, 220.
43 Vgl. Tormann, S. 16: Die Investmentsparer sind „Mitunternehmer".

sche, schweizerische und französische SICAV und SICAF sowie die liechtensteinische Anlagegesellschaft.

II. Die geschlossene und die offene Fondsstruktur

Die Unterscheidung zwischen Investmentvermögen der geschlossenen und der offenen Form betrifft strenggenommen nur die Frage, ob das Investmentvermögen für den fortlaufenden Eintritt neuer Anleger „offen" ist oder die Anteilausgabe von vornherein auf einen bestimmten Betrag begrenzt und das Investmentvermögen nach Erreichen dieser Schwelle „geschlossen" ist. Die der U.S.-amerikanischen Terminologie entstammende Unterscheidung zwischen *open-end funds* und *closed-end funds* betrifft demgegenüber die vorhandene bzw. fehlende Möglichkeit zum Ausstieg aus der Gesellschaft durch Ausübung eines Rückgaberechts[44]. In der Fachliteratur werden die Begriffspaare allerdings überwiegend undifferenziert verwendet[45]. Das ist nachvollziehbar, da für die Einordnung eines Investmentvermögens in die genannten Kategorien jeweils entscheidend ist, ob das Kapital der Investmentgesellschaft bzw. die Zahl der ausgegebenen Investmentanteile feststehend oder variabel ist. Im Folgenden werden die Begriffspaare ebenfalls synonym verwendet.

1. Geschlossene Fondsstruktur

Anteile an einem geschlossenen Investmentvermögen werden in einem von vornherein nach Zahl oder Nennbetrag begrenzten Umfang ausgegeben[46]. Geschlossene Investmentvermögen sind regelmäßig solche der Satzungsform, wenngleich dies nicht zwingend ist[47]. In diesem Fall lautet das Kapital der Investmentgesellschaft auf einen festen Betrag, so dass neue Anteile nur im Wege einer formalen Kapitalerhöhung ausgegeben werden können[48]. Umgekehrt sind die Anleger nicht berechtigt, ihre Anteile an das Investmentunternehmen zu-

44 R. C. Müller, S. 30 f. Vgl. Section 5 lit. a Nr. 1 des U.S.-amerikanischen Investment Company Act: „*Open-end company" means a management company which is offering for sale or has outstanding any redeemable security of which it is the issuer*".
45 Vgl. C. Fischer/K. Steck, in: B/S/L, § 105 InvG Rn. 3; Baur, Investmentgesetze, Einl. I Rn. 76 ff.; Köndgen/Schmies, in: Bankrechts-Hdb., § 113 Rn. 10 f.; Barocka, S. 74 f.; Carl/Förster, S. 4; Päsler, S. 8 f.; Wegner, S. 35, 39.
46 R. C. Müller, S. 34; Päsler, S. 8 f.; Reuter, S. 35; Tormann, S. 17; v. Caemmerer, JZ 1958, 41.
47 R. C. Müller, S. 34; Baur, Investmentgesetze, Einl. I Rn. 75; Köndgen/Schmies, in: Bankrechts-Hdb., § 113 Rn. 11.
48 R. C. Müller, S. 34; Baur, Investmentgesetze, Einl. I Rn. 76; Köndgen/Schmies, in: Bankrechts-Hdb., § 113 Rn. 11.

rückzugeben[49], sondern können ihre Beteiligung nur im Wege des börslichen oder außerbörslichen Verkaufs liquidieren. Die Anleger tragen somit neben dem eigentlichen Anlagerisiko ein Kursrisiko[50]. Diese Risikokumulierung ist zumindest für den an einer wertbeständigen und möglichst sicheren Anlage interessierten Kleinanleger nicht hinnehmbar[51]. Die Attraktivität der geschlossenen Fondsstruktur kann aber dadurch erhöht werden, dass die Investmentgesellschaft sich zur Kurspflege verpflichtet mit dem Ziel, einem Handel der Anteile unter Inventarwert entgegenzuwirken[52].

2. Offene Fondsstruktur

Im Unterschied zur geschlossenen Fondsstruktur können Anteile eines offenen Investmentvermögens entsprechend der Nachfrage ausgegeben werden[53]. Dem Investmentunternehmen ist es allerdings unbenommen, die Anteilausgabe vorübergehend oder endgültig einzustellen (sog. Fondsschließung)[54], da keine Pflicht zur fortlaufenden Ausgabe neuer Anteile besteht. Wesentliches Merkmal offener Investmentvermögen ist vielmehr das Recht der Anleger zur Rückgabe ihrer Anteile an das Investmentunternehmen[55]. Die Ausgabe und die Rücknahme der Anteile erfolgen zum anteiligen Nettoinventarwert (auch Anteilwert oder Aktienwert), der im Wege der Teilung des Wertes des Investmentvermögens durch die Zahl der in Verkehr gelangten Anteile errechnet wird[56]. In Abgrenzung zum Marktwert wird der Anteilwert auch als „wahrer" oder „innerer" Wert bezeichnet. Die Anleger eines offenen Investmentvermögens tragen somit kein zusätzliches Kursrisiko[57].

Die jederzeitige Auszahlbarkeit des Anteilwerts ist ein wesentlicher Aspekt des investmentrechtlichen Anlegerschutzes[58]. Aus diesem Grund erfasst die OGAW-RL ausschließlich OGAW des offenen Typs[59]. Auch die im InvG regulierten inländischen Investmentvermögen sind ausnahmslos solche der offenen

---

49 Reuter, S. 36. Stehen der Rückgabemöglichkeit nicht bereits die gesetzlichen Vorschriften entgegen, ist sie vertraglich ausgeschlossen, R. C. Müller, S. 32 Fn. 169.
50 Baur, Investmentgesetze, Einl. I Rn. 76; Canaris, Rn. 2338; v. Caemmerer, JZ 1958, 41, 43.
51 Canaris, Rn. 2338.
52 Glaus, S. 23; Stadler, S. 25; Köndgen/Schmies, in: Bankrechts-Hdb., § 113 Rn. 11.
53 Päsler, S. 9; Reuter, S. 36; Tormann, S. 16; v. Caemmerer, JZ 1958, 41.
54 Baur, Investmentgesetze, Einl. I Rn. 80; Köndgen/Schmies, in: Bankrechts-Hdb., § 113 Rn. 10.
55 Ähnlich Barocka, S. 75; Stadler, S. 24; Tormann, S. 16.
56 Baur, in: Hdb. Kapitalanlagerecht, § 20 Rn. 286.
57 Persé, S. 113.
58 Vgl. Canaris, Rn. 2338.
59 Siehe D. II.

Form[60]. Als Nachteil der offenen Fondsstruktur gilt, dass das Investmentunternehmen eine nicht unerhebliche Liquiditätsreserve vorhalten muss, um die Rücknahmeansprüche der Anleger bedienen zu können. Dies bedingt eine prozyklische Anlagepolitik, die mit Effizienzverlusten zulasten der Rendite der Anleger verbunden ist[61]. Dieser Aspekt sollte aber nicht überbewertet werden, da die im InvG geregelten Investmentvermögen zumeist aus leicht liquidierbaren Vermögensgegenständen bestehen. Sofern der Erwerb illiquider Anlagegegenstände (z.B. Immobilien, Unternehmensbeteiligungen) in größerem Umfang gestattet ist, kann die Anteilrücknahme auf bestimmte Termine beschränkt[62] oder vorübergehend ausgesetzt[63] werden.

Investmentvermögen der offenen Form können jedwede Organisationsform haben (Trust, Vertragsform, Satzungsform). Die Verwirklichung der „körperschaftsrechtlichen Lösung" in der offenen Fondsstruktur setzt allerdings voraus, dass die Investmentgesellschaft ein bewegliches Kapital hat, das die fortlaufende Anteilausgabe und -rücknahme erlaubt. Ein Investmentvermögen, das diese Prinzipien verinnerlicht, ist die luxemburgische SICAV, die als Modell für die deutsche InvAG diente.

D. Die Bedeutung der OGAW-RL für Investmentunternehmen

I. Regelungsziele der OGAW-RL

Die OGAW-RL wurde am 20. Dezember 1985 als RL 85/611/EWG verabschiedet[64]. Ziel der OGAW-RL ist, die unterschiedlichen nationalen Wettbewerbsbedingungen für Investmentvermögen anzugleichen und einen wirksamen und einheitlichen Anlegerschutz sicherzustellen[65]. Beschränkungen des Anteilvertriebs sollen im Interesse eines einheitlichen europäischen Investmentmarkts beseitigt werden[66]. Die Richtlinie sieht einheitliche Bedingungen für die Zulassung, die Beaufsichtigung, die Struktur und die Anlagepolitik von OGAW sowie die Anlegerinformationen vor. Wesentliches Instrument zur Vereinheitlichung des In-

60 § 2 Abs. 2, Abs. 5 Satz 1 InvG. Ausländische Investmentvermögen fallen auch dann unter das InvG, wenn den Anlegern kein Rückgaberecht zusteht, die ausländische Investmentgesellschaft aber in ihrem Sitzstaat einer Investmentaufsicht untersteht, vgl. § 2 Abs. 9 InvG.

61 Köndgen/Schmies, in: Bankrechts-Hdb., § 113 Rn. 6; Gerke/Rapp, ZBB 1992, 85, 94.

62 Z.B. § 90d Abs. 2 InvG für Infrastruktur-Sondervermögen.

63 Z.B. § 81 InvG für Immobilien-Sondervermögen; § 90d Abs. 3 InvG für Infrastruktur-Sondervermögen.

64 RL 85/611/EWG des Rates vom 20.12.1985 zur Koordinierung der Rechts- und Verwaltungsvorschriften betreffend bestimmte Organismen für gemeinsame Anlagen in Wertpapieren (OGAW), ABl. Nr. L 375 vom 31.12.1985, S. 3.

65 Präambel RL 85/611/EWG; Erwägungsgrund 3 OGAW-RL.

66 Präambel RL 85/611/EWG; Zeller, in: B/S, Einl. KAGG Rn. 15.

vestmentmarkts ist der sog. Europäische Pass, der es ermöglicht, OGAW ohne erneute Zulassung in sämtlichen Mitgliedstaaten zu vertreiben[67]. Die OGAW-RL wurde seit ihrer Verabschiedung im Jahre 1985 mehrfach geändert[68], z.B. um den Katalog der zulässigen Anlagegegenstände zu ergänzen, die Anlegerinformationen zu verbessern und den Umfang der erlaubten Tätigkeiten sowie die Höhe der Eigenmittel von Verwaltungsgesellschaften zu regeln.

Mit dem Grünbuch der Europäischen Kommission vom 12. Juli 2005 wurde eine öffentliche Debatte darüber angestoßen, wie der europäische Rechtsrahmen für Investmentfonds angepasst werden sollte, um den Herausforderungen der Finanzmärkte des 21. Jahrhunderts gerecht zu werden[69]. Es wurde eine umfassende Revision der Richtlinie („OGAW IV“) für notwendig erachtet, die u.a. die Erleichterung des grenzüberschreitenden Vertriebs von Investmentanteilen, die Regelung der Fondsverschmelzung, die Ermöglichung sog. Master-Feeder-Strukturen und die Einführung eines Europäischen Passes für Verwaltungsgesellschaften zum Gegenstand hatte[70]. Die neu gefasste OGAW-RL wurde am 17. November 2009 als RL 2009/65/EG im Europäischen Amtsblatt veröffentlicht[71]. Die Umsetzung in Deutschland erfolgte mit dem OGAW-IV-UmsG, das im Wesentlichen am 1. Juli 2011 in Kraft getreten ist[72].

Die Europäische Kommission hat am 3. Juli 2012 einen Vorschlag zur Änderung der OGAW-RL veröffentlicht („OGAW V“), der eine weitergehende Harmonisierung der Depotbankfunktionen, der Vergütung und der Sanktionen für die Verletzung bestimmter Pflichten beinhaltet[73]. Am 26. Juli 2012 hat die Kommission zudem ein Konsultationsverfahren zu einer weiteren Überarbeitung der Richtlinie („OGAW VI“) eingeleitet, in dessen Fokus die Regulierung von Geldmarktfonds, das Regelwerk für Repogeschäfte und der Umgang mit bestimmten OTC-Derivaten stehen[74].

---

67 Art. 5 Abs. 1 Satz 2 OGAW-RL.

68 Vgl. hierzu Fragos, S. 9 ff.

69 Erwägungsgrund 2 OGAW-RL.

70 Für einen Überblick vgl. Mansfeld, Die Bank 2009, 9 ff.; Blankenheim, ZBB 2011, 5 ff.

71 RL 2009/65/EG des Europäischen Parlaments und des Rates vom 13.7.2009 zur Koordinierung der Rechts- und Verwaltungsvorschriften betreffend bestimmte Organismen für gemeinsame Anlagen in Wertpapieren (OGAW), ABl. Nr. L 302 vom 17.11.2009, S. 32.

72 BGBl. I 2011, 1126.

73 Vorschlag für eine Richtlinie zur Änderung der Richtlinie 2009/65/EWG des Rates zur Koordinierung der Rechts- und Verwaltungsvorschriften betreffend bestimmte Organismen für gemeinsame Anlagen in Wertpapieren (OGAW) im Hinblick auf die Aufgaben der Verwahrstelle, die Vergütungspolitik und Sanktionen vom 3.7.2012, COM(2012) 350 final.

74 European Commission, Consultation Document, Undertakings for Collective Investment in Transferable Securities (UCITS) Product Rules, Liquidity Management, Depositary, Money Market Funds, Long-term investments, 26 July 2012.

II. Organismen für gemeinsame Anlagen in Wertpapieren (OGAW)

Primäres Regelungsobjekt der RL 2009/65/EG sind OGAW. Hierunter sind Investmentvermögen zu verstehen, die die folgenden Kriterien erfüllen: Erstens muss der ausschließliche Zweck des Vermögens darin bestehen, beim Publikum beschaffte Gelder für gemeinsame Rechnung nach dem Grundsatz der Risikomischung in Wertpapieren und/oder anderen in der Richtlinie genannten liquiden Finanzanlagen anzulegen[75]. Nicht in den Anwendungsbereich fallen daher Spezialfonds, deren Anteile bei einem begrenzten Anlegerkreis platziert werden[76]. Ebenfalls nicht erfasst werden Beteiligungs-, Finanzierungs- und Holdinggesellschaften[77] sowie Investmentvermögen, deren Anlagepolitik nicht den Richtlinienvorgaben entspricht. Zweitens gelten als OGAW nur solche Investmentvermögen, deren Anteile auf Verlangen der Anteilinhaber unmittelbar oder mittelbar (z.B. durch eine Rückkaufgesellschaft)[78] zulasten dieses Vermögens zurückgenommen oder ausgezahlt werden[79]. Dem Rückgaberecht sind Handlungen gleichgestellt, die sicherstellen, dass der Kurswert der Anteile des OGAW nicht erheblich vom anteiligen Nettoinventarwert abweicht[80]. Geschlossene Investmentvermögen fallen deshalb nicht in den Anwendungsbereich der Richtlinie[81]. OGAW können in der Vertrags- oder Satzungsform oder als Trust bestehen[82].

OGAW müssen von den zuständigen Behörden des Herkunftsstaates zugelassen werden[83]. Die Zulassung beinhaltet die Genehmigung der Vertragsbedingungen bzw. Satzung und der Verwahrstelle[84]. Die Zulassung gilt in sämtlichen Mitgliedstaaten der Europäischen Union (sog. Europäischer Pass)[85], so dass die Investmentanteile ohne erneute Zulassung grenzüberschreitend vertrieben werden können.

III. Verwaltungsgesellschaften und Investmentgesellschaften

Die OGAW-RL enthält zudem Regeln für die OGAW verwaltenden Investmentunternehmen. Unterschieden wird zwischen Verwaltungsgesellschaften, die

---

75 Art. 1 Abs. 2 lit. a OGAW-RL.
76 Art. 3 lit. b OGAW-RL; Fragos, S. 7; Grundmann, ZBB 1991, 242, 245.
77 Baur, Investmentgesetze, Einl. II Rn. 28; Zeller, in: B/S, Einl. KAGG Rn. 16.
78 Fragos, S. 6.
79 Art. 1 Abs. 2 lit. b Satz 1 OGAW-RL.
80 Art. 1 Abs. 2 lit. b Satz 2 OGAW-RL; Fragos, S. 6: „erweiterte" Definition des open-end-Prinzips.
81 Art. 3 lit. a OGAW-RL.
82 Art. 1 Abs. 3 OGAW-RL.
83 Art. 5 Abs. 1 und 2 OGAW-RL.
84 Art. 5 Abs. 2 OGAW-RL.
85 Art. 5 Abs. 1 Unterabs. 2 OGAW-RL.

OGAW auf vertraglicher Grundlage als sog. Investmentfonds verwalten (Vertragsform) und Investmentgesellschaften, die OGAW als Bestandteil des eigenen Gesellschaftsvermögens verwalten (Satzungsform)[86]. Die ursprüngliche Fassung der OGAW-RL enthielt lediglich rudimentäre Regelungen für Verwaltungs- und Investmentgesellschaften. Mit der RL 2001/107/EG traten detaillierte Bestimmungen über die Aufnahme und die Ausübung der Geschäftstätigkeit hinzu. Erleichterungen gelten für sog. fremdverwaltete Investmentgesellschaften[87].

Die OGAW-RL gestattet Verwaltungsgesellschaften, die in ihrem Herkunftsstaat nach den Richtlinienvorgaben zugelassen wurden, nach dem Recht eines anderen Mitgliedstaates aufgelegte OGAW zu verwalten, ohne in diesem Mitgliedstaat durch eine Zweigniederlassung oder in anderer Weise präsent zu sein (sog. Europäischer Pass für Verwaltungsgesellschaften)[88]. Die einer Investmentgesellschaft in ihrem Herkunftsstaat erteilte Zulassung gilt dagegen nicht grenzüberschreitend.

---

86 Art. 1 Abs. 3 OGAW-RL.

87 Siehe § 14 B. I.

88 Art. 16 ff. OGAW-RL; vgl. Blankenheim, ZBB 2011, 344, 348 ff.; Bujotzek/Steinmüller, DB 2011, 2305 ff.

§ 3 Die Entwicklung der InvAG

A. Die Anfänge des Investmentgeschäfts und die Entwicklung in den USA

Für das Verständnis der InvAG ist die Darstellung der historischen Grundlagen des Investmentgeschäfts unerlässlich. Die Entwicklung von Investmentunternehmen im In- und Ausland gibt Aufschluss über die Motive des Gesetzgebers für die Einführung einer InvAG und ihre Weiterentwicklung zur heutigen InvAG. Dabei lohnt insbesondere ein Blick auf die Geschichte von Investmentgesellschaften im Ausland. Während die InvAG in Deutschland erst seit wenigen Jahren eine Rolle spielt, existieren Investmentvermögen der Satzungsform in anderen Ländern seit über hundert Jahren.

Die Ursprünge des Investmentgeschäfts sind in Europa zu finden. Dort wurden die Vorzüge der Risikomischung bereits im frühen 19. Jahrhundert erkannt. Zu den ersten investmentähnlichen Gesellschaften zählten die im Jahre 1822 in Brüssel gegründete Société Générale des Pays-Bas[89], die 1849 in Genf gegründete Omnium Société Civile Genévoise d'emploi de Fonds[90] und die 1852 in Paris gegründete Société Générale de Crédit Mobilier[91]. Diese Gesellschaften sind mit den heutigen Investmentunternehmen aber nur bedingt vergleichbar, da sie nicht als Vehikel zum Investmentsparen konzipiert waren. Ihr Geschäftszweck bestand vielmehr darin, die aufkommenden Industriezweige durch den Erwerb von Effekten und Beteiligungen zu fördern und zu finanzieren[92].

Die eigentliche Entwicklung des Investmentgeschäfts begann um 1860 in Schottland und England[93]. Dort bestand aufgrund des damaligen Kapitalüberflusses zunehmendes Interesse an der Anlage von Ersparnissen im Ausland, durch die höhere Zinserträge zu erzielen waren[94]. Da die ausländischen Anlagen aber zugleich mit höheren Risiken verbunden waren, erschien es zweckmäßig, die Gelder einer Vielzahl von Anlegern zu vereinen und durch sachkundige

---

89 Beckmann, in: B/S/V, Kz. 409, Rn. 5; Zeller, in: B/S, Einl. KAGG Rn. 3; Liefmann, S. 148 ff.; Reuter, S. 15; Schäcker, S. 15; Podewils, S. 23. Die Gesellschaft firmierte später als „Société Générale de Belgique".

90 Liefmann, S. 207 ff.; Podewils, S. 23; Reuter, S. 15.

91 Neuburger, in: Siara/Tormann, Einl. S. 6; Barocka, S. 17; Liefmann, S. 166; Podewils, S. 23; Reuter, S. 15.

92 Kasberg, S. 9 f.; Reuter, S. 15 f.

93 Als erstes Investmentunternehmen im engeren Sinne gilt die Scottish-American-Investment-Company, die um 1860 in Schottland gegründet wurde, vgl. Zeller, in: B/S, Einl. KAGG Rn. 3; Neuburger, in: Siara/Tormann, Einl. S. 6; Bruppacher, S. 76; Liefmann, S. 168; Podewils, S. 24 f.; Reuter, S. 17; Schäcker, S. 15; Tormann, S. 13.

94 Podewils, S. 24; Reuter, S. 16; Schäcker, S. 15; v. Caemmerer, JZ 1958, 41 f.

Verwalter auf verschiedene Anlagewerte, vornehmlich Obligationen und Aktien von ausländischen Eisenbahn- und Kabelgesellschaften, zu streuen[95]. Die damaligen Investmentunternehmen verinnerlichten somit bereits die Prinzipien der Kollektivanlage, Fremdverwaltung und Risikomischung als die essentialia der Investmentidee[96]. Zur rechtlichen Einkleidung des Investmentvermögens bediente man sich zunächst der Rechtsform des Trusts[97]. Die Heranziehung des Trusts lag nahe[98], da das Treugut als vom Treuhändervermögen getrennte Vermögensmasse besteht, an der die Anleger trotz des formalen Eigentums des Treuhänders eine eigentumsähnliche Berechtigung haben[99]. In der Folgezeit wurden Investmentvermögen aber zunehmend in der Rechtsform der *public limited company* gebildet, deren Recht durch den Companies Act 1862 kodifiziert worden war[100]. Ursächlich für diese Entwicklung waren Rechtsunklarheiten im Hinblick auf die Befugnisse des Treuhänders bei spekulativen Geschäften, die ein Verbot des Investment Trusts im Jahre 1879 und die „Umwandlung" aller bestehenden Investment Trusts in Investmentgesellschaften nach sich zogen[101].

Unter dem Eindruck des Erfolgs des Investmentgeschäfts in England wurden gegen Ende des 19. Jahrhunderts die ersten U.S.-amerikanischen Investmentunternehmen gegründet. Der im Jahre 1893 gegründete Boston Personal Property Trust wird häufig als ältestes U.S.-amerikanisches Investmentunternehmen bezeichnet[102]. Als Organisationsform der frühen Investmentunternehmen diente vor allem die *corporation*[103], die mit der deutschen AG vergleichbar ist[104]. Später wurde die Rechtsform des Trusts verstärkt genutzt[105]. Der erste Boom der Investmentindustrie setzte in den zwanziger Jahren des 20. Jahrhunderts ein. 1929 existierten etwa 700 U.S.-amerikanische Investment-

95 Liefmann, S. 167 ff.; Podewils, S. 24 f.; Reuter, S. 16; Schäcker, S. 15.
96 Siehe § 2 A.
97 Liefmann, S. 167; Ohl, S. 14 ff.; Reuter, S. 16 f.; Schäcker, S. 16.
98 V. Caemmerer, JZ 1958, 41, 43 f.: einfachste und sauberste Lösung.
99 Siehe § 2 C. I.1.
100 Ohl, S. 17; Podewils, S. 25; Reuter, S. 18; Schäcker, S. 17 f.; v. Caemmerer, JZ 1958, 41, 42.
101 Ohl, S. 17; Podewils, S. 26; Schäcker, S. 17. Es handelt sich um die Entscheidung *Sykes v. Beadon*, die später aufgehoben wurde, vgl. Stadler, S. 14 Fn. 33.
102 Beckmann, in: B/S/V, Kz. 409, Rn. 6; Zeller, in: B/S, Einl. KAGG Rn. 4; Roth, S. 80. Allerdings bezeichnete sich der New York Stock Trust, der 1889 gegründet wurde, selbst als „*the first American Investment Trust ever organized*", vgl. Bullock, S. 14.
103 Kasberg, S. 11; Podewils, S. 28; Schäcker, S. 20; Meyer-Cording, ZHR 115 (152), 65, 68. Die Namensgebung rührt daher, dass die Gesellschaften ihre Rechtspersönlichkeit mit dem staatlichen Akt der *incorporation* erlangen, Schäcker, S. 20.
104 Baur, Investmentgesetze, Einl. III Rn. 269; Reuter, S. 78; K. Steck, S. 84.
105 Schäcker, S. 22; Barocka, S. 18.

unternehmen mit einem verwalteten Vermögen von insgesamt etwa 7 Mrd. Dollar[106]. Der Börsenkrach im Jahre 1929 und die darauf folgende Weltwirtschaftskrise beendeten den Boom der Investmentindustrie vorläufig. Etwa die Hälfte der bis dato existierenden Investmentunternehmen wurde aufgelöst[107] und das verwaltete Investmentvermögen erreichte im Jahre 1932 einen Tiefststand von etwa 2 Mrd. Dollar[108]. Als Ursache der großen Verluste gilt vor allem die spekulative Anlagepolitik der Investmentunternehmen, die sich den Hebeleffekt zunutze machte, der durch die Aufnahme von Fremdkapital entsteht und in wirtschaftlich günstigen Zeiten die Erwirtschaftung hoher Kursgewinne ermöglicht. In der Weltwirtschaftskrise verkehrte sich die positive Wirkung des Hebeleffekts in sein Gegenteil, da sich die Kursverluste bei den Anlegern potenzierten[109]. Darüber hinaus mussten die Anleger aufgrund der Verflechtungen der Investmentunternehmen untereinander die Verluste anderer Unternehmen mittragen[110]. Schließlich wurden in der Krise auch die Nachteile der geschlossenen Fondsstruktur offenbar, da die Anleger ihre Anteile aufgrund des fehlenden Rückgaberechts nur mit erheblichen Kursabschlägen veräußern konnten[111].

Zu dem umfangreichen Maßnahmenkatalog, mit dem der U.S.-amerikanische Gesetzgeber auf die Krise reagierte, gehörte insbesondere der Erlass des Investment Company Act im Jahre 1940[112]. Dieses „Grundgesetz" der U.S.-amerikanischen Investmentbranche[113] unterstellte Investmentunternehmen der staatlichen Aufsicht und enthielt Vorgaben für das Investmentgeschäft, die die als krisenursächlich identifizierten Praktiken einschränken sollten[114]. In der Praxis setzte sich die offene Fondsstruktur durch, die die Anleger durch das je-

---

106 Baur, Investmentgesetze, Einl. III Rn. 257; Zeller, in: B/S, Einl. KAGG Rn. 4; Neuburger, in: Siara/Tormann, Einl. S. 6; Schäcker, S. 21; Reuter, S. 22; Barocka, S. 18; K. Steck, S. 32 f.; anders Tormann, S. 13: annähernd 500 Investmentunternehmen.

107 Baur, Investmentgesetze, Einl. III Rn. 257; Neuburger, in: Siara/Tormann, Einl. S. 6; Schäcker, S. 21; Reuter, S. 22; Barocka, S. 18; Podewils, S. 29; Dürre, Sparkasse 1956, 219.

108 Bullock, S. 46 unter Hinweis auf einen Bericht der SEC.

109 Beckmann, in: B/S/V, Kz. 409, Rn. 7; Bullock, S. 46 f.; Reuter, S. 22; K. Steck, S. 32 ff.; Tormann, S. 13 f. Vgl. auch Baur, Investmentgesetze, Einl. III Rn. 257; Bruppacher, S. 185; Dürre, Sparkasse 1956, 219; Barocka, S. 18, die diese Investmentunternehmen als „Spekulations-Pools" bezeichnen, die mit der Idee des Investmentsparens nicht mehr viel gemein hatten.

110 Ohl, S. 18; K. Steck, S. 32; Barocka, S. 18 f.; Podewils, S. 28; Schäcker, S. 21; Neuburger, in: Siara/Tormann, Einl. S. 6 f.; v. Caemmerer, JZ 1958, 41, 47.

111 Schäcker, S. 21; Barocka, S. 19; Ohl, S. 20; Podewils, S. 28; Dürre, Sparkasse 1956, 219.

112 Beckmann, in: B/S/V, Kz. 409, Rn. 8; Reuter, S. 23 f.; K. Steck, S. 38 ff.; v. Caemmerer, JZ 1958, 41, 42.

113 K. Steck, S. 40; ähnlich Bullock, S. 79: Meilenstein.

114 Schäcker, S. 22; Reuter, S. 24; Barocka, S. 19.

derzeitige Recht zur Rückgabe ihrer Anteile schützt[115]. In der Folgezeit verzeichnete die Investmentbranche in den USA einen erneuten Aufschwung, der die Gründung von Investmentunternehmen in Europa begünstigte. Der Investment Company Act hatte hierbei vielfach Vorbildwirkung für die Gesetzgebung[116].

B. Investmentvermögen im deutschen Recht

I. Investmentvermögen vor Erlass des KAGG

In Deutschland begann die Geschichte des Investmentgeschäfts in den 1920er Jahren. Vor dieser Zeit bestand angesichts der Kapitalarmut in der Bevölkerung und des überreichen Angebots an direkten Anlagemöglichkeiten wenig Anlass, dem Investmentgedanken Beachtung zu schenken[117]. Als erstes deutsches Investmentunternehmen gilt der Zickert'sche Kapitalverein, der 1923 als bürgerlich-rechtliche Gesellschaft gegründet wurde, später unter dem Namen Deutscher Kapitalverein firmierte und ab 1930 in genossenschaftlicher Rechtsform als Deutsche Investment-Verein e. Gen. m.b.H. fortbestand[118]. Maßgeblich für die Wahl der jeweiligen Rechtsform, die sich wegen der fehlenden Handelbarkeit der Anteile als kaum geeignet für die Zwecke des Investmentsparens erwies, waren steuerliche Gründe[119]. Als zweites Investmentunternehmen wurde im Jahre 1926 die Bayerische Investment-Aktien-Gesellschaft gegründet[120], die als „Studiengesellschaft" zur Erprobung der neuartigen Gesellschaftsform in der Gerichts- und finanzbehördlichen Praxis diente[121]. Anders als ihr Name vermuten lässt, handelte es sich nicht um ein Investmentunternehmen der Satzungsform, sondern um eine frühe Vertragsform[122]. In der Weltwirtschaftskrise wur-

---

115 Schäcker, S. 23; Barocka, S. 19; Podewils, S. 29; Meyer-Cording, ZHR 115 (1952), 65, 70. Vgl. auch Baur, Investmentgesetze, Einl. III Rn. 257: Ende 1969 standen den fast 500 open-end mutual funds etwa 50 closed-end Gesellschaften gegenüber. Vgl. auch die Graphik bei Bullock, S. 98.

116 Kasberg, S. 11; v. Caemmerer, JZ 1958, 41, 42.

117 Reuter, S. 27; Liefmann, S. 218 ff.

118 Baur, Investmentgesetze, Vor § 1 KAGG Rn. 2; Zeller, in: B/S, Einl. KAGG, Rn. 5; Neuburger, in: Siara/Tormann, Einl. S. 7; Reuter, S. 28; Barocka, S. 22; Schäcker, S. 26; Meyer-Cording, ZHR 115 (1952), 65, 71; Podewils, S. 35.

119 Baur, Investmentgesetze, Vor § 1 KAGG Rn. 3; Schäcker, S. 26.

120 Baur, Investmentgesetze, Vor § 1 KAGG Rn. 4; Reuter, S. 28; Podewils, S. 35.

121 Baur, Investmentgesetze, Vor § 1 KAGG Rn. 4 ff.; Reuter, S. 28 f.

122 Die Gesellschaft erwarb Vermögensgegenstände unmittelbar für die Kapitalgeber, die Miteigentum erwarben, vgl. Reuter, S. 28.

den der Deutsche Investment-Verein e. Gen. m.b.H. und die Bayerische Investment-Aktien-Gesellschaft aufgelöst[123].

In den Jahren 1930 und 1931 versuchte der Gesetzgeber, dem Investmentsparen durch steuerliche Erleichterungen für Investmentunternehmen in der Rechtsform der AG zum Durchbruch zu verhelfen[124]. Die Zweite Notverordnung vom 5. Juni 1931 enthielt eine Ermächtigung zur Einführung steuerlicher Erleichterungen für sog. Kapitalverwaltungsgesellschaften[125]. Hierbei handelte sich um „in der Form der AG betriebene Unternehmungen, die den Erwerb, die Verwaltung und die Veräußerung geringer Posten von Aktien, Kuxen, Anteilen oder Genussscheinen oder von Schuldverschreibungen zum Gegenstand haben und deren Ort der Leitung im Inlande liegt“[126]. Die steuerlichen Begünstigungen für Kapitalverwaltungsgesellschaften verfehlten jedoch das gesteckte Ziel, weshalb die Vorschriften 1952 ersatzlos aufgehoben wurden[127].

Nach der Währungsreform 1948 machte der gestiegene Investitionsbedarf der Wirtschaft die Erschließung neuer Kapitalquellen erforderlich[128]. In diesem wirtschaftlichen Klima wurde im Jahre 1949 die ADIG – Allgemeine Deutsche Investment-Gesellschaft mit beschränkter Haftung mit Sitz in München gegründet[129]. Nachdem das „Experiment in München“[130] geglückt war, wurden im Laufe des Jahres 1956 vier weitere Investmentunternehmen gegründet (Deutscher Investment-Trust, Gesellschaft für Wertpapieranlagen mbH, Union Investment GmbH, Deutscher Investment Trust Gesellschaft für Wertpapiersparen mbH,

---

123 Baur, Investmentgesetze, Vor § 1 KAGG Rn. 2 und 6; Reuter, S. 28; Barocka, S. 22.

124 Gesetz über die Ermächtigung zu steuerlichen Maßnahmen zwecks Erleichterung und Verbilligung der Kreditbesorgung der deutschen Wirtschaft vom 9.6.1930, RGBl. I 1930, 187; Zweite Verordnung des Reichspräsidenten zur Sicherung von Wirtschaft und Finanzen vom 5.6.1931, RGBl. I 1931, 279, Siebenter Teil: Handels- und Wirtschaftspolitik, Kapitel IV: Kapitalverwaltungsgesellschaften; vgl. Baur, Investmentgesetze, Vor § 1 KAGG Rn. 9; Neuburger, in: Siara/Tormann, Einl. S. 7 f.; Reuter, S. 29; Schäcker, S. 28; Podewils, S. 34; v. Caemmerer, JZ 1958, 41, 43; Meyer-Cording, ZHR 115 (1952), 65, 72 Fn. 17; kritisch Liefmann, S. 231 ff.

125 Siebenter Teil, Kapital IV, § 6 der Zweiten Verordnung des Reichspräsidenten zur Sicherung von Wirtschaft und Finanzen vom 5.6.1931, RGBl. I 1931, 279, 313.

126 Siebenter Teil, Kapital IV, § 1 Abs. 2 der Zweiten Verordnung des Reichspräsidenten zur Sicherung von Wirtschaft und Finanzen vom 5.6.1931, RGBl. I 1931, 279, 312.

127 Baur, Investmentgesetze, Vor § 1 KAGG Rn. 9; Schäcker, S. 28; v. Caemmerer, JZ 1958, 41, 43.

128 Reuter, S. 30; Barocka, S. 24.

129 Baur, Investmentgesetze, Vor § 1 KAGG Rn. 10; Zeller, in: B/S, Einl. KAGG Rn. 5; Reuter, S. 30; Barocka, S. 22 f.; Schäcker, S. 26 f.; v. Caemmerer, JZ 1958, 41, 44; Podewils, S. 41 f.

130 Podewils, S. 42.

Deutsche KAG mbH)[131]. Die ADIG und die übrigen Investmentunternehmen entwickelten sich erfolgreich und verwalteten im Frühjahr des Jahres 1957 ein Vermögen von etwa 151 Mio. DM[132].

II. Die Motive des Gesetzgebers für die Regulierung der Vertragsform

Die Entwicklung der Investmentunternehmen nach 1948 nahm der Gesetzgeber zum Anlass, das Investmentgeschäft auf eine gesetzliche Grundlage zu stellen. Das KAGG wurde am 19. März 1953 erstmals in den Bundestag eingebracht[133] und trat am 18. April 1957 in Kraft[134]. Aus wirtschaftspolitischer Sicht war das Gesetzesvorhaben durch den Kapitalbedarf der Wirtschaft motiviert[135]. In sozialpolitischer Hinsicht sollte breiten Bevölkerungsschichten der Zugang zum Produktionsvermögen der Wirtschaft eröffnet und die private Eigentumsbildung gefördert werden[136].

Das KAGG sollte wirksame Mechanismen zum Schutz der Anleger einführen, um eine Vertrauensbasis für das Investmentgeschäft zu schaffen[137]. Als Organisationsform für das zu regulierende Investmentvermögen standen die Satzungs- und die Vertragsform zur Auswahl[138]. Die Übernahme des Trusts kam wegen der dem deutschen Sachenrecht fremden Unterscheidung zwischen dem rechtlichen Eigentum des Treuhänders und dem wirtschaftlichen Eigentum des Treugebers nicht in Betracht[139].

In das KAGG fand schließlich die Vertragsform in Gestalt des von einer KAG verwalteten Sondervermögens Eingang. Ausschlaggebend hierfür war zum einen, dass das KAGG einen gesetzlichen Rahmen für die bis dato existierenden Investmentunternehmen, die in der Vertragsform organisiert waren[140], schaffen sollte. Zum anderen bestanden konzeptionelle Einwände gegen die Einführung der Satzungsform. Die aktienrechtliche Verfassung stand der Einräumung eines

---

131 Baur, Investmentgesetze, Vor § 1 KAGG Rn. 10; Zeller, in: B/S, Einl. KAGG Rn. 5; Reuter, S. 30; Barocka, S. 23; Podewils, S. 42 ff.; v. Caemmerer, JZ 1958, 41, 44.

132 Neuburger, in: Siara/Tormann, Einl. S. 8; Reuter, S. 31; Schäcker, S. 27; Consbruch, BB 1957, 337; v. Caemmerer, JZ 1958, 41, 44.

133 Antrag der Fraktion der CDU/CSU vom 19.3.1953, BT-Drs. 1/4199.

134 BGBl. I 1957, 378.

135 Bericht des Abgeordneten Neuburger, BT-Drs. 2/2973, S. 1; Neuburger, in: Siara/Tormann, Einl. S. 9 ff.; Schäcker, S. 33.

136 Bericht des Abgeordneten Neuburger, BT-Drs. 2/2973, S. 1; Neuburger, in: Siara/Tormann, Einl. S. 11 ff.; Schäcker, S. 33.

137 Neuburger, in: Siara/Tormann, Einl. S. 9; Bericht des Abgeordneten Neuburger, BT-Drs. 2/2973, S. 2.

138 Meyer-Cording, ZHR 115 (1952), 65, 71; v. Caemmerer, JZ 1958, 41.

139 Vgl. Coing, in: FS Heinsius, 1991, S. 79, 81 f.; v. Caemmerer, JZ 1958, 41, 44.

140 Podewils, S. 17, 47; Hoffmann-Riem, BB 1972, 244, 245.

Rückgaberechts, das den Anlegern zu ihrem Schutz eingeräumt werden sollte, entgegen[141]. So war der AG der Rückerwerb ihrer Aktien damals[142] wie heute[143] nur in engen Grenzen gestattet. Auch die Möglichkeit zur fortlaufenden Ausgabe neuer Aktien, die der offenen Fondsstruktur immanent ist, ließ sich in der Satzungsform nicht zufriedenstellend umsetzen, da die AG nur im Wege einer formalen Kapitalerhöhung neue Aktien ausgeben kann[144]. Kritisiert wurde zudem, dass das Bilanzrecht im Falle von Kursrückgängen Gewinnausschüttungen an die Aktionäre erschwere[145]. Schließlich wurden die Mitgliedschaftsrechte der Aktionäre als nicht so recht in das Bild des die Sachkunde des Fondsmanagements „kaufenden" Anlegers passend empfunden und die Vertragsform umgekehrt als der Mentalität des primär an der Vermögensanlage interessierten Kapitalanlegers am ehesten entsprechend angesehen[146]. Die typische breite Streuung von Investmentanteilen warf darüber hinaus die Frage nach der praktischen Bedeutung der gesellschaftsrechtlichen Mitwirkungsrechte auf[147]. Da bei der Vertragsform keine vergleichbaren Restriktionen bestanden, sah der Gesetzgeber für die Schaffung eines vom Aktienrecht abweichenden Sonderrechts keinen Anlass[148].

III. Die InvAG mit fixem Kapital

1. Einleitung

Durch das Dritte FMFG[149] wurde das Regelungsleitbild des KAGG, das bis dato nur das Sondervermögen als offenes Investmentvermögen der Vertragsform kannte, grundlegend verändert[150]. Durch Art. 4 des am 1. April 1998 in Kraft getretenen Gesetzes wurde in §§ 51 bis 67 KAGG erstmals eine InvAG eingeführt. Es handelte sich um ein geschlossenes Investmentvermögen, da die Aktien

---

141 Bericht des Abgeordneten Neuburger, BT-Drs. 2/2973, S. 2; Schäcker, S. 28; Podewils, S. 48; Barocka, S. 71; Siara/Tormann, § 6 Anm. I (S. 31); Dürre, Sparkasse 1956, 219, 220; einschränkend Persé, S. 111 ff.

142 Zu § 65 AktG 1937 vgl. Oechsler, in: MünchKommAktG, § 71 Rn. 32.

143 Siehe § 10 B. I. 1.

144 Siehe § 9 A. I.

145 Bericht des Abgeordneten Neuburger, BT-Drs. 2/2973, S. 2; Schäcker, S. 28 f; Barocka, S. 71; v. Caemmerer, JZ 1958, 41, 43; Meyer-Cording, ZHR 115 (1952), 65, 72; Dürre, Sparkasse 1956, 219, 220.

146 Schäcker, S. 29; Barocka, S. 72.

147 V. Caemmerer, JZ 1958, 41, 44.

148 Bericht des Abgeordneten Neuburger, BT-Drs. 2/2973, S. 2; Ohl, S. 21; Barocka, S. 71 f.; v. Caemmerer, JZ 1958, 41, 44; Hoffmann-Riem, BB 1972, 244, 245; Dürre, Sparkasse 1956, 219, 220.

149 BGBl. I 1998, 529.

150 Schwark, S. 12, 23.

nur im Wege einer formalen Kapitalerhöhung ausgegeben werden konnten und die Aktionäre nicht zur Rückgabe ihrer Aktien an die Gesellschaft berechtigt waren. Im Zuge des InvModG wurde die InvAG nahezu unverändert in das InvG übernommen[151] und mit dem Zusatz „mit fixem Kapital" versehen[152], um die Gesellschaft begrifflich von der neu eingeführten InvAG mit veränderlichem Kapital abzugrenzen. Im Zuge des InvÄndG wurde die InvAG mit fixem Kapital abgeschafft, da diese Gesellschaftsform weder unter dem KAGG noch unter dem InvG praktische Bedeutung erlangt hatte[153].

2. Regelungsziele des Gesetzgebers

Der Gesetzgeber versprach sich von der Einführung der InvAG mit fixem Kapital eine Vielzahl positiver Ausschläge für den Finanzstandort Deutschland. In erster Linie sollte die private Ersparnisbildung vermehrt in Unternehmensbeteiligungen gelenkt und auf diese Weise das Angebot an Wagniskapital verbessert werden[154]. Geschlossene Investmentvermögen sind als Sammelstellen für Wagniskapital besonders geeignet, da sie keine Barreserven zur Bedienung von Rücknahmeansprüchen der Anleger bereithalten müssen und ihre Mittel deshalb vorrangig zum Erwerb von illiquiden Unternehmensbeteiligungen einsetzen können[155]. Zudem ermöglicht das fehlende Rückgaberecht eine antizyklische Anlagepolitik, so dass die Mittel in Zeiten sinkender Kurse zum günstigen Erwerb von Wertpapieren eingesetzt werden können, um sie bei einer späteren Kurssteigerung mit Gewinn zu veräußern[156]. Die Einführung der InvAG mit fixem Kapital sollte zudem den Wettbewerb unter professionellen Vermögensverwaltern beleben, da der Aktienvertrieb aufgrund der Börsennotierung nach Ansicht des Gesetzgebers keine umfangreiche Vertriebsorganisation erforderte[157]. Die Einführung der InvAG mit fixem Kapital wird schließlich im Zusammenhang mit der Aufforderung der Europäischen Kommission gesehen, den Vertrieb ausländischer geschlossener Investmentanteile in Deutschland zuzulas-

---

151 § 96 bis § 103, § 107 bis § 111 InvG a.F. Kritisch Lang, WM 2004, 53, 55.
152 § 96 Abs. 2 Satz 1 2. Alt. InvG a.F.
153 Begr. RegE, BT-Drs. 16/5576, S. 50 f., 89 li. Sp.; Nickel, S. 124.
154 Begr. RegE, BT-Drs. 13/8933, S. 62 li. Sp.
155 G. Thoma/K. Steck, AG 2001, 330, 331.
156 Begr. RegE, BT-Drs. 13/8933, S. 62 li. Sp.; Kempf/Tratz, Investmentrecht 1998, S. 268; Schmitt, in: B/S, Vor §§ 51-67 KAGG Rn. 3.
157 Begr. RegE, BT-Drs. 13/8933, S. 62 li. Sp.

sen. Den Anlegern sollte ein vergleichbares inländisches Investmentvehikel zur Verfügung gestellt werden[158].

3. Rechtsrahmen

Die InvAG mit fixem Kapital war als AG konzipiert[159] und auf die risikodiversifizierte Anlage und Verwaltung ihres Vermögens ausgerichtet[160]. Während der Gesellschaft ursprünglich nur der Erwerb von Wertpapieren und stillen Beteiligungen im Sinne von § 230 HGB gestattet war[161], wurde das Anlagespektrum im Zuge des InvModG weitgehend an das Anlagespektrum des Sondervermögens angeglichen[162]. Die Zulassung der InvAG mit fixem Kapital war insbesondere an das Vorhandensein eines Anfangskapitals gebunden, das ursprünglich 1 Mio. Euro betrug[163] und später auf 300.000 Euro herabgesetzt wurde[164]. Die Aktien der Gesellschaft mussten börsennotiert sein[165] und zum anteiligen Nettoinventarwert ausgegeben werden[166]. Um größere Kursabschläge zum Nachteil der Aktionäre zu vermeiden, die aufgrund des fehlenden Rückgaberechts zu befürchten waren, konnte die InvAG mit fixem Kapital bei einem Kursrückgang unter 10 Prozent des anteiligen Inventarwerts eigene Aktien zurückkaufen[167].

4. Gründe für das Scheitern

a) Steuerrechtliche Gründe

Die fehlende Akzeptanz der InvAG mit fixem Kapital wird in erster Linie auf steuerrechtliche Gründe zurückgeführt[168]. Das KAGG enthielt für diese Gesellschaftsform keine Sonderregelungen, so dass Körperschaft- und Gewerbesteuer

---

158 Hey, in: FS Rädler, 1999, S. 271, 290; Paul, J.I.B.L. 1998, 185, 188. Nach der Begr. RegE, BT-Drs. 13/8933, S. 132 re. Sp., sollte die Öffnung des AuslInvestmG die Gleichbehandlung ausländischer Investmentvermögen des geschlossenen Typs mit der InvAG ermöglichen.
159 § 96 Abs. 1 Satz 1 InvG a.F.; § 51 Abs. 2 Satz 1 KAGG.
160 § 96 Abs. 2 Satz 2 InvG a.F.; § 51 Abs. 3 Satz 1 KAGG.
161 § 51 Abs. 3 Satz 1 KAGG.
162 § 96 Abs. 2 Satz 2 InvG a.F.
163 § 51 Abs. 5 Satz 1 Nr. 1 KAGG.
164 § 97 Abs. 1 Satz 1, Satz 2 Nr. 1 InvG a.F.
165 § 101 Abs. 3 InvG a.F.; § 61 Abs. 3 KAGG.
166 § 103 Abs. 2 Satz 1 InvG a.F.; § 63 Abs. 2 Satz 1 KAGG.
167 § 107 Abs. 1 InvG a.F.; § 64 Abs. 1 KAGG. Die eigenen Aktien mussten entsprechend §§ 237 ff. AktG eingezogen werden, § 107 Abs. 2 InvG a.F., § 64 Abs. 2 KAGG.
168 Baur, in: Hdb. Kapitalanlagerecht, § 20 Rn. 180; Schmitt, in: B/S, Vor §§ 51-67 KAGG Rn. 4; Kempf/Tratz, Investmentrecht 1998, S. 270; Fromm, S. 14 f.; Hey, in: FS Rädler, 1999, S. 271, 291; Fock/Hartig, in: FS Spiegelberger, 2009, S. 653, 655; Fock, UR 2006, 558; Wallach, Der Konzern 2007, 487; Kaune/Oulds, ZBB 2004, 114, 123; Paul, J.I.B.L. 1998, 185, 188; Leistikow/Ellermann, BB 2003, 2693, 2698.

anfiel[169]. Durch das Steuersenkungsgesetz[170] wurde zumindest eine teilweise Gleichstellung mit der KAG geschaffen[171]. Im Zuge des InvModG wurden die steuerrechtlichen Erleichterungen für Investmentvermögen der Vertragsform schließlich auf die InvAG erstreckt[172]. Da die InvAG mit fixem Kapital von der Praxis aber weiterhin abgelehnt wurde, kann ihr Scheitern nicht nur einen steuerrechtlichen Hintergrund haben.

b) Geschlossene Fondsstruktur

Dass die InvAG mit fixem Kapital dennoch nicht zum Leben erweckt werden konnte, wird verschiedentlich auf das fehlende Rückgaberecht der Aktionäre zurückgeführt. Die geschlossene Fondsstruktur, so die Kritiker, habe die Gesellschaft als Anlagevehikel für das breite Publikum disqualifiziert[173]. Darüber hinaus eigneten sich die Aktien der InvAG mit fixem Kapital nicht als Anlagegegenstände für das Sondervermögen, für dessen Portfolio ausschließlich offene Fondsanteile erworben werden konnten[174]. Die Erfahrungen mit der luxemburgischen SICAF zeigen jedoch, dass regulierte Investmentgesellschaften der geschlossenen Form in der Praxis durchaus eine Rolle spielen können[175]. Das setzt allerdings voraus, dass attraktive Rahmenbedingungen für die Vermögensanlage bestehen; die bloße Bereitstellung einer Gesellschaftsform mit Bezeichnungsschutz genügt nicht.

c) Pflicht zum öffentlichen Angebot der Aktien

Ein weiterer Kritikpunkt waren gesetzliche Regelungen, die die InvAG mit fixem Kapital verpflichteten, binnen sechs Monaten nach der Erlaubniserteilung mindestens 90 Prozent ihrer Aktien öffentlich anzubieten[176]. Nach Ablauf weite-

169 Fromm, S. 14 f.; Baur, in: Hdb. Kapitalanlagerecht, § 20 Rn. 180; Fock/Hartig, in: FS Spiegelberger, 2009, S. 653, 655; Scheurle, DB 1998, 1099, 1105.
170 Gesetz zur Senkung der Steuersätze und zur Reform der Unternehmensbesteuerung (Steuersenkungsgesetz – StSenkG), BGBl. I 2000, 1433.
171 Hierzu Fromm, S. 15; G. Thoma/K. Steck, AG 2001, 330, 336 f.
172 Fock, BB 2003, 1589, 1590; Pluskat, WM 2005, 772, 776 f.; Pütz/Schmies, Absolut Report 2004, Nr. 19, S. 50, 54.
173 Baur, in: Hdb. Kapitalanlagerecht, § 20 Rn. 180; Köndgen, in: Bankrechts-Hdb., 2. Aufl., § 113 Rn. 146; Fromm, S. 12 f.; Wegner, S. 48 f.; Heeren/v. Tiling, in: Kempf, Investmentrecht 2007, S. 202; Fock, UR 2006, 558; Kaune/Oulds, ZBB 2004, 114, 123; Leistikow/Ellermann, BB 2003, 2693, 2698; ähnlich Hermanns, ZIP 2004, 1297, 1302.
174 § 8b Abs. 1 Satz 2 KAGG; §§ 2 Abs. 4 Nr. 7, 50 Abs. 1 Satz 1 InvG a.F.; § 2 Abs. 4 Nr. 7, 50 Abs. 1 Satz 1 und 2 Nr. 4 InvG; Schmitt, in: B/S, Vor §§ 51-67 KAGG, Rn. 4; Fromm, S. 14; Paul, J.I.B.L. 1998, 185, 189; Laux, WM 1990, 1093, 1094.
175 Ende 2011 waren 33 luxemburgische SICAF registriert, die ein Vermögen von 10,4 Mrd. Euro verwalteten, vgl. CSSF, Rapport d'Activités 2011, Chapitre V, S. 107.
176 § 101 Abs. 1 InvG a.F.; § 61 Abs. 1 KAGG.

rer sechs Monate mussten mindestens 75 Prozent der ausgegebenen Aktien im Publikum gestreut sein[177]. Den Initiatoren bleibe, so die Kritiker, infolge dieser Regelungen der volle Genuss der Früchte ihrer Schöpfung verwehrt[178]. Diese Kritik ging fehl, da das Geschäftsziel der Initiatoren einer Publikums-InvAG darin besteht, durch die Verwaltung des Vermögens und die Erbringung damit zusammenhängender Dienstleistungen Einnahmen zu generieren[179]. Eine mehrheitliche Beteiligung an der InvAG ist nicht gewünscht. Im Übrigen bestand die Pflicht zum öffentlichen Angebot eines Großteils der Aktien gleichermaßen für die InvAG mit veränderlichem Kapital, die trotz dessen praktische Bedeutung erlangte.

d) Preisbildungsverfahren

Als weitere Schwäche der InvAG mit fixem Kapital wird das gesetzliche Preisbildungsverfahren genannt[180]. Die Aktien der Gesellschaft mussten gemäß dem „Leitgedanken aller Investmentfonds“[181] zum anteiligen Inventarwert ausgegeben werden[182]. Da Anteile an geschlossenen Fonds unmittelbar nach der Erstausgabe dazu tendieren, mit einem Wertabschlag gehandelt zu werden[183], sei die Investmentbranche mit dem Vorwurf der „Abzockerei“ konfrontiert gewesen[184]. Diesem Vorwurf hätte aber durch eine alternative Gestaltung des Preisbildungsverfahrens[185] oder den kontrollierten Rückerwerb eigener Aktien[186] begegnet werden können.

e) Anlagespektrum

Schließlich wurde das Anlagespektrum der InvAG als wenig praxisgerecht empfunden[187]. Unter dem KAGG war der Erwerb von nicht börsennotierten Aktien

177 § 97 Abs. 3 InvG a.F.; § 51 Abs. 6 KAGG.
178 Köndgen, in: Bankrechts-Hdb., 2. Aufl., § 113 Rn. 146; Fromm, S. 13; Wegner, S. 47 f.; Fock/Hartig, in: FS Spiegelberger, 2009, S. 653, 655; Pluskat, WM 2005, 772, 773 f.; Hennrichs, 10. Berliner Steuergespräch, zitiert bei Welling/Kayser, FR 2004, 435, 438.
179 Wegner, S. 271 f.; C. Fischer, S. 185; G. Thoma/K. Steck, AG 2001, 330, 335; Pütz/Schmies, Absolut Report 2004, Nr. 22, S. 46, 50.
180 Schmitt, in: B/S, Vor §§ 61-67 KAGG, Rn. 4; Fromm, S. 13 f.; G. Thoma/K. Steck, AG 2001, 330, 331 ff.
181 Begr. RegE, BT-Drs. 13/8933, S. 130 re. Sp.
182 § 103 Abs. 2 Satz 1 InvG a.F.; § 63 Abs. 2 Satz 1 KAGG.
183 Vgl. G. Thoma/K. Steck, AG 2001, 330, 332; K. Steck, S. 78 f.
184 G. Thoma/K. Steck, AG 2001, 330, 330, 332.
185 Vorschläge bei G. Thoma/K. Steck, AG 2001, 330, 333 ff.
186 G. Thoma/K. Steck, AG 2001, 330, 332 in Anlehnung an die U.S.-amerikanischen *closed-end interval funds*, vgl. hierzu K. Steck, S. 74.
187 Fromm, S. 11; Hey, in: FS Rädler, 1999, S. 271, 291; Paul, J.I.B.L. 1998, 185, 188; G. Thoma/K. Steck, AG 2001, 330, 336.

auf 20 Prozent des Eigenkapitals der Gesellschaft begrenzt[188]. Insgesamt konnten bis zu 50 Prozent des Eigenkapitals in nicht börsennotierten Aktien und stillen Beteiligungen im Sinne von § 230 HGB angelegt werden[189]. Da Private Equity-Unternehmen typischerweise nicht börsennotiert sind, konnte die InvAG mit fixem Kapital die ihr vom Gesetzgeber zugedachte Funktion als Sammelstelle für Risikokapital nicht erfüllen[190]. Der Anlagestrategie eines Private-Equity-Fonds, die darin besteht, durch die aktive Einflussnahme auf die Geschäftspolitik der Zielgesellschaft deren Unternehmenswert zu verbessern, stand zudem entgegen, dass die InvAG mit fixem Kapital maximal 10 Prozent der stimmberechtigten Anteile einer Zielgesellschaft halten durfte[191].

Im Zuge des InvModG nahm der Gesetzgeber stillschweigend von seinem Ziel Abstand, die InvAG mit fixem Kapital als Vehikel zur Bereitstellung von Wagniskapital einzusetzen[192]. Das Anlagespektrum der InvAG wurde weitgehend an das des Sondervermögens angeglichen und der Erwerb von Unternehmensbeteiligungen auf 10 Prozent des Wertes des Gesellschaftsvermögens begrenzt[193]. Stattdessen klingt in der Regierungsbegründung der Wille des Gesetzgebers an, die InvAG als Plattform für die Auflegung von Hedgefonds anzubieten, die in §§ 112 ff. InvG Eingang gefunden hatten[194]. Hedgefonds gelten als besonders risikoreiche Investmentvermögen, da ihre Anlagestrategie durch Leerverkäufe oder eine grundsätzlich unbeschränkte Kreditaufnahme gekennzeichnet ist[195]. Die InvAG mit fixem Kapital sollte den Vorteil eines vereinfachten Markteintritts bieten[196], da das Anfangskapital von mindestens 300.000 Euro[197] hinter dem nach damals geltendem Recht erforderlichen Anfangskapital der KAG von mindestens 730.000 Euro[198] zurückblieb. Diesen Vorteil besaß jedoch auch die InvAG mit veränderlichem Kapital. Schließlich war der InvAG mit fixem Kapital der Erwerb von Immobilien und Beteiligungen an Immobilien-Gesellschaften untersagt[199]. Für diese illiquiden Anlagegegenstände hätte sich

---

188 § 58 Abs. 1 KAGG.

189 § 58 Abs. 2 Satz 1 KAGG.

190 Vgl. Fromm, S. 10; Baums/Kiem, in: FS Hadding, 2004, S. 741, 742; G. Thoma/K. Steck, AG 2001, 330, 336; Schmitt, in: B/S, § 58 Rn. 2.

191 § 56 KAGG; Fromm, S. 10 f.; Hey, in: FS Rädler, 1999, S. 271, 291.

192 So auch Fock/Hartig, in: FS Spiegelberger, 2009, S. 653, 656.

193 § 99 Abs. 3 i.V.m. § 52 Abs. 1 Nr. 1 InvG a.F.

194 Begr. RegE, BT-Drs. 15/1553, S. 2, 104 li. Sp.

195 Vgl. § 112 Abs. 1 InvG.

196 Begr. RegE, BT-Drs. 15/1553, S. 2, 104 li. Sp.

197 § 97 Abs. 1 Satz 2 Nr. 1 InvG a.F.

198 § 11 Abs. 1 Nr. 1 1. Hs. InvG a.F.

199 § 96 Abs. 2 Satz 2 InvG a.F. enthielt keinen Verweis auf § 2 Abs. 4 Nr. 5 und 6 InvG a.F.; kritisch Lang, WM 2004, 53, 55.

die InvAG mit fixem Kapital aufgrund des fehlenden Rückgaberechts aber besonders angeboten[200].

5. Wiedereinführung der InvAG mit fixem Kapital durch das AIFM-UmsG

Nach der Abschaffung der InvAG mit fixem Kapital konzentrierten sich die Bestrebungen des Gesetzgebers zur Regulierung geschlossener Anlagegesellschaften auf andere Spezialgesetze. Neben der bereits seit 1986 existierenden Unternehmensbeteiligungsgesellschaft[201] wurde 2008[202] die Wagniskapitalbeteiligungsgesellschaft eingeführt[203]. Zudem ist seit 2007 die Gründung einer REIT-AG möglich[204]. Hierbei handelt es sich um einen geschlossenen Fonds in der Rechtsform der AG, deren Kerngeschäft im Halten und der Bewirtschaftung von Immobilien besteht und deren Aktien zwingend börsennotiert sind[205].

Eine neue Ära der Regulierung geschlossener Investmentvermögen wurde mit der AIFM-RL vom 8. Juni 2011[206] eingeläutet. Die AIFM-RL harmonisiert die Bedingungen für die Verwalter alternativer Investmentfonds (sog. AIFM). Unter den Begriff des alternativen Investmentfonds (AIF) fällt jeder Organismus für gemeinsame Anlagen, der von einer Anzahl von Anlegern Kapital einsammelt, um es gemäß einer festgelegten Anlagestrategie zum Nutzen dieser Anleger zu investieren, und keine Genehmigung nach der OGAW-RL benötigt[207].

Der vom BMF vorgelegte Diskussionsentwurf des AIFM-UmsG[208] vom 20. Juli 2012 sieht die Ersetzung des InvG durch ein neu geschaffenes Kapitalanlagegesetzbuch (KAGB) vor, das erstmals sowohl offene als auch geschlossene Investmentvermögen erfasst. Die unter dem KAGB geregelten Investmentvermögen werden in OGAW und AIF unterteilt. OGAW sind nach der

200 DAI, Stellungnahme InvModG, S. 3.

201 §§ 1a Abs. 1 und 3, 2 Abs. 2 UBGG; hierzu Vollmer, in: B/S/V, Kz. 454, Rn. 99 ff.; Fock/Hartig, in: FS Spiegelberger, 2009, S. 653, 655.

202 Das WKBG wurde durch Art. 1 des Gesetzes zur Modernisierung der Rahmenbedingungen für Kapitalbeteiligungen (MoRaKG) vom 12.8.2008, BGBl. I 2008, 1672, eingeführt.

203 Wagniskapitalbeteiligungsgesellschaften zeichnen sich dadurch aus, dass sie mindestens 70 Prozent ihres Vermögens in Eigenkapitalbeteiligungen an Zielgesellschaften anlegen, vgl. § 2 Abs. 1, Abs. 2 Satz 1, 9 Abs. 1 Satz 1 WKBG.

204 Das REITG wurde durch Art. 1 des Gesetzes zur Schaffung deutscher Immobilien-AGen mit börsennotierten Anteilen vom 28.5.2007, BGBl. I 2007, 914, eingeführt.

205 § 1 Abs. 1 REITG; Begr. RegE, BT-Drs. 16/4026, S. 23 li. Sp.

206 RL 2011/61/EU des Europäischen Parlaments und des Rates vom 8.6.2011 über die Verwalter alternativer Investmentfonds und zur Änderung der RL 2003/41/EG und 2009/65/EG und der Verordnungen (EG) Nr. 1060/2009 und (EU) Nr. 1095/2010, ABl. Nr. L 174 vom 1.7.2011, S. 1.

207 Art. 4 Abs. 1 lit. a AIFM-RL.

208 Entwurf eines Gesetzes zur Umsetzung der Richtlinie 2011/61/EU über die Verwalter alternativer Investmentfonds (AIFM-Umsetzungsgesetz).

RL 2009/65/EG ausgestaltete, offene Investmentvermögen. AIF sind offene oder geschlossene Investmentvermögen, bei denen es sich nicht um OGAW handelt[209]. Zu den AIF zählen beispielsweise die bislang im InvG geregelten Spezialfonds und Hedgefonds.

Der Entwurf des KAGB sieht die Wiedereinführung der InvAG mit fixem Kapital als Vehikel für die Auflegung geschlossener AIF vor[210]. Die InvAG mit fixem Kapital unterliegt grundsätzlich dem AktG einschließlich der aktienrechtlichen Kapitalvorschriften[211]. Eine Unterteilung der Aktien in Unternehmens- und Anlageaktien findet nicht statt[212]. Im Unterschied zu der 1998 eingeführten InvAG mit fixem Kapital besteht keine Pflicht zur Börsennotierung. Die InvAG mit fixem Kapital kann intern verwaltet werden oder eine externe Verwaltungsgesellschaft benennen[213]. Die Gesellschaft besteht entweder als geschlossene Publikums-InvAG, deren Aktien auch von Privatanlegern erworben werden können, oder als geschlossene Spezial-InvAG, deren Anlegerkreis auf professionelle Anleger begrenzt ist[214]. In beiden Fällen muss das Investmentvermögen überwiegend in Vermögenswerte investiert sein, die keine Finanzinstrumente im Sinne der AIFM-RL sind, wie z.B. Immobilien oder Flugzeuge[215]. Wird die Spezial-InvAG mit fixem Kapital als Private Equity-Fonds ausgestaltet, bestehen Sonderregeln, die eine Zerschlagung der Zielgesellschaft in den ersten zwei Jahren nach dem Kontrollerwerb verhindern sollen[216].

IV. Die InvAG mit veränderlichem Kapital

1. Einführung durch das InvModG

Die InvAG mit veränderlichem Kapital trat im Rahmen des InvModG als neue Gesellschaftsform neben die InvAG mit fixem Kapital (§§ 96 bis 106 InvG a.F.). Ziel des am 1. Januar 2004 in Kraft getretenen Gesetzes waren die Modernisierung des Investmentrechts sowie die Umsetzung der RL 2001/107/EG und der RL 2001/108/EG. Zugleich wurden die bisherigen Regelungen des KAGG und des AuslInvestmG im neu geschaffenen InvG und InvStG zusammenge-

---

209 § 1 Abs. 3 Satz 1 und 2 KAGB-E.
210 §§ 136 ff. KAGB-E. Als weitere Rechtsform für geschlossene AIF wird die geschlossene Investmentkommanditgesellschaft eingeführt, vgl. §§ 145 ff. KAGB-E.
211 § 136 Abs. 1 und 2 KAGB-E; Begr. DiskE zum AIFM-UmsG, S. 422.
212 Begr. DiskE zum AIFM-UmsG, S. 423.
213 § 140 KAGB-E.
214 § 138 KAGB-E. Professionelle Anleger sind professionelle Kunden im Sinne von Anhang II RL 2004/39/EG. Alle übrigen Anleger sind Privatanleger, vgl. § 1 Abs. 67 KAGB-E.
215 §§ 225 ff. KAGB-E für geschlossene Publikums-AIF und §§ 253 ff. KAGB-E für geschlossene inländische Spezial-AIF.
216 §§ 256 ff. KAGB-E.

fasst[217]. Die Kapitalstruktur der InvAG sollte eine flexible Aktienausgabe und -rücknahme ermöglichen. Die lange Zeit nicht gewagte „Revolution für das deutsche Gesellschaftsrecht“[218] war damit vollzogen.

Die Einführung der InvAG ist vor dem Hintergrund des Erfolgs vergleichbarer Gesellschaftsformen konkurrierender Fondsstandorte zu sehen, zu denen namentlich die luxemburgische SICAV zählt[219]. Nach den Vorstellungen des Gesetzgebers sollte sich die InvAG wie die luxemburgische SICAV als alternative Anlageform neben dem Sondervermögen etablieren[220] und hierbei vor allem als Vehikel für die Auflegung von Hedgefonds dienen[221].

In den Folgejahren gelang es der InvAG nicht, an den Erfolg ihres luxemburgischen Vorbilds anzuknüpfen. Unklarheiten über ihre Finanzverfassung, die sich aus der weitgehenden Anwendbarkeit der Vorschriften des AktG über die Kapitalaufbringung und -erhaltung ergaben, standen ihrem Durchbruch im Wege[222]. Auch blieb der Wunsch der Praxis nach einer an die Bedürfnisse des Investmentgeschäfts angepassten Organisationsverfassung unerfüllt[223]. Aufgrund dieser Defizite konnte es nicht verwundern, dass Ende 2007 nur acht InvAGen mit veränderlichem Kapital zu verzeichnen waren[224].

2. Neugestaltung der Rahmenbedingungen durch das InvÄndG

Diese wenig zufriedenstellende Bilanz veranlasste den Gesetzgeber, den gesetzlichen Rahmen der InvAG mit veränderlichem Kapital grundlegend zu überarbeiten. Ziel des am 28. Dezember 2007 in Kraft getretenen InvÄndG war, die Attraktivität des Investmentstandorts zu verbessern und der Abwanderung von Investmentvermögen an andere Investmentstandorte entgegenzuwirken[225]. Die InvAG sollte praxisgerecht ausgestaltet werden, um als „organisationsrechtliche Form eines Investmentfonds“ und damit als gleichwertige Alternative zum Sondervermögen zu bestehen[226]. Um dieses Ziel zu erreichen, wurden die Vorschriften des AktG, die für die InvAG nach § 99 Abs. 1 InvG grundsätzlich Anwendung fanden, weitgehend durch investmentrechtliche Sonderregelungen ersetzt.

217 Begr. RegE, BT-Drs. 15/1553, S. 1.
218 Köndgen/Schmies, in: WM 2004, Heft 11, Sonderbeil. Nr. 1, S. 2, 17.
219 Begr. RegE, BT-Drs. 15/1553, S. 106 li. Sp.; K. Steck/C. Fischer, IFLR 2010, 58.
220 Begr. RegE, BT-Drs. 15/1553, S. 104 li. Sp., 106 li. Sp.
221 Zur InvAG als Vehikel für Hedgefonds ausführlich Wegner, S. 351 ff.; Pütz/Schmies, Absolut Report 2004, Nr. 19, S. 50 ff.; Nr. 22, S. 46 ff.
222 Wegner, S. 50; Wallach, Der Konzern 2007, 487, 488; Heeren/v. Tiling, in: Kempf, Investmentrecht 2007, S. 202 f.
223 Köndgen/Schmies, WM 2004, Heft 11, Sonderbeil. Nr. 1, S. 2, 17.
224 BaFin, Jahresbericht 2007, S. 162.
225 Begr. RegE, BT-Drs. 16/5576, S. 48 li. Sp.
226 Begr. RegE, BT-Drs. 16/5576, S. 83 li. Sp.

Rechtsunklarheiten, die im Hinblick auf die Finanzverfassung der Gesellschaft bestanden, sollten durch die „vollständige Entkopplung“ der Gesellschaft von den aktienrechtlichen Kapitalmaßnahmen beseitigt werden[227]. Die Abkehr von der aktienrechtlichen Finanzverfassung wurde durch die Aufhebung der aktienrechtlichen Satzungsstrenge (§ 23 Abs. 5 AktG) vervollständigt. Die Rechnungslegung der InvAG, die bislang weitgehend den aktien- und handelsrechtlichen Bestimmungen folgte, wurde inhaltlich weitgehend an die des Sondervermögens angeglichen[228]. Darüber hinaus wurde mit der Einteilung der Aktien der InvAG in „Unternehmensaktien“ und „Anlageaktien“ eine Corporate Governance geschaffen, die sich maßgeblich von der Organisationsverfassung der AG unterscheidet. Schließlich wurde klargestellt, dass die InvAG ihre Aktien unter dem produktbezogenen Europäischen Pass der OGAW-RL vertreiben darf[229].

3. Fortentwicklung im Rahmen des OGAW-IV-UmsG

Im Rahmen des OGAW-IV-UmsG, das der Umsetzung der RL 2009/65/EG diente, wurde der Rechtsrahmen der InvAG angepasst. Zu den wesentlichen Änderungen gehören die Fremdverwaltung der InvAG durch eine EU-Verwaltungsgesellschaft[230], die Beschränkung des Rückgaberechts der Unternehmensaktionäre[231] und die Neuregelung der Verschmelzung[232]. Zudem wurde klargestellt, dass die InvAG ein Betriebsvermögen erwerben darf[233] und eine fremdverwaltete InvAG, deren Anlageaktien an einer Börse notiert sind, nicht als börsennotiert oder kapitalmarktorientiert im Sinne von § 3 Abs. 2 BörsG, § 264d HGB gilt[234].

4. Ausblick auf das AIFM-UmsG

Der Diskussionsentwurf des AIFM-UmsG vom 20. Juli 2012 übernimmt die InvAG mit einigen Änderungen, die vor allem der neuen Systematik des Gesetzes geschuldet sind, in das neu geschaffene KAGB[235]. Um die InvAG von der wieder eingeführten InvAG mit fixem Kapital zu unterscheiden, wird der Zusatz „mit veränderlichem Kapital“, der im Zuge des InvÄndG entfallen war, wieder

227 Begr. RegE, BT-Drs. 16/5576, S. 88 li. Sp.
228 Begr. RegE, BT-Drs. 16/5576, S. 50 re. Sp; vgl. Sedlmaier, WM 2010, 1437, 1440 ff.
229 Begr. RegE, BT-Drs. 16/5576, S. 50 re. Sp., S. 83 li. Sp.
230 § 96 Abs. 4 S. 1 InvG.
231 § 105 Abs. 2 S. 3 InvG.
232 § 99 Abs. 6 InvG.
233 § 99 Abs. 3 S. 2 InvG.
234 § 99 Abs. 1 S. 2 InvG.
235 §§ 104 ff. KAGB-E. Als weitere Rechtsform für offene AIF wird die offene Investmentkommanditgesellschaft eingeführt, vgl. §§ 120 ff. KAGB-E.

verwendet. Die InvAG kann OGAW oder AIF verwalten. Je nach Art des verwalteten Vermögens und des Anlegerkreises handelt es sich um eine OGAW-InvAG, AIF-Publikums-InvAG oder Spezial-InvAG[236]. Publikums-AIF können als Gemischte Investmentvermögen, Sonstige Investmentvermögen oder Dach-Hedgefonds aufgelegt werden[237]. Die Spezial-InvAG, die sich ausschließlich an professionelle Anleger richtet[238], kann auch Hedgefonds oder sog. Spezial-Investmentvermögen mit festen Anlagebedingungen auflegen[239].

Der Entwurf des KAGB differenziert deutlicher als das InvG zwischen der selbstverwaltenden und der fremdverwalteten (künftig: intern und extern verwalteten[240]) InvAG. Diese Unterscheidung macht sich insbesondere bei der Erlaubnispflicht und den Kapitalanforderungen bemerkbar. Während die intern verwaltete OGAW- oder AIF-InvAG ein vollständiges Erlaubnisverfahren durchlaufen muss[241] und für die extern verwaltete OGAW-InvAG ein erleichtertes Erlaubnisverfahren besteht[242], wird die Erlaubnispflicht für die extern verwaltete AIF-InvAG abgeschafft[243]. Die intern verwaltete InvAG muss wie bisher ein Anfangskapital von mindestens 300.000 Euro haben[244]. Die extern verwaltete InvAG muss dagegen nur das aktienrechtliche Mindestkapital aufbringen[245]. Neben dem Anfangskapital muss die intern verwaltete AIF-InvAG (AIF-KVG) entsprechend den Vorgaben der AIFM-RL über zusätzliche Eigenmittel oder eine geeignete Versicherung verfügen, um potenzielle Berufshaftungsrisiken abzudecken[246]. Schließlich verlangt das KAGB anders als das InvG nicht mehr, dass die InvAG innerhalb von sechs Monaten nach der Eintragung im Handelsregister ein Mindestgesellschaftsvermögen von 1,25 Mio. Euro erreichen muss[247].

---

236 § 106 Abs. 2 Satz 1 KAGB-E.
237 § 210 KAGB-E.
238 §§ 1 Abs. 17, 106 Abs. 3 KAGB-E. Professionelle Anleger sind professionelle Kunden im Sinne von Anhang II RL 2004/39/EG (§ 1 Abs. 67 KAGB-E). Hierzu gehören z.B. Kreditinstitute, Wertpapierfirmen und Unternehmen, die bestimmte Schwellenwerte überschreiten.
239 §§ 250 f., 252 KAGB-E. Spezial-Investmentvermögen mit festen Anlagebedingungen entsprechen den bisherigen Spezialfonds, Begr. DiskE zum AIFM-UmsG, S. 469.
240 § 108 Abs. 1 KAGB-E.
241 Vgl. §§ 21, 22 KAGB-E.
242 § 109 KAGB-E.
243 Dies wird damit begründet, dass die AIFM-RL nur für den AIFM (die externe KVG) eine Zulassungspflicht begründet, Begr. DiskE zum AIFM-UmsG, S. 406.
244 § 25 Abs. 1 Nr. 1 KAGB-E, vgl. Begr. DiskE zum AIFM-UmsG, S. 407.
245 In diesem Fall unterliegt die externe KVG den Vorschriften über das Anfangskapital und die zusätzlichen Eigenmittel, vgl. Begr. DiskE zum AIFM-UmsG, S. 407.
246 § 25 Abs. 5 KAGB-E.
247 Die Abschaffung wird damit begründet, dass dieser Schwellenwert auf keiner europäischen Richtlinie beruht, vgl. Begr. DiskE zum AIFM-UmsG, S. 407.

2. Teil: Die InvAG als besondere Form der AG

1. Abschnitt: Die Entstehung der InvAG

§ 4 Gründung, Erlaubnisverfahren und gesellschaftsrechtliche Dokumentation

A. Die gesellschaftsrechtliche Gründung

I. Das Gründungsverfahren

Die Gründung der InvAG richtet sich nach den für die Gründung der AG geltenden Regeln[248]. Es sind jedoch einige Besonderheiten zu beachten, die sich vor allem daraus ergeben, dass die InvAG zur Aufnahme ihres Geschäftsbetriebs der Erlaubnis der BaFin bedarf (vgl. § 97 Abs. 1 Satz 1 InvG).

Wie die klassische AG kann auch die InvAG einen oder mehrere Gründer haben[249], bei denen es sich um natürliche oder juristische Personen, Personenhandelsgesellschaften oder BGB-Gesellschaften handeln kann[250]. Die Gesellschaft wird durch die Feststellung der Satzung und die auf die Übernahme aller Aktien gerichtete Erklärung der Gründer errichtet[251]. Es entsteht eine Vorgesellschaft[252], die die ggf. mit dem Abschluss eines Vorvertrags entstandene Vorgründungsgesellschaft ablöst und mit der Eintragung im Handelsregister zur InvAG wird[253]. Die Satzung der InvAG wird in notariell beurkundeter Form festgestellt[254]. Sodann bestellen die Gründer den ersten Aufsichtsrat, dem nach den Vorschriften des AktG mindestens drei Personen angehören müssen[255], und den ersten Abschlussprüfer in notariell beurkundeter Form[256]. Der erste Auf-

---

248 § 99 Abs. 1 InvG i.V.m. §§ 23 ff. AktG.

249 § 99 Abs. 1 InvG i.V.m. §§ 2, 28 AktG. Ein Vermögen zur gemeinschaftlichen Kapitalanlage im Sinne von § 1 Satz 2 InvG liegt auch bei der Beteiligung von einem Anleger vor, sofern weitere Anleger zugelassen sind, BaFin, Fragenkatalog zum Anwendungsbereich des InvG nach § 1 Satz 1 Nr. 3 InvG und zum Rundschreiben 14/2008 (WA), Stand: 21.1.2010.

250 Heider, in: MünchKommAktG, § 2 Rn. 9 ff.; Drescher, in: Spindler/Stilz, AktG, § 2 Rn. 7 ff.

251 § 99 Abs. 1 InvG i.V.m. §§ 23 Abs. 1 Satz 1, 29 AktG.

252 C. Fischer, S. 30; Fromm, S. 23; Wegner, S. 89.

253 Zu den Gründungsstadien der AG vgl. Pentz, in: MünchKommAktG, § 41 Rn. 8 ff.

254 § 99 Abs. 1 InvG i.V.m. § 23 Abs. 1 Satz 1 AktG.

255 § 99 Abs. 1 InvG i.V.m. § 95 AktG. Arbeitnehmervertreter sind im Gründungsstadium nicht zu bestellen, § 30 Abs. 2 AktG. Gleiches gilt für das unabhängige Aufsichtsratsmitglied, da § 106a Satz 2 i.V.m. § 6 Abs. 2a Satz 1 InvG auf die spätere Wahl des Aufsichtsrats durch die Hauptversammlung gemäß § 101 Abs. 1 AktG abstellt.

256 § 99 Abs. 1 InvG i.V.m. § 30 Abs. 1 AktG, § 319 Abs. 1 HGB.

sichtsrat bestellt den ersten Vorstand[257], der in Abweichung von den Vorgaben des Aktienrechts mindestens zwei Mitglieder haben muss (Vier-Augen-Prinzip), die zuverlässig sein und die zur Leitung der InvAG erforderliche Eignung haben müssen[258]. Für diesen Akt besteht kein besonderes Formerfordernis[259]. Die Gründer müssen einen schriftlichen Bericht über den Hergang der Gründung verfassen (Gründungsbericht)[260]. Die Mitglieder von Vorstand und Aufsichtsrat und in bestimmten Fällen, vor allem bei Identität der Organmitglieder mit den Gründern, zusätzlich ein oder mehrere externe Gründungsprüfer müssen den Hergang der Gründung prüfen und hierüber schriftlich berichten (Gründungsprüfungsbericht)[261]. Die Gesellschaft ist von allen Gründern und den Mitgliedern von Vorstand und Aufsichtsrat zur Eintragung in das Handelsregister anzumelden[262]. Der Anmeldung sind insbesondere die Satzung, die Bestellungsurkunden von Vorstand und Aufsichtsrat, eine Liste der Aufsichtsratsmitglieder, der Gründungsbericht und der Gründungsprüfungsbericht von Vorstand und Aufsichtsrat sowie ggf. der externe Gründungsprüfungsbericht beizufügen[263]. Seit dem Gesetz zur Modernisierung des GmbH-Rechts und zur Bekämpfung von Missbräuchen[264] kann die AG in das Handelsregister eingetragen werden, ohne dass der Anmeldung ein Nachweis über die Erteilung der ggf. nach Spezialgesetzen erforderlichen Erlaubnis beigefügt werden muss[265]. Auf die Gründung der InvAG wirkt sich diese Änderung nicht aus, da das Registergericht die Eintragung nach § 3 Abs. 4 InvG i.V.m. § 43 Abs. 1 KWG erst dann vornehmen kann, wenn die Erlaubnis vorliegt[266]. Die InvAG kann daher erst nach Abschluss des Erlaubnisverfahrens in das Handelsregister eingetragen werden[267]. In der Anmeldung zum Handelsregister müssen die Anmeldenden erklären, dass der auf die Aktien entfallende eingeforderte Betrag ordnungsgemäß eingezahlt wurde und zur endgültigen freien Verfügung des Vorstands steht[268]. Die Erklärung ist insbesondere im Hinblick auf die zivilrechtliche (§§ 46, 48 AktG) und straf-

257 § 99 Abs. 1 InvG i.V.m. § 30 Abs. 4 AktG.
258 §§ 106 Satz 1, 97 Abs. 1 Satz 3 Nr. 3 InvG.
259 Hüffer, AktG, § 30 Rn. 12.
260 § 99 Abs. 1 InvG i.V.m. § 32 AktG.
261 § 99 Abs. 1 InvG i.V.m. §§ 33 Abs. 1 und 2, 34 AktG.
262 § 99 Abs. 1 InvG i.V.m. § 36 Abs. 1 AktG.
263 § 99 Abs. 1 InvG i.V.m. § 37 Abs. 4 AktG.
264 BGBl. I 2008, 2026.
265 Zur Aufhebung von § 35 Abs. 4 Nr. 5 AktG a.F. vgl. Begr. RegE, BT-Drs. 16/6140, S. 34 li. Sp.
266 Beckmann, in: B/S/V, Kz. 410, § 6 Rn. 15; Baur/Ziegler, Rn. 9/49, 9/78; mit abweichender Begr. C. Fischer, S. 31 f.
267 C. Fischer/K. Steck, in: B/S/L, § 96 InvG Rn. 21; Wegner, S. 88 f.
268 § 99 Abs. 1 InvG i.V.m. § 37 Abs. 1 Satz 1 und 2 AktG.

rechtliche (§ 399 Abs. 1 Nr. 1 AktG) Verantwortlichkeit der Gründer und Organmitglieder für unrichtige oder unvollständige Angaben anlässlich der Gesellschaftsgründung von Bedeutung.

Die auf die Aktien einer Publikums-InvAG zu leistenden Einlagen sind in bar zu erbringen[269]. Für die Gründung einer AG genügt es, wenn im Zeitpunkt der Handelsregisteranmeldung ein Viertel des geringsten Ausgabebetrages und das Agio in voller Höhe geleistet sind (§ 36a Abs. 1 AktG)[270]. Im Schrifttum wird angenommen, das Anfangskapital der InvAG müsse in Abweichung von den Regeln des Aktienrechts vollständig eingezahlt sein[271]. §§ 96 Abs. 5 Satz 1, 97 Abs. 1 Satz 3 Nr. 1 InvG lässt sich die Höhe des im Gründungszeitpunkt erforderlichen Kapitals nicht entnehmen, da diese Vorschriften lediglich den Mindestnennbetrag des Anfangskapitals festlegen. Das in § 103 InvG geregelte Gebot der vollständigen Zahlung des Ausgabepreises lässt ebenfalls keinen Rückschluss auf die Höhe der Einlage im Zeitpunkt der Handelsregisteranmeldung zu, da für die Ausgabe von Inhaberaktien einer AG ein vergleichbares Gebot besteht[272], ohne dass hierdurch von § 36a Abs. 1 AktG abgewichen würde. Aufschluss gibt aber § 96 Abs. 5 Satz 2 InvG, wonach das Gesellschaftsvermögen innerhalb von sechs Monaten nach der Eintragung der InvAG im Handelsregister einen Betrag von 1,25 Mio. Euro erreicht haben muss. Diese Vorschrift geht aufgrund des systematischen Zusammenhangs mit § 96 Abs. 5 Satz 1 InvG davon aus, dass die InvAG zu Beginn des Fristlaufs ein Gesellschaftsvermögen von mindestens 300.000 Euro hat. Somit muss das Anfangskapital der InvAG in Abweichung von § 36a Abs. 1 AktG bereits im Zeitpunkt der Anmeldung der Gesellschaft zur Eintragung in das Handelsregister vollständig eingezahlt sein[273].

Das Registergericht prüft die ordnungsgemäße Errichtung und Anmeldung der Gesellschaft und trägt die InvAG, sofern kein Eintragungshindernis besteht, in das Handelsregister ein[274]. Hiermit ist die InvAG als solche, d.h. als juristi-

---

269 Zum Sacheinlageverbot siehe A. II.

270 Die restliche Einlage ist nach § 63 Abs. 1 Satz 1 AktG auf Verlangen des Vorstands zu leisten.

271 Fromm, S. 25 f.; Pluskat, WM 2005, 772, 773.

272 §§ 10 Abs. 2 Satz 1, 93 Abs. 3 Nr. 4 AktG.

273 Dies gilt auch für das 300.000 Euro übersteigende Anfangskapital, da der Wertung von § 96 Abs. 5 Satz 1 und 2 InvG zu entnehmen ist, dass die InvAG bereits im Gründungsstadium vollständig kapitalisiert sein muss, weshalb der Zweck von § 36a Abs. 1 AktG, die Gesellschaft von der Aufbringung von in diesem Stadium nicht benötigem Kapital zu befreien (vgl. Pentz, in: MünchKommAktG, § 36a Rn 6; Arnold, in: KölnKommAktG, § 36a Rn. 2), nicht greift; a.A. C. Fischer, S. 27 f.

274 § 99 Abs. 1 InvG i.V.m. §§ 38, 39 AktG.

sche Person, entstanden[275]. Mit Erteilung der Erlaubnis durch die BaFin ist die Gesellschaft berechtigt, die Bezeichnung „Investmentaktiengesellschaft“ zu führen (§ 3 Abs. 2 InvG).

II. Das Verbot von Sacheinlagen

1. Inhalt

Die AG kann nicht nur im Wege der Bargründung, sondern auch durch Leistung von Sacheinlagen gegründet werden. Sacheinlagen sind nach § 27 Abs. 1 Satz 1 1. Alt. AktG Einlagen, die nicht in einer Geldzahlung des Ausgabebetrages bestehen. Als Sacheinlage können alle Vermögenswerte mit einem feststellbaren wirtschaftlichen Wert mit Ausnahme von Dienstleistungen eingebracht werden[276]. Die Sachgründung kann auch für die InvAG interessant sein. Die Gründer der InvAG sind oftmals Unternehmen, die über Vermögenswerte verfügen, die auch für das Portfolio der InvAG erworben werden dürfen. Ist die InvAG als Spezial-InvAG im Sinne von § 2 Abs. 5 Satz 2 InvG für einen institutionellen Anleger zur Anlage seiner eigenen Finanzprodukte „maßgeschneidert“, drängt sich die Einbringung dieser Vermögensgegenstände im Wege der Sacheinlage förmlich auf[277]. § 99 Abs. 3 Satz 1 i.V.m. § 23 Abs. 1 Satz 3 InvG untersagt der InvAG jedoch die Ausgabe von Aktien gegen Sacheinlagen. Eine gegen dieses Verbot verstoßende Sacheinlagevereinbarung ist nach § 134 BGB nichtig[278], so dass der Aktionär zur Leistung des Ausgabepreises in bar verpflichtet bleibt.

2. Reichweite

a) Sacheinlagen und Sachübernahmen

Sacheinlagen sind von Sachübernahmen abzugrenzen. Sachübernahmen sind vorhandene oder herzustellende Anlagen oder andere Vermögensgegenstände, deren Übernahme durch die Gesellschaft im Rahmen der Gründung vereinbart wird (vgl. § 27 Abs. 1 Satz 1 2. Alt. AktG). Von der Sacheinlage unterscheidet sich die Sachübernahme dadurch, dass die Gegenleistung der AG nicht in der Ausgabe von Aktien, sondern in der Zahlung einer Vergütung besteht[279]. Daher kann auch ein Dritter, d.h. ein Nichtaktionär, Partei einer Sachübernahmevereinbarung sein[280]. Für Sachübernahmen gelten – wie für Sacheinlagen auch – besondere Vorgaben zur Sicherung der Werthaltigkeit, zu denen namentlich die

---

275 § 99 Abs. 1 InvG i.V.m. § 41 Abs. 1 Satz 1 AktG.
276 § 27 Abs. 2 AktG.
277 Vgl. auch C. Fischer/K. Steck, in: B/S/L, § 103 InvG Rn. 6; Wegner, S. 94 f.
278 Baur, Investmentgesetze, § 21 KAGG Rn. 8.
279 Heidinger/Benz, in: Spindler/Stilz, AktG, § 27 Rn. 49.
280 BGHZ 28, 314, 318 f. = NJW 1959, 383; Hüffer, AktG, § 27 Rn. 5 m.w.N.

Überprüfung der Bewertung des einzubringenden Vermögensgegenstands durch externe Prüfer und das Registergericht gehören[281]. Da § 23 Abs. 1 Satz 3 InvG sich ausdrücklich nur auf Sacheinlagen bezieht, ist die Vereinbarung von Sachübernahmen zulässig[282]. Der Kreis der als Sachübernahme zulässigen Vermögensgegenstände wird über § 27 Abs. 2 AktG hinaus dadurch beschränkt, dass der Gegenstand nach dem InvG, der Satzung und den Anlagebedingungen der InvAG zum Erwerb zugelassen sein muss[283].

b) Verdeckte Sacheinlage

Eine verdeckte Sacheinlage liegt entsprechend § 27 Abs. 3 Satz 1 AktG vor, wenn die Geldeinlage eines Aktionärs bei wirtschaftlicher Betrachtung und auf Grund einer im Zusammenhang mit der Übernahme der Geldeinlage getroffenen Abrede vollständig oder teilweise als Sacheinlage zu bewerten ist. Besteht zwischen der Leistung der Bareinlage und ihrem Rückfluss an den Inferenten ein enger zeitlicher und sachlicher Zusammenhang, wird das Bestehen einer Umgehungsabrede vermutet[284]. Da das investmentrechtliche Sacheinlageverbot ebenso wie die besonderen Vorschriften des AktG über Sacheinlagen des Schutzes vor Umgehungen bedarf, fallen auch die Fallgestaltungen der verdeckten Sacheinlage unter den Verbotstatbestand[285]. Abweichend von § 27 Abs. 3 Satz 2 AktG sind die Rechtshandlungen zur Ausführung einer verdeckten Sacheinlage daher nichtig.

3. Geltungsgrund des Sacheinlageverbots für die Publikums-InvAG

Sacheinlagen stellen aufgrund des Risikos der Überbewertung des einzubringenden Gegenstands eine Gefahr für den Grundsatz der realen Kapitalaufbringung dar. Das AktG begegnet dieser Gefahr vor allem durch die Publizität der Sacheinlage in der Satzung bzw. im Kapitalerhöhungsbeschluss[286], der Werthal-

---

281 Siehe 3.
282 Eckhold, ZGR 2007, 654, 667; Baur, Investmentgesetze, § 21 KAGG Rn. 6; ders., in: Hdb. Kapitalanlagerecht, § 20 Rn. 280; Schödermeier/Baltzer, in: B/S, § 21 KAGG Rn. 9; v. Caemmerer, JZ 1958, 41, 47 Fn. 52; Schuler, NJW 1957, 1049, 1051; kritisch Köndgen, in: B/S/L, § 23 InvG Rn. 8.
283 Schödermeier/Baltzer, in: B/S, § 21 KAGG Rn. 9; v. Caemmerer, JZ 1958, 41, 47; Eckhold, ZGR 2007, 654, 667.
284 BGH NZG 2008, 311, 312 m.w.N.; Heidinger/Benz, in: Spindler/Stilz, AktG, § 27 Rn. 170; Bayer, in: Schmidt/Lutter, AktG, § 27 Rn. 63.
285 So auch Heeren/v. Tiling, in: Kempf, Investmentrecht 2007, S. 215 f.; Kempf/Tratz, Investmentrecht 1998, S. 274.
286 §§ 27 Abs. 1 Satz 1, 183 Abs. 1 Satz 1, 194 Abs. 1 Satz 1 AktG. Bei der Kapitalerhöhung gegen Sacheinlagen aus genehmigtem Kapital erfolgt die Festsetzung im Zeichnungsschein, § 205 Abs. 2 Satz 1 AktG.

tigkeitsprüfung durch die Verwaltungsmitglieder[287] sowie durch gerichtlich bestellte Prüfer und das Registergericht[288], der Differenzhaftung des Inferenten[289] und der zivil- und strafrechtlichen Verantwortlichkeit der Gründer und der Organmitglieder für die Richtigkeit und Vollständigkeit der im Zusammenhang mit der Gründung gemachten Angaben[290]. Umgehungen werden von den Nachgründungsvorschriften (§ 52 AktG) und den Grundsätzen der verdeckten Sacheinlage erfasst. Angesichts dieser Schutzmaßnahmen stellt sich die Frage, weshalb für die InvAG ein Sacheinlageverbot gilt.

a) Vermeidung von Bewertungsfehlern

Ausweislich der Regierungsbegründung zum Dritten FMFG soll das Sacheinlageverbot verhindern, dass die InvAG das Risiko der zutreffenden Bewertung und Liquidation der einzubringenden Gegenstände zum Nachteil der übrigen Aktionäre eingeht[291]. Entsprechend wird das nach § 23 Abs. 1 Satz 3 InvG für das Sondervermögen geltende Sacheinlageverbot begründet[292].

Es ist jedoch zweifelhaft, ob die Gefahr der Überbewertung des Einlagegegenstands das Sacheinlageverbot rechtfertigen kann. Das Bewertungsrisiko ist bei der InvAG im Vergleich zur AG eher geringer zu veranschlagen[293], da das InvG Vorgaben für den Wertansatz der Anlagegegenstände enthält, die durch die InvRBV konkretisiert werden[294], und die Prüfung der Werthaltigkeit in Anbetracht der börsentäglichen Ermittlung des Aktienwerts zu den laufenden Aufgaben der InvAG oder Depotbank gehört[295]. Die BaFin kann die Bewertung der Vermögensgegenstände anhand des Jahres- und Halbjahresberichts der InvAG, die eine detaillierte Vermögensaufstellung enthalten müssen[296], nachvollziehen[297]. Handelt es sich bei den einzubringenden Gegenständen um Betriebsmit-

---

287 §§ 33 Abs. 1, 34 Abs. 1 Nr. 2, Abs. 2 Satz 2, 183 Abs. 3 AktG.

288 §§ 33 Abs. 2 Nr. 4, 34 Abs. 1 Nr. 2, Abs. 2 Satz 2, 38 Abs. 2 Satz 2, 183 Abs. 3 AktG. Unter den Voraussetzungen von § 33a AktG kann von einer externen Gründungsprüfung abgesehen werden.

289 BGHZ 64, 52, 62 = NJW 1975, 974; BGHZ 68, 191, 195 = NJW 1977, 1196; Hüffer, AktG, § 9 Rn. 6.

290 §§ 46, 48, 399 AktG.

291 Begr. RegE, BT-Drs. 13/8933, S. 130 re. Sp. zu § 63 KAGG; ebenso C. Fischer/K. Steck, in: B/S/L, § 103 InvG Rn. 2; Beckmann, in: B/S/V, Kz. 410, § 23 Rn. 6; Wegner, S. 93.

292 Beckmann, in: B/S/V, Kz. 410, § 23 Rn. 6; Obermann/Brill/Heeren, DStZ 2009, 162, 155; Helios/Löschinger, DB 2009, 1724, 1727.

293 A.A. Wegner, S. 93 f. Fn. 176.

294 § 99 Abs. 3 Satz 1 i.V.m. § 36 Abs. 2 bis 4 InvG; § 30 i.V.m. §§ 23 ff. InvRBV.

295 § 99 Abs. 3 Satz 1 i.V.m. § 36 Abs. 1 Satz 2 InvG; Eckhold, ZGR 2007, 654, 667.

296 § 110 Abs. 2 Satz 2, § 99 Abs. 3 Satz 1 i.V.m. § 44 Abs. 1 Satz 3 Nr. 1, § 111 Abs. 1 Satz 1 InvG.

297 Beckmann, in: B/S/V, Kz. 410, § 44 Rn. 2.

tel, ist das Bewertungsrisiko zwar größer, weil das InvG für die Bewertung dieser Vermögensgegenstände keine Vorgaben macht[298]. Der Erwerb von Betriebsvermögen ist allerdings nur insoweit gestattet, als es für das Investmentgeschäft notwendig ist[299], weshalb die Anschaffung von Betriebsmitteln mit der Gesellschaftsgründung im Wesentlichen abgeschlossen ist. Zudem wirkt sich die Bewertung der Betriebsmittel nicht auf den Wert der Anlageaktien aus, wenn diese ausschließlich an der Wertentwicklung des Anlagevermögens teilnehmen[300].

b) Verhinderung einer missbräuchlichen Ausnutzung der Machtstellung der Unternehmensaktionäre

Das Sacheinlageverbot könnte berechtigt sein, weil es dazu beiträgt, eine missbräuchliche Ausnutzung der Machtstellung der Unternehmensaktionäre zu verhindern.

Die Unternehmensaktionäre haben als Gründer der InvAG und in der Hauptversammlung regelmäßig allein stimmberechtigte Aktionäre[301] einen maßgeblichen Einfluss auf den Vorstand. Wäre es den Unternehmensaktionären gestattet, ihre Einlagen in Sachwerten zu leisten, könnte zu befürchten sein, dass die Unternehmensaktionäre ihren Einfluss nutzen, um Anlagegegenstände in die Gesellschaft einzubringen, deren Erwerb nicht im Anlegerinteresse liegt, z.B. weil sie stark überbewertet sind. Die Gefahr eines solchen Missbrauchs ist aber gering, weil die Unternehmensaktionäre ein Eigeninteresse am wirtschaftlichen Erfolg der InvAG haben. Das Anliegen der Interessenkonfliktvermeidung würde zudem nur dann zur Rechtfertigung des Sacheinlageverbots taugen, wenn Vereinbarungen zwischen den Unternehmensaktionären und der Gesellschaft mit einem vergleichbaren Missbrauchspotenzial ebenfalls untersagt wären. Das ist aber nicht der Fall. Zwar ist der Spielraum für Sachübernahmen gering, da solche Vereinbarungen aufgrund ihrer zeitlichen Nähe zur Einlageleistung Gefahr laufen, als Sacheinlage qualifiziert zu werden[302]. Einbringungsverträge, die keine Nähe zu Kapitalmaßnahmen aufweisen, sind dagegen im Hinblick auf das Sacheinlageverbot nicht zu beanstanden. Insbesondere gilt das Verbot, Rechtsgeschäfte mit der InvAG über den Erwerb oder die Veräußerung von Vermö-

---

298 Heeren/v. Tiling, in: Kempf, Investmentrecht 2007, S. 213; Sedlmaier, WM 2010, 1437, 1440.

299 § 99 Abs. 3 Satz 2 InvG.

300 Siehe § 5 C. IV. 1b) cc) zu den Gestaltungsmöglichkeiten.

301 Vgl. § 96 Abs. 1b Satz 1 und 4, Abs. 1c Satz 2 InvG.

302 Sachübernahmen werden als Sacheinlagen behandelt, wenn die Vereinbarung eine Verrechnung mit der Vergütung mit der Einlageschuld vorsieht (§ 27 Abs. 1 Satz 2 AktG) oder die Gesellschaft bei wirtschaftlicher Betrachtung statt der vereinbarten Bareinlage einen Sachwert erhält (§ 27 Abs. 3 Satz 1 AktG); ausführlich zu den Voraussetzungen der verdeckten Sacheinlage Arnold, in: KölnKommAktG, § 27 Rn. 76, 89 ff.

gensgegenständen zu schließen (§ 106b Satz 1 InvG), nur für die Organmitglieder der InvAG. Die Gefahr eines Missbrauchs der Machtstellung der Unternehmensaktionäre vermag das Sacheinlageverbot daher nicht zu rechtfertigen.

c) Sicherstellung der börsentäglichen Ermittlung des Inventarwerts

Das Sacheinlageverbot könnte aber aufgrund der praktischen Schwierigkeiten bei der Durchführung einer Sachkapitalerhöhung der InvAG gerechtfertigt sein.

Die InvAG gibt ihre Anlageaktien fortlaufend, in der Regel börsentäglich, aus. Um zu gewährleisten, dass der von den Aktionären zu zahlende Betrag dem tatsächlichen Gegenwert der Aktien entspricht, ist die Gesellschaft grundsätzlich verpflichtet, den Inventarwert börsentäglich zu ermitteln[303]. Der zusätzlich erforderliche Bewertungsvorgang bei der Sachkapitalerhöhung würde die zeitnahe und zuverlässige Inventarwertermittlung erschweren. Zudem hätte die Durchführung einer dem gesamten Anlegerpublikum offen stehenden Sachkapitalerhöhung zur Folge, dass unter Umständen eine Vielzahl unterschiedlicher Vermögensgegenstände innerhalb kürzester Zeit bewertet werden müsste. Diesen Bedenken kann auch nicht durch die Beschränkung der Sachkapitalerhöhung auf bestimmte Anlageaktionäre begegnet werden. Sofern stimmberechtigte Anlageaktien ausgegeben würden, müsste das nach § 104 Satz 2 InvG bestehende Bezugsrecht der Altaktionäre ausgeschlossen werden. Hierfür läge kein sachlicher Grund[304] vor, da Anlageaktien typischerweise von Kleinanlegern gezeichnet werden, so dass ein Gesellschaftsinteresse am Erwerb des Einlagegegenstands bereits im Hinblick auf dessen geringe wertmäßige Bedeutung für das Portfolio nicht bestünde. Die Ausgabe von stimmrechtslosen, nach § 104 Satz 2 InvG bezugsrechtsfreien Anlageaktien gegen Sacheinlagen könnte wegen des Fehlens eines die Ungleichbehandlung der Aktionäre rechtfertigenden Grundes ebenfalls nicht auf bestimmte Aktionäre beschränkt werden.

Bei der Ausgabe von Unternehmensaktien gegen Sacheinlagen bestehen diese Bedenken nicht in gleichem Maße. Die Einlagen der Unternehmensaktionäre werden regelmäßig zur Anschaffung von Betriebsvermögen verwendet, das bei der Ermittlung des Anlageaktienwerts nicht berücksichtigt werden sollte[305]. Anders als Anlageaktien werden Unternehmensaktien zudem nicht fortlaufend an das Publikum ausgegeben, sondern von den Gesellschaftsgründern gezeichnet und nach Abschluss der Gründung allenfalls punktuell an ausgewählte Investoren ausgegeben. Da Unternehmensaktionäre regelmäßig institutionelle Investo-

303 § 99 Abs. 3 Satz 1 i.V.m. § 36 Abs. 1 Satz 2 InvG; Baur, Investmentgesetze, § 21 KAGG Rn. 19.
304 Zum Erfordernis der sachlichen Rechtfertigung des aktienrechtlichen Bezugsrechtsausschlusses vgl. Peifer, MünchKommAktG, § 186 Rn. 71.
305 Siehe § 5 C. IV. 1b) cc) bbb).

ren sind, ist zudem vorstellbar, dass sie über Anlagegegenstände verfügen, an deren Erwerb ein den Bezugsrechtsausschluss rechtfertigendes Gesellschaftsinteresse besteht. Aus diesen Gründen hätte Raum für die Zulassung einer Sachgründung bzw. Sachkapitalerhöhung der InvAG gegen Ausgabe von Unternehmensaktien bestanden.

4. Ausnahme für die Spezial-InvAG

Anders stellt sich die Interessenlage bei der Spezial-InvAG dar. Da die Spezial-InvAG von der Pflicht zur börsentäglichen Inventarwertermittlung befreit ist[306] und das Anlegerschutzbedürfnis aufgrund der ausschließlichen Beteiligung institutioneller Anleger[307] geringer ist, lassen sich die Gründe, die das Sacheinlageverbot für die Publikums-InvAG rechtfertigen, nicht auf die Spezial-InvAG übertragen.

Vor dem OGAW-IV-UmsG war das Sacheinlageverbot für die InvAG in § 103 Satz 2 InvG geregelt. Für die Spezial-InvAG fand § 95 Abs. 8 InvG a.F. über § 99 Abs. 3 Satz 1 InvG entsprechende Anwendung. Diese Vorschrift befreite Spezial-Sondervermögen von dem in § 23 Abs. 1 Satz 3 InvG geregelten, für Sondervermögen geltenden Sacheinlageverbot. Nach zutreffender Ansicht[308] konnte die Spezial-InvAG ihre Aktien entsprechend § 95 Abs. 8 InvG a.F. gegen Sacheinlagen ausgeben, obwohl die Vorschrift keine Bezugnahme auf § 103 Satz 2 InvG a.F. enthielt. Für eine unterschiedliche Behandlung von Spezial-InvAG und Spezial-Sondervermögen bestand kein Anlass, da § 103 Satz 2 InvG a.F. als Parallelvorschrift zu § 23 Abs. 1 Satz 3 InvG konzipiert war[309] und das Anliegen der Deregulierung im Spezialfondsbereich für Vertrags- und Satzungsform gleichermaßen galt[310]. Im Zuge des OGAW-IV-UmsG wurde § 103 Satz 2 InvG a.F. aufgehoben und das für Sondervermögen geltende Sacheinlageverbot des § 23 Abs. 1 Satz 3 InvG über den Verweis in § 99 Abs. 3 Satz 1 InvG auf die InvAG erstreckt. Aufgrund dieser Klarstellung[311] steht nun zweifelsfrei fest, dass die seitdem in § 99 Abs. 3 Satz 1 i.V.m. § 95 Abs. 9 InvG geregelte Befreiung vom Sacheinlageverbot des § 23 Abs. 1 Satz 3 InvG auch für die Spezial-InvAG gilt.

---

306 § 99 Abs. 3 Satz 1 i.V.m. § 95 Abs. 4 Satz 1 InvG.

307 Vgl. § 2 Abs. 5 Satz 2 InvG.

308 Vgl. C. Fischer/K. Steck, in: B/S/L, § 103 InvG Rn. 6, § 99 Rn. 11; C. Fischer, S. 33 Fn. 82; Wegner, S. 339; K. Steck/C. Fischer, ZBB 2009, 188, 190; a.A. Heeren/v. Tiling, in: Kempf, Investmentrecht 2007, S. 216.

309 Begr. RegE, BT-Drs. 13/8933, S. 130 zu § 63.

310 Begr. RegE, BT-Drs. 16/5576, S. 49 re. Sp., 82 li. Sp.

311 Begr. RegE, BT-Drs. 17/4510, S. 81 re. Sp.

III. Verschmelzung der InvAG

Die InvAG i.d.F. des OGAW-IV-UmsG konnte nicht beteiligter Rechtsträger an einer Umwandlung sein, da das UmwG nach § 99 Abs. 6 InvG a.F. keine Anwendung fand. Der Gesetzgeber rechtfertigte diese Regelung mit den investmentrechtlichen Besonderheiten der Rechnungslegung und der teilweisen Loslösung der InvAG vom AktG[312]. Eine Ausnahme bestand lediglich für die Verschmelzung von TGV einer InvAG[313]. Andere Fondsstandorte, z.B. Luxemburg, sahen demgegenüber die Möglichkeit zur Verschmelzung der SICAV vor[314].

Die RL 2009/65/EG verpflichtet die Mitgliedstaaten, Verschmelzungen mit Auslandsbezug zwischen OGAW jedweder Organisationsform zuzulassen und anzuerkennen[315]. Dementsprechend gestattet § 99 Abs. 6 Satz 1 InvG seit dem OGAW-IV-UmsG die Verschmelzung einer InvAG auf eine andere InvAG, ein TGV einer InvAG, ein Sondervermögen oder ein EU-Investmentvermögen im Sinne von § 2 Abs. 8a InvG[316]. Die Verschmelzung der InvAG folgt im Grundsatz den Vorschriften des UmwG. Die Verschmelzung von TGV einer InvAG richtet sich dagegen nach den Vorschriften über die Verschmelzung von Sondervermögen (§ 100 Abs. 5 InvG i.V.m. §§ 40 bis 40h InvG)[317].

B. Das aufsichtsrechtliche Erlaubnisverfahren

I. Gegenstand der Erlaubnis

Zur Aufnahme ihres Geschäftsbetriebs bedarf die InvAG nach § 97 Abs. 1 Satz 1 InvG der schriftlichen Erlaubnis der BaFin. Ein entsprechendes Erfordernis besteht nach § 7 Abs. 1 InvG für die KAG. Die Erlaubnispflicht beruht auf Art. 27 Abs. 1 OGAW-RL und dient dem übergeordneten Ziel des Anlegerschutzes[318]. Eine Bankerlaubnis nach § 32 Abs. 1 Satz 1 KWG muss nicht bean-

312 Begr. RegE, BT-Drs. 16/5576, S. 87.

313 Vgl. § 99 Abs. 6 i.V.m. § 100 Abs. 5 InvG a.F., vgl. hierzu Brülin, S. 170 ff.

314 Vgl. Brülin, S. 105 ff.

315 Erwägungsgrund 27, Art. 38 Abs. 2 OGAW-RL. Hierzu ausführlich Brülin, S. 83 ff.

316 Verschmelzungen im Sinne des InvG sind Verschmelzungen durch Aufnahme oder Neugründung (§ 2 Abs. 25 InvG).

317 Zu den Neuregelungen Brülin, S. 251 ff.; Bujotzek/Steinmüller, DB 2011, 2246 ff.

318 Begr. RegE, BT-Drs. 13/8933, S. 126 li. Sp.; Schmitt, in: B/S, § 51 KAGG Rn. 2; Hackländer/Iken, in: B/S/V, Kz. 410, § 97 Rn. 1; K. Steck/Schmitz, AG 2004, 658, 665 Fn. 74; a.A. Canaris, Rn. 2348, da Anleger, die sich als Mitglieder an einer Gesellschaft beteiligen, dadurch in erkennbarer Weise ein besonderes Risiko übernehmen und nicht des besonderen investmentrechtlichen Schutzes bedürfen; ebenso Schwark, S. 12, 23.

tragt werden, weil die InvAG keine Bankgeschäfte betreibt[319] und keine Finanzdienstleistungen erbringt[320].

Die Erlaubnispflicht nach § 97 Abs. 1 Satz 1 InvG knüpft an den Begriff der InvAG an. Vor Inkrafttreten des InvÄndG definierte § 2 Abs. 5 InvG a.F. die InvAG als AG, deren in der Satzung festgelegter Unternehmensgegenstand in der Anlage und Verwaltung ihrer Mittel nach dem Grundsatz der Risikomischung zur gemeinschaftlichen Kapitalanlage besteht. Aufgrund dieser weiten Definition bestand die Befürchtung, AGen mit einem ähnlichen Unternehmensgegenstand könnten als InvAG qualifiziert werden und einer Erlaubnis bedürfen[321]. Im Zuge des InvÄndG wurde die Definition der InvAG um das Rückgaberecht der Aktionäre ergänzt. Da ein solches Recht zugunsten der Aktionäre einer AG nicht bestehen kann[322], ist eine „Sperrwirkung" der Erlaubnispflicht nun ausgeschlossen[323].

Die Erlaubnis der KAG erstreckt sich grundsätzlich auf die Verwaltung sämtlicher im InvG genannter Investmentvermögen[324]. Sofern die fachliche Eignung der Geschäftsleiter aber nur für bestimmte Arten von Investmentvermögen nachgewiesen werden kann, erteilt die BaFin die Erlaubnis unter der Auflage, dass der Geschäftsbetrieb der KAG auf die Verwaltung dieser Investmentvermögen beschränkt sein muss[325]. Entsprechendes sollte für die InvAG gelten.

Die Erlaubnis berechtigt die InvAG im Einklang mit Art. 28 OGAW-RL, die kollektive Vermögensverwaltung und damit zusammenhängende Leistungen zu erbringen[326]. Anders als die KAG[327] darf die InvAG keine weiteren Dienstleistungen (z.B. individuelle Vermögensverwaltung, Anlageberatung) erbringen. Diese Beschränkung ist sachgerecht, da die Aktionäre an der Wertentwicklung des Investmentvermögens teilnehmen und nicht mit Risiken aus anderen Geschäften belastet werden sollen. Anders als die KAG verfügt die InvAG über

---

319 Das „Investmentgeschäft" (§ 1 Abs. 1 Satz 2 Nr. 6 KWG a.F.) wurde aus dem Katalog der erlaubnispflichtigen Bankgeschäfte gestrichen, vgl. Schäfer, in: Boos/Fischer/Schulte-Mattler, KWG, § 1 Rn. 69a.

320 Begr. RegE, BT-Drs. 13/8933, S. 126 re. Sp.

321 Fock, BB 2006, 2371, 2373.

322 Siehe § 10 A. II. 1.

323 Wegner, S. 66 f.; Wallach, Der Konzern 2007, 487, 497.

324 Nach § 7 Abs. 1 Satz 3 InvG i.d.F. des InvÄndG konnte die Erlaubnis der KAG auf die Verwaltung bestimmter Arten von Investmentvermögen beschränkt werden. Diese Möglichkeit ist durch Art. 4 Nr. 3 des Gesetzes zur Umsetzung der BeteiligungsRL vom 12.3.2009, BGBl. I 2009, 470, entfallen.

325 BaFin, Rundschreiben 10/2009, Abschnitt III.

326 Dies folgt aus dem Unternehmensgegenstand der InvAG (vgl. §§ 2 Abs. 5 Satz 1, 96 Abs. 2 InvG); ausdrücklich noch § 97 Abs. 1 Satz 2 Nr. 4 InvG i.d.F. des InvModG; § 51 Abs. 5 Nr. 4 KAGG.

327 § 7 Abs. 2 InvG.

kein vom Investmentvermögen getrenntes Eigenvermögen, das als Haftungsmasse für Verbindlichkeiten aus sonstigen Geschäften dienen könnte[328].

II. Voraussetzungen und Verfahren der Erlaubniserteilung

Die Voraussetzungen und das Verfahren für die Erlaubniserteilung sind in § 97 InvG abschließend geregelt. Die in § 99 Abs. 2 Satz 1 InvG i.d.F. des InvModG in Bezug genommenen Vorschriften des KWG für Finanzdienstleistungsinstitute finden seit dem InvÄndG keine Anwendung mehr.

Voraussetzung für die Erlaubniserteilung ist, dass die InvAG ein Anfangskapital von mindestens 300.000 Euro hat[329]. Der Sitz und die Geschäftsleitung der InvAG müssen sich im Geltungsbereich des InvG, d.h. im Hoheitsgebiet der Bundesrepublik Deutschland, befinden[330]. Die Vorstandsmitglieder müssen als Geschäftsleiter zuverlässig sein und die zur Leitung der Gesellschaft erforderliche Eignung haben[331]. Der Inhalt der Satzung der InvAG muss den Anforderungen des InvG entsprechen[332]. Ein Kreditinstitut muss als Depotbank mit der Verwahrung der Anlagegegenstände beauftragt worden sein[333]. Die weiteren Anforderungen richten sich danach, ob die InvAG das Investmentvermögen selbst verwaltet oder eine Verwaltungsgesellschaft benannt hat. Die selbstverwaltende InvAG muss insbesondere einen tragfähigen Geschäftsplan vorlegen, aus dem sich unter anderem der organisatorische Aufbau und die geplanten internen Kontrollverfahren der InvAG ergeben[334]. Enge Verbindungen, die die selbstverwaltende InvAG zu anderen Personen unterhält, Vorschriften eines Drittlandes, denen diese Personen unterstehen sowie deren Anwendung dürfen die BaFin bei der ordnungsgemäßen Erfüllung ihrer Aufsichtsfunktion nicht behindern[335]. Die fremdverwaltete InvAG muss neben den Grundvoraussetzungen lediglich eine Verwaltungsgesellschaft benennen[336]. Hinsichtlich der Einzelheiten des Erlaubnisantrags kann zum Teil auf das zu § 32 Abs. 1 KWG veröffent-

328 Wegner, S. 63; Eckhold, ZGR 2007, 654, 658; ähnlich zu § 2 Abs. 2 lit. c KAGG Baur, Investmentgesetze, § 2 KAGG Rn. 25.
329 § 97 Abs. 1 Satz 3 Nr. 1 InvG. Der Nachweis wird durch die Bestätigung eines Kreditinstituts mit Sitz in einem EWR-Staat geführt, vgl. § 14 Abs. 3 Satz 1 AnzV.
330 § 97 Abs. 1 Satz 3 Nr. 2 InvG.
331 § 97 Abs. 1 Satz 3 Nr. 3 InvG.
332 § 97 Abs. 1 Satz 3 Nr. 4 InvG.
333 § 97 Abs. 1 Satz 3 Nr. 5 i.V.m. § 20 InvG.
334 § 97 Abs. 1a Nr. 1 InvG.
335 § 97 Abs. 1a Nr. 2 und 3 InvG; § 2 Abs. 19 InvG i.V.m. § 1 Abs. 10 KWG.
336 § 97 Abs. 1 Satz 3 Nr. 6 InvG. Siehe hierzu § 14 C.

lichte Merkblatt von Bundesbank und BaFin[337] sowie die AnzV zurückgegriffen werden.

§ 97 Abs. 1 Satz 1 InvG enthält ein präventives Verbot mit Erlaubnisvorbehalt, so dass bei Vorliegen der gesetzlichen Voraussetzungen ein Rechtsanspruch der InvAG auf Erlaubniserteilung besteht[338]. Die BaFin muss dem Antragsteller ihre Entscheidung binnen sechs Monaten bzw. im Falle der fremdverwalteten InvAG binnen zwei Monaten nach Einreichung des vollständigen Antrags mitteilen[339]. Sie kann die Erlaubnis mit Nebenbestimmungen im Sinne von § 36 Abs. 2 VwVfG versehen[340].

III. Erlöschen und Aufhebung der Erlaubnis

Die Erlaubnis zum Geschäftsbetrieb bleibt solange gültig, bis sie erlischt oder von der BaFin aufgehoben wird.

1. Erlöschen der Erlaubnis

a) Erlöschensgründe

Die Gründe für das Erlöschen der Erlaubnis sind in Umsetzung von Art. 29 Abs. 4 lit. a OGAW-RL in § 97 Abs. 2 InvG abschließend aufgezählt. Die Erlaubnis erlischt erstens, wenn die InvAG innerhalb eines Jahres seit der Erteilung keinen Gebrauch von ihr macht (vgl. § 97 Abs. 2 Satz 1 1. Alt. InvG). Das bloße Ausbleiben des Vertriebserfolgs genügt hierfür nicht[341]. Vielmehr macht die InvAG von der Erlaubnis nur dann keinen Gebrauch, wenn sie innerhalb eines Jahres seit der Erteilung keine Bemühungen unternimmt, ihre Aktien zu vertreiben[342]. Bleibt der Vertriebserfolg trotz entsprechender Bemühungen der Gesellschaft aus, so dass das Gesellschaftsvermögen nach Ablauf von sechs Monaten nach der Erlaubniserteilung weniger als 1,25 Mio. Euro beträgt, ist die BaFin nach § 97 Abs. 3 Satz 1 Nr. 4 InvG zur Aufhebung der Erlaubnis berechtigt.

---

337 Merkblatt über die Erteilung einer Erlaubnis zum Betreiben von Bankgeschäften gemäß § 32 Abs. 1 KWG.

338 Hackländer/Iken, in: B/S/V, Kz. 410, § 97 Rn. 1; Schmitt, in: B/S, § 51 KAGG Rn. 7; Baur/Ziegler, Rn. 9/48.

339 § 97 Abs. 1 Satz 4 und 5 InvG. Diese Fristen setzen Art. 5 Abs. 4 und Art. 29 Abs. 2 OGAW-RL um.

340 § 97 Abs. 1 Satz 2 InvG; Beckmann, in: B/S/V, Kz. 410, § 7 Rn. 34.

341 Im Ergebnis auch C. Fischer/K. Steck, in: B/S/L, § 97 InvG Rn. 11. Anders noch § 97 Abs. 3 3. Alt. InvG i.d.F. des InvModG, wonach die BaFin zur Aufhebung der Erlaubnis berechtigt war, wenn innerhalb von zwölf Monaten nach der Erlaubniserteilung weniger als 75 Prozent der ausgegebenen Aktien im Publikum gestreut waren. Der Gesetzgeber ging davon aus, dass die InvAG in diesem Fall keinen Gebrauch von der ihr erteilten Erlaubnis macht, vgl. Begr. RegE, BT-Drs. 15/1553, S. 104 re. Sp.

342 C. Fischer/K. Steck, in: B/S/L, § 97 InvG Rn. 11.

Die Erlaubnis erlischt zweitens nach § 97 Abs. 2 Satz 1 3. Alt. InvG, wenn der Geschäftsbetrieb, auf den sich die Erlaubnis bezieht, seit mehr als sechs Monaten nicht mehr ausgeübt wird.

Ein weiterer Erlöschensgrund, der im Folgenden näher beleuchtet werden soll, ist der Verzicht der InvAG auf die Erlaubnis.

b) Insbesondere: Verzicht auf die Erlaubnis

aa) Voraussetzungen

Der Verzicht auf die Erlaubnis nach § 97 Abs. 2 Satz 1 2. Alt. InvG soll der InvAG die Aufnahme einer anderen Geschäftstätigkeit ermöglichen, ohne dass die Aktionäre die Gesellschaft auflösen und eine neue Gesellschaft gründen müssen[343]. Der Verzicht muss gegenüber der BaFin durch Vorlage eines Handelsregisterauszugs nachgewiesen werden, aus dem sich die Änderung des Unternehmensgegenstands (d.h. die Aufgabe der kollektiven Vermögensverwaltung, § 96 Abs. 2 InvG) und die Änderung der Firma (d.h. der Wegfall des Firmenzusatzes nach § 98 Abs. 1 InvG) ergeben[344]. Wenngleich das InvG dies nicht ausdrücklich erwähnt, setzt die „Umwandlung" der Gesellschaft in eine AG zudem die weitere Anpassung der Satzung an das AktG voraus. Hierzu gehört insbesondere die Festlegung eines Grundkapitals im Sinne von §§ 23 Abs. 2 Nr. 3, 1 Abs. 2 AktG. Die Hauptversammlung der InvAG beschließt über Satzungsänderungen grundsätzlich mit der qualifizierten Kapitalmehrheit[345]. Ob für die „Umwandlung" der InvAG in eine AG ein abweichendes Mehrheitserfordernis gilt, wird nachstehend erörtert.

bb) Angemessener Schutz der Anlageaktionäre

Die Änderung der Satzung durch Mehrheitsentscheid der Hauptversammlung ist insofern problematisch, als die Anlageaktionäre, die regelmäßig nicht stimmberechtigt sind[346] oder das Abstimmungsergebnis aufgrund ihrer geringen Kapitalbeteiligung nicht beeinflussen können, nicht verhindern können, dass die Gesellschaft ihren Status als InvAG verliert. Es besteht somit die Gefahr, dass die Anlageaktionäre sich gegen ihren Willen in einer AG wiederfinden, für die der Anlegerschutz des InvG nicht gilt[347]. Da dies dem zentralen Anliegen des InvG,

---

343 Begr. RegE, BT-Drs. 13/8933, S. 127 li. Sp.; Schmitt, in: B/S, § 51 KAGG Rn. 19; Kempf/Tratz, Investmentrecht 1998, S. 275.

344 § 97 Abs. 2 Satz 2 InvG.

345 § 99 Abs. 1 InvG i.V.m. §§ 23 Abs. 3 Nr. 1 und 2, 119 Abs. 1 Nr. 5, 179 Abs. 2 Satz 1 und 2 AktG. Diese Mehrheit genügte nach § 51 Abs. 3 Satz 2 KAGG auch für die Änderung des Unternehmensgegenstands der InvAG mit fixem Kapital.

346 § 96 Abs. 1c Satz 2 InvG.

347 Wegner, S. 311; ähnlich Bödecker/Kuhn, in: Hdb. Investmentrecht, S. 418.

einen umfassenden Anlegerschutz sicherzustellen, widerspräche, stellt sich die Frage, auf welchem Wege im Falle des Verzichts auf die Erlaubnis ein angemessener Schutz der Anlageaktionäre gewährleistet werden kann.

aaa) Investmentrechtliches Verfahren der Satzungsänderung

Das investmentrechtliche Verfahren der Satzungsänderung könnte einen angemessenen Aktionärsschutz gewährleisten. Die Änderung der Satzung der InvAG setzt über das AktG hinaus voraus, dass die Änderung von der BaFin genehmigt und von der InvAG öffentlich bekannt gemacht wird[348].

Der Genehmigungsvorbehalt der BaFin ist indes nicht geeignet, einen ausreichenden Schutz der Anlageaktionäre vor den Folgen der Änderung der Gesellschaftsform zu gewährleisten. Die BaFin prüft nicht, ob die Satzungsänderung die Interessen der Anlageaktionäre angemessen berücksichtigt. Sie ist vielmehr verpflichtet, die Genehmigung zu erteilen, wenn die Satzungsänderung im Einklang mit den gesetzlichen Vorschriften steht und kein Missbrauch zulasten der Anlageaktionäre feststellbar ist[349]. Auch die Publizität der Satzungsänderung trägt den Aktionärsinteressen nicht hinreichend Rechnung. Ist die Satzungsänderung im Handelsregister eingetragen[350], kann sie bereits am Tag nach ihrer Bekanntmachung in Kraft treten[351], so dass die Aktionäre keine Gelegenheit haben, eine Entscheidung über ihren Verbleib in der AG zu treffen. Zudem ist nicht sichergestellt, dass die Informationen über die bevorstehende Änderung die Aktionäre tatsächlich erreichen.

Das InvG sieht seit dem OGAW-IV-UmsG besondere Informationspflichten vor, die unter anderem dann greifen, wenn wesentliche Anlegerrechte geändert werden. In diesem Fall müssen die Aktionäre zeitgleich mit der öffentlichen Bekanntmachung der Änderung mittels eines dauerhaften Datenträgers (z.B. in Papierform oder per E-Mail)[352] über den wesentlichen Inhalt und den Hintergrund der geplanten Änderung informiert werden (§ 99 Abs. 3 S. 1 i.V.m. § 43 Abs. 5 Satz 2 InvG). Die bloße Information der Anleger über den geplanten Erlaubnisverzicht stellt aber nicht sicher, dass die Aktionäre sich in Kenntnis der Risiken der neuen Anlageform bewusst für oder gegen eine Beteiligung an der AG entscheiden.

Erwogen werden könnte zudem die Anwendung der für die Änderung der Anlagegrundsätze nach § 99 Abs. 3 Satz 1 i.V.m. § 43 Abs. 3 InvG geltenden

348 § 99 Abs. 3 Satz 1 i.V.m. § 43 Abs. 2, Abs. 5 Satz 1 InvG.

349 Vgl. zur Genehmigung der Vertragsbedingungen einer KAG Beckmann, in: B/S/V, Kz. 410, § 43 Rn. 97; Schmitz, in: B/S/L, § 43 InvG Rn. 24.

350 § 99 Abs. 1 InvG i.V.m. § 181 AktG.

351 § 99 Abs. 3 Satz 1 i.V.m. § 43 Abs. 5 Satz 6 InvG.

352 §§ 2 Abs. 28, 42a InvG.

Bedingungen[353]. Die Satzungsänderung tritt in diesem Fall erst drei Monate nach ihrer öffentlichen Bekanntmachung – und der zeitgleichen Anlegerinformation mittels dauerhaften Datenträgers – in Kraft. Den Aktionären muss zudem das Recht zur kostenlosen Rückgabe oder zum Umtausch ihrer Aktien in Anteile eines vergleichbaren Investmentvermögens eingeräumt werden. In Anbetracht der gravierenden Änderungen, die mit der Aufgabe der regulierten Geschäftstätigkeit einhergehen, ist es jedoch auch bei Einräumung einer ausreichenden Bedenkzeit und eines besonderen Rückgabe- oder Umtauschrechts nicht interessengerecht, das Einverständnis der Aktionäre mit diesen Änderungen durch die unterlassene Ausübung ihrer Rechte zu fingieren.

Im Ergebnis wird im Rahmen des investmentrechtlichen Verfahrens der Satzungsänderung kein angemessener Schutz der Anlageaktionäre erreicht.

bbb) Zustimmungserfordernis der Anlageaktionäre

(i) Änderung des Gesellschaftszwecks

Zum Teil wird im Schrifttum für die Aufgabe des Unternehmensgegenstands der InvAG die Zustimmung aller Aktionäre analog § 33 Abs. 1 Satz 2 BGB verlangt, da die Satzungsänderung den Gesellschaftszweck modifiziere[354].

Die Möglichkeit einer Analogie zu der dem Vereinsrecht entstammenden Vorschrift für die AG steht außer Frage[355], weshalb § 33 Abs. 1 Satz 2 BGB auch für die InvAG gilt. Nach dem Wortlaut von § 96 Abs. 2 InvG besteht der Zweck der InvAG im Sinne des „obersten Leitsatzes" ihrer Geschäftstätigkeit[356] in der Beteiligung der Aktionäre an den Gewinnen, die im Rahmen der Vermögensverwaltung erwirtschaftet werden. Der Unternehmensgegenstand, der als das Mittel zur Erreichung des Gesellschaftszwecks beschrieben wird[357], besteht nach § 96 Abs. 2 InvG in der risikodiversifizierten Anlage und Verwaltung des Gesellschaftsvermögens. Die von § 97 Abs. 2 Satz 2 InvG vorausgesetzte Änderung des Unternehmensgegenstands lässt den Gesellschaftszweck an sich unberührt, da auch die AG das Ziel verfolgen kann, durch die Anlage und Verwal-

353 So Wegner, S. 311 f.

354 Eckhold, ZGR 2007, 654, 659; Baums/Kiem, in: FS Hadding, 2004, S. 741, 749 für die Umwandlung der InvAG in eine InvAG mit fixem Kapital.

355 Vgl. nur Stein, in: MünchKommAktG, § 179 Rn. 132; Zöllner, in: KölnKommAktG, § 179 Rn. 113.

356 BGHZ 96, 245, 251 f. = NJW 1986, 1033, 1034; ähnlich BayObLG NJW-RR 2001, 1260, 1261.

357 Arnold, in: KölnKommAktG, § 23 Rn. 75 f.; Seibt, in: Schmidt/Lutter, AktG, § 23 Rn. 34.

tung des Gesellschaftsvermögens Gewinne zu erwirtschaften und an die Aktionäre auszukehren[358].

Der Gesellschaftszweck der InvAG könnte aber untrennbar mit dem Anlegerschutzziel des InvG verknüpft sein mit der Folge, dass der Zweck mit der Beendigung der regulierten Geschäftstätigkeit nicht mehr erreicht werden könnte[359]. Die Rechtsprechung hält bei der Identifizierung des Zwecks im Sinne von § 33 Abs. 1 Satz 2 BGB nicht am Wortlaut der Satzung fest, sondern stellt maßgeblich darauf ab, ob es sich um einen Satzungsbestandteil handelt, mit dessen Änderung kein Mitglied bei seinem Beitritt rechnen konnte[360]. Für die Anlageentscheidung der Anlageaktionäre spielen die Regulierung der InvAG, die die Einhaltung bestimmter Standards und deren aufsichtsbehördliche Überwachung garantiert und die offene, durch das Recht zur jederzeitigen Aktienrückgabe gekennzeichnete Organisationsform der InvAG eine maßgebliche Rolle. Der Verkaufsprospekt, der die Grundlage für die Anlageentscheidung bilden soll[361], informiert die Anlageaktionäre über diese und weitere Merkmale der InvAG. Es kann deshalb nicht unterstellt werden, dass die Anlageaktionäre auch in ein geschlossenes, unreguliertes Investmentvermögen investiert hätten. Da sich die Änderung des Unternehmensgegenstands somit bei wertender Betrachtung als Zweckänderung darstellt, bedarf sie analog § 33 Abs. 1 Satz 2 BGB der Zustimmung aller Aktionäre. In Anbetracht der typischen breiten Streuung der Aktien der Publikums-InvAG kommt ein Verzicht auf die Erlaubnis regelmäßig nur dann in Betracht, wenn die Gesellschaft ausschließlich Unternehmensaktionäre hat, da diese dem Vorstand namentlich bekannt sind[362].

(ii) Schwere des Eingriffs in die Mitgliedschaft der Anlageaktionäre

Das Zustimmungserfordernis der Aktionäre zu den erforderlichen Satzungsänderungen könnte zudem auf die Schwere des hiermit verbundenen Eingriffs in ihre Mitgliedschaft gestützt werden[363]. Hierzu ist zunächst festzustellen, dass kein aktienrechtlicher Grundsatz des Inhalts existiert, dass Mitgliedschaftsrechte nur mit der Zustimmung des Betroffenen beschränkt oder entzogen werden kön-

---

358 Aus § 3 Abs. 1 AktG wird gefolgert, dass die AG zu jedem beliebigen Zweck gegründet werden kann, vgl. Henssler/Wiedemann, in: Aktienrecht im Wandel, S. 1, 5.

358 Fock, BB 2006, 2371, 2373.

359 So Eckhold, ZGR 2007, 654, 657, 660; ähnlich Bödecker/Kuhn, in: Hdb. Investmentrecht, S. 418.

360 BGHZ 96, 245, 251 f. = NJW 1986, 1033, 1034; BayObLG NJW-RR 2001, 1260, 1261; Reuter, in: MünchKommBGB, § 23 Rn. 3 f.

361 Vgl. § 42 Abs. 1 Satz 1 InvG.

362 Die Unternehmensaktionäre sind als Namensaktionäre nach § 67 Abs. 1 Satz 1 AktG in das Aktienregister einzutragen.

363 Eckhold, ZGR 2007, 654, 659 f.

nen[364]. Das AktG lässt selbst für grundlegende Strukturmaßnahmen die qualifizierte Kapitalmehrheit genügen[365]. Ein Zustimmungserfordernis besteht allerdings dann, wenn der Hauptversammlungsbeschluss den Grundsatz der Aktionärsgleichbehandlung berührt oder Sonderrechte[366] einzelner Aktionäre oder Aktionärsgruppen beschränkt oder entzogen werden[367].

Da formal alle Aktionäre der InvAG gleichermaßen von der Änderung von Unternehmensgegenstand und Firma betroffen sind, liegt weder eine Verletzung des Grundsatzes der Gleichbehandlung noch ein Eingriff in Sonderrechte vor. Aus der Perspektive der Anlageaktionäre ist die Aufgabe des für die InvAG konstitutiven Unternehmensgegenstands aber insofern mit dem Entzug von Sonderrechten vergleichbar, als der investmentrechtliche Anlegerschutz zuvörderst in ihrem Interesse besteht. Die Anlageaktionäre werden in erster Linie durch die regulierte Geschäftstätigkeit der InvAG und das Recht zur Aktienrückgabe geschützt[368]. Diese Schutzmechanismen entfallen mit dem Verzicht auf die Erlaubnis und werden durch die Stimm- und sonstigen Verwaltungsrechte, die den Anlageaktionären als Aktionäre der AG zustehen würden, nicht kompensiert. Nach dem Leitbild des InvG sind die Anlageaktionäre Kapitalanleger, die an der Wahrnehmung von gesellschaftsrechtlichen Mitwirkungsrechten kein Interesse haben und in Anbetracht ihrer regelmäßig nur geringen Kapitalbeteiligung und des weitgehend anonymen Aktionärskreises, der ein abgestimmtes Stimmverhalten erschwert, auch nicht in der Lage sind, die Willensbildung in der Hauptversammlung zu beeinflussen[369]. Die Unternehmensaktionäre verfolgen dagegen in erster Linie unternehmerische Interessen und sind aufgrund der ihnen zustehenden Stimm- und Teilnahmerechte in der Hauptversammlung vor und nach der „Umwandlung" der Gesellschaft auch tatsächlich in der Lage, ihre Interessen zu schützen[370]. Im Ergebnis können die zum Verzicht auf die Erlaubnis notwendi-

---

364 Vgl. Semler, in: MünchHdb. AG, § 39 Rn. 62; a.A. Wiedemann, in: GroßKommAktG, § 186 Rn. 135.

365 Z.B. §§ 262 Abs. 1 Nr. 2 2. Hs., 274 Abs. 1 Satz 2, 293 AktG.

366 Ein Sonderrecht liegt vor, wenn die Satzung einem Gesellschafter ein mitgliedschaftliches Recht einräumt, das ihm eine über die allgemeinen Mitgliedschaftsrechte hinausgehende Vorzugsstellung verschafft, vgl. BGH NJW-RR 1989, 542, 543; Wiedemann, in: GroßKommAktG, § 179 Rn. 128.

367 BGHZ 15, 177, 181 = NJW 1955, 178, 179 für die Genossenschaft; BGH NJW-RR 1989, 542, 543 für die GmbH; Wiedemann, in: GroßKommAktG, § 179 Rn. 128; Stein, in: MünchKommAktG, § 179 Rn. 63; Hüffer, AktG, § 179 Rn. 39.

368 Siehe § 5 D. IV. 1.

369 Siehe § 5 B. II.

370 Als Aktionäre der AG würden die Unternehmensaktionäre unter Umständen eine geringere Stimmrechtsmacht auf sich vereinen, da die AG stimmrechtslose Aktien nur bis zur Hälfte ihres Grundkapitals ausgeben kann (§ 139 Abs. 2 AktG). Die Unternehmensaktionäre können ihren Einfluss auf die Geschäftsführung aber anderweitig sichern, z.B. durch die Ver-

gen Satzungsänderungen auch im Hinblick auf die Schwere des Eingriffs in die Mitgliedschaft der Anlageaktionäre nur mit der Zustimmung dieser Aktionäre beschlossen werden.

2. Aufhebung der Erlaubnis

Die BaFin kann die Erlaubnis der InvAG nach Maßgabe von §§ 48, 49 VwVfG sowie aus den in § 97 Abs. 3 Satz 1 InvG genannten Gründen aufheben[371]. Die Aufhebung der Erlaubnis steht im pflichtgemäßen Ermessen der BaFin[372], so dass die Entscheidung dem Verhältnismäßigkeitsgrundsatz genügen muss[373]. Mildere Mittel, wie beispielsweise die Anordnung vorläufiger Maßnahmen zur Gefahrenabwehr[374] oder die Anordnung der Abberufung der verantwortlichen Geschäftsleiter[375], sind deshalb vorzuziehen.

C. Die gesellschaftsrechtliche Dokumentation

I. Die Satzung

1. Die Aufhebung der aktienrechtlichen Satzungsstrenge

Die Satzung ist die „Grundordnung" der AG[376]. Sie enthält in erster Linie Regelungen über die Organisation der Gesellschaft und die Beziehungen zu ihren Gründern und künftigen Aktionären. Die Gestaltungsfreiheit der AG wird maßgeblich durch den Grundsatz der Satzungsstrenge begrenzt. Nach § 23 Abs. 5 AktG sind Abweichungen der Satzung vom AktG nur bei ausdrücklicher gesetzlicher Zulassung gestattet. Ergänzungen können nur insoweit vorgenommen werden, als die Vorschriften des AktG nicht abschließend sind.

Nach herkömmlicher Ansicht dient die Satzungsstrenge der Standardisierung der Aktie, die Rechtssicherheit und Rechtsklarheit schaffen und auf diese Weise die Verkehrsfähigkeit der Aktie fördern soll[377]. Jeder Aktionär soll sich darauf verlassen können, dass die Satzung keine vom AktG abweichenden Be-

---

einbarung von Entsendungsrechten in den Aufsichtsrat nach § 99 Abs. 1 InvG i.V.m. § 101 Abs. 2 Satz 1 AktG, vgl. C. Fischer, S. 187 ff.

371 § 97 Abs. 3 InvG setzt Art. 29 Abs. 4 OGAW-RL um.

372 § 97 Abs. 3 Satz 1 InvG: „kann"; Schmitt, in: B/S, § 51 KAGG Rn. 18.

373 Beckmann, in: B/S/V, Kz. 410, § 17 Rn. 22.

374 § 99 Abs. 3 Satz 1 i.V.m. §§ 19i, 19j InvG.

375 § 97 Abs. 3 Satz 2 i.V.m. § 17a Abs. 1 InvG.

376 Lutter, in: Schmidt/Lutter, AktG, § 2 Rn. 10.

377 Assmann, in: GroßKommAktG, § 23 Rn. 364 ff., 436. In den letzten Jahren wurde zunehmend Kritik an der Satzungsstrenge als Voraussetzung für die Standardisierung der Aktie geäußert, vgl. Arnold, in: KölnKommAktG, § 23 Rn. 131 ff.; Habersack, AG 2009, 1, 6 ff.

stimmungen enthält[378]. Aufgrund der besonderen Funktion der InvAG als Investmentvehikel ist es jedoch vielfach erforderlich, in der Satzung von den zwingenden Vorschriften des AktG abzuweichen[379]. Aus diesem Grund findet § 23 Abs. 5 AktG seit dem InvÄndG für die InvAG nach § 99 Abs. 1 InvG keine Anwendung mehr.

Im Schrifttum hat die Aufhebung der Satzungsstrenge für die InvAG vereinzelt heftige Kritik erfahren. Der Gesetzgeber habe eine erhebliche Rechtsunsicherheit geschaffen, da es nicht in jedem Fall gerechtfertigt sei, vom AktG abzuweichen[380]. Die Aufhebung von § 23 Abs. 5 AktG gefährde den Aktionärsschutz erheblich[381] und setze die Fungibilität der Aktien der InvAG herab[382].

Durch die Aufhebung der Satzungsstrenge wird der InvAG jedoch kein „Freibrief" für eine vom AktG losgelöste Satzungsgestaltung erteilt. Vielmehr ist eine Abweichung von den Vorschriften des AktG, soweit sie nach § 99 Abs. 1 InvG überhaupt Anwendung finden, nur dann zulässig, wenn die investmentrechtlichen Besonderheiten der Kapital- und Organisationsverfassung der InvAG dies gebieten. Dies folgt bereits aus § 99 Abs. 1 InvG[383]. Die Aufgabe der Satzungsstrenge ist für die praxisgerechte Weiterentwicklung der InvAG unbedingt erforderlich, weil es nicht möglich ist, für jede Abweichung von den aktienrechtlichen Vorschriften in den §§ 96 ff. InvG eine Sonderregelung zu treffen. Ob und inwieweit die Vorschriften des AktG durch die Satzung modifiziert werden können, muss für jede Vorschrift gesondert untersucht werden. Auch die Befürchtung einer herabgesetzten Fungibilität der Aktien und eines reduzierten Aktionärsschutzes ist nicht berechtigt, da die Satzung der InvAG mit den Vorschriften des InvG im Einklang stehen muss[384]. Die BaFin überprüft die Einhaltung dieser Vorgaben im Rahmen des Erlaubnisverfahrens und anlässlich der Genehmigung späterer Satzungsänderungen[385]. Im Ergebnis wird durch die §§ 96 ff. InvG eine Standardisierung der Aktien der InvAG erreicht, die die ak-

---

378 Pentz, in: MünchKommAktG, § 23 Rn. 150; Seibt, in: Schmidt/Lutter, AktG, § 23 Rn. 53.

379 Vgl. Begr. RegE, BT-Drs. 16/5576, S. 86 re. Sp.: „Für die InvAG bedeutet die aktienrechtliche formale Satzungsstrenge eine starke Einschränkung ihrer investmentspezifischen Aktivitäten und ihrer Organisation".

380 Vgl. Wegner, S. 341 ff.

381 Vgl. Wegner, S. 344 ff., der die Aufhebung der Satzungsstrenge als „die unter Anlegerschutzaspekten möglicherweise größte Konstruktionsschwäche" des InvG bezeichnet, aaO, S. 347.

382 Wegner, S. 343, der zudem die Frage aufwirft, ob der InvAG aufgrund der reduzierten Fungibilität ihrer Aktien die Börsenhandelsfähigkeit abzusprechen sei.

383 § 99 Abs. 1 InvG ordnet die Geltung der Vorschriften des AktG an, „soweit sich aus den Vorschriften dieses Kapitels nichts anderes ergibt".

384 § 97 Abs. 1 Satz 3 Nr. 4 InvG; Begr. RegE, BT-Drs. 16/5576, S. 86 re. Sp.

385 § 97 Abs. 1 Satz 3 Nr. 4, § 99 Abs. 3 Satz 1 i.V.m. § 43 Abs. 2 Satz 1 InvG.

tienrechtliche Satzungsstrenge als Instrument zur Sicherung der Verkehrsfähigkeit überflüssig erscheinen lässt[386]. § 23 Abs. 5 AktG wird somit gewissermaßen durch eine „investmentrechtliche Satzungsstrenge" abgelöst.

2. Der notwendige Satzungsinhalt

a) § 99 Abs. 1 InvG i.V.m. § 23 Abs. 3 und 4 AktG

Der notwendige Inhalt der Satzung der InvAG ergibt sich aus § 23 Abs. 3 und 4 AktG, die durch das InvG modifiziert und ergänzt werden.

aa) Firma und Sitz

Die Firma der InvAG muss in Abweichung von § 4 AktG den Rechtsformzusatz „Investmentaktiengesellschaft" oder eine allgemein verständliche Abkürzung dieser Bezeichnung (z.B. „InvAG" oder „Investment-AG"[387]) enthalten[388]. Handelt es sich um eine InvAG der Umbrella-Konstruktion, muss der Rechtsformzusatz um die Bezeichnung „mit Teilgesellschaftsvermögen" oder eine allgemein verständliche Abkürzung (z.B. „InvAG TGV") ergänzt werden[389]. Bei der Firmenbildung sind die allgemeinen Grundsätze des Firmenrechts zu beachten[390] sowie der Namens- und Firmenschutz nach § 12 BGB, §§ 3 ff. UWG. Bei der Namensgebung muss insbesondere eine Irreführung des Rechtsverkehrs und der Aktionäre vermieden werden[391]. Der Sitz der InvAG muss sich ebenso wie ihre Geschäftsleitung im Inland befinden[392].

bb) Unternehmensgegenstand

Die Satzung muss den Unternehmensgegenstand der InvAG enthalten[393], der nach § 96 Abs. 2 InvG darin besteht, die Mittel der Gesellschaft nach dem Grundsatz der Risikomischung nach Maßgabe von § 2 Abs. 4 Nr. 1 bis 4, 7 und

---

386 Für die börsennotierte AG stellt sich in ähnlicher Weise die Frage, ob die kapitalmarktrechtlichen Regelungen die Satzungsstrenge als Instrument zur Sicherung der Verkehrsfähigkeit der Aktie entbehrlich machen, vgl. Arnold, in: KölnKommAktG, § 23 Rn. 131 ff.; Habersack, AG 2009, 1, 8 ff. m.w.N.

387 C. Fischer/K. Steck, in: B/S/L, § 98 InvG Rn. 1.

388 § 99 Abs. 1 InvG i.V.m. § 23 Abs. 3 Nr. 1 AktG; § 98 Abs. 1 Satz 1 InvG.

389 § 98 Abs. 1 Satz 2 InvG; vgl. Wegner, S. 112 f.

390 Es handelt sich um die Firmenwahrheit, -beständigkeit, -einheit, -unterscheidbarkeit und -öffentlichkeit; §§ 18, 21 ff., 30 HGB, vgl. Hüffer, AktG, § 4 Rn. 6. Zum Irreführungsverbot nach §§ 4 Abs. 1 InvG, 18 Abs. 2 HGB vgl. Wegner, S. 109 f.

391 § 4 Abs. 1 InvG. Die Vorschrift konkretisiert die Anforderungen nach § 3 UWG und den Grundsatz der Produktklarheit und Produktwahrheit, Begr. RegE, BT-Drs. 15/1553, S. 76 re. Sp.

392 § 99 Abs. 1 InvG i.V.m. § 23 Abs. 3 Nr. 1, 5 AktG, § 97 Abs. 1 Satz 3 Nr. 2 InvG.

393 § 99 Abs. 1 InvG i.V.m. § 23 Abs. 3 Nr. 2 AktG.

9, 10 und 11 InvG anzulegen und zu verwalten. Wenngleich § 23 Abs. 3 AktG dies nicht verlangt[394], sollte die Satzung auch den Gesellschaftszweck enthalten[395], der nach § 96 Abs. 2 InvG in der Beteiligung der Aktionäre an den Gewinnen aus der Vermögensverwaltung besteht. Der gesetzlich festgeschriebene Unternehmensgegenstand stellt sicher, dass die Tätigkeit der InvAG auf die kollektive Vermögensverwaltung beschränkt bleibt und die Gesellschaft insbesondere nicht unternehmerisch tätig wird[396]. Die Satzungsfreiheit der InvAG wird zudem dadurch beschränkt, dass das InvG Fondstypen vorgibt, denen sich die Anlagepolitik der InvAG unterordnen muss. Das Investmentvermögen bzw. die TGV der InvAG können nach den Vorgaben der OGAW-RL ausgestaltet werden (§§ 46 ff. InvG), wodurch der grenzüberschreitende Vertrieb der Aktien unter dem Europäischen Pass möglich wird[397]. Alternativ stehen die Anlagemöglichkeiten des Gemischten Investmentvermögens (§§ 83 ff. InvG), Sonstigen Investmentvermögens (§§ 90g ff. InvG) und des Single- oder Dach-Hedgefonds (§§ 112 ff. InvG) zur Verfügung. Wird das Investmentvermögen nach Maßgabe von §§ 91 ff. InvG als Spezialfonds ausgestaltet, kann die Satzung mit Zustimmung der Aktionäre liberalere Anlagevorschriften vorsehen[398]. Immobilien- und Infrastrukturfonds (vgl. §§ 66 ff., §§ 90a ff. InvG) können dagegen nur als Sondervermögen aufgelegt werden, da die InvAG keine Immobilien und Beteiligungen an Immobilien-Gesellschaften für das Anlagevermögen erwerben darf[399]. Ebenfalls versagt bleibt der InvAG die Anlage ihrer Mittel als Altersvorsorge- oder Mitarbeiterbeteiligungsfonds (§§ 87 ff., §§ 90l ff. InvG).

cc) „Höhe des Grundkapitals"

Schwierigkeiten bereitet die Angabe der Höhe des Grundkapitals entsprechend § 23 Abs. 3 Nr. 3 AktG. Die richtige „Übersetzung" dieser Angabe ist deshalb so wichtig, weil ihr Fehlen nach § 275 Abs. 1 AktG zur Nichtigkeit der InvAG führt. Anders als die AG hat die InvAG kein auf einen festen Nennbetrag lautendes Grundkapital, sondern ein sog. Gesellschaftskapital, dessen Nennbetrag zu jeder Zeit dem Wert des Gesellschaftsvermögens entspricht.

Grundkapital im Sinne von § 23 Abs. 3 Nr. 3 AktG ist der in Spalte 3 Abteilung B des Handelsregisters einzutragende Nennbetrag[400]. Für die InvAG sah die

394 Hüffer, AktG, § 23 Rn. 21.
395 Ebenso Wegner, S. 60.
396 Begr. RegE, BT-Drs. 15/1553, S. 104 li. Sp.; Eckhold, ZGR 2007, 654, 656.
397 Begr. RegE, BT-Drs. 16/5576, S. 85 re. Sp.
398 § 99 Abs. 3 Satz 1 i.V.m. § 91 Abs. 3 InvG; Begr. RegE, BT-Drs. 15/1553, S. 105 re. Sp.
399 §§ 2 Abs. 5 Satz 1, 96 Abs. 2 InvG verweisen nicht auf § 2 Abs. 4 Nr. 5 und 6 InvG.
400 Reiner/Haußer, in: MünchKommHGB, § 266 Rn. 85.

HRV zunächst die Eintragung des Mindestkapitals vor[401]. Mit der Änderung der HRV im Rahmen des InvÄndG[402] ist dieses Eintragungserfordernis entfallen[403]. Das Mindest- und das Höchstkapital der InvAG sind nunmehr anstelle des genehmigten Kapitals der AG in Spalte 6 einzutragen[404]. Eine Pflicht zur Eintragung des jeweils aktuellen Gesellschaftskapitals besteht nicht[405]. Eine solche Pflicht folgt insbesondere nicht aus § 43 Nr. 3 HRV, da die InvAG über kein Grundkapital im aktienrechtlichen Sinne verfügt, sondern ein Gesellschaftskapital hat, das den Schwankungen des Gesellschaftsvermögens unterliegt und daher bereits aus praktischen Gründen nicht eintragungsfähig ist. Auch Art. 2 Abs. 1 lit. e der RL 68/151/EWG[406] verpflichtet nicht zur Offenlegung der Kapitalziffer[407], da das Gesellschaftskapital kein „gezeichnetes Kapital" in diesem Sinne ist.

Im Ergebnis besteht keine Bilanzziffer, die an die Stelle des Grundkapitals im Sinne von § 23 Abs. 3 Nr. 3 AktG treten könnte. In der Satzung anzugeben sind jedoch das Mindest- und Höchstkapital (§ 105 Abs. 1 InvG). Zudem muss die Satzung vorsehen, dass das Gesellschaftskapital jederzeit dem Wert des Gesellschaftsvermögens entspricht (§ 96 Abs. 1a Satz 1 InvG).

dd) Aktienart, Aktiengattungen

In der Satzung der AG müssen die Aktienart (Nennbetrags- oder Stückaktien) sowie die Nennbeträge bzw. die Zahl der Aktien und, sofern verschiedene Aktiengattungen bestehen, deren Verteilung auf die Aktiengattungen sowie die Rechte der Aktien der einzelnen Gattungen festgelegt sein[408]. Die InvAG darf ihre Aktien nur als Stückaktien begeben[409]. Die Zahl der ausgegebenen Stückaktien ändert sich in der Regel börsentäglich und kann deshalb in der Satzung nicht angegeben werden. Die Satzungsfreiheit bei der Bildung von Aktiengat-

---

401 § 43 Nr. 3 HRV i.d.F. des Gesetzes über elektronische Handelsregister und Genossenschaftsregister sowie das Unternehmensregister (EHUG) vom 10.11.2006, BGBl. I 2006, 2553.

402 Art. 17a Nr. 1 InvÄndG.

403 Abweichend Krafka/Kühn, in: Krafka/Willer/Kühn, Registerrecht, Rn. 1745: Eintragung des Mindestkapitals gemäß § 43 Nr. 3 HRV.

404 § 43 Nr. 6 lit. b ii HRV. Abweichend Krafka/Kühn, in: Krafka/Willer/Kühn, Registerrecht, Rn. 1745: Eintragung des Höchstbetrags.

405 So aber Begr. RegE, BT-Drs. 16/6874, S. 124 li. Sp.

406 Erste Richtlinie des Rates vom 9.3.1968 zur Koordinierung der Schutzbestimmungen, die in den Mitgliedstaaten den Gesellschaften im Sinne des Artikels 58 Absatz 2 des Vertrages im Interesse der Gesellschafter sowie Dritter vorgeschrieben sind, um diese Bestimmungen gleichwertig zu gestalten, ABl. Nr. L 65 vom 14.3.1968, S. 8 ff.

407 So aber Begr. RegE, BT-Drs. 16/6874, S. 124 li. Sp.

408 § 23 Abs. 3 Nr. 4 AktG.

409 § 96 Abs. 1 Satz 4 1. Hs. InvG.

tungen wird durch die Vorschriften über die Gestaltung von Unternehmens- und Anlageaktien maßgeblich begrenzt[410]. Aktienklassen der InvAG müssen in der Satzung nicht einzeln aufgelistet werden[411].

ee) Aktienform

Die Wahlfreiheit der AG hinsichtlich der Ausgestaltung ihrer Aktien als Inhaberaktien oder Namensaktien[412] steht der InvAG nur im Hinblick auf ihre Anlageaktien zu. Unternehmensaktien lauten zwingend auf den Namen[413].

ff) Zahl der Vorstandsmitglieder

Zum Inhalt der Satzung der AG gehören die Zahl der Vorstandsmitglieder oder die Regeln, nach denen sich diese Zahl bestimmt[414]. Der Vorstand der InvAG muss nach § 106 Satz 1 InvG mindestens zwei Mitglieder haben.

gg) Weitere notwendige Angaben

Weitere notwendige Angaben in der Satzung der InvAG sind die Form freiwilliger Bekanntmachungen[415], Sondervorteile zugunsten von Aktionären oder Dritten sowie der Gründungsaufwand, der Aktionären oder anderen Personen im Zusammenhang mit der Gesellschaftsgründung gewährt wird[416]. Werden Sachübernahmen oder – für die Spezial-InvAG – Sacheinlagen vereinbart, muss die Satzung den einzubringenden Vermögensgegenstand, die Person des Veräußerers sowie die Zahl der im Gegenzug zu gewährenden Aktien bzw. die Vergütung nennen[417].

b) § 99 Abs. 3 InvG i.V.m. §§ 43 Abs. 4, 41 InvG

Aufgrund des Verweises in § 99 Abs. 3 Satz 1 InvG auf die Vorschriften über Sondervermögen muss die Satzung der InvAG, sofern keine Anlagebedingungen erstellt werden[418], die für die Vertragsbedingungen eines Sondervermögens vor-

---

410 Vgl. § 96 Abs. 1b und Abs. 1c InvG.
411 Siehe § 12 C. II. 3.
412 §§ 10 Abs. 1, 23 Abs. 3 Nr. 5 AktG. Nach § 10 Abs. 1 Satz 2 AktG i.d.F. des RegE für ein Gesetz zur Änderung des AktG (Aktienrechtsnovelle 2012) (BT-Drs. 17/8989), kann die AG nur noch dann Inhaberaktien ausgeben, wenn sie börsennotiert ist oder der Anspruch der Aktionäre auf Einzelverbriefung ausgeschlossen ist.
413 § 96 Abs. 1b Satz 3 InvG.
414 § 23 Abs. 3 Nr. 6 AktG.
415 § 23 Abs. 4 AktG. Die Gesellschaft kann insofern über den elektronischen Bundesanzeiger hinaus weitere Informationsmedien bezeichnen, vgl. § 25 AktG.
416 § 26 Abs. 1 und 2 AktG.
417 § 27 Abs. 1 Satz 1 AktG.
418 Siehe II. 3.

gesehenen Mindestangaben enthalten[419]. Die Vertragsbedingungen regeln das Rechtsverhältnis zwischen der KAG und den Anlegern[420] und bilden standardisierte Bestandteile des in diesem Verhältnis geschlossenen Investmentvertrags[421]. Entsprechend § 43 Abs. 4 InvG muss die Satzung der InvAG insbesondere die Anlagegrundsätze, die Art der Ertragsverwendung, die Bedingungen für die Aktienausgabe und -rücknahme und die Voraussetzungen für die Aussetzung der Rücknahme enthalten. Hinzu treten Angaben über die Kostenbelastung des Investmentvermögens entsprechend § 41 Abs. 1 Satz 1 und 2 InvG. Ist die InvAG als Single- oder Dach-Hedgefonds ausgestaltet, muss die Satzung außerdem § 118 InvG genügen[422].

3. Die Satzungsänderung

Das Verfahren der Satzungsänderung der InvAG ist sowohl im AktG als auch im InvG geregelt. Aktienrechtlich setzt die Satzungsänderung einen mit der qualifizierten Kapitalmehrheit und der einfachen Stimmenmehrheit zu fassenden Hauptversammlungsbeschluss voraus[423]. Der Beschluss ist im Interesse der Rechtssicherheit und im Hinblick auf mögliche Anfechtungsklagen notariell zu beurkunden[424]. Die Satzungsänderung wird im Handelsregister eingetragen und vom Registergericht bekannt gemacht[425]. Investmentrechtlich unterliegt die Satzungsänderung der Publikums-InvAG der Genehmigung der BaFin[426]. Die Genehmigung gilt nach Ablauf einer Frist von vier Wochen nach Eingang des vollständigen Antrags als erteilt[427]. Die Gesellschaft muss die Satzungsänderung im Bundesanzeiger und in einer hinreichend verbreiteten Wirtschafts- oder Tageszeitung oder in den im Verkaufsprospekt bezeichneten elektronischen Informationsmedien bekannt machen[428]. Die Satzungsänderung wird in Abweichung von § 181 Abs. 3 AktG frühestens am Tag nach der Bekanntmachung im Bundesan-

419 § 97 Abs. 1 Satz 2 Nr. 4 InvG i.d.F. des InvModG bestimmte dies noch ausdrücklich.
420 § 43 Abs. 1 InvG.
421 Beckmann, in: B/S/V, Kz. 410, § 43 Rn. 13; Schödermeier/Baltzer, in: B/S, § 15 KAGG Rn. 10.
422 § 99 Abs. 3 Satz 1 i.V.m. § 118 InvG.
423 § 99 Abs. 1 InvG i.V.m. §§ 179 Abs. 1 Satz 1, Abs. 2 Satz 1 und 2, 133 Abs. 1 AktG.
424 § 99 Abs. 1 InvG i.V.m. § 130 Abs. 1 Satz 1 AktG; OLG Düsseldorf, AG 2003, 510, 512 li. Sp.; Kubis, in: MünchKommAktG, § 130 Rn. 1; Zöllner, in: KölnKommAktG, § 130 Rn. 2.
425 § 99 Abs. 1 InvG i.V.m. § 181 Abs. 1 und 2 AktG.
426 § 99 Abs. 3 Satz 1 i.V.m. § 43 Abs. 2 InvG. Die Spezial-InvAG ist vom Genehmigungserfordernis befreit, vgl. § 99 Abs. 3 Satz 1 i.V.m. § 93 Abs. 1 InvG.
427 § 99 Abs. 3 Satz 1 i.V.m. § 43 Abs. 2 Satz 5 InvG. Vgl. auch Wegner, S. 144 f., der die Erstreckung der Frist des § 97 Abs. 1 Satz 4 InvG auf die Satzungsänderung im Ergebnis ablehnt.
428 § 99 Abs. 3 Satz 1 i.V.m. § 43 Abs. 5 Satz 1 InvG.

zeiger und in bestimmten Fällen erst nach Ablauf einer Dreimonatsfrist wirksam[429]. Betrifft die Änderung die im Zusammenhang mit der Verwaltung des Investmentvermögens anfallenden Kosten, die Anlagegrundsätze oder wesentliche Anlegerrechte müssen die Aktionäre zeitgleich mit der öffentlichen Bekanntmachung mittels eines dauerhaften Datenträgers über die Änderungen, die Hintergründe und ihre Rechte informiert werden[430].

II. Die Anlagebedingungen

1. Bedürfnis für die Erstellung gesonderter Anlagebedingungen

Das aktienrechtliche Verfahren der Satzungsänderung ist in Anbetracht des erforderlichen Hauptversammlungsbeschlusses und der Eintragung im Handelsregister langwierig und kostspielig. Um flexibel auf Marktentwicklungen reagieren zu können, muss es der Geschäftsleitung jedoch möglich sein, die Anlagepolitik kurzfristig anzupassen[431]. Insbesondere bei der Auflegung neuer TGV, von deren Wertentwicklung die Aktien bestehender TGV grundsätzlich unberührt bleiben[432], erscheint die Befassung der Hauptversammlung unverhältnismäßig. Das aktienrechtliche Verfahren der Satzungsänderung benachteiligt die InvAG zudem gegenüber der KAG, die die Vertragsbedingungen von Sondervermögen ohne Mitwirkung der Anteilinhaber ändern kann[433]. Es ist auch interessengerecht, den Vorstand der InvAG zur Anpassung der Anlagepolitik zu ermächtigen, da er über die hierzu erforderliche Fachkenntnis verfügt. In Anbetracht des Genehmigungsvorbehalts der BaFin ist ein Missbrauch seiner Gestaltungsmacht nicht zu befürchten. Sind die Anlagegrundsätze Gegenstand der Satzungsänderung, werden die Aktionäre zudem durch die Pflicht der Gesellschaft zum kostenlosen Umtausch bzw. zur kostenlosen Rücknahme ihrer Aktien und die dreimonatige Entscheidungsfrist geschützt[434]. Eine Prüfung der Satzungsänderung durch das Registergericht[435] ist in Anbetracht des Genehmigungsvorbehalts der BaFin ebenfalls entbehrlich. Der Informationszweck der Handelsregistereintragung wird durch die öffentliche Bekanntmachung der Satzungsänderung erreicht.

---

429 § 99 Abs. 3 Satz 1 i.V.m. § 43 Abs. 3 Satz 3, Abs. 5 Satz 6 InvG.

430 § 99 Abs. 3 Satz 1 i.V.m. § 43 Abs. 5 Satz 2 InvG.

431 Begr. RegE, BT-Drs. 16/5576, S. 70 li. Sp.; K. Steck/Schmitz, AG 2004, 654, 667.

432 Vgl. § 99 Abs. 3 Satz 1 i.V.m. § 34 Abs. 2a InvG.

433 Beckmann, in: B/S/V, Kz. 410, § 43 Rn. 108 ff.; Schmitz, in: B/S/L, § 43 InvG Rn. 39.

434 § 99 Abs. 3 Satz 1 i.V.m. § 43 Abs. 3 Satz 1 InvG.

435 Das Registergericht hat nach h.M. eine materielle Prüfungspflicht bezüglich der Satzungsänderung, vgl. Hüffer, AktG, § 181 Rn. 12.

Vor diesem Hintergrund wurde von Seiten der Praxis gefordert, die Mindestangaben des § 43 Abs. 4 InvG in ein gesondertes Dokument aufzunehmen, dessen Änderung sich ausschließlich nach dem InvG richtet[436].

2. Die Erstellung von Anlagebedingungen

Der Gesetzgeber ist dieser Forderung im Zuge des InvÄndG nachgekommen. Die InvAG kann nach § 96 Abs. 1d Satz 1 InvG sog. Anlagebedingungen erstellen, die mindestens die nach § 43 Abs. 4 InvG erforderlichen Angaben enthalten müssen[437]. Die Anlagebedingungen sind nicht Bestandteil der Satzung, so dass kein notarielles Beurkundungserfordernis besteht[438]. Die Änderung der Anlagebedingungen fällt in die Geschäftsführungsbefugnis des Vorstands der InvAG[439]. Die Zustimmung des Aufsichtsrats ist nur dann erforderlich, wenn die Satzung dies bestimmt[440]. Die Änderung der Anlagebedingungen steht unter dem Genehmigungsvorbehalt der BaFin und wird nach ihrer öffentlichen Bekanntgabe durch die InvAG wirksam[441]. Soweit die InvAG verpflichtet ist, den Aktionären die Satzung zur Verfügung zu stellen, muss sie auf die Geltung der Anlagebedingungen hinweisen und diese ebenfalls zur Verfügung stellen[442]. Für die einzelnen TGV einer InvAG müssen nach § 97 Abs. 4 Satz 2 InvG zwingend Anlagebedingungen erstellt werden; im Übrigen ist die Erstellung von Anlagebedingungen optional (§ 96 Abs. 1d Satz 1 InvG: „kann“)[443].

Ausweislich der Regierungsbegründung verlagern die Anlagebedingungen das Rechtsverhältnis zwischen der InvAG und ihren Aktionären von der mitgliedschaftlichen Ebene auf eine vertragliche Ebene[444]. Die Rechtsstellung der Aktionäre soll hierdurch an die Rechtsstellung der Anteilinhaber des Sondervermögens angenähert werden, die mit der KAG rein vertraglich verbunden sind[445]. Anders als die Regierungsbegründung nahe legt, begründen die Anlagebedingungen aber keinen Vertrag zwischen der InvAG und den einzelnen Akti-

---

436 K. Steck/Schmitz, AG 2004, 654, 667.
437 § 99 Abs. 3 Satz 1 Nr. 5 InvG ist daher missverständlich, vgl. auch Wallach, Der Konzern 2007, 487, 496.
438 § 96 Abs. 1d Satz 2 InvG.
439 C. Fischer/K. Steck, in: B/S/L, § 96 InvG Rn. 22; Wegner, S. 148 f.
440 Für die Zweckmäßigkeit eines solchen Zustimmungserfordernisses Wegner, S. 148 f.
441 § 96 Abs. 1d Satz 3 i.V.m. § 43 Abs. 2 Satz 1, Abs. 5 Satz 6 InvG.
442 § 96 Abs. 1d Satz 4 i.V.m. § 97 Abs. 5 Satz 2 InvG.
443 Macht die InvAG von der Option des § 96 Abs. 1d InvG keinen Gebrauch, sind die Angaben des § 43 Abs. 4 InvG in die Satzung aufzunehmen, a.A. offenbar Wallach, Der Konzern 2007, 487, 496.
444 Begr. RegE, BT-Drs. 16/5576, S. 86 re. Sp.; bereits Fock, BB 2006, 2371, 2374 de lege ferenda; ähnlich Fock/Hartig, in: FS Spiegelberger, 2009, S. 653, 660.
445 Nickel, S. 128.

onären[446]. Die Funktion der Anlagebedingungen erschöpft sich vielmehr in der Konkretisierung der in der Satzung festgelegten Anlagegrundsätze[447]. Die Anlagebedingungen können deshalb – ebenso wie die Vertragsbedingungen des Sondervermögens – ohne Zustimmung der Aktionäre durch den Vorstand (ggf. mit Zustimmung des Aufsichtsrats) auf der Grundlage einer in der Satzung enthaltenen Ermächtigung geändert werden.

3. Der Satzungsinhalt bei der Erstellung von Anlagebedingungen

Unklar ist, welche Regelungen der Satzung vorbehalten sind, wenn die InvAG Anlagebedingungen erstellt. Die Abgrenzung zwischen dem notwendigen Satzungsinhalt und dem Inhalt der Anlagebedingungen ist vor allem im Hinblick auf das Verfahren für die Änderung der jeweiligen Bestimmungen von Bedeutung. Ausweislich der Regierungsbegründung legt die Satzung die „Grundzüge der Anlagepolitik“ der InvAG fest[448], die dann in den Anlagebedingungen konkretisiert werden. Die Praxis orientiert sich an einer mit der BaFin abgestimmten Muster-Satzung des BVI. Zudem mag die für die Vertragsform getroffene Unterscheidung zwischen Allgemeinen und Besonderen Vertragsbedingungen in der Muster-Dokumentation des BVI hilfreich sein[449]. Regelungen, die die Organisationsverfassung der InvAG betreffen (z.B. Unternehmensgegenstand, Sitz, Zahl der Organmitglieder)[450] sind zwingend der Satzung vorbehalten. Gleiches gilt für Angaben, die nach §§ 96 ff. InvG ausdrücklich in der Satzung erfolgen müssen[451].

D. Zusammenfassung

1. Die Gründung der InvAG richtet sich weitgehend nach den Vorschriften des AktG. Anders als die AG kann die InvAG aber erst nach Abschluss des aufsichtsrechtlichen Erlaubnisverfahrens in das Handelsregister eingetragen werden. Zudem muss das Anfangskapital in Abweichung von § 36a Abs. 1 AktG bereits im Zeitpunkt der Handelsregisteranmeldung vollständig aufgebracht sein. Seit dem OGAW-IV-UmsG kann die InvAG beteiligter Rechtsträger an einer Verschmelzung sein.

446 C. Fischer/K. Steck, in: B/S/L, § 97 InvG Rn. 14: keine rechtsgeschäftliche Beziehung.
447 Vgl. Begr. RegE, BT-Drs. 16/5576, S. 85 li. Sp.
448 BT-Drs. 16/5576, S. 85 li. Sp; Dornseifer, AG 2008, 53, 57; bereits K. Steck/Schmitz, AG 2004, 658, 667 de lege ferenda.
449 So der Vorschlag von Dornseifer, AG 2008, 53, 57.
450 Hierbei handelt es sich um materielle Satzungsbestandteile, vgl. Pentz, in: MünchKommAktG, § 23 Rn. 40; Hüffer, AktG, § 23 Rn. 3; Schmidt, § 5 I 1 d) aa) (S. 79).
451 Vgl. §§ 96 Abs. 1 Satz 4 2. Hs., Abs. 1a Satz 1, Abs. 1c Satz 2 2. Hs., Abs. 2, 105 Abs. 2 Satz 4 InvG.

2. Das für die Publikums-InvAG geltende Sacheinlageverbot ist im Interesse der Sicherstellung der börsentäglichen Ermittlung des Inventarwerts berechtigt. Hinsichtlich der Ausgabe von Unternehmensaktien hätte aber Raum für eine Ausnahme von diesem Verbot bestanden. Die Spezial-InvAG kann ihre Aktien auch gegen Sacheinlagen ausgegeben.
3. Die InvAG bedarf zur Aufnahme ihres Geschäftsbetriebs der Erlaubnis der BaFin. Seit der Erweiterung der Definition der InvAG um das Rückgaberecht der Aktionäre steht nicht mehr zu befürchten, dass die AG von der Erlaubnispflicht erfasst wird. Die Beschränkung des Unternehmensgegenstands der InvAG auf die kollektive Vermögensverwaltung verhindert, dass die Aktionäre die Risiken aus sonstigen Geschäften tragen.
4. Die InvAG kann durch die Änderung ihres Unternehmensgegenstands und ihrer Firma auf die Erlaubnis verzichten (§ 97 Abs. 2 Satz 1 2. Alt. InvG). Die erforderliche Satzungsänderung bedarf der Zustimmung der Aktionäre der InvAG, da sie den Gesellschaftszweck ändert und einen schweren Eingriff in die Mitgliedschaft der Anlageaktionäre darstellt.
5. Die Aufhebung der aktienrechtlichen Satzungsstrenge (§ 23 Abs. 5 AktG) ist zu begrüßen, da sie eine praxisgerechte Weiterentwicklung der InvAG ermöglicht. Beeinträchtigungen des Aktionärsschutzes und der Fungibilität der Aktien sind nicht zu befürchten, da die Satzung der InvAG mit den Vorschriften des InvG im Einklang stehen muss.
6. Die Satzungsänderung der InvAG folgt dem aktienrechtlichen Verfahren, das aber durch das InvG modifiziert wird. Um die Anlagepolitik flexibel anpassen zu können, kann die InvAG neben der Satzung sog. Anlagebedingungen erstellen. Für die einzelnen TGV einer InvAG ist die Erstellung von Anlagebedingungen zwingend. Die Anlagebedingungen begründen keinen Vertrag zwischen der InvAG und ihren Aktionären.

2. Abschnitt: Die Organisationsverfassung

§ 5 Die Mitgliedschaft in der InvAG

A. Einleitung

Vertrags- und Satzungsform unterscheiden sich maßgeblich dadurch, dass die Rechtsbeziehung zwischen den Anteilinhabern des Sondervermögens und der KAG auf vertraglicher Grundlage beruht, wohingegen die Aktionäre gesellschaftsrechtlich an der InvAG beteiligt sind. Die auf der Zugehörigkeit zur Gesellschaft beruhende Rechtsposition der Aktionäre wird als Mitgliedschaft bezeichnet[452]. Sie ist die unmittelbare Quelle aller aktionärsrechtlichen Rechte und Pflichten, die sich in ihr bündeln[453].

Die Mitgliedschaftsrechte der Aktionäre werden üblicherweise in Vermögens- und Verwaltungsrechte unterteilt[454]. Zu den aktienrechtlichen Verwaltungsrechten zählen insbesondere das Recht zur Teilnahme an der Hauptversammlung (§ 118 Abs. 1 AktG), das Stimmrecht (§§ 12 Abs. 1, 134 AktG), das Rede- und Auskunftsrecht (§ 131 AktG), das Recht zur Unterbreitung von Beschlussvorschlägen und zur Einberufung der Hauptversammlung (§ 122 Abs. 1 und 2 AktG), das Recht zur Anfechtung von Hauptversammlungsbeschlüssen (§ 245 Nr. 1 bis 3 AktG) sowie das Recht, die Bestellung eines Sonderprüfers (§ 142 Abs. 2 AktG) und die Geltendmachung von Ersatzansprüchen der Gesellschaft (§ 147 AktG) zu verlangen oder diese im Wege des Klagezulassungsverfahrens selbst durchzusetzen (§ 148 AktG). Zu den mitgliedschaftlichen Vermögensrechten gehören das Recht auf Teilnahme am Bilanzgewinn (§§ 58 Abs. 4, 60 AktG) sowie am Abwicklungserlös (§ 271 Abs. 1 AktG) und das Recht auf den Bezug junger Aktien aus einer Kapitalerhöhung (§ 186 Abs. 1 AktG). Für die Aktionäre der InvAG tritt das Recht hinzu, ihre Aktien gegen Auszahlung des Aktienwerts zurückzugeben (§ 105 Abs. 2 Satz 1 InvG). Die Hauptpflicht der Aktionäre besteht in der Einlageleistung (§ 54 AktG). Zudem gehört die ungeschriebene Treuepflicht zu den mitgliedschaftlichen Aktionärspflichten[455].

Das InvModG sah für die Mitgliedschaft der Aktionäre der InvAG nur wenige Besonderheiten gegenüber dem Aktienrecht vor. Insbesondere gewährten

---

452 Schmidt, § 19 I 1b (S. 547) m.w.N.

453 Henze/Notz, in: GroßKommAktG, Vor §§ 53a-75, Rn. 11; Wiesner, in: MünchHdb. AG, § 17 Rn. 1.

454 Henze/Notz, in: GroßKommAktG, Vor §§ 53a-75, Rn. 37 f.; Wiesner, in: MünchHdb. AG, § 17 Rn. 3, 4; Schmidt, § 38 I 1a (S. 797).

455 Cahn/v. Spannenberg, in: Spindler/Stilz, AktG, § 53a Rn. 39; Hüffer, AktG, § 53a Rn. 14 m.w.N.

die Aktien Stimmrechte in der Hauptversammlung, die auch durch Satzungsbestimmung nicht ausgeschlossen werden konnten[456]. Im Zuge des InvÄndG wurde die Mitgliedschaft der Aktionäre grundlegend verändert. Die Aktien der InvAG werden seitdem in die Kategorien der Unternehmens- und Anlageaktien eingeteilt. Während die Publikums-InvAG Aktien beider Aktiengattungen ausgeben muss, kann sich die Spezial-InvAG auf die Ausgabe von Unternehmensaktien beschränken[457].

In diesem Abschnitt werden zunächst die Vorbilder und Motive des Gesetzgebers für die Einführung von Unternehmens- und Anlageaktien dargestellt (B.). Anschließend werden die Mitgliedschaft der Unternehmensaktionäre (C.) und der Anlageaktionäre (D.) untersucht. Die Ergebnisse werden abschließend zusammengefasst (E.).

B. Vorbilder und Motive des Gesetzgebers für die Einführung von Unternehmens- und Anlageaktien

I. Ausländische Jurisdiktionen als Vorbild

Der Gesetzgeber orientierte sich bei der Einführung von Unternehmens- und Anlageaktien am Vorbild ausländischer Jurisdiktionen[458]. Liechtenstein und die Schweiz kennen ähnliche Gestaltungen, die im Folgenden dargestellt werden.

1. Schweiz

Das schweizerische Bundesgesetz über die kollektiven Kapitalanlagen (Kollektivanlagengesetz – KAG) vom 23. Juni 2006 enthält mit der Investmentgesellschaft mit variablem Kapital (SICAV) eine mit der InvAG vergleichbare Anlageform[459]. Das Kapital der SICAV ist in „Unternehmeraktien" und „Anlegeraktien" eingeteilt[460]. Die Unternehmeraktien werden als Namensaktien ausgegeben[461]. Die Unternehmeraktionäre leisten die für die Gründung der SICAV erforderliche Mindesteinlage[462] in ein eigenes, nur ihnen zugängliches Teilvermö-

456 § 96 Abs. 1 Satz 2 InvG a.F.

457 § 96 Abs. 1 Satz 2 InvG.

458 Vgl. Begr. RegE, BT-Drs. 16/5576, S. 83 li. Sp; Dornseifer, AG 2008, 53, 55 und Fn. 18.

459 Das KAG wird durch die Verordnung über die kollektiven Kapitalanlagen (Kollektivanlagenverordnung – KKV) vom 22.11.2006 ergänzt.

460 Art. 36 Abs. 1 lit. b KAG.

461 Art. 40 Abs. 1 KAG. Die SICAV führt ein Aktienbuch, in welches die Unternehmeraktionäre mit Namen und Adressen eingetragen werden, Art. 46 Abs. 3 KAG.

462 Art. 41 Abs. 1 KAG. Die Mindesteinlage ist dauernd einzuhalten, vgl. Art. 54 Abs. 3 KKV.

gen[463]. Die Mindesteinlage ist Bestandteil des Gesellschaftsvermögens der SICAV und wird ebenso wie die eingebrachten Mittel der Anlegeraktionäre investiert[464]. Die Einlage wird auf die Eigenmittel der SICAV angerechnet[465], die in einem angemessenen Verhältnis zum Gesamtvermögen stehen müssen[466]. Sinken die Mindesteinlage oder die Eigenmittel der SICAV unter den erforderlichen Betrag, sind die Unternehmeraktionäre faktisch zum Nachschuss verpflichtet, wenn sie die Auflösung der SICAV durch die Aufsichtsbehörde verhindern wollen[467]. Als Kehrseite ihrer besonderen Pflichten haben die Unternehmeraktionäre das Recht, die Auflösung der SICAV zu beschließen[468], ohne dass die Anlegeraktionäre sich dagegen zur Wehr setzen können[469]. Das Auflösungsrecht erstreckt sich auch auf die einzelnen Teilvermögen der SICAV[470]. Die Aktien der SICAV sind frei übertragbar[471]. Mit der Übertragung der Unternehmeraktien gehen die Rechte und Pflichten der Unternehmeraktionäre auf den Erwerber über[472]. Die Unternehmeraktionäre können ihre Aktien nur dann an die SICAV zurückgeben, wenn die Mindesteinlage und das angemessene Verhältnis zwischen den Eigenmitteln und dem Gesamtvermögen der SICAV gewahrt bleiben[473]. Für die Anlegeraktionäre, deren Interessen auf die Kapitalanlage gerichtet sind[474], sieht das KAG keine Besonderheiten vor[475]. Insbesondere haben die

---

463 Erläuterungsbericht zur KKV, November 2006, S. 21 f. zu Art. 55. Als „Teilvermögen" werden die Unterfonds einer SICAV der Umbrella-Konstruktion bezeichnet, vgl. Art. 94 KAG.
464 Erläuterungsbericht zur KKV, November 2006, S. 21 zu Art. 55. Die Mittel des Teilvermögens können auch zum Erwerb von Anteilen an anderen Teilvermögen eingesetzt werden, so dass die Unternehmeraktionäre auch am Risiko der übrigen Aktionäre teilnehmen können, vgl. Erläuterungsbericht zur KKV, November 2006, S. 22 zu Art. 55; Weber, Grundfragen der juristischen Person 2007, 433, 441.
465 Art. 55 Abs. 1 KKV.
466 Art. 39 Abs. 1 KAG, Art. 55 KKV.
467 Erläuterungsbericht zur KKV, November 2006, S. 21, 22 zu Art. 54 und Art. 55; Reisser, Der Schweizer Treuhänder 2007, 278, 282. Bei Unterschreiten des Mindestvermögens kann die Aufsichtsbehörde nach Art. 96 Abs. 2 lit. c Nr. 2 KAG die Auflösung verfügen.
468 Art. 41 Abs. 2 KAG. Erforderlich ist eine Mehrheit von zwei Dritteln der ausgegebenen Unternehmeraktien, Art. 96 Abs. 2 lit. a KAG.
469 Botschaft zum KAG vom 23.9.2005, Bundesblatt 2005, S. 6421. Kritisch Weber, Grundfragen der juristischen Person 2007, 433, 448; v. Büren/Hasler, in: FS Nobel, 2005, S. 57, 67: „schier unerträgliche Privilegierung einer einzelnen Aktionärskategorie".
470 Art. 57 KKV.
471 Art. 40 Abs. 3 Satz 1 KAG.
472 Art. 41 Abs. 4 KAG.
473 Art. 58 Abs. 2 KKV.
474 Weber, Grundfragen der juristischen Person 2007, 433, 440.
475 Vgl. Art. 46 ff., 78 ff. KAG; Dörig, RIW 2007, 169, 171.

Anlegeraktionäre Stimmrechte und sind zur Teilnahme an der Generalversammlung berechtigt[476].

2. Liechtenstein

Das liechtensteinische Gesetz über Investmentunternehmen (IUG) vom 19. Mai 2005 sieht ein mit der InvAG vergleichbares Investmentvermögen in Gestalt der sog. Anlagegesellschaft vor[477]. Die Aktien der Anlagegesellschaft werden als „Gründeraktien" und „Anlegeranteile" ausgegeben[478]. Die Gründeraktionäre erbringen die Eigenmittel der Anlagegesellschaft[479], die gesondert auszuweisen und vom verwalteten Vermögen klar zu trennen sind[480]. Die Gründeraktien können auf einen Nennwert lauten und als Namensaktien ausgestaltet sein. Anlegeranteile werden ohne Nennwert ausgegeben und lauten in der Regel auf den Inhaber[481]. Sie können ohne Stimmrecht ausgegeben werden[482].

Am 1. August 2011 ist das liechtensteinische Gesetz vom 28. Juni 2011 über bestimmte Organismen für gemeinsame Anlagen in Wertpapieren (UCITSG) in Kraft getreten, das die OGAW-RL in nationales Recht transformiert. Das Gesetz sieht die Investmentgesellschaft mit veränderlichem Kapital ebenfalls vor[483]. Die Investmentgesellschaft kann Gründer- und Anlegeranteile mit und ohne Stimmrecht und Recht zur Teilnahme an der Generalversammlung ausgeben und das eigene und das verwaltete Vermögen getrennt oder gemeinsam verwalten[484].

II. Anpassung der Mitgliedschaft an die unterschiedlichen Aktionärsinteressen

Ausweislich der Regierungsbegründung zum InvÄndG wollte der Gesetzgeber mit der Einführung von Unternehmens- und Anlageaktien die Mitgliedschaft an die unterschiedlichen Interessen dieser beiden Aktionärsgruppen anpassen[485]. Die Anlageaktionäre seien vornehmlich zum Zwecke der Vermögensanlage an der InvAG beteiligt und deshalb mit den Anteilinhabern des Sondervermögens vergleichbar, deren Interessen ebenfalls auf die Vermögensanlage beschränkt

---

476 Art. 47, 50 KAG; vgl. Botschaft zum KAG vom 23.9.2005, Bundesblatt 2005, S. 6421.
477 Art. 2 Abs. 1 lit. a Nr. 2, Art. 33 Abs. 1 IUG.
478 Art. 35 Abs. 4 IUG.
479 Art. 35 Abs. 4 Satz 1 IUG.
480 Art. 35 Abs. 3 Satz 1 und 2 IUG.
481 Art. 35 Abs. 4 Satz 1 und 2 IUG.
482 Art. 35 Abs. 4 Satz 2 IUG.
483 Art. 7 Abs. 1 UCITSG. Es handelt sich um OGAW in Form der AG, der Europäischen Gesellschaft (SE) oder der Anstalt, deren ausschließlicher Zweck die Vermögensanlage und Verwaltung für Rechnung der Anleger ist und deren Anteile bei Anlegern platziert werden.
484 Art. 7 Abs. 7 UCITSG.
485 Begr. RegE, BT-Drs. 16/5576, S. 83.

seien[486]. Die Gruppe der Unternehmensaktionäre, zu der vor allem die Gesellschaftsgründer zählten, habe dagegen ein eigenes wirtschaftliches Interesse an der Unternehmung, das über das rein vermögensrechtliche Interesse der Anlageaktionäre hinausgehe[487]. Um den Unternehmensaktionären die Einflussnahme auf die Geschäftspolitik zu ermöglichen, stünden ihnen Stimm- und Teilnahmerechte an der Hauptversammlung zu[488]. Dagegen sei es im Interesse einer weitgehenden Gleichstellung von Vertrags- und Satzungsform geboten, den Anlageaktionären die Stimm- und Teilnahmerechte, die das „Hauptmerkmal der unternehmerischen Einflussnahmemöglichkeiten" bildeten, zu entziehen, da auch den Anteilinhabern des Sondervermögens keine Mitspracherechte zustünden[489]. Im Gegenzug würden die Anlageaktionäre bereits im Gründungsstadium von eventuellen unternehmerischen Risiken freigestellt[490]. Die Unternehmensaktionäre seien dagegen für die Gründung und den weiteren Betrieb der InvAG verantwortlich[491].

Die Einführung von Unternehmens- und Anlageaktien lässt sich nur teilweise mit dem Bedürfnis, die Mitgliedschaft an die unterschiedlichen Aktionärsinteressen anzupassen, begründen. Das fehlende Interesse der Anlageaktionäre an der unternehmerischen Einflussnahme kann den Entzug ihrer Stimm- und Teilnahmerechte nicht rechtfertigen, da es den Aktionären frei stünde, auf die Ausübung dieser Rechte zu verzichten. Die Betonung des unternehmerischen Einflusses der Unternehmensaktionäre legt vielmehr nahe, dass die Einführung stimmrechts- und teilnahmerechtsloser Anlageaktien in erster Linie die Unternehmensführung und -kontrolle durch die Initiatoren der InvAG erleichtern soll. Die Mitwirkung einer Vielzahl von Kleinanlegern verzögert die gesellschaftsinternen Entscheidungsprozesse. Zudem führt die Vorbereitung und Durchführung einer allen Aktionären der Publikums-InvAG offen stehenden Hauptversammlung zu erheblichen Kosten, die die Dividende schmälern. Aus diesem Grund sind auch die Anteilinhaber des Sondervermögens nicht berechtigt, an den Entscheidungen der KAG mitzuwirken[492]. Die Beschränkung des Kreises der stimmberechtigten Aktionäre auf die Unternehmensaktionäre erhöht schließlich die Attraktivität der InvAG, da die Initiatoren ihren Einfluss auf die Geschäftsleitung sichern können, ohne in den Gesellschaftsgremien vertreten zu sein oder

---

486 Begr. RegE, BT-Drs. 16/5576, S. 83 re. Sp., 84 re. Sp.
487 Begr. RegE, BT-Drs. 16/5576, S. 83 re. Sp., 84 li. Sp.
488 Begr. RegE, BT-Drs. 16/5576, S. 84 li. Sp.
489 Begr. RegE, BT-Drs. 16/5576, S. 84 re. Sp.
490 Begr. RegE, BT-Drs. 16/5576, S. 84 re. Sp.
491 Begr. RegE, BT-Drs. 16/5576, S. 84 li. Sp.
492 Vgl. Beckmann, in: B/S/V, Kz. 410, § 9 Rn. 4; Veltmann, S. 183: aktive Anlegerbeteiligung als „Fremdkörper" im System des Investmentsparens.

eine mehrheitliche Kapitalbeteiligung zu halten. Vor diesem Hintergrund ist anzunehmen, dass die Einführung von Unternehmens- und Anlageaktien in erster Linie Ausdruck der Entscheidung des Gesetzgebers ist, die Willensbildung in der Hauptversammlung in die Hände der wirtschaftlich hinter InvAG stehenden Personen zu legen.

III. Die Gefahr der Übernahme der InvAG

Im Schrifttum findet sich die Auffassung, die Einführung von Unternehmens- und Anlageaktien beruhe auf dem Bestreben, die Gefahr der Übernahme der InvAG gegen den Willen der Initiatoren zu beseitigen[493]. Aus der Regierungsbegründung geht dieses Ziel zwar nicht ausdrücklich hervor. Das Übernahmeszenario gilt aber als eine Hauptursache für die geringe Akzeptanz der InvAG nach ihrer Einführung durch das InvModG[494].

Die Gründung einer InvAG ist nur dann wirtschaftlich sinnvoll, wenn es dem oder den Gründern langfristig möglich ist, durch die Erbringung von Verwaltungsleistungen Einnahmen zu erzielen[495]. Der Gründer der InvAG oder ein konzernangehöriges Unternehmen verwaltet das Investmentvermögen regelmäßig auf der Grundlage eines mit der InvAG abgeschlossenen Vertrags[496]. Denkbar ist auch, dass Personen aus den Reihen des Gründers die Verwaltungsleistungen als Vorstandsmitglieder im Rahmen ihrer Geschäftsführungsbefugnis erbringen[497].

Der Gründer einer AG kann seine Stellung als Vertragspartner oder Vorstandsmitglied am wirkungsvollsten durch die mehrheitliche Beteiligung am stimmberechtigten Kapital sichern. Das Geschäftsmodell der InvAG schließt eine dauerhafte Mehrheitsbeteiligung der Gesellschaftsgründer indes aus. Der wirtschaftliche Erfolg der Gesellschaft setzt voraus, dass möglichst viele Aktien beim Anlegerpublikum platziert werden, da sich die Höhe der Verwaltungsgebühren regelmäßig nach dem Volumen des verwalteten Investmentvermögens bemisst[498]. Dementsprechend geht das InvG von einer breiten Streuung der Ak-

---

493 C. Fischer/K. Steck, in: B/S/L, § 96 InvG Rn. 5; C. Fischer, S. 185 Fn. 410; Wegner, S. 243; Dornseifer, AG 2008, 53, 56 Fn. 21, die missverständlich von der „feindlichen Übernahme" der InvAG sprechen. Unter diesem Begriff wird herkömmlich der Kontrollwechsel ohne oder gegen den Willen des Vorstands der Zielgesellschaft verstanden, vgl. Fuchs, in: Hdb. Vorstandsrecht, § 22 Rn. 4. Ob die Übernahme ohne oder gegen den Willen der Gründungsaktionäre erfolgt, ist nicht maßgeblich.

494 Wegner, S. 242 f.; Heeren/v. Tiling, in: Kempf, Investmentrecht 2007, S. 202.

495 C. Fischer, S. 185.

496 C. Fischer, S. 185; Wegner, S. 271 f.; G. Thoma/K. Steck, AG 2001, 330, 335; Pütz/Schmies, Absolut Report 2004, Nr. 22, S. 46, 50.

497 C. Fischer, S. 185; Wegner, S. 271.

498 Köndgen/Schmies, in: Bankrechts-Hdb., § 113 Rn. 4 Fn. 9; König, S. 41 ff.

tien aus[499]. Da der Gründer somit in der Regel Minderheitsaktionär ist, besteht das Risiko, dass ein Konkurrent die Aktienmehrheit erwirbt und durch die Ausübung seiner Rechte in der Hauptversammlung die Verwaltungsgremien abberuft und mit Personen aus den eigenen Reihen besetzt[500]. Hierdurch kann der Konkurrent veranlassen, dass die Verwaltungsleistungen von ihm selbst erbracht werden. Der Gründer der InvAG würde mithin aus seiner wirtschaftlichen Stellung verdrängt. Angesichts dieses Risikos könnte er von vornherein von der Gründung einer InvAG absehen.

Ob die Gefahr der Übernahme der InvAG in der Praxis eine Rolle spielt, muss bezweifelt werden[501]. Für die luxemburgische und schweizerische SICAV besteht diese Problematik ebenfalls, ohne dass sie den Erfolg der SICAV aufgehalten hätte. Im Schrifttum wurde zudem dargelegt, dass das Übernahmerisiko mit Mitteln des Zivil- und Gesellschaftsrechts reduziert werden kann[502]. Da aber nicht auszuschließen ist, dass das Übernahmeszenario für den nur verhaltenen Erfolg der InvAG nach dem InvModG mitursächlich war, ist zu begrüßen, dass der Gesetzgeber dieses Hindernis durch die Einführung von Unternehmens- und Anlageaktien beseitigt hat. Die an das Publikum ausgegebenen Anlageaktien, die vorbehaltlich einer abweichenden Satzungsbestimmung keine Stimmrechte gewähren[503], sind unter unternehmensstrategischen Gesichtspunkten wertlos. Die stimmberechtigten Unternehmensaktien werden dagegen vom Gesellschaftsgründer selbst gehalten. Der Gründer ist somit dauerhaft in der Lage, die Kontrolle über die InvAG auszuüben.

C. Unternehmensaktionäre

I. Die Ausgabe von Unternehmensaktien

1. Die Person des Unternehmensaktionärs

Unternehmensaktionäre der InvAG sind zunächst die Gesellschaftsgründer[504]. Nach der Gründung können weitere Personen als Unternehmensaktionäre betei-

---

499 Vgl. § 96 Abs. 5 Satz 2 InvG, wonach das Gesellschaftsvermögen innerhalb von sechs Monaten nach der Eintragung der Gesellschaft im Handelsregister einen Betrag von mindestens 1,25 Mio. Euro erreicht haben muss.

500 Die Hauptversammlung widerruft die Bestellung der Aufsichtsratsmitglieder (§ 103 Abs. 1 AktG) und wählt einen neuen Aufsichtsrat (§ 101 Abs. 1 Satz 1 AktG), der die Mitglieder des Vorstands bestellt (§ 84 Abs. 1 Satz 1 AktG).

501 Pütz/Schmies, Absolut Report 2004, Nr. 22, S. 46, 50 verneinen dies.

502 Vgl. C. Fischer, S. 187 ff.

503 § 96 Abs. 1c Satz 2 InvG.

504 Vgl. § 96 Abs. 1b Satz 1 InvG; Begr. RegE, BT-Drs. 16/5576, S. 84 li. Sp.

ligt werden[505]. Nach der Gesetzesbegründung handelt es sich hierbei um Personen, die anders als die Anlageaktionäre an einer unternehmerischen Einflussnahme interessiert sind und ihre Beteiligung nicht in erster Linie als Kapitalanlage nutzen wollen[506].

2. Zuständigkeit zur Ausgabe von Unternehmensaktien

Das InvG lässt offen, welches Organ über die Ausgabe neuer Unternehmensaktien nach Abschluss der Gründungsphase entscheidet.

a) Zuständigkeit der Hauptversammlung

Nach den aktienrechtlichen Grundsätzen stünde der Hauptversammlung die Entscheidung über die Kapitalerhöhung durch Ausgabe neuer Aktien zu[507]. Für die InvAG finden die Vorschriften des AktG über die Kapitalerhöhung (§§ 182 ff. AktG) indes nach § 99 Abs. 1 InvG keine Anwendung. Dieser Ausschluss erstreckt sich entgegen einer Ansicht aus dem Schrifttum[508] auch auf § 119 Abs. 1 Nr. 6 AktG, da § 119 Abs. 1 AktG lediglich eine beispielhafte Aufzählung von Hauptversammlungszuständigkeiten enthält, die sich bereits aus anderen Vorschriften des AktG ergeben[509].

b) Zuständigkeit des Vorstands analog § 104 Satz 1 InvG

§ 104 Satz 1 InvG berechtigt den Vorstand der InvAG zur wiederholten Kapitalerhöhung durch Ausgabe neuer Anlageaktien. Die Vorschrift könnte im Wege der Analogie auch zur Ausgabe neuer Unternehmensaktien ermächtigen. Da einerseits § 96 Abs. 1b Satz 2 InvG die Ausgabe neuer Unternehmensaktien ausdrücklich zulässt, andererseits § 99 Abs. 1 InvG die aktienrechtlichen Vorschriften über die Kapitalerhöhung ausschließt, könnte die fehlende Erwähnung der Unternehmensaktien in § 104 Satz 1 InvG als gesetzgeberisches Versehen zu werten sein[510]. Die analoge Anwendung der Vorschrift würde aber voraussetzen, dass ihr Normzweck für die Ausgabe von Unternehmensaktien gleichermaßen Geltung beansprucht[511].

---

505 § 96 Abs. 1b Satz 2 InvG.

506 BT-Drs. 16/5576, S. 83 re. Sp., 84 li. Sp.

507 C. Fischer/K. Steck, in: B/S/L, § 104 InvG Rn. 7; Wegner, S. 285 ff.; Eckhold, ZGR 2007, 654, 678.

508 Wegner, S. 285 ff.; Sachtleber, S. 114.

509 Kubis, in: MünchKommAktG, § 119 Rn. 9. Die Zuständigkeiten für die Kapitalerhöhung sind in §§ 182 Abs. 1 S. 1, 192 Abs. 1, 202 Abs. 2 S. 2, 207 Abs. 1 AktG geregelt.

510 So Heeren/v. Tiling, in: Kempf, Investmentrecht 2007, S. 214.

511 Zu den Voraussetzungen der Analogie vgl. BGHZ 105, 140, 143; BGH NJW 2003, 1932, 1933; NJW 2007, 993 m. w. N.

Die Vorstandsermächtigung zur Ausgabe neuer Anlageaktien nach § 104 Satz 1 InvG ermöglicht eine fortlaufende Aktienausgabe, wie es der Funktion der InvAG als offenes Investmentvermögen entspricht. Anders als die Anlageaktien sind die Unternehmensaktien aber nicht zur Ausgabe an das breite Publikum bestimmt, sondern werden von den Gesellschaftsgründern gezeichnet und nach Abschluss der Gründungsphase allenfalls punktuell an ausgewählte Investoren ausgegeben, die an den wirtschaftlichen Chancen und Risiken der Unternehmung beteiligt werden sollen. Nach der Vorstellung des Gesetzgebers sollen die Gesellschaftsinitiatoren die Kontrolle über die InvAG behalten[512]. Eine zwingende und inhaltlich unbeschränkte gesetzliche Vorstandsermächtigung zur Ausgabe neuer Unternehmensaktien widerspräche diesem Ziel. Könnte der Vorstand analog § 104 Satz 1 InvG jederzeit neue Unternehmensaktien begeben, wäre er in der Lage, die Machtverhältnisse in der Hauptversammlung nach seinem Belieben zu gestalten. Vor diesem Hintergrund könnten die Investoren, eine spätere Übernahme der Gesellschaft gegen ihren Willen befürchtend, von der Gründung einer InvAG absehen[513]. Da der Normzweck von § 104 Satz 1 InvG somit nicht auf die Ausgabe von Unternehmensaktien übertragbar ist, kommt eine Analogie nicht in Betracht.

c) Zuständigkeit des Vorstands nach § 105 Abs. 1 InvG

§ 105 Abs. 1 InvG gestattet der InvAG die jederzeitige Aktienausgabe, ohne nach der Aktiengattung zu differenzieren. Die Vorschrift enthält das Grundprinzip des veränderlichen Kapitals und ist ungeachtet ihrer systematischen Stellung[514] als Generalklausel für die Aktienausgabe und -rücknahme zu verstehen, deren Inhalt in §§ 104, 105 Abs. 2 und 3 InvG konkretisiert wird. Da eine Spezialregelung nicht besteht, ist nach § 105 Abs. 1 InvG grundsätzlich der Vorstand als geschäftsführendes Organ der InvAG zur Ausgabe neuer Unternehmensaktien berufen. Im Unterschied zu § 104 Satz 1 InvG enthält § 105 Abs. 1 InvG aber keine zwingende Kompetenzzuweisung an den Vorstand, so dass abweichende Satzungsgestaltungen möglich bleiben. Dem Interesse der Gründer an der Kontrolle der InvAG kann durch die Begrenzung des Kreises der zeichnungsberechtigten Unternehmensaktionäre in der Satzung oder die Vereinbarung eines Zustimmungsvorbehalts zugunsten des Aufsichtsrats entsprechend § 111 Abs. 4 Satz 2 AktG Rechnung getragen werden. Die Entscheidung über die Ausgabe neuer Unternehmensaktien kann entsprechend § 119 Abs. 1 2. Alt.

---

512 Siehe B. II.

513 Ähnlich Wegner, S. 286; Sachtleber, S. 113; Eckhold, ZGR 2007, 654, 671 f.

514 Als Generalklausel müsste § 105 Abs. 1 InvG an sich an der Spitze der Kapitalvorschriften stehen, da der Wortlaut auch hinsichtlich der in § 104 InvG geregelten Aktienausgabe auf die „folgenden Bestimmungen“ verweist.

AktG auch der Hauptversammlung übertragen werden[515]. Eine solche Regelung kann sich beispielsweise anbieten, wenn nur die Unternehmensaktionäre über Stimmrechte verfügen.

II. Die Rechte der Unternehmensaktionäre

1. Verwaltungsrechte

Unternehmensaktien gewähren nach § 96 Abs. 1b Satz 4 InvG Stimmrechte und Teilnahmerechte an der Hauptversammlung der InvAG. Die Vorschrift lässt anders als § 96 Abs. 1c Satz 2 InvG keine abweichende Satzungsgestaltung zu[516]. § 96 Abs. 1b Satz 4 InvG kann nicht im Umkehrschluss entnommen werden, dass den Unternehmensaktionären sonstige Verwaltungsrechte nicht zustehen, da die ausdrückliche Erwähnung der Stimm- und Teilnahmerechte die Unternehmensaktien nur von den Anlageaktien abgrenzen soll, die über diese Rechte grundsätzlich nicht verfügen.

Durch die Ausübung ihrer Verwaltungsrechte können die Unternehmensaktionäre in begrenztem Maße auf die Geschäftspolitik Einfluss nehmen. Mitentscheidungsrechte in Fragen der Geschäftsführung, die über das aktienrechtlich zulässige Maß hinausgehen, stehen den Unternehmensaktionären allerdings nicht zu[517], da die Leitungsmacht des Vorstands der InvAG unberührt bleiben muss[518]. Die Einführung von Unternehmensaktien ließ daher auch keine über die Beratung der Geschäftsführung hinausgehende Funktion des bei Spezialfonds üblichen Anlageausschusses erwarten[519].

2. Vermögensrechte

Unternehmensaktionären stehen sämtliche mitgliedschaftlichen Vermögensrechte einschließlich des Rechts auf Aktienrückgabe zu. Ein Bezugsrecht entsprechend § 186 AktG besteht allerdings nur dann, wenn die InvAG stimmberechtigte Aktien ausgibt[520]. Der Gesetzgeber nimmt an, dass die Unternehmensaktionäre die InvAG auch als Vehikel für die Anlage eigenen Vermögens nutzen wol-

---

515 A.A. Heeren/v. Tiling, in: Kempf, Investmentrecht 2007, S. 214, da andernfalls das „Atmen“ des Gesellschaftskapitals der Spezial-InvAG, die ausschließlich Unternehmensaktien ausgibt, nicht möglich wäre.

516 Ebenso Wallach, Der Konzern 2007, 487, 489 li. Sp.

517 In diese Richtung aber Heeren/v. Tiling, in: Kempf, Investmentrecht 2007, S. 206: Steuerung der Anlagestrategien und Ausschüttungen nach eigenen Wünschen.

518 Siehe § 6 B I. 1.

519 So aber Wallach, Der Konzern, 2007, 487, 489 f.

520 § 104 Satz 2 InvG. Siehe § 9 B. III.

len[521]. Ein solches Interesse besteht vor allem dann, wenn die InvAG als Spezial-InvAG auf die Bedürfnisse der Unternehmensaktionäre zugeschnitten ist. Handelt es sich dagegen um eine Publikums-InvAG mit breit gestreuten Aktien, richtet sich das Interesse der Gründer regelmäßig darauf, durch Verwaltungstätigkeiten für die InvAG Einnahmen zu erzielen; eine Nutzung der Beteiligung zum Zwecke der Anlage eigenen Vermögens ist dann typischerweise nicht gewollt[522]. Die Unternehmensaktionäre könnten in diesem Fall als verkaufsfördernde Maßnahme den Verzicht auf ihren Gewinnanspruch erwägen[523] oder den auf die Unternehmensaktien entfallenden Gewinn durch Satzungsbestimmung den Anlageaktien zuweisen[524].

III. Die Gründungsverantwortung der Unternehmensaktionäre

Mit der aktienrechtlichen Mitgliedschaft sind nicht nur Rechte, sondern auch Pflichten verbunden. Die Hauptpflicht der Unternehmensaktionäre besteht in der vollständigen Aufbringung des Anfangskapitals von mindestens 300.000 Euro[525]. Die Unternehmensaktionäre sind zudem neben Vorstand und Aufsichtsrat für die Gründung der Gesellschaft verantwortlich[526], so dass sie nach § 99 Abs. 1 InvG i.V.m. § 46 AktG gesamtschuldnerisch für die Richtigkeit und Vollständigkeit der bei der Gründung gemachten Angaben und für die Leistung der Mindesteinlage haften.

IV. Die Verantwortlichkeit der Unternehmensaktionäre im weiteren Betrieb der InvAG

Ausweislich der Regierungsbegründung zum InvÄndG endet die Verantwortlichkeit der Unternehmensaktionäre nicht mit der Gründung, sondern erstreckt sich auf den „weiteren Betrieb" der InvAG[527]. In Anbetracht der besonderen Vorkehrungen, die das InvG zur Sicherung der Pflichtenbindung der Unternehmensaktionäre trifft (V.), überrascht es, dass weder das InvG noch die Regierungsbegründung die Pflichten der Unternehmensaktionäre näher beschreiben.

---

521 Vgl. Begr. RegE, BT-Drs. 16/5576, S. 83 re. Sp.: „Bei dem Anlageaktionär steht regelmäßig allein die vermögensmäßige Beteiligung im Vordergrund, während für den Unternehmensaktionär *daneben* auch die unternehmerische und organisatorische Beteiligung maßgeblich sind" [Hervorhebung durch die Verfasserin].

522 Ebenso Heeren/v. Tiling, in: Kempf, Investmentrecht 2007, S. 211.

523 Zur Zulässigkeit des Dividendenverzichts vgl. Hüffer, AktG, § 58 Rn. 28, § 60 Rn. 11.

524 Vgl. C. Fischer/K. Steck, in: B/S/L, § 96 InvG Rn. 6.

525 Begr. RegE, BT-Drs. 16/5576, S. 84 li. Sp.; Heeren/v. Tiling, in: Kempf, Investmentrecht 2007, S. 205.

526 Begr. RegE, BT-Drs. 16/5576, S. 84 li. Sp.; Heeren/v. Tiling, in: Kempf, Investmentrecht 2007, S. 205.

527 Begr. RegE, BT-Drs. 16/5576, S. 84 li. Sp.

Im Folgenden wird untersucht, welche besonderen Pflichten den Unternehmensaktionären nach Abschluss der Gründungsphase obliegen.

1. Haftung für die operativen Risiken der InvAG

Die Verantwortlichkeit der Unternehmensaktionäre nach Abschluss der Gründungsphase könnte darin bestehen, dass sie mit ihrer Einlage für die operativen Risiken der InvAG haften, während die Anlageaktionäre von dieser Haftung freigestellt sind. Der Begriff der operativen Risiken meint alle Risiken, die über die mit der Anlage des Investmentvermögens unmittelbar verbundenen Risiken hinausgehen, z.B. das Risiko von gegen die InvAG gerichteten Schadensersatzansprüchen oder des ersatzlosen Verlusts von Betriebsvermögen[528].

a) Existenz eines Betriebsvermögens

Nach § 99 Abs. 3 Satz 2 InvG darf die InvAG neben dem eigentlichen Anlagevermögen bewegliche und unbewegliche Betriebsmittel erwerben, wenn es für den Betrieb der InvAG notwendig ist. Betriebsmittel sind beispielsweise Büromobiliar, Computer und Software. Für das Betriebs- und das Anlagevermögen werden gesonderte Rechnungslegungskreise geführt[529]. Den Betriebsmitteln stehen die Kosten gegenüber, die für den Betrieb des Investmentgeschäfts anfallen, z.B. Kosten für Personal, Prospektveröffentlichungen, Softwarelizenzen, Miete von Büroräumen oder Schadensersatzleistungen[530]. Die fremdverwaltete InvAG hat in der Regel kein Betriebsvermögen, da die erforderliche Infrastruktur von der Verwaltungsgesellschaft vorgehalten wird[531].

b) Zuweisung der operativen Risiken

Über die gesellschaftsinterne Zuordnung des Betriebsvermögens und der Betriebskosten sowie die damit zusammenhänge Frage der Zuweisung der operativen Risiken besteht keine Einigkeit. Überwiegend vertreten werden die sog. Einheits- und die Trennungslösung[532].

---

528 Vgl. die Definition des „operativen Risikos" von Wegner, S. 232 Fn. 529.
529 §§ 41 Abs. 2 Satz 2, 42 Satz 2 InvPrüfbV, § 18 Abs. 1 Satz 1 InvRBV; Tschesche/Hofmann, in: B/S/L, § 110 InvG Rn. 36.
530 Vgl. Heeren/v. Tiling, Investmentrecht 2007, S. 208.
531 Vgl. § 18 Abs. 1 Satz 1 InvRBV; BaFin, Begr. InvPrüfbV, Zu § 41; C. Fischer/K. Steck, in: B/S/L, § 100 InvG Rn. 8; dies., ZBB 2009, 188, 192; Dornseifer, AG 2008, 53, 59.
532 Die sog. Miteigentumslösung, die die Betriebsmittel in das gemeinsame Miteigentum aller TGV stellt (vgl. Wegner, S. 230 mit Verweis auf Dornseifer, AG 2007, 53, 59) ist ein Unterfall der Einheitslösung und wird im Folgenden nicht behandelt. Ihr steht bereits entgegen, dass TGV keine eigene Rechtspersönlichkeit haben, zutreffend Wegner, S. 260 ff.; Neumann, S. 76 f.

aa) Einheitslösung

Nach der Einheitslösung findet keine Unterteilung des Gesellschaftsvermögens der InvAG in ein Anlage- und ein Betriebsvermögen statt[533]. Grundlage für die Berechnung des Wertes von Anlage- und Unternehmensaktien ist das gesamte Gesellschaftsvermögen. Dies gilt auch dann, wenn die InvAG nach § 99 Abs. 3 Satz 1 i.V.m. § 34 Abs. 2 Satz 1 InvG mehrere TGV bildet. In diesem Fall werden der für die einzelnen Betriebsmittel in Ansatz zu bringende Wert sowie die Betriebskosten nach einem in der Satzung festzulegenden Verteilungsschlüssel auf die einzelnen TGV umgelegt. Da sich die Betriebskosten im Wert aller Aktien niederschlagen, besteht nach der Einheitslösung keine besondere Verantwortlichkeit der Unternehmensaktionäre.

bb) Trennungslösung

Die Trennungslösung behandelt das Betriebs- und das Anlagevermögen als gesonderte Vermögensmassen und weist das Betriebsvermögen ausschließlich den Unternehmensaktien zu. Diese Trennung der Vermögensmassen wird teilweise an die Unterscheidung von Unternehmens- und Anlageaktienkapital geknüpft (sog. Kapitaltrennungslösung)[534]. Die überwiegende Ansicht beschränkt die Trennung von Betriebs- und Anlagevermögen auf die Vermögensebene (Trennungslösung im engeren Sinne). Sofern die InvAG als Umbrella-Konstruktion besteht, soll das Betriebsvermögen in einem separaten TGV gebündelt werden, an dessen Wertentwicklung ausschließlich Unternehmensaktien teilnehmen (sog. Betriebs-TGV)[535]. Die Betriebskosten werden rechnerisch dem Betriebs-TGV zugeordnet und nach Maßgabe der Satzung zumindest teilweise auf die Anlage-TGV umgelegt[536]. Sofern die InvAG keine TGV bildet, soll das Betriebsvermögen nach einer teilweise vertretenen Ansicht als „Quasi-TGV" den Unternehmensaktien zugewiesen und nach den Regeln über die vermögens- und haftungsrechtliche Trennung der TGV vom übrigen (Anlage-)Vermögen ge-

533 C. Fischer, S. 212 Fn. 474; Wegner, S. 244 ff. für die InvAG ohne TGV. Tschesche/Hofmann, in: B/S/L, § 110 InvG Rn. 40; C. Fischer/K. Steck, in: B/S/L, § 100 InvG Rn. 10; dies., ZBB 2009, 188, 192 und Wallach, Der Konzern 2007, 487, 491 nehmen die Einheitslösung als gesetzlichen Grundfall an.

534 Wallach, Der Konzern 2007, 487, 491.

535 Heeren/v. Tiling, in: Kempf, Investmentrecht 2007, S. 210 ff.; Sachtleber, S. 119 ff.; Dornseifer, AG 2008, 53, 59; ähnlich C. Fischer/K. Steck, in: B/S/L, § 96 InvG Rn. 6; § 100 InvG Rn. 10; dies. ZBB 2009, 188, 192; Tschesche/Hofmann, in: B/S/L, § 110 InvG Rn. 40; Sedlmaier, WM 2010, 1437, 1441, die die Trennungslösung als Gestaltungsoption für die InvAG mit TGV anerkennen; zurückhaltender Wegner, S. 273.

536 Vgl. Wegner, S. 228 f., 262 fff. zu den verschiedenen Möglichkeiten des Zahlungsausgleichs zwischen Betriebs- und Anlage-TGV.

trennt sein[537]. Nach anderer Auffassung sollen für Betriebs- und Anlagevermögen Aktien unterschiedlicher Gattungen (Spartenaktien) ausgegeben werden, wobei das Betriebsvermögen ausschließlich den Unternehmensaktien zugewiesen wird[538]. Da nach der Trennungslösung in erster Linie die Unternehmensaktionäre mit ihrer Einlage für Betriebsvermögen und -kosten haften, besteht eine besondere Verantwortlichkeit der Unternehmensaktionäre im weiteren Betrieb der InvAG.

cc) Stellungnahme

aaa) Abschirmung der Anlageaktionäre von den operativen Risiken der InvAG

Die Trennungslösung ist durch das Interesse motiviert, die Anlageaktionäre von den operativen Risiken der InvAG abzuschirmen[539]. Dieses Anliegen lässt sich auch der Regierungsbegründung zum InvÄndG[540] und OGAW-IV-UmsG[541] entnehmen. Andere Stimmen im Schrifttum sehen zwar kein Bedürfnis, die Anlageaktionäre im Rahmen der Risikozuweisung zu privilegieren[542]. Entgegen dieser Ansicht rechtfertigt aber die besondere Funktion der InvAG als Vehikel zur Vermögensanlage eine privilegierte Behandlung der Anlageaktionäre:

Grundgedanke des Investmentsparens ist, dass die Anleger durch die Einbringung ihrer Gelder in ein risikodiversifiziertes Investmentvermögen von den Vorteilen profitieren, die sich aus der Fremdverwaltung des Vermögens für eine Vielzahl von Anlegern im Vergleich zur Direktanlage ergeben[543]. Risiken aus der Sphäre des Fondsverwalters, wie Schadensersatzansprüche, die beispielsweise wegen der fehlerhaften Ermittlung des Inventarwerts oder des Erwerbs unzulässiger Vermögensgegenstände bestehen können, oder der ersatzlose Verlust von Betriebsmitteln, sollen den Anlegern dagegen nicht aufgebürdet wer-

537 Heeren/v. Tiling, in: Kempf, Investmentrecht 2007, S. 210, 221; Dornseifer, AG 2008, 53, 59; Neumann, S. 82 f.

538 Neumann, S. 77 ff.

539 Heeren/v. Tiling, in: Kempf, Investmentrecht 2007, S. 209 ff.; Neumann, S. 70; ähnlich Sedlmaier, WM 2010, 1437, 1441, der annimmt, die Beteiligung der Anlageaktionäre am Betriebsvermögen entspreche nicht der Intention eines Fondsinvestments.

540 Vgl. BT-Drs. 16/5576, S. 84 re. Sp.: „Bei der Ausgestaltung der Bestimmungen wurde daher darauf geachtet, die Anlageaktionäre, bei denen die reine Vermögensanlage im Vordergrund steht, von eventuellen unternehmerischen Risiken *bereits* im Stadium der Gründung der InvAG auszuschließen“ [Hervorhebung durch die Verfasserin]. Anders Wegner, S. 241: sprachliche Ungenauigkeit.

541 Vgl. BT-Drs. 17/4501, S. 81 li. Sp. Vgl. auch Begr. DiskE zum OGAW-IV-UmsG vom 18.8.2010, S. 108: „Unternehmerische Risiken sollen bei dem Anlageaktionär ausgeschlossen werden“.

542 Wegner, S. 239 ff.; Sachtleber, S. 143.

543 Siehe § 2 A.

den. Dieses Prinzip wird gewahrt, wenn die Anleger Anteile an einem Sondervermögen erwerben. Die Gläubiger der KAG können selbst dann nicht auf das Sondervermögen zugreifen, wenn ihre Forderungen aus Rechtsgeschäften herrühren, die die Gesellschaft für Rechnung des Sondervermögens abgeschlossen hat[544]. Die KAG darf sich nur insoweit aus dem Sondervermögen befriedigen, als ihr nach Maßgabe der Vertragsbedingungen Aufwendungs- und Vergütungsansprüche zustehen[545]. Dabei sind nicht alle Kosten, die im Zusammenhang mit der Verwaltung des Sondervermögens entstehen, erforderliche Aufwendungen im Sinne von §§ 675, 670 BGB. Für die Erfüllung von gegen die KAG gerichteten Schadensersatzansprüchen der Anteilinhaber kann die Gesellschaft beispielsweise keinen Ersatz verlangen[546].

Um diesem Grundgedanken des Investmentsparens gerecht zu werden und eine Schlechterstellung der Satzungsform gegenüber der Vertragsform zu vermeiden, müssen auch die Anlageaktionäre der selbstverwaltenden Publikums-InvAG von den operativen Risiken abgeschirmt werden. Die körperschaftliche Organisationsform der InvAG bedingt zwar grundsätzlich, dass die Aktionäre mit ihrer Einlage für sämtliche Gesellschaftsverbindlichkeiten haften. Im Rahmen der aktien- und investmentrechtlichen Gestaltungsmöglichkeiten können die Kosten, die durch die Verwirklichung operativer Risiken entstehen, gesellschaftsintern aber so verteilt werden, dass die Anlageaktien die hieraus resultierenden Wertverluste des Gesellschaftsvermögens nicht mittragen müssen (ccc)). Der Grundsatz der Aktionärsgleichbehandlung[547] steht dieser Risikoverteilung nicht entgegen. Da die Unternehmensaktionäre, anders als die Anlageaktionäre, nicht vornehmlich an der Kapitalanlage, sondern am unternehmerischen Erfolg der InvAG interessiert sind, ist es gerechtfertigt, ihnen auch die Risiken der Unternehmung zuzuweisen[548]. Schließlich kann der Trennungslösung auch nicht entgegengehalten werden, dass sie die Grenzen zwischen Vertrags- und Satzungsform verwische[549]. Der Gesetzgeber hat die Mitgliedschaft der Anlageaktionäre bewusst an die Rechtsstellung der Anteilinhaber des Sondervermögens angelehnt[550]. Dies verdeutlicht vor allem der Entzug der Stimm- und Teilnahmerechte der Anlageaktionäre, der über das aktienrechtlich Zulässige hinausgeht[551].

544 § 31 Abs. 2 Satz 1 InvG.

545 §§ 31 Abs. 3, 41 Abs. 1 Satz 1 InvG.

546 Braun, in: Hdb. Investmentrecht, S. 205; Beckmann, in: B/S/V, Kz. 410, § 31 Rn. 38; Schmitz, in: B/S/L, § 31 InvG Rn. 23; Schödermeier/Baltzer, in: B/S, § 10 Rn. 38 KAGG; Baur, in: Investmentgesetze, § 10 KAGG Rn. 49; Canaris, Rn. 2439.

547 Vgl. § 99 Abs. 1 InvG i.V.m. § 53a AktG, § 20 Abs. 1 InvVerOV.

548 Kritisch K. Steck/C. Fischer, ZBB 2009, 188, 192.

549 Anders Wegner, S. 242.

550 Siehe B. II.

551 Siehe D. III.

In Anbetracht dieser Gleichstellung ist es nur konsequent, die Anlageaktionäre in ähnlicher Weise wie die Anteilinhaber des Sondervermögens von den operativen Risiken des Fondsvehikels freizustellen.

Das Anliegen, die Anlageaktionäre von den operativen Risiken der InvAG abzuschirmen, gilt zwar gleichermaßen für die fremdverwaltete Publikums-InvAG. Allerdings hält nicht die fremdverwaltete InvAG, sondern die nach § 96 Abs. 4 InvG benannte Verwaltungsgesellschaft den Großteil der zur Durchführung des Investmentgeschäfts erforderlichen Betriebsmittel vor, so dass die Anlageaktionäre bereits aus diesem Grund nicht mit den Risiken des Betriebsvermögens belastet werden. Zudem können die InvAG und ggf. auch die Aktionäre von der Verwaltungsgesellschaft Schadensersatz verlangen, wenn das Gesellschaftvermögen durch eine für sie handelnde Person geschädigt wird[552]. Anders als bei einem gegen die (selbstverwaltende) InvAG gerichteten Schadensersatzanspruch wird der Anlageaktienwert durch den Schadensausgleich nicht gemindert.

bbb) Investmentrechtliche Zulässigkeit der Trennungslösung

Die Vertreter der Einheitslösung wenden gegen die Trennungslösung ein, sie sei mit dem InvG unvereinbar. §§ 96 ff. InvG gingen von einem einheitlichen Gesellschaftsvermögen aus, an dem die Aktionäre nach § 96 Abs. 1 Satz 4 InvG zu gleichen Teilen beteiligt seien[553]. Zudem könne die InvAG Betriebsvermögen nur in dem zur Durchführung des Investmentgeschäfts erforderlichen Umfang erwerben. Durch die Bündelung des Betriebsvermögens in einem eigenen TGV werde diese „Annexfunktion" des Betriebsvermögens überschritten[554].

Den Vertretern der Einheitslösung ist entgegenzuhalten, dass das InvG den Begriff des Gesellschaftsvermögens in erster Linie als Synonym für das Anlagevermögen verwendet. Beispielsweise finden die typischen Betriebsmittel der InvAG wie Büromobiliar, Computer oder Software im abschließenden Katalog der für die Gesellschaft erwerbbaren Vermögensgegenstände (§§ 96 Abs. 2, 2 Abs. 4 InvG) keine Erwähnung. Eine Verwahrung der Betriebsmittel durch die Depotbank, wie sie für die zum Gesellschaftsvermögen gehörenden Vermögensgegenstände vorgeschrieben ist[555], kommt unabhängig von der Verwahrfähigkeit der Betriebsmittel nicht in Betracht, da diese Mittel im laufenden Geschäftsbetrieb benötigt werden. Zudem werden, anders als in § 96 Abs. 1a Satz 2

552 Vgl. hierzu Campbell/Müchler, ILF Working Paper Series No. 101, 4/2009, S. 9 ff.
553 Wegner, S. 244; Wallach, Der Konzern 2007, 487, 491; C. Fischer/K. Steck, in: B/S/L, § 100 InvG Rn. 10; dies., ZBB 2009, 188, 192.
554 Wegner, S. 247 f., der zudem Bedenken im Hinblick auf die Einhaltung des in §§ 2 Abs. 5, 96 Abs. 2 InvG definierten Unternehmensgegenstands äußert.
555 § 99 Abs. 3 Satz 1 i.V.m. § 24 InvG.

InvG für die Vermögensgegenstände der InvAG vorgesehen, die Betriebsmittel bilanziell nicht mit dem Verkehrswert, sondern mit den Anschaffungs- bzw. Herstellungskosten erfasst[556]. Auch der im InvG festgelegte Mindestinhalt des Verkaufsprospekts der Publikums-InvAG, der die für die Anlageentscheidung bedeutsamen Risiken erfassen soll, berücksichtigt die operativen Risiken der InvAG nicht[557]. Schließlich wird das Gesellschaftsvermögen der InvAG in § 99 Abs. 3 Satz 1 Nr. 6 InvG dem Sondervermögen gleichgestellt; bei Letzterem handelt es sich aber um reines Anlagevermögen[558]. Aus alledem folgt, dass die unterschiedliche Behandlung von Betriebs- und Anlagevermögen bereits im InvG angelegt ist. Die Regelungslücke, die das InvG im Hinblick auf die Zuordnung des Betriebsvermögens belässt, muss bis zu einer Entscheidung des Gesetzgebers mit den vorhandenen Gestaltungsmitteln geschlossen werden.

Im Zuge des OGAW-IV-UmsG wurde die Risikoverteilung zwischen den Unternehmens- und Anlageaktionären insofern konkretisiert, als § 99 Abs. 3 Satz 3 InvG den Erwerb von Betriebsvermögen mit Kapital aus der Begebung von Anlageaktien verbietet. Diese Regelung hat zunächst rein klarstellenden Charakter, da bereits aus § 96 Abs. 1b Satz 1 InvG folgt, dass das Betriebsvermögen aus den Einlagen der Unternehmensaktionäre finanziert werden muss. Die Regierungsbegründung, die die Zuweisung des Betriebsvermögens zu den Unternehmensaktionären mit dem Bedürfnis erklärt, „das Anlagevermögen von diesen Vermögensgegenständen freizuhalten“[559], lässt indes erahnen, dass der Regelungsgehalt von § 99 Abs. 3 Satz 3 InvG über eine bloße Klarstellung hinausgeht. Gewollt sind offenbar eine strikte Trennung von Anlage- und Betriebsvermögen und die ausschließliche Belastung des Wertes der Unternehmensaktien mit Wertverlusten des Betriebsvermögens und sonstigen Kosten, die durch die Verwirklichung operativer Risiken entstehen.

Das InvG bietet seit dem InvModG die Möglichkeit, das Vermögen der InvAG in mehrere TGV aufzuspalten, die vermögens- und haftungsrechtlich voneinander getrennt sind (sog. Umbrella-Konstruktion)[560]. Wie von einigen Vertretern der Trennungslösung im engeren Sinne vorgeschlagen[561] ermöglicht diese Gestaltung, das Betriebsvermögen in einem TGV zu bündeln, an dessen Wertentwicklung ausschließlich Unternehmensaktien teilnehmen (Betriebs-

556 § 18 Abs. 2 InvRBV; Heeren/v. Tiling, in: Kempf, Investmentrecht 2007, S. 212 f.; Tschesche/Hofmann, in: B/S/L, § 110 InvG Rn. 38; Sedlmaier, WM 2010, 1437, 1440.
557 Ähnlich Heeren/v. Tiling, in: Kempf, Investmentrecht 2007, S. 212, die darauf hinweisen, dass die Anlageaktien, wenn sie an den operativen Risiken teilnähmen, ein „höchst erklärungsbedürftiges Produkt“ wären.
558 Neumann, S. 62.
559 BT-Drs. 17/4510, S. 81 li. Sp.
560 § 99 Abs. 3 Satz 1 i.V.m. § 34 Abs. 2 Satz 1 InvG. Siehe § 13.
561 Vgl. die Nachweise unter IV. 1b) bb).

TGV). Auf diese Weise wird erreicht, dass die Anlageaktien, die ausschließlich am Wert anderer TGV (Anlage-TGV) teilnehmen, jedenfalls im Grundsatz[562] von etwaigen Wertverlusten des Betriebs-TGV unberührt bleiben. Die Annexfunktion des Betriebsvermögens wird hierdurch nicht verletzt, da der Erwerb von Betriebsmitteln auf das zur Durchführung des Investmentgeschäfts Notwendige begrenzt bleibt. Zudem kann für das Betriebs-TGV zugleich Anlagevermögen erworben werden, wenn die Unternehmensaktionäre auch an der Nutzung ihrer Beteiligung als Kapitalanlage interessiert sind.

Die investmentrechtlichen Gestaltungsmöglichkeiten stoßen aber dann an Grenzen, wenn die InvAG keine TGV bildet. In diesem Fall kann das Betriebsvermögen den Unternehmensaktionären nicht als „Quasi-TGV" zugewiesen und vom Anlagevermögen getrennt werden[563]. Eine solche Zuweisung kann auch nicht mit der Existenz eines Unternehmens- und Anlageaktienkapitals (Kapitaltrennungslösung) begründet werden, da diese Unterscheidung für die Vermögenszuordnungs- und Haftungsverhältnisse der InvAG ohne Bedeutung ist[564]. Vielmehr kann das in § 96 Abs. 1 Satz 4 InvG zum Ausdruck kommende Prinzip der gleichmäßigen Teilnahme aller Aktionäre an den Gewinnen und Verlusten der InvAG außerhalb der Umbrella-Konstruktion nur durch die Bildung verschiedener Aktiengattungen oder Aktienklassen durchbrochen werden[565]. Im Schrifttum wurde bereits dargelegt, dass die gebotene Trennung von Betriebs- und Anlagevermögen bei der InvAG ohne TGV dadurch erreicht werden kann, dass nach dem Vorbild der Spartenaktien der AG die Vermögensrechte der Anlage- und Unternehmensaktien auf das Anlagevermögen einerseits und das Betriebsvermögen andererseits beschränkt werden[566]. Diese Gestaltungsmöglichkeit steht der InvAG über § 99 Abs. 1 InvG i.V.m. § 11 AktG offen[567].

ccc) Grenzen der Trennungslösung im Hinblick auf die Erreichung des Anlegerschutzziels

Das Anlegerschutzziel der Trennungslösung wird nur dann erreicht, wenn die Kosten, die durch die Verwirklichung operativer Risiken entstehen, bei der Ermittlung des Anlageaktienwerts unberücksichtigt bleiben.

---

562 Zu den Grenzen der Trennungslösung siehe ccc).

563 Ebenso C. Fischer/K. Steck, in: B/S/L, § 100 InvG Rn. 10; dies., ZBB 188, 192; Sachtleber, S. 119.

564 Ablehnend auch Wegner, S. 244 f.; Neumann, S. 72 f.

565 Vgl. § 99 Abs. 3 Satz 1 i.V.m. § 34 Abs. 1 Satz 4 InvG, § 99 Abs. 1 InvG i.V.m. § 11 AktG.

566 Neumann, S. 77 ff., der diese Lösung auch für die InvAG der Umbrella-Konstruktion befürwortet, aaO, S. 76.

567 Zur Unterscheidung von Aktienklassen und Aktiengattungen siehe § 12 C. IV.

Wird das Betriebsvermögen in einem separaten Betriebs-TGV gebündelt und den Unternehmensaktien zugewiesen, wird der Wert der Anlageaktien ausschließlich aus dem Wert des betreffenden Anlage-TGV errechnet[568], so dass sich Wertverluste des Betriebsvermögens nicht auf den Anlageaktienwert auswirken. Die InvAG kann zudem die Haftung für Verbindlichkeiten aus Rechtsgeschäften, die für Rechnung des Betriebs-TGV abgeschlossen werden, auf dieses TGV beschränken[569]. Darüber hinaus kann die Satzung vorsehen, dass bestimmte Kosten (z.B. für Betriebsmittel) ausschließlich aus dem Betriebs-TGV beglichen werden. Reichen die Mittel des Betriebs-TGV zur Begleichung dieser Kosten nicht aus, kann den Gesellschaftsgläubigern der Zugriff auf die Anlage-TGV aber nicht verwehrt werden[570].

Werden die Vermögensrechte der Unternehmens- und Anlageaktionäre im Rahmen von Aktiengattungen nach § 99 Abs. 1 InvG i.V.m. § 11 AktG auf das Betriebsvermögen einerseits und das Anlagevermögen andererseits beschränkt, können der Aktienwert, der Bilanzgewinn und der Liquidationserlös aus dem jeweiligen Vermögen errechnet werden[571]. Zwar wird der an die Spartenaktionäre einer AG auszahlbare Gewinn zwangsläufig durch die Verluste anderer Sparten begrenzt, da nur der in der Bilanz ausgewiesene Betrag ausgeschüttet werden darf[572]. Für die InvAG kann hiervon aber abgewichen werden, da die aktienrechtliche Satzungsstrenge (§ 23 Abs. 5 AktG) und das Verbot der Einlagenrückgewähr (§ 57 Abs. 1 Satz 1 AktG) keine Anwendung finden[573] und § 34 Abs. 1 Satz 4 InvG auch für die Aktienklassen der InvAG eine gesonderte Wertermittlung vorsieht. Die Anlageaktionäre tragen die Verluste des Betriebsvermögens somit nur dann, wenn das Betriebsvermögen keine ausreichende Deckung aufweist. Die Spartenlösung bleibt aber insofern hinter der Bildung eines Betriebs-TGV zurück, als die InvAG ihre Haftung nicht nach § 98 Abs. 2 InvG auf das Betriebsvermögen begrenzen kann[574]. Dies wirkt sich allerdings kaum aus. Zum einen kommt diese Haftungsbeschränkung nur für rechtsgeschäftlich begründete Forderungen in Betracht[575], weshalb die InvAG für Forderungen „unfreiwilliger" Gläubiger, wie etwa Anleger, die Schadensersatzansprüche gegen die InvAG haben, ohnehin unbegrenzt haftet. Zum anderen kann die InvAG

568 § 99 Abs. 3 Satz 1 i.V.m. § 34 Abs. 2a Satz 5 i.V.m. § 34 Abs. 1 Satz 4 InvG.
569 § 99 Abs. 3 Satz 1 i.V.m. § 34 Abs. 2a Satz 3 und 4, § 98 Abs. 2 InvG.
570 Siehe § 13 C. III. 2b) und c).
571 Vgl. Neumann, S. 77 ff.
572 Siehe § 13 D. II. und III. Vgl. auch Neumann, S. 57.
573 Siehe § 4 C. I 1. und § 8 C. II. 2a).
574 Ähnlich Neumann, S. 57: keine vermögens- und haftungsrechtliche Trennung.
575 Siehe § 13 E. I.

ohne TGV ihre Haftung gegenüber ihren Vertragsgläubigern individualvertraglich auf das Betriebsvermögen begrenzen.

Im Ergebnis kann die Trennungslösung zwar keine vollständige Freistellung der Anlageaktionäre von den operativen Risiken der InvAG gewährleisten. Die aufgezeigten Defizite könnten aber durch gesetzliche Maßnahmen, z.B. die Festlegung eines Mindestwerts für das Betriebsvermögen[576], gemindert werden. Einen gewissen Schutz bieten auch die auf die kollektive Vermögensverwaltung beschränkte Geschäftstätigkeit der InvAG[577] und die gesetzliche Begrenzung des Erwerbs von Betriebsvermögen[578]. Nicht korrekturbedürftig erscheint dagegen die verschiedentlich kritisierte[579] Gefahr eines erhöhten Insolvenzrisikos, die daraus resultiert, dass die InvAG insgesamt als zahlungsunfähig im Sinne von § 17 InsO angesehen werden könnte, wenn die Betriebskosten die Mittel des Betriebs-TGV übersteigen. Es liegt im Gegenteil im Interesse der zu schützenden Anlageaktionäre, eine InvAG, die unzureichende Betriebsmittel aufweist, so frühzeitig abzuwickeln, dass das Anlagevermögen nicht als Haftungsmasse für unternehmerische Risiken herangezogen wird[580].

ddd) Ergebnis

Als Ergebnis kann festgehalten werden, dass eine besondere Verantwortlichkeit der Unternehmensaktionäre besteht, soweit sich die Wertentwicklung des Betriebsvermögens und die Betriebskosten ausschließlich im Wert der Unternehmensaktien niederschlagen.

2. Nachschusspflicht der Unternehmensaktionäre

Eine besondere Verantwortlichkeit der Unternehmensaktionäre im Betrieb der InvAG würde zudem bestehen, wenn ihre Haftung nicht auf die Einlage beschränkt wäre, sondern – wie es das Schweizer Recht vorsieht[581] – eine Pflicht zur Aufstockung des Gesellschaftsvermögens bestünde, deren Erfüllung sich die Unternehmensaktionäre nur durch Auflösung der InvAG entziehen könnten. Eine solche Nachschusspflicht ergibt sich jedoch weder aus dem AktG[582] noch aus

576 Siehe VI. 1. Ähnlich Wegner, S. 274 für das Betriebssondervermögen der InvAG mit TGV bei fixer Kostenzuweisung.
577 § 96 Abs. 2 InvG.
578 § 99 Abs. 3 Satz 2 und 4 InvG.
579 Wegner, S. 250; ähnlich Fock/Hartig, in: FS Spiegelberger, 2009, S. 653, 658. Vgl. § 11 C. II. 2a).
580 Ähnlich Heeren/v. Tiling, in: Kempf, Investmentrecht 2007, S. 211.
581 Siehe B. I.
582 Bungeroth, in: MünchKommAktG, § 54 Rn. 23; Kuhn, S. 64.

dem InvG[583]. Eine Nachschusspflicht könnte mangels Geltung von § 23 Abs. 5 AktG zwar in der Satzung der InvAG festgelegt werden[584]. Alternativ könnten die Unternehmensaktionäre sich vertraglich zur Aufstockung des Gesellschaftsvermögens verpflichten. Es ist aber nicht anzunehmen, dass sich die besondere Verantwortlichkeit der Unternehmensaktionäre in einer privatrechtlichen Nachschusspflicht erschöpfen soll. Die Regierungsbegründung legt vielmehr nahe, dass diese Verantwortlichkeit unabhängig von der konkreten Satzungs- oder Vertragsgestaltung besteht[585].

Auch die Annahme, die Unternehmensaktionäre seien faktisch zur Aufstockung des Gesellschaftsvermögens in Höhe von 1,25 Mio. Euro verpflichtet, um die Aufhebung der Erlaubnis nach § 97 Abs. 3 Satz 1 Nr. 4 InvG zu verhindern[586], ist jedenfalls für die Publikums-InvAG abwegig. Die Unternehmensaktionäre haben an der Leistung über das Anfangskapital hinausgehender Mittel regelmäßig kein Interesse, da ihre wirtschaftlichen Ziele nur dann erreicht werden, wenn das Anlagevermögen, aus dem die Verwaltungsgebühren abgeschöpft werden, von den Anlageaktionären aufgebracht wird. Die Unternehmensaktionäre werden sich deshalb allenfalls dann zur Zahlung bereit erklären, wenn es sich um einen geringen Fehlbetrag handelt und die Unternehmenskrise voraussichtlich nur temporär ist. In einem solchen Fall dürfte der Erlaubnisentzug aber regelmäßig unverhältnismäßig sein[587].

3. Besondere Treuepflichten der Unternehmensaktionäre

a) Aktive Förderpflicht

Im Schrifttum wird vereinzelt angenommen, die besondere Verantwortlichkeit der Unternehmensaktionäre bestehe in einer besonderen Treuepflicht gegenüber der InvAG in Gestalt einer Förderpflicht[588]. Treuepflichten werden überwiegend auf das Gebot von Treu und Glauben (§ 242 BGB) gestützt[589]. Den Aktionären obliegen mitgliedschaftliche Treuepflichten sowohl gegenüber der AG als auch

583 Wegner, S. 250; Fock/Hartig, in: FS Spiegelberger, 2009, S. 653, 657.

584 Vgl. Wegner, S. 237: „nicht denklogisch ausgeschlossen".

585 BT-Drs. 16/5576, S. 84 li. Sp.: „Die Verantwortung der Unternehmensaktionäre […] erstreckt sich auch auf den weiteren Betrieb der InvAG".

586 Heeren/v. Tiling, in: Kempf, Investmentrecht 2007, S. 206.

587 Vgl. auch Schmitt, in: B/S, § 51 KAGG Rn. 18 zu § 51 Abs. 6 KAGG.

588 Wallach, Der Konzern 2007, 487, 489 li. Sp.; ablehnend Wegner, S. 236.

589 Nach a.A. ist die Rechtsgrundlage eine richterrechtliche Generalklausel. Zum Meinungsstand Henze/Notz, in: GroßKommAktG, Anh. § 53a Rn. 13 ff.; Bungeroth, in: MünchKommAktG, Vor § 53a Rn. 20.

gegenüber den Mitaktionären[590]. Aktive Förderpflichten bestehen allerdings nur in Ausnahmefällen, wenn die AG oder die Mitaktionäre in ganz besonderem Maße auf die Mitwirkung eines Aktionärs angewiesen sind[591]. Handlungspflichten können insbesondere den Mehrheitsaktionär treffen, der aufgrund seiner Stimmrechtsmacht in der Lage ist, auf das Schicksal der Gesellschaft und die Interessen seiner Mitaktionäre Einfluss zu nehmen[592].

Die Unternehmensaktionäre der Publikums-InvAG sind in der Regel nur in geringem Umfang am Gesellschaftskapital beteiligt. Ihre Machtposition ist aber insofern mit der eines Mehrheitsaktionärs vergleichbar, als regelmäßig nur die Unternehmensaktionäre über Stimmrechte und Teilnahmerechte an der Hauptversammlung verfügen[593]. Es ist deshalb gerechtfertigt, jedem Unternehmensaktionär die aktienrechtlichen Treuepflichten eines Mehrheitsaktionärs aufzuerlegen. Die Anlageaktionäre müssen darauf vertrauen können, dass die InvAG über eine funktionsfähige Hauptversammlung verfügt. Bliebe etwa der einzige Unternehmensaktionär der Hauptversammlung fern, könnten notwendige Beschlüsse (z.B. die Wahl der Aufsichtsratsmitglieder oder des Abschlussprüfers[594]) nicht gefasst werden. Die Unternehmensaktionäre sind deshalb qua ihrer Treuepflicht verpflichtet, von ihrem „Mehr" an Rechten auch tatsächlich Gebrauch zu machen, indem sie an der Hauptversammlung teilnehmen[595] und ihr Stimmrecht ausüben[596], sofern andernfalls notwendige Beschlüsse nicht gefasst werden könnten. Diese Treuepflicht besteht sowohl gegenüber der InvAG als auch gegenüber den Mitaktionären, so dass beispielsweise ein Minderheits-Unternehmensaktionär die notwendige Mitwirkung des Mehrheits-Unternehmensaktionärs an der Beschlussfassung im Klagewege erzwingen kann[597].

---

590 BGHZ 103, 184, 194 ff.; 129, 136, 142 f.; BGH NJW 1992, 3167, 3171; Hüffer, AktG, § 53a Rn. 2; Schmidt, § 20 IV 2c (S. 591 f.), § 28 I 4a (S. 799 ff.).

591 BGHZ 129, 136, 151 für die Mitwirkung im Rahmen der Sanierung; Henze/Notz, in: GroßKommAktG, Anh. § 53a Rn. 81; Bungeroth, in: MünchKommAktG, Vor § 53a Rn. 28.

592 Bungeroth, in: MünchKommAktG, Vor § 53a Rn. 26; Henze/Notz, in: GroßKommAktG, Anh. § 53a Rn. 82.

593 Vgl. § 96 Abs. 1b Satz 4, Abs. 1c Satz 2 InvG.

594 § 99 Abs. 1 InvG i.V.m. § 119 Abs. 1 Nr. 1 und 4 AktG.

595 Wallach, Der Konzern 2007, 487, 489; Sachtleber, S. 171; ebenso für den Großaktionär der AG mit qualifiziert hohem Anteilsbesitz Henze/Notz, in: GroßKommAktG, Anh. § 53a Rn. 83; Drygala, in: KölnKommAktG, § 53a Rn. 123.

596 Wallach, Der Konzern 2007, 487, 489.

597 Zur Durchsetzung der Treuepflicht vgl. Henze/Notz, in: GroßKommAktG, Anh. § 53a Rn. 144; Bungeroth, in: MünchKommAktG, Vor § 53a Rn. 41.

b) Treuepflicht zur Rücksichtnahme auf die Interessen der Anlageaktionäre

Der Mehrheitsaktionär der AG ist aufgrund seiner Treuepflicht verpflichtet, auf das Gesellschaftsinteresse und die Belange der Aktionärsminderheit Rücksicht zu nehmen[598]. Im Einzelfall kann sich die Treuepflicht sogar zu der Pflicht verdichten, Stimmrechte und sonstige Verwaltungsrechte in einer bestimmten Weise auszuüben[599].

Es liegt zwar nahe, die Unternehmensaktionäre jedenfalls dann, wenn die Anlageaktionäre keine Stimmrechte haben, ähnlich wie den Mehrheitsaktionär einer AG als zur Rücksichtnahme auf die Interessen der InvAG und der Anlageaktionäre verpflichtet anzusehen. Diese Rücksichtnahme liegt regelmäßig bereits im eigenen Interesse der Unternehmensaktionäre, weil die InvAG nur dann wirtschaftlich erfolgreich ist, wenn möglichst viele Anlageaktien beim Publikum platziert werden. Die Treuepflicht geht aber nicht so weit, dass die Unternehmensaktionäre ihre eigenen unternehmerischen Interessen den Interessen der Anlageaktionäre unterordnen müssten. Anders als die Organmitglieder der InvAG und die Depotbank[600] haben die Unternehmensaktionäre keine gesellschaftsrechtlich oder öffentlich-rechtlich begründete Pflicht zur Wahrung der Anlegerinteressen. Die Belange der Anlageaktionäre werden bereits dadurch geschützt, dass sich die Beschlüsse der Unternehmensaktionäre in den Grenzen von Gesetz und Satzung halten müssen und Satzungsänderungen unter einem Genehmigungsvorbehalt der BaFin stehen[601]. Maßnahmen zur Verhinderung einer missbräuchlichen Einflussnahme der Unternehmensaktionäre bestehen zudem in Gestalt des Verbots von Sondervorteilen (§ 243 Abs. 2 AktG) und der Schadensersatzpflicht wegen unzulässiger Einflussnahme auf die Geschäftsführung (§ 117 Abs. 1 Satz 2 AktG). Im Ergebnis ergeben sich aus der Treuepflicht der Unternehmensaktionäre zur Rücksichtnahme auf die Anlegerinteressen nur im Ausnahmefall konkrete Handlungsvorgaben[602].

---

598 BGHZ 103, 184, 194 f.; Henze/Notz, in: GroßKommAktG, Anh. § 53a Rn. 63 ff.; Bungeroth, in: MünchKommAktG, Vor § 53a AktG, Rn. 26; Hüffer, AktG, § 53a Rn. 17.

599 Vgl. Henze/Notz, in: GroßKommAktG, Anh. § 53a, Rn. 63 ff. mit Beispielen; Hüffer, AktG, § 179 Rn. 30; Schmidt, § 21 II 3c (S. 616).

600 Vgl. § 106 Satz 2 Nr. 1 InvG (Vorstand), § 106a Satz 1 InvG (Aufsichtsrat), § 99 Abs. 3 Satz 1 i.V.m. § 22 Abs. 1 Satz 1 InvG (Depotbank).

601 § 99 Abs. 3 Satz 1 i.V.m. § 43 Abs. 2 Satz 1 InvG.

602 Z.B. müssen die Unternehmensaktionäre dem Vorstand oder Aufsichtsrat die Entlastung (§ 99 Abs. 1 InvG i.V.m. § 120 AktG) verweigern, wenn dem betreffenden Organ eindeutig ein schwerwiegender Gesetzes- oder Satzungsverstoß vorzuwerfen ist; BGHZ 153, 47, 51 = NJW 2003, 280, 281; Henze/Notz, in: GroßKommAktG, Anh. § 53a Rn. 67; Fleischer, in: Schmidt/Lutter, AktG, § 53a Rn. 56 jeweils für die AG.

V. Die Sicherung der Pflichtenbindung der Unternehmensaktionäre

Das InvG hält in § 96 Abs. 1b Satz 3, 5 und 6 InvG Maßnahmen bereit, die verhindern sollen, dass die Unternehmensaktionäre sich ihren Pflichten entziehen (1. bis 3.)[603]. Das Recht der Unternehmensaktionäre zur Rückgabe ihrer Aktien an die Gesellschaft steht in einem Spannungsverhältnis zu diesen Maßnahmen (4.).

1. Ausgabe von Namensaktien

Unternehmensaktien werden nach § 96 Abs. 1b Satz 3 InvG als Namensaktien ausgegeben. Die Unternehmensaktionäre werden mit Namen, Geburtsdatum, Adresse bzw. Firma und Sitz[604], Stückzahl und Aktiennummer in das von der InvAG geführte Aktienregister eingetragen[605]. Diese Daten erleichtern es dem Vorstand der InvAG, mit den Unternehmensaktionären in Kontakt zu treten und sie zur Erfüllung ihrer Pflichten anzuhalten, da die eingetragenen Aktionäre entsprechend § 67 Abs. 2 AktG unwiderleglich als Aktieninhaber gelten[606]. Die Ausgabe der Unternehmensaktien als Namensaktien erlaubt zudem, die Hauptversammlung entsprechend § 121 Abs. 4 Satz 2 AktG durch eingeschriebenen Brief einzuberufen[607], sofern die Anlageaktionäre von der Teilnahme ausgeschlossen sind. Schließlich kann die Übertragung der Unternehmensaktien entsprechend § 68 Abs. 2 Satz 1 AktG an die Zustimmung der Gesellschaft gebunden werden.

2. Anzeige der Person des Unternehmensaktionärs und Inhaberkontrollverfahren

Die Publikums-InvAG hat nach § 96 Abs. 1b Satz 6 InvG die Pflicht, der BaFin die Person des Unternehmensaktionärs und jeden Wechsel in dessen Person anzuzeigen. Die Unternehmensaktionäre sind entsprechend § 67 Abs. 1 Satz 2 AktG verpflichtet, der Gesellschaft die erforderlichen Angaben mitzuteilen. § 96 Abs. 1b Satz 6 InvG wird durch investmentrechtliche Meldepflichten ergänzt. Der Unternehmensaktionär muss der BaFin den beabsichtigten Erwerb oder die beabsichtigte Aufgabe einer bedeutenden Beteiligung an der InvAG anzeigen[608], wobei eine bedeutende Beteiligung nach § 99 Abs. 2 InvG vorliegt, wenn der Unternehmensaktionär mindestens 50 Prozent der Stimmrechte oder des Kapi-

---

603 Begr. RegE, BT-Drs. 16/5576, S. 84 li. Sp.
604 Hüffer, AktG, § 67 Rn. 7.
605 § 99 Abs. 1 InvG i.V.m. § 67 Abs. 1 Satz 1 AktG.
606 Wieneke, in: Bürgers/Körber, AktG, § 67 Rn. 12 m.w.N.
607 Begr. RegE, BT-Drs. 16/5576, S. 84 li. Sp.
608 § 99 Abs. 2 i.V.m. § 2a Abs. 1 Satz 1, Abs. 6 InvG. Zum Inhalt der Anzeige bei Kredit- und Finanzdienstleistungsinstituten vgl. § 14 Abs. 5 AnzV i.V.m. §§ 6 ff. InhKontrollV.

tals hält oder die InvAG unter seine Kontrolle gerät (sog. Inhaberkontrollverfahren)[609]. Die BaFin kann den Beteiligungserwerb etwa dann untersagen, wenn Tatsachen die Annahme rechtfertigen, dass der Unternehmensaktionär den Ansprüchen an eine solide und umsichtige Führung der Gesellschaft nicht genügt[610]. Spiegelbildlich ist die InvAG zur Anzeige der an ihr gehaltenen bedeutenden Beteiligungen gegenüber der BaFin verpflichtet[611].

3. Eingeschränkte Übertragbarkeit der Unternehmensaktien

§ 96 Abs. 1b Satz 5 InvG bindet die Übertragung von Unternehmensaktien an die Übernahme sämtlicher Rechte und Pflichten aus den Aktien durch den Erwerber. Die Vorschrift wurde offensichtlich nach dem Vorbild des Schweizer Rechts formuliert[612]. Der Regelungsinhalt von § 96 Abs. 1b Satz 5 InvG ist unklar. Aktienrechtlich kann die Verfügungsbefugnis des Aktionärs über sein Aktieneigentum nur durch die Vinkulierung der Aktien, d.h. die Bindung der Aktienübertragung an die Zustimmung der Gesellschaft, beschränkt werden (vgl. § 68 Abs. 2 Satz 1 AktG)[613]. Da § 96 Abs. 1b Satz 5 InvG kein Zustimmungserfordernis der Gesellschaft vorsieht, sondern die Voraussetzungen für die Aktienübertragung verbindlich festlegt, handelt es sich um keine Vinkulierung[614].

§ 96 Abs. 1b Satz 5 InvG kann auch nicht als Verfügungsverbot verstanden werden, da die mitgliedschaftlichen Rechte und Pflichten des Unternehmensaktionärs, von deren Übernahme durch den Erwerber die Übertragung der Unternehmensaktien abhängt („Rechte und Pflichten aus diesen Aktien"), als Teil des Aktieneigentums auf den Erwerber übergehen. Die Abspaltung einzelner Rechte und Pflichten wäre ohnehin unwirksam[615].

609 Die hälftige Kapitalbeteiligung ist jedenfalls nach Abschluss der Gründungsphase der Publikums-InvAG praktisch irrelevant, da die Unternehmensaktionäre in der Regel eine Minderheitsbeteiligung halten, vgl. C. Fischer/K. Steck, in: B/S/L, § 99 InvG Rn. 7.

610 § 99 Abs. 2 i.V.m. § 2a Abs. 2 Satz 2 Nr. 3 InvG i.V.m. § 2c Abs. 1b Satz 1 Nr. 1 KWG.

611 § 99 Abs. 3 Satz 1 i.V.m. § 19c Abs. 1 Nr. 9 InvG.

612 Art. 41 Abs. 4 KAG lautet: „Die Rechte und Pflichten der Unternehmensaktionärinnen und -aktionäre gehen mit der Übertragung der Aktien auf den Erwerber über". Die „Rechte und Pflichten", auf die die Vorschrift Bezug nimmt, sind die Pflicht zur Leistung der Mindesteinlage, die faktische Nachschusspflicht und das Recht zur Auflösung der Gesellschaft, vgl. Botschaft zum KAG vom 23.9.2005, Bundesblatt 2005, S. 6453.

613 BGH NJW 2004, 3561, 3562; Bayer, in: MünchKommAktG, § 68 Rn. 34; Lutter, in: KölnKommAktG, § 68 Rn. 23.

614 Die Satzung darf für vinkulierte Aktien nach § 68 Abs. 2 Satz 4 AktG nur die Gründe bestimmen, aus denen die Zustimmung verweigert werden darf, aber keine positive Pflicht zur Erteilung der Zustimmung vorsehen; Bayer, in: MünchKommAktG, § 68 Rn. 62.

615 Vgl. BGHZ 3, 354, 357; Henze/Notz, in: GroßKommAktG, Vor §§ 53a-75, Rn. 15; Wiesner, in: MünchHdb. AG, § 17 Rn. 9.

Schließlich knüpft § 96 Abs. 1b Satz 5 InvG die Aktienübertragung auch nicht an die Übernahme vertraglicher Pflichten der Unternehmensaktionäre (z.B. Nachschusspflicht), die ohne Zustimmung des Rechtsnachfolgers beim Unternehmensaktionär verbleiben würden. An der Sicherung freiwilliger, nichtmitgliedschaftlicher Aktionärspflichten besteht kein nachvollziehbares öffentliches Interesse. Im Ergebnis ist zu kritisieren, dass der Gesetzgeber erneut[616] eine Vorschrift des ausländischen Rechts in das InvG übernommen hat, ohne zuvor einen eingehenden Rechtsvergleich durchzuführen.

4. Beschränkung des Rückgaberechts der Unternehmensaktionäre

a) Rechtslage vor dem OGAW-IV-UmsG

Das Recht der Unternehmensaktionäre, ihre Aktien gegen Auszahlung des Aktienwerts an die Gesellschaft zurückzugeben, stößt in Anbetracht der gesetzlichen Maßnahmen zur Sicherung der Pflichtenbindung dieser Aktionäre auf Bedenken[617]. Würden sämtliche Unternehmensaktien zurückgegeben, wäre zudem die Hauptversammlung nicht mehr funktionsfähig, sofern den Anlageaktionären nicht ausnahmsweise Stimmrechte zustünden, und es läge ein Verstoß gegen § 96 Abs. 1 Satz 2 InvG vor, da sich keine Unternehmensaktien mehr im Umlauf befänden.

Vor Inkrafttreten des OGAW-IV-UmsG stellte sich deshalb die Frage nach der zulässigen Beschränkung des Rückgaberechts der Unternehmensaktionäre. Ein vollständiger Ausschluss des Rückgaberechts kam aufgrund seines zwingenden Charakters[618] nicht in Betracht. Auch die Beschränkung des Umfangs der Rücknahme von Unternehmensaktien[619] war vor diesem Hintergrund problematisch.

Die Aussetzung der Aktienrücknahme nach § 105 Abs. 2 Satz 5 i.V.m. § 37 Abs. 2 Satz 1 InvG[620] war ebenfalls nicht praktikabel, da die Rechtsfolgen der Aussetzung auf diesen Fall nicht zugeschnitten sind. Der InvAG wäre die Ausgabe neuer Unternehmensaktien während der Aussetzung nach § 37 Abs. 2

---

616 Siehe § 8 A. II. 1 zu § 105 Abs. 1 Satz 2 InvG a.F.

617 Auf diesen Widerspruch weist auch Eckhold, ZGR 2007, 654, 684 hin. Abweichend Wegner, S. 295 f., der die besonderen Pflichten der Unternehmensaktionäre auf die Gründungsphase beschränkt und Sachtleber, S. 117, der den Rücknahmeanspruch der Unternehmensaktionäre für ausgeschlossen hält, soweit nach Abschluss der Gründungsphase unerfüllte Pflichten der Unternehmensaktionäre bestehen.

618 Siehe § 10 A. III. 1.

619 Vgl. Wegner, S. 298, der sich für die Festlegung einer Grenze in der Satzung ausspricht, bei deren Unterschreitung die Rücknahme der Unternehmensaktien ausgesetzt werden muss.

620 Ein außergewöhnlicher, die Aussetzung rechtfertigender Grund läge vor, weil die InvAG ohne Unternehmensaktionäre handlungsunfähig wäre, vgl. Wegner, S. 297.

Satz 2 InvG untersagt. Zudem wäre die nach § 37 Abs. 2 Satz 4 InvG gebotene Veröffentlichung der Aussetzungsentscheidung mit Reputationsrisiken verbunden[621].

Schließlich bot auch der Verzicht der Unternehmensaktionäre auf die Ausübung des Rückgaberechts keine zufriedenstellende Lösung, weil der Rechtsnachfolger ohne seine Zustimmung nicht an diese Erklärung gebunden gewesen wäre.

b) Rechtslage nach dem OGAW-IV-UmsG

Im Zuge des OGAW-IV-UmsG hat der Gesetzgeber das Rückgaberecht der Unternehmensaktionäre beschränkt. Nach § 105 Abs. 2 Satz 3 1. Hs. InvG setzt die Rückgabe von Unternehmensaktien der selbstverwaltenden InvAG voraus, dass alle Unternehmensaktionäre der Rücknahme zustimmen und der Nennbetrag der verbleibenden Unternehmensaktien nicht unter das Mindestanfangskapital im Sinne von § 96 Abs. 5 Satz 1 InvG fällt[622]. Diese Regelung sichert die gleichberechtigte Rückgabe der Unternehmensaktionäre und verhindert, dass die Abwicklungsrisiken der InvAG von den Anlageaktionären getragen werden[623]. Die Neuregelung ist zu begrüßen, da sie dem Bedürfnis nach einer Sicherung der Pflichtenbindung der Unternehmensaktionäre Rechnung trägt und die zuvor bestehende Rechtsunsicherheit beseitigt.

Die Rücknahme von Unternehmensaktien einer fremdverwalteten InvAG setzt neben der Zustimmung aller Unternehmensaktionäre nach § 105 Abs. 2 Satz 3 2. Hs. InvG voraus, dass auf die in der Gesellschaft verbleibenden Unternehmensaktien ein Gesamtnennbetrag von mindestens 50.000 Euro entfällt. Die Herabsetzung der Kapitalanforderung im Vergleich zur selbstverwaltenden InvAG ist folgerichtig, da die erforderlichen Betriebsmittel von der benannten Verwaltungsgesellschaft vorgehalten werden. Zu kritisieren ist allerdings, dass der Gesetzgeber diesen Ansatz nicht konsequent weiterverfolgt und den Nennbetrag des Mindestanfangskapitals der fremdverwalteten InvAG nicht entsprechend herabsetzt hat[624].

---

621 Wegner, S. 297 f.

622 Demgegenüber sah der DiskE zum OGAW-IV-UmsG vom 18.8.2010 in § 105 Abs. 2 Satz 3 InvG den vollständigen Ausschluss des Rückgaberechts der Unternehmensaktionäre vor.

623 Begr. RegE, BT-Drs. 17/4510, S. 82 li. Sp. Zugleich werden zufällige Verschiebungen der Stimmgewichte vermieden, vgl. Begr. RegE, aaO.

624 Siehe § 14 B. III. 4a).

VI. Überlegungen zur Verantwortlichkeit der Unternehmensaktionäre de lege ferenda

Der Gesetzgeber sollte die Unklarheiten beseitigen, die hinsichtlich der Pflichten der Unternehmensaktionäre nach Abschluss der Gründungsphase der InvAG bestehen. Insbesondere sollten weitergehende Vorkehrungen zur Abschirmung der Anlageaktionäre von den operativen Risiken der InvAG getroffen werden. Hierzu sollte zunächst klargestellt werden, dass das Betriebsvermögen der selbstverwaltenden Publikums-InvAG[625] den Unternehmensaktien wertmäßig dauerhaft zugeordnet bleibt, so dass sich Wertverluste des Betriebsvermögens nicht im Anlageaktienwert niederschlagen. Auf welche Weise dies geschieht – durch die Bildung eines Betriebs-TGV (§ 99 Abs. 3 Satz 1 i.V.m. § 34 Abs. 2 InvG) oder die Schaffung von Aktiengattungen durch die Beschränkung der Vermögensrechte der Unternehmens- und Anlageaktionäre auf das Betriebsvermögen einerseits und das Anlagevermögen andererseits (§ 99 Abs. 1 InvG i.V.m. § 11 AktG) – sollte der InvAG überlassen bleiben.

Um sicherzustellen, dass die InvAG während ihrer Geschäftstätigkeit über die notwendigen Betriebsmittel verfügt, sollte bestimmt werden, dass das den Unternehmensaktien zugeordnete Vermögen der selbstverwaltenden Publikums-InvAG 300.000 Euro nicht unterschreiten darf. Dieser Betrag entspricht dem Nennbetrag, der von den Unternehmensaktionären als Anfangskapital anlässlich der Gründung zu leisten ist und durch die spätere Rücknahme von Unternehmensaktien nicht unterschritten werden darf.

Eine solche Bestimmung würde eine neue Lesart der Vorschriften ermöglichen, die nach geltendem Recht an die Unterschreitung des Anfangskapitals anknüpfen. Fiele das den Unternehmensaktien zugeordnete Vermögen unter 300.000 Euro, wäre der Vorstand nach § 96 Abs. 6 Satz 1 und 3 InvG zur Anzeige des Vermögensverlusts gegenüber der BaFin und den Aktionären verpflichtet und müsste eine Hauptversammlung einberufen. Die BaFin könnte Gefahrabwehrmaßnahmen (z.B. nach §§ 99 Abs. 3 Satz 1, 19i InvG) ergreifen und, sofern die insbesondere für die Anlageaktionäre bestehenden Gefahren nicht anders abgewendet werden können, die Erlaubnis der InvAG aufheben (§ 97 Abs. 1 Satz 3 Nr. 1, Abs. 3 Satz 1 Nr. 2 InvG).

Die „Finanzierungsverantwortung" der Unternehmensaktionäre wäre mit dem Grundsatz der Aktionärsgleichbehandlung vereinbar, da sie als Korrelat zu den Verwaltungsrechten der Unternehmensaktionäre bestünde, die den Anlageaktionären regelmäßig nicht zustehen. Die Verpflichtung zur wertmäßigen Erhaltung des Betriebsvermögens würde die im InvG vorgegebene Verteilung der

---

625 Für die fremdverwaltete Publikums-InvAG ist eine solche Regelung aus den unter IV. 1b) cc) aaa) genannten Gründen nicht erforderlich.

Verantwortlichkeiten zwischen Unternehmens- und Anlageaktien lediglich fortschreiben.

Aus der Trennung der den Unternehmens- und Anlageaktien zugeordneten Vermögensmassen ergäbe sich die Möglichkeit, bestimmte betrieblich veranlasste Kosten, für die die Anlageaktionäre als Investmentanleger nicht haften sollen, ausschließlich dem Betriebsvermögen zuzuweisen. Durch die Festlegung eines Mindestbetrags für das Betriebsvermögen würde ein mit den Prinzipien des Investmentsparens im Einklang stehender Gläubigerschutz gewährleistet[626], von dem auch die Anlageaktionäre als potenzielle Gesellschaftsgläubiger profitieren würden, da sie Schadensersatzansprüche gegen die InvAG geltend machen könnten, ohne einen Wertverlust der eigenen Aktien in Kauf nehmen zu müssen[627]. Der Mindestwert böte allerdings in Schadensfällen größeren Ausmaßes keine vollständige Kompensation und könnte deshalb die operativen Risiken der InvAG nur abfedern[628]. Verluste des Anlagevermögens, die auf einer Pflichtverletzung eines Organmitglieds, Mitarbeiters oder beauftragten Unternehmens beruhen, könnten aber durch die direkte Inanspruchnahme des Verantwortlichen, dessen finanzielle Leistungsfähigkeit vorausgesetzt, ausgeglichen werden.

D. Anlageaktionäre

I. Die Ausgabe von Anlageaktien

Die Publikums-InvAG ist nach § 96 Abs. 1 Satz 2 1. Hs. InvG zur Ausgabe von Anlageaktien verpflichtet[629]. Anlageaktien können erst nach der Eintragung der InvAG im Handelsregister ausgegeben werden[630], da die Anlageaktionäre nicht mit den Gründungsrisiken belastet werden sollen[631]. Nach §§ 104 Satz 1, 105 Abs. 1 InvG ist der Vorstand berechtigt, bis zu dem in der Satzung festgelegten Höchstkapital fortlaufend neue Anlageaktien auszugeben. Anlageaktien können als Inhaber- oder Namensaktien ausgegeben werden[632]. Für Anlageaktien, die

626 Siehe § 7 B. II.

627 Auf diese Schwäche der InvAG weisen Eckhold, ZGR 2007, 654, 695 und Einsele, AG 2011, 141, 149, hin.

628 Die dauerhafte Bereithaltung eines zum Ausgleich aller denkbaren Schadensfälle ausreichenden Mindestbetriebsvermögens wäre ökonomisch nicht sinnvoll, vgl. Engert, Der Konzern 2007, 477, 480, zur Höhe des Anfangskapitals der KAG. Zudem wäre die InvAG, sofern eine unbeschränkte Nachschusspflicht der Unternehmensaktionäre bestünde, für Investoren wirtschaftlich nicht mehr attraktiv.

629 Abweichend Wegner, S. 175: pflichtgemäßes Ermessen des Vorstands.

630 § 96 Abs. 1c Satz 1 InvG.

631 Begr. RegE, BT-Drs. 16/5576, S. 84 re. Sp.

632 § 99 Abs. 1 InvG i.V.m. § 10 Abs. 1 AktG.

zur Ausgabe an das breite Publikum bestimmt sind und keine Stimm- und Teilnahmerechte vermitteln, ist die Form der Inhaberaktie zweckmäßig[633].

II. Die Rechte der Anlageaktionäre

Anlageaktien gewähren vorbehaltlich einer anders lautenden Satzungsbestimmung weder Stimmrechte noch Rechte zur Teilnahme an der Hauptversammlung (§ 96 Abs. 1c Satz 2 InvG). Das InvG lässt offen, ob den Anlageaktionären sonstige Verwaltungsrechte zustehen[634]. Ausgehend vom Zweck des fehlenden Teilnahmerechts, die Hauptversammlung ohne Beteiligung der Anlageaktionäre abhalten zu können[635], erfasst § 96 Abs. 1c Satz 2 InvG über den Wortlaut hinaus sämtliche Mitgliedschaftsrechte, die die Teilnahme an der Hauptversammlung voraussetzen. Die Anlageaktionäre können den Vorstand daher nicht um Auskunft ersuchen (§ 131 AktG) oder die Einberufung einer Hauptversammlung und die Bekanntgabe der Tagesordnung beantragen (§ 122 Abs. 1 und 2 AktG). Sie können die in der Hauptversammlung gefassten Beschlüsse nicht anfechten (§ 245 Nr. 1 bis 3 AktG) und keine Sonderprüfung (§ 142 Abs. 2 und 4 AktG) oder die Geltendmachung von Ersatzansprüchen der Gesellschaft (§ 147 Abs. 1 AktG) verlangen. Da ein Anfechtungsrecht nicht besteht, ist auch das Recht auf Mitteilung der in der Hauptversammlung gefassten Beschlüsse (vgl. § 125 Abs. 4 AktG) ausgeschlossen. Den Anlageaktionären bleibt es indes unbenommen, die zum Handelsregister einzureichende Niederschrift der Hauptversammlung[636] sowie den festgestellten Jahresabschluss und den Lagebericht (§ 111a Abs. 1 InvG) einzusehen.

Fraglich ist, ob § 96 Abs. 1c Satz 2 InvG auch versammlungsungebundene Verwaltungsrechte erfasst. Die Frage muss für jede Norm gesondert beantwortet werden. Es spricht beispielsweise nichts dagegen, den Anlageaktionären die Geltendmachung bestimmter Gesellschaftsansprüche im Wege des Klagezulassungsverfahrens (§ 148 Abs. 1 Satz 1 AktG) zu gestatten, da die Gesellschaft das Verfahren jederzeit an sich ziehen kann[637] und auch die Anteilinhaber des Sondervermögens berechtigt sind, Ansprüche der Gemeinschaft der Anleger gegen die KAG durchzusetzen[638]. Da Treuepflichten unabhängig von der Teilnah-

633 C. Fischer/K. Steck, in: B/S/L, § 96 InvG Rn. 12.

634 Fock/Hartig, in: FS Spiegelberger, 2009, S. 653, 660 beschränken die Rechte der Anlageaktionäre ohne nähere Begründung auf Vermögensrechte.

635 Siehe B. II.

636 Nach § 130 Abs. 5 AktG hat der Vorstand eine Abschrift der Niederschrift zur Hauptversammlung und ihrer Anlagen zum Handelsregister einzureichen. Nach § 9 Abs. 1, Abs. 6 HGB ist die Einsichtnahme jedem zu Informationszwecken gestattet.

637 § 148 Abs. 1 Satz 2 Nr. 2, Abs. 3 AktG.

638 § 28 Abs. 1 Satz 2 InvG; Beckmann, in: B/S/V, Kz. 410, § 28 Rn. 31; Sachtleber, S. 73 ff., 83 ff.; Einsele, AG 2011, 141, 143.

meberechtigung an der Hauptversammlung bestehen, obliegen auch den Anlageaktionären gegenüber der InvAG und ihren Mitaktionären Treuepflichten[639], deren Anwendungsbereich in Anbetracht der fehlenden versammlungsbezogenen Verwaltungsrechte aber gering ist.

Anlageaktien gewähren schließlich mitgliedschaftliche Vermögensrechte. Einzig das Bezugsrecht ist nach § 104 Satz 2 InvG für stimmrechtslose Anlageaktionäre ausgeschlossen.

III. Vorzugsaktien als Alternative zu Anlageaktien?

Das AktG hält mit den Vorzugsaktien (§§ 139 ff. AktG) eine Aktiengattung bereit, die ebenso wie die Anlageaktien auf einen primär an Rendite und Substanzzuwachs interessierten Aktionärstyp zugeschnitten ist[640]. Insbesondere können Vorzugsaktien wie die Anlageaktien der InvAG ohne Stimmrechte ausgegeben werden[641]. Vor diesem Hintergrund stellt sich die Frage, weshalb der Gesetzgeber bei der Einführung der Aktiengattungen der InvAG nicht auf die aktienrechtlich anerkannte und bewährte[642] Unterscheidung zwischen Stamm- und Vorzugsaktien zurückgegriffen hat.

Bei näherer Betrachtung wird deutlich, dass die Vorzugsaktien den Besonderheiten des Investmentrechts nicht gerecht werden. Zum einen müssen stimmrechtslose Vorzugsaktien einen nachzuzahlenden Vorzug bei der Gewinnverteilung gewähren[643]. Der restliche Gewinn wird an die Stammaktionäre verteilt. Anders als die Stammaktionäre der AG haben die Unternehmensaktionäre aber regelmäßig kein Interesse an der Nutzung ihrer Beteiligung als Kapitalanlage. Zudem kann das Recht der Vorzugsaktionäre zur Teilnahme an der Hauptversammlung aktienrechtlich nicht ausgeschlossen werden[644], so dass die Vorteile der auf einen kleinen Personenkreis beschränkten Hauptversammlung nicht bestünden. Nicht interessengerecht wäre zudem die in § 139 Abs. 2 AktG festgelegte Beschränkung der Ausgabe von Vorzugsaktien auf die Hälfte des Grundkapitals, da es der InvAG möglich sein muss, den Großteil ihrer Aktien beim Anlegerpublikum zu platzieren.

---

639 A.A. Sachtleber, S. 141; Fock/Hartig, in: FS Spiegelberger, 2009, S. 653, 660.
640 Hüffer, AktG, § 139 Rn. 2.
641 § 139 Abs. 1 AktG.
642 Zur Bedeutung der Vorzugsaktien in der Praxis vgl. Volhard, MünchKommAktG, § 139 Rn. 4; Hüffer, AktG, § 139 Rn. 3.
643 § 139 Abs. 1 AktG. § 139 Abs. 1 AktG i.d.F. des RegE eines Gesetzes zur Änderung des AktG (Aktienrechtsnovelle 2012) (BT-Drs. 17/8989) sieht eine optionale Nachzahlung vor.
644 Vgl. § 140 Abs. 1 AktG; Volhard, in: MünchKommAktG, § 140 Rn. 3; Hüffer, AktG, § 140 Rn. 3; Semler, in: MünchHdb. AG, § 38 Rn. 24.

IV. Gewährleistung einer effektiven Kontrolle des Verwaltungshandelns

Ist das Stimm- und Teilnahmerecht der Anlageaktionäre in der Satzung nicht ausdrücklich vorgesehen, liegt die Kontrolle der Gesellschaftsorgane der InvAG in den Händen der Unternehmensaktionäre. Die Verlagerung der Gesellschaftskontrolle auf eine Aktionärsgruppe ist zwar nicht ungewöhnlich; auch die AG wird häufig durch einen oder mehrere Großaktionäre kontrolliert. Anders als den außen stehenden Aktionären der AG stehen den Anlageaktionären aber die typischen aktienrechtlichen Minderheitenrechte nicht zu[645]. Es gilt deshalb zu klären, ob und auf welche Weise der fehlende aktienrechtliche Minderheitenschutz durch investmentspezifische Vorkehrungen kompensiert wird[646].

1. Rückgaberecht der Anlageaktionäre

Einen gewissen Ausgleich für die fehlenden Verwaltungsrechte der Anlageaktionäre bietet das Recht der Anlageaktionäre, von der InvAG die Rücknahme ihrer Aktien gegen Auszahlung des Aktienwerts zu verlangen (vgl. § 105 Abs. 2 Satz 1 InvG)[647]. Die Anlageaktionäre sind nicht gezwungen, ihren Interessen widersprechende Entscheidungen hinzunehmen, sondern können sich gegen Auszahlung des anteiligen Nettoinventarwerts von ihrer Beteiligung trennen. Es ist anzunehmen, dass der drohende kollektive Abzug der Einlagen der Anlageaktionäre eine disziplinierende Wirkung auf den Vorstand hat, da seine Reputation vom wirtschaftlichen Erfolg der InvAG abhängt[648].

2. Regulierung der Geschäftstätigkeit der InvAG

Um das Vertrauen in die Funktionsfähigkeit des Investmentsektors zu bewahren, müssen Vorkehrungen bestehen, die missbräuchliche und andere das Anlagevermögen schädigende Einwirkungen verhindern. Vor diesem Hintergrund sind die Geschäftstätigkeit der InvAG und das Vorstandshandeln umfassend reguliert. Die Beschränkung der Geschäftstätigkeit der InvAG auf die kollektive Vermögensverwaltung (vgl. § 96 Abs. 2 InvG) trägt dazu bei, dass der Wert der Anlageaktien nur durch Wertschwankungen der Anlagegegenstände beeinflusst wird. Quantitative und qualitative Anlagevorschriften (§ 99 Abs. 3 Satz 1 i.V.m.

645 Z.B. das Recht auf die Einberufung einer Hauptversammlung (§§ 122 Abs. 1 Satz 1, 138 Satz 3 AktG) und die Geltendmachung von Ersatzansprüchen gegen die Organmitglieder (§ 147 Abs. 2 Satz 2 AktG), vgl. Kubis, MünchKommAktG, § 188 Rn. 48.

646 Nach der Regierungbegründung werden die Rechte der Anlageaktionäre im Hinblick auf die effektive Kontrolle der Gesellschaftsorgane durch die besonderen Vorkehrungen des InvG gewahrt, vgl. BT-Drs. 16/5576, S. 84 re. Sp., 85 li. Sp.

647 Begr. RegE, BT-Drs. 16/55756, S. 84 re. Sp. Kritisch Einsele, AG 2011, 141, 147, da das Rückgaberecht in wirtschaftlich schwierigen Zeiten ggf. nicht ausübt werden könne.

648 Siehe § 10 A. I. 2.

§§ 46 ff. InvG) verhindern, dass die InvAG übergroße Risiken eingeht. Die InvAG und die Vorstandsmitglieder sind zudem Adressaten besonderer Wohlverhaltensregeln, die durch die InvVerOV und die Verwaltungspraxis der BaFin konkretisiert werden[649]. Der Vorstand hat in Anbetracht seiner Pflicht zum Handeln im ausschließlichen Aktionärsinteresse[650] eine quasi-treuhänderische Pflichtenbindung gegenüber den Aktionären[651].

3. Überwachungsfunktion des Aufsichtsrats

Der Aufsichtsrat nimmt als gesellschaftsinternes Kontrollorgan eine zentrale Rolle im investmentrechtlichen System des Anlegerschutzes ein[652]. Bedenken im Hinblick auf die Effektivität des Aufsichtsrats als Organ zur Wahrung der Interessen der Anlageaktionäre, die sich daraus ergeben könnten, dass die Unternehmensaktionäre die Aufsichtsratsmitglieder bestellen und abberufen[653], werden durch die Anforderungen an die persönliche und fachliche Eignung der Aufsichtsratsmitglieder[654] sowie dadurch relativiert, dass dem Aufsichtsrat mindestens ein Mitglied angehören muss, das von den Unternehmensaktionären und den Geschäftspartnern der InvAG unabhängig ist[655].

4. Überwachungsfunktion der Depotbank

Die InvAG ist verpflichtet, ein Kreditinstitut als Depotbank mit der Verwahrung der Anlagegegenstände und bestimmten Überwachungsaufgaben zu beauftragen[656]. Die physische Trennung der Anlagegegenstände von der InvAG vermindert die Gefahr einer Veruntreuung des Anlagevermögens durch die Fondsverwaltung[657]. Die Überwachungspflichten der Depotbank erstrecken sich insbesondere auf die ordnungsgemäße Anlage und Verwaltung der Mittel der InvAG[658] und das Verfahren der Aktienausgabe und -rücknahme[659]. Bestimmte Geschäfte (z.B. Kreditaufnahme) können nur mit der Zustimmung der Depot-

649 Siehe § 6 A.
650 § 106 Satz 2 Nr. 1 InvG. Diese Pflicht wird nur durch die Pflicht zur Wahrung der Integrität des Marktes bechränkt.
651 Ein echtes Treuhandverhältnis besteht aufgrund des überindividuellen Verbandszwecks nicht, vgl. Mülbert, in: GroßKommAktG, Vor §§ 118-147, Rn. 194 für die AG.
652 Siehe § 6 C. I.
653 § 99 Abs. 1 InvG i.V.m. §§ 101 Abs. 1, 103 Abs. 1 AktG.
654 Siehe § 6 C. II. 2.
655 § 106b Satz 2 i.V.m. § 6a Abs. 2a InvG. Siehe § 6 C. III. 1.
656 § 99 Abs. 3 Satz 1 i.V.m. §§ 20, 2 Abs. 7 InvG.
657 Köndgen/Schmies, in: Bankrechts-Hdb., § 113 Rn. 61; Engert, Der Konzern 2007, 477, 483.
658 § 99 Abs. 3 Satz 1 i.V.m. § 27 Abs. 1 Nr. 1 und 5 InvG.
659 § 99 Abs. 3 Satz 1 i.V.m. § 27 Abs. 1 Nr. 1 InvG.

bank vorgenommen werden[660]. Die Depotbank nimmt ihre Aufgaben unabhängig von der InvAG im ausschließlichen Aktionärsinteresse wahr[661]. Wenngleich die Unabhängigkeit der Depotbank im Schrifttum zum Teil in Frage gestellt wird[662], ist sie nach ihrer rechtlichen Konzeption geeignet, eine effektive Kontrolle der Anlagetätigkeit der InvAG zu gewährleisten.

5. Staatliche Aufsicht

Die BaFin überwacht die Tätigkeit der InvAG im Interesse der Stärkung des öffentlichen Vertrauens in die Funktionsfähigkeit des Investmentwesens[663] und trägt damit zur Wahrung der Anlegerinteressen bei. Die Grundlage der Investmentaufsicht bilden Anzeige- und Einreichungspflichten sowie Auskunftspflichten und Prüfungsrechte. Anzeigepflichtig ist unter anderem der Erwerb bedeutender Beteiligungen an der InvAG[664], die Bestellung und Abberufung der Vorstandsmitglieder[665], die Identität der Unternehmensaktionäre der Publikums-InvAG[666], die Aussetzung der Aktienrücknahme[667], das Absinken des Gesellschaftsvermögens unter bestimmte Schwellen[668] sowie der Eintritt der Insolvenz[669]. Bei der BaFin sind insbesondere der Jahresabschluss und der Lagebericht sowie der Halbjahresbericht der InvAG einzureichen[670]. Genehmigungsvorbehalte bestehen etwa hinsichtlich der Aufnahme des Geschäftsbetriebs[671], der Änderung der Satzung und der Anlagebedingungen[672] sowie der Auswahl der Depotbank[673]. Die BaFin ist berechtigt, Anordnungen zu erlassen, die zur Gewährleistung eines ordnungsgemäßen Geschäftsbetriebs erforderlich sind[674]. Als ultima ratio kann sie die Erlaubnis der InvAG entziehen[675].

---

660 § 99 Abs. 3 Satz 1 i.V.m. § 26 InvG.

661 § 99 Abs. 3 Satz 1 i.V.m. § 22 Abs. 1 Satz 1 InvG.

662 Vgl. Köndgen/Schmies, in: Bankrechts-Hdb., § 113 Rn. 61; Canaris, Rn. 2335; König, S. 126 f., 299 f.; Veltmann, S. 194 f.

663 Vgl. § 5 Abs. 1 Satz 1 InvG; Beckmann, in: B/S/V, Kz. 410, § 5 Rn. 3 f.

664 § 99 Abs. 3 Satz 1 i.V.m. §§ 2a Abs. 1 und 6, 19c Abs. 1 Nr. 9, 99 Abs. 2 InvG.

665 § 99 Abs. 3 Satz 1 i.V.m. § 19c Abs. 1 Nr. 1 und 2 InvG.

666 § 96 Abs. 1b Satz 6 InvG.

667 § 99 Abs. 3 Satz 1 i.V.m. § 37 Abs. 2 Satz 3 InvG.

668 § 96 Abs. 6 Satz 1 InvG.

669 § 96 Abs. 6 Satz 2 InvG.

670 § 111a Abs. 4 InvG.

671 Vgl. § 97 Abs. 1 Satz 1 InvG.

672 § 99 Abs. 3 Satz 1 i.V.m. § 43 Abs. 2 Satz 1, 96 Abs. 1d Satz 3 InvG.

673 § 99 Abs. 3 Satz 1 i.V.m. § 21 Abs. 1 InvG.

674 § 5 Abs. 1 Satz 2 InvG.

675 § 97 Abs. 3 Satz 1 InvG.

6. Treuepflichten der Unternehmensaktionäre

Die Unternehmensaktionäre sind aufgrund ihrer Treuepflicht gegenüber der Gesellschaft und den Anlageaktionären verpflichtet, von ihren Rechten Gebrauch zu machen, soweit es für die Funktionsfähigkeit der Gesellschaft erforderlich ist, und auf das Gesellschaftswohl und die Belange der Anlageaktionäre angemessen Rücksicht zu nehmen[676]. Die Unternehmensaktionäre sind der BaFin und der InvAG namentlich bekannt und müssen jedenfalls dann, wenn sie mindestens die Hälfte der Stimmrechte oder des Kapitals der InvAG halten oder die Gesellschaft kontrollieren, den Anforderungen an die Zuverlässigkeit der Inhaber bedeutender Beteiligungen genügen[677].

7. Ergebnis

Das investmentrechtliche Anlegerschutzsystem ist durch die umfassende Regulierung der Geschäftstätigkeit der InvAG und deren Überwachung durch gesellschaftsinterne und -externe Gremien sowie die staatliche Aufsicht gekennzeichnet. Da die Anlageaktionäre aufgrund ihrer geringen Kapitalbeteiligung nicht in der Lage sind, die Willensbildung der Gesellschaft zu beeinflussen und hieran regelmäßig auch kein Interesse haben, gewährleistet das InvG eine wesentlich effektivere Kontrolle des Verwaltungshandelns, als durch die Einräumung gesellschaftsrechtlicher Mitwirkungsrechte zugunsten der Anlageaktionäre erreicht werden könnte.

V. Die Einführung von Anlageaktien im Lichte des Verfassungsrechts

Die Aktie genießt als gesellschaftsrechtlich vermitteltes Eigentum den Schutz des Art. 14 GG[678]. Da sich der verfassungsrechtliche Schutz auf die mitgliedschaftliche Stellung des Aktionärs bezieht, zu der sowohl Vermögensrechte als auch Verwaltungsrechte zählen[679], wirft die Einführung von Anlageaktien, die nach § 96 Abs. 1c Satz 2 InvG keine Verwaltungsrechte vermitteln, die Frage nach der Verfassungsmäßigkeit dieser Regelung auf, die im Rahmen dieser Arbeit nur in Grundzügen beantwortet werden kann.

Die Rechtsprechung ordnet gesetzliche Regelungen, die die aktienrechtliche Mitgliedschaft ausgestalten, als Inhalts- und Schrankenbestimmungen im Sinne

676 Siehe C. IV. 3.

677 §§ 99 Abs. 2, 2a Abs. 1 Satz 2, Abs. 2 InvG.

678 BVerfGE 14, 263, 276 f. „Feldmühle“; BVerfGE 100, 289, 301 „DAT/Atlanta“; BVerfGE 50, 290, 341 f.; BVerfG NJW 2001, 279 „Moto Meter“; BVerfG NJW 2007, 3268, 3269; Papier, in: Maunz/Dürig, GG, Art. 14 Rn. 195; Wieland, in: Dreier, GG, Art. 14 Rn. 49.

679 BVerfGE 100, 289, 301 f. „DAT/Atlanta“; BVerfGE 50, 290, 341 f.; BVerfG NJW 2001, 279 „Moto Meter“; Papier, in: Maunz/Dürig, GG, Art. 14 Rn. 195.

von Art. 14 Abs. 1 Satz 2 GG ein[680]. Demgegenüber wird im Schrifttum vereinzelt die Auffassung vertreten, dass solche Regelungen allein an Art. 2 Abs. 1 GG zu messen seien, da die Mitgliedschaft der Aktionäre den Schutz des Art. 14 GG nur in den Grenzen des Gesetzes und der Satzung im Zeitpunkt ihrer Entstehung genieße[681].

Als Inhalts- und Schrankenbestimmung ist § 96 Abs. 1c Satz 2 InvG verfassungsgemäß, wenn die Regelung durch das Gemeinwohl motiviert und verhältnismäßig ist und mit sonstigem Verfassungsrecht im Einklang steht[682]. Der Gesetzgeber hat bei der Festlegung abstrakt-genereller Beschränkungen des Eigentums einen weiten Spielraum, weil das Aktieneigentum als gesellschaftsrechtlich vermitteltes Eigentum in einem starken sozialen Bezug steht[683]. Im Hinblick auf die Ausgestaltung der aktienrechtlichen Mitgliedschaft geht die Rechtsprechung allgemein davon aus, dass die Aktionäre einer Publikums-AG ihre Beteiligung eher als Vermögensanlage denn als Grundlage unternehmerisch-personaler Betätigung verstehen[684]. Der Leitungs- und Herrschaftskomponente wird deshalb eine geringere Bedeutung beigemessen. Sogar Regelungen, die einen vollständigen Entzug der Mitgliedschaft ermöglichen, werden als verfassungsgemäß angesehen, wenn die Vermögensinteressen dieser Aktionäre hinreichend geschützt sind und Vorkehrungen bestehen, die einen Missbrauch wirtschaftlicher Macht verhindern[685]. Handelt es sich demgegenüber um eine AG mit einem kleinen Aktionärskreis, genießt die Leitungs- und Herrschaftskomponente der Mitgliedschaft einen größeren Schutz[686]. Im Schrifttum hat die Differenzierung zwischen „Unternehmer-Eigentümern" und „Anlegeraktionären" und die hieran anknüpfende unterschiedliche Gewichtung der mitgliedschaftlichen Verwaltungsrechte Zustimmung gefunden[687]. Mit der Einführung von Unternehmens- und Anlage-

---

680 Vgl. auch BVerfGE 50, 290, 341 ff. zum MitBestG; BVerfG NJW 2007, 3269 zu § 327a Abs. 1 Satz 1 AktG; BVerfGE 14, 263, 277 f. zu § 15 UmwG; BGH NJW 2000, 349, 350 zu § 131 Abs. 1 Satz 1 AktG; BVerfG AG 2007, 821 (obiter) zur § 139 Abs. 1 AktG.

681 Mülbert, in: GroßKommAktG, Vor §§ 118-147, Rn. 188; Mülbert/Leuschner, ZHR 170 (2006), 615, 646; Leuschner, NJW 2007, 3248, 3249.

682 Zu den Anforderungen im Einzelnen vgl. Gaier, in: MünchKommBGB, Vorb. zu § 903 Rn. 33 ff.; Papier, in: Maunz/Dürig, GG, Art. 14 Rn. 308 ff.

683 Wieland, in: Dreier, GG, Art. 14 Rn. 49; Stumpf, NJW 2003, 9, 10.

684 BVerfGE 14, 263, 283 „Feldmühle"; BVerfGE 50, 290, 342, 348; BVerfGE 100, 289, 305 „DAT/Atlanta"; BVerfG NJW 2007, 3268, 3270; BVerfG NJW 2001, 279, 280 „Moto Meter".

685 BVerfG NJW 2001, 279, 280 f. „Moto Meter"; BVerfGE 14, 263, 283 „Feldmühle"; BVerfGE 100, 289, 305 „DAT/Atlanta"; BVerfG NJW 2007, 3268, 3270.

686 BVerfGE 50, 290, 348 f.; Papier, in: Maunz/Dürig, GG, Art. 14 Rn. 195.

687 Papier, VVDStRL 35, 55, 92 f.; weitergehend Mülbert, in: GroßKommAktG, Vor §§ 118-147, Rn 199; ders., S. 259 ff.; Paefgen, S. 86 ff., die annehmen, dass Eingriffe in Verwaltungsrechte gegen Gewährung einer finanziellen Entschädigung als Ausprägung eines

aktien wird die Mitgliedschaft dieser beiden Aktionärstypen der InvAG entsprechend der jeweiligen Interessenlage ausgestaltet[688], so dass jedenfalls dann, wenn das Vermögensinteresse der Anlageaktionäre angemessen geschützt ist[689] und Vorkehrungen bestehen, die eine effektive Unternehmenskontrolle gewährleisten[690], anzunehmen ist, dass § 96 Abs. 1c Satz 2 InvG im Hinblick auf Art. 14 Abs. 1 Satz 2 GG keinen Bedenken begegnet.

Eine andere Frage ist, ob die Einführung von Anlageaktien die Institutsgarantie des Art. 14 Abs. 1 Satz 1 GG verletzt oder ob das bisherige Verständnis dieser verfassungsrechtlichen Garantie, wonach den Aktionären im Hinblick auf ihre Verwaltungskomponente ein Mindestmaß an Informations-, Mitsprache- und Kontrollrechten verbleiben muss[691], im Lichte der Neuregelung überdacht werden muss.

E. Zusammenfassung

1. Mit der Einführung von Unternehmens- und Anlageaktien nach dem Vorbild ausländischer Fondsstandorte verfolgte der Gesetzgeber in erster Linie das Ziel, die Willensbildung in der Hauptversammlung in die Hände der wirtschaftlich hinter der InvAG stehenden Personen zu legen. Zudem wurde der Theorie der feindlichen Übernahme der InvAG durch die mögliche Ausgabe stimmrechtloser Anlageaktien der Boden entzogen.
2. Unternehmensaktien werden nach § 105 Abs. 1 InvG vom Vorstand ausgegeben, sofern die Satzung die Zuständigkeit nicht der Hauptversammlung zuweist.
3. Die Unternehmensaktionäre leisten die Mindesteinlage und tragen entsprechend § 46 AktG die Gründungsverantwortung. Unklar ist der Inhalt der besonderen Verantwortung, die die Unternehmensaktionäre ausweislich der Regierungsbegründung zum InvÄndG auch im „weiteren Betrieb" tragen. Im Interesse des Anlegerschutzes sollten nur die Unternehmensaktionäre mit ihrer Einlage für die Betriebskosten haften. Die Unternehmensaktionäre haben zudem eine Treuepflicht gegenüber der InvAG und den Anlageaktionären,

---

allgemeinen Prinzips des rein vermögensrechtlichen Schutzes der Mitgliedschaft zulässig seien; dies ablehnend Verse, S. 315 ff. m.w.N.

688 Siehe B. II.

689 Diesen Schutz gewährleistet das Rückgaberecht der Anlageaktionäre, das eine wirtschaftlich „volle" Entschädigung im Sinne der Rechtsprechung zu Art. 14 Abs. 1 Satz 2 GG darstellt, vgl. zu diesem Erfordernis BVerfGE 14, 263, 284 „Feldmühle"; BVerfGE 100, 289, 305 ff. „DAT/Atlanta"; BGHZ 71, 40, 51 „Kali & Salz"; BGHZ 147, 108, 115; BGHZ 153, 47, 54 ff. „Macroton"; BVerfG NJW 2001, 279, 280 „Moto Meter".

690 Das dies der Fall ist, wurde bereits dargestellt, siehe IV.

691 Schoppe, S. 150; Jung, JZ 2001, 1004, 1013; Stumpf, NJW 2003, 9, 11.

die sie verpflichtet, ihre Verwaltungsrechte auszuüben, soweit dies zur Gewährleistung der Funktionsfähigkeit der InvAG erforderlich ist, und auf das Gesellschaftsinteresse und die Belange der Anlageaktionäre angemessen Rücksicht zu nehmen. De lege ferenda sollte der Gesetzgeber das Betriebsvermögen der selbstverwaltenden Publikums-InvAG den Unternehmensaktien zuordnen und einen dauerhaft einzuhaltenden Mindestwert festlegen.

4. § 96 Abs. 1b Satz 3, 5 und 6 InvG enthalten besondere Vorkehrungen zur Sicherung der Pflichtenbindung der Unternehmensaktionäre, die durch das investmentrechtliche Inhaberkontrollverfahren ergänzt werden. Dem Bedürfnis für eine Beschränkung des Rückgaberechts der Unternehmensaktionäre wurde im Zuge des OGAW-IV-UmsG durch die Einführung von § 105 Abs. 2 Satz 3 InvG Rechnung getragen.
5. Anlageaktien gewähren grundsätzlich keine Stimmrechte und berechtigen nicht zur Teilnahme an der Hauptversammlung. Über den Wortlaut von § 96 Abs. 1c Satz 2 InvG hinaus sind alle versammlungsgebundenen Verwaltungsrechte ausgeschlossen. Die Anwendbarkeit versammlungsungebundener Verwaltungsrechte ist für jede Norm gesondert zu untersuchen. Anlageaktien unterscheiden sich grundlegend von den Vorzugsaktien des AktG. Das Investmentrecht gewährleistet eine wesentlich effektivere Kontrolle des Verwaltungshandelns, als durch die Einräumung gesellschaftsrechtlicher Mitwirkungsrechte zugunsten der Anlageaktionäre erreicht werden könnte.

§ 6 Die Organe der InvAG

A. Anwendbares Recht

Als AG verfügt die InvAG über drei notwendige Organe: Vorstand, Aufsichtsrat und Hauptversammlung. Die Organisation und das Zusammenspiel der Organe richten sich grundsätzlich nach den Vorschriften des AktG, die über § 99 Abs. 1 InvG zur Anwendung kommen. Die aktienrechtlichen Bestimmungen werden durch das in den §§ 96 ff. InvG enthaltene Sonderrecht der InvAG ergänzt und teilweise überlagert. Zur Abgabe einer Erklärung über die Einhaltung der Empfehlungen des DCGK nach § 161 Satz 1 AktG ist die InvAG auch dann nicht verpflichtet, wenn sie börsennotiert ist. § 99 Abs. 1 InvG nimmt § 161 AktG ausdrücklich von der Anwendbarkeit auf die InvAG aus. Das ist sachgerecht, da das Regelwerk des DCGK auf die Machtbalance in der AG zugeschnitten ist, weshalb die Befolgung der Empfehlungen nicht ohne weiteres auf eine verbesserte Unternehmensführung der InvAG schließen lässt. In Anbetracht des auf die kollektive Vermögensverwaltung beschränkten Unternehmensgegenstands und der gesetzlich eng umrissenen Tätigkeit der InvAG besteht für die Festlegung umfassender Führungsgrundsätze auch kein Bedürfnis[692]. Zudem hält das InvG spezielle Vorschriften für die Corporate Governance der InvAG bereit[693] und enthält investmentspezifische Verhaltens- und Organisationspflichten[694], die in der InvVerOV konkretisiert werden. Schließlich hat der BVI Wohlverhaltensregeln entwickelt, die einen Standard guten und verantwortungsvollen Umgangs mit dem Kapital und den Rechten der Anleger der KAG formulieren[695]. Für die selbstverwaltende InvAG gelten diese Regeln ebenfalls[696]. Soweit der DCGK die Durchsetzung einer *best practice* der Leitung und Überwachung der AG bezweckt[697], treten die Wohlverhaltensregeln an die Stelle des Kodex. Eine Verpflichtung zur Abgabe einer Erklärung nach dem Prinzip des *comply or explain* besteht indes nicht[698]. Die Wohlverhaltensregeln werden vielmehr von der BaFin bei der Auslegung der Pflicht zur sorgfältigen Verwaltung des Investmentvermögens herangezogen, so dass die Verletzung dieser Regeln einen Ver-

---

692 Begr. RegE, BT-Drs. 16/5576, S. 86 re. Sp., S. 87 li. Sp.

693 Begr. RegE, BT-Drs. 16/5576, S. 86 re. Sp.; Fock/Hartig, in: FS Spiegelberger, 2009, S. 653, 663.

694 Vgl. § 99a Abs. 1 i.V.m. §§ 9, 9a, § 106 Satz 2 InvG.

695 Baur, in: Hdb. Kapitalanlagerecht, § 20 Rn. 255.

696 Vgl. BVI-Wohlverhaltensregeln, Vorb. Teil I.

697 Vgl. v. Werder, in: Ringleb/Kremer/Lutter/v. Werder, DCGK, Präambel Rn. 84.

698 Unverbindlich ist auch der am 27.4.2005 von einem privaten Expertengremium veröffentlichte „Corporate Governance Kodex für Asset Management Gesellschaften"; vgl. hierzu L. Schäfer, S. 86 ff.; Beckmann, in: B/S/V, Kz. 410, § 9 Rn. 96.

stoß gegen das InvG begründen kann. Die Abschlussprüfer von KAG und InvAG müssen im Prüfungsbericht erläutern, ob die Wohlverhaltensregeln im Berichtszeitraum beachtet wurden[699].

B. Der Vorstand

I. Aufgaben und Zuständigkeiten des Vorstands

1. Leitungsverantwortung

Der Vorstand der InvAG leitet die Gesellschaft unter eigener Verantwortung (§ 99 Abs. 1 InvG i.V.m. § 76 Abs. 1 AktG). Die Leitungsmacht des Vorstands ist unbeschränkbar. Insbesondere darf das Vorstandsermessen nicht an Mitsprache- oder Weisungsrechte Dritter gebunden werden[700]. Der Leitungsverantwortung des Vorstands kommt auch eine aufsichtsrechtliche Bedeutung zu, da das InvG den Geschäftsleitern, unmittelbar oder mittelbar durch die Begründung entsprechender Pflichten für die InvAG, besondere öffentlich-rechtliche Pflichten auferlegt. Eine lückenlose staatliche Beaufsichtigung des Investmentgeschäfts ist nur möglich, wenn die Vorstandsmitglieder die Verantwortung für die Einhaltung dieser Pflichten tragen und sie nicht auf externe, außerhalb der Gesellschaft stehende Personen oder Stellen übertragen.

Die Leitungsverantwortung des Vorstands manifestiert sich auch in der Verwaltungspraxis der BaFin. Der Grundsatz der Gesamtverantwortung der Geschäftsleiter wird in § 7 Abs. 1 InvVerOV und Abschnitt 3 InvMaRisk betont. Auch eine Auslagerung der Aufgaben der InvAG entsprechend § 16 InvG auf ein anderes Unternehmen ist nur dann zulässig, wenn die InvAG die Verantwortung für die ausgelagerten Bereiche behält[701]. Wird, wie bei Spezialfonds üblich, ein sog. Anlageausschuss gebildet, darf dieser nur beratende Funktion haben. Die Verantwortung für die Anlageentscheidung muss auch in diesem Fall bei der Geschäftsleitung verbleiben[702]. Vor diesem Hintergrund wird der Abschluss eines Beherrschungsvertrags, durch den die herrschende Gesellschaft ein Wei-

---

699 BaFin, Schreiben zur Anwendung der BVI-Wohlverhaltensregeln vom 20.1.2010.

700 Für den Vorstand der AG vgl. Spindler, in: MünchKommAktG, § 76 Rn. 25; Mertens/Cahn, KölnKommAktG, § 76 Rn. 44; Hüffer, AktG, § 76 Rn. 10. Für die KAG vgl. Schreiben des BaKred vom 29.9.1997 – V 1/02 – 17/97; Beckmann, in: B/S/V, Kz. 410, § 7b Rn. 21; Schödermeier/Baltzer, in: B/S, § 10 KAGG Rn. 17.

701 Siehe § 15 B. III.

702 Beckmann, in: B/S/V, Kz. 410, § 7b Rn. 22, § 9 Rn. 13; Schödermeier/Baltzer, in: B/S, § 10 KAGG Rn. 17; Baur/Ziegler, Rn. 9/155 f.

sungsrecht gegenüber der Geschäftsleitung der InvAG erhielte (vgl. § 308 Abs. 1 AktG), für unzulässig gehalten[703].

2. Geschäftsführungsbefugnis und Vertretungsmacht

Der Vorstand ist das Geschäftsführungs- und Vertretungsorgan der InvAG (vgl. § 99 Abs. 1 InvG i.V.m. §§ 77 Abs. 1 Satz 1, 78 Abs. 1 AktG). Unter den Begriff der Geschäftsführung fällt allgemein jede tatsächliche oder rechtliche Tätigkeit für die Gesellschaft[704]. Die Geschäftsführung ist von der Leitungsmacht zu unterscheiden; letztere ist als Führungsfunktion des Vorstands im Sinne eines herausgehobenen Teilbereichs der Geschäftsführung zu verstehen[705]. Die Geschäftsführungsaufgaben werden maßgeblich durch den auf die Anlage und Verwaltung des Vermögens beschränkten Unternehmensgegenstand der InvAG bestimmt und begrenzt. Die Hauptaufgabe des Vorstands der InvAG besteht darin, Vermögensgegenstände nach Maßgabe des InvG, der Satzung und der Anlagebedingungen zu erwerben und zu veräußern. In der Praxis delegiert der Vorstand diese Aufgaben regelmäßig an einzelne Fondsmanager oder ganze Teams[706]. Die Pflichten des Vorstands bestehen dann vor allem in der Schaffung und Überwachung geeigneter Kontrollgremien[707].

Während die Geschäftsführung des Vorstands der InvAG auf der einen Seite eng begrenzt ist, gehen die Vorstandskompetenzen auf der anderen Seite über das Aktienrecht hinaus, da die besondere Funktion der Gesellschaft als Investmentvehikel eine weitreichende Verlagerung der Zuständigkeiten der Hauptversammlung auf den Vorstand erfordert. Beispielsweise entscheidet der Vorstand der InvAG über die Ausgabe und Rücknahme von Aktien[708], während der Vorstand der AG hierzu der Ermächtigung der Hauptversammlung bedarf[709]. Des Weiteren fallen bestimmte Angelegenheiten, die bei aktienrechtlicher Betrachtung als strukturändernde Maßnahmen von der Hauptversammlung zu beschlie-

703 Für die KAG Beckmann, in: B/S/V, Kz. 410, § 7b Rn. 23; für Kredit- und Finanzdienstleistungsinstitute vgl. F. A. Schäfer, in: Boos/Fischer/Schulte-Mattler, KWG, § 1 Rn. 153; Szagunn/Haug/Ergenzinger, KWG, § 1 Rn. 74 mit Verweis auf Schreiben des BaKred vom 27.2.1989, II 5–E 246–31; einschränkend R. Fischer, in: Boos/Fischer/Schulte-Mattler, KWG, § 33 Rn. 31; Dieterich, S. 126; Miederhoff, WM 2001, 2041, 2049; Krauel/Klie, WM 2010, 1735, 1736 f.

704 Spindler, in: MünchKommAktG, § 77 Rn. 6; Mertens/Cahn, in: KölnKommAktG, § 77 Rn. 2.

705 Spindler, in: MünchKommAktG, § 76 Rn. 18; Henze, BB 2000, 209.

706 König, S. 110. Anders als die Leitungsverantwortung kann die Geschäftsführung delegiert werden, vgl. Hüffer, AktG, § 76 Rn. 7.

707 König, S. 109 f. für die Geschäftsleitung der KAG.

708 §§ 104 Satz 1, 105 Abs. 1 InvG.

709 §§ 119 Abs. 1 Nr. 6, 182 Abs. 1 Satz 1, 202 Abs. 2, § 71 Abs. 1 Satz 1 Nr. 8 AktG.

ßen wären, in die Vorstandskompetenz[710]. Neben den Aufgaben, die das AktG ausdrücklich dem Vorstand als Kollegialorgan zuweist[711], obliegt dem Vorstand als geschäftsführendes Organ zudem die Ausführung investmentspezifischer Aufgaben der InvAG. Hierzu gehören beispielsweise die Inventarwertberechnung[712], die Veröffentlichung des Ausgabe- und Rücknahmepreises der Aktien[713], die Erfüllung von Anzeigepflichten[714] und die Einrichtung und Aufrechterhaltung einer Compliance-Organisation[715].

II. Die Bestellung der Vorstandsmitglieder

Die Vorstandsmitglieder der InvAG werden nach den aktienrechtlichen Vorschriften für eine Amtszeit von maximal fünf Jahren bestellt[716]. Vor Ablauf der Amtszeit ist eine Abberufung nur aus wichtigem Grund möglich[717].

1. Das Vier-Augen-Prinzip

Der Vorstand der AG kann nach § 76 Abs. 2 Satz 1 AktG aus einem einzigen Mitglied bestehen[718]. Demgegenüber schreibt § 106 Satz 1 InvG vor, dass in den Vorstand der InvAG mindestens zwei Mitglieder zu bestellen sind. Das sog. Vier-Augen-Prinzip gilt nach § 7b Nr. 2 InvG auch für die KAG und ist als investmentrechtliches Grundprinzip in der OGAW-RL verankert[719]. Der Grundsatz der Bestellung von mindestens zwei Geschäftsleitern ist auch dem Bankaufsichtsrecht immanent[720]. Rechtspolitisch rechtfertigt sich das Vier-Augen-Prinzip aus der besonderen Verantwortung, die der Vorstand für das Investmentvermögen trägt. Anders als die Einlagen der Aktionäre einer AG bleiben die Einlagen der Anlageaktionäre einer InvAG diesen wertmäßig dauerhaft zugeordnet, was insbesondere darin zum Ausdruck kommt, dass die Aktionäre jederzeit die Auszahlung des Aktienwerts verlangen können (§ 105 Abs. 2 InvG)

710 Siehe D.
711 Vgl. §§ 83, 90 Abs. 1 und 3, 91 Abs. 1 und 2, 121 Abs. 2, 124 Abs. 3, 110 Abs. 1, 170 Abs. 1 AktG.
712 § 99 Abs. 3 Satz 1 i.V.m. § 36 Abs. 1 Satz 2 InvG. Die Satzung kann festlegen, ob die InvAG oder die Depotbank unter Mitwirkung der InvAG den Inventarwert berechnet.
713 § 99 Abs. 3 Satz 1 i.V.m. § 36 Abs. 6 InvG.
714 § 99 Abs. 3 Satz 1 i.V.m. § 19c InvG.
715 § 99a i.V.m. § 9a InvG für die selbstverwaltende InvAG.
716 § 99 Abs. 1 InvG i.V.m. § 84 Abs. 1 Satz 1 AktG.
717 § 99 Abs. 1 i.V.m. § 84 Abs. 3 Satz 1 AktG.
718 Übersteigt das Grundkapital der AG 3 Mio. Euro, muss der Vorstand vorbehaltlich einer abweichenden Satzungsbestimmung aus mindestens zwei Personen bestehen (§ 76 Abs. 2 Satz 2 AktG).
719 Art. 7 Abs. 1 lit. b, 29 Abs. 1 lit. b OGAW-RL.
720 Vgl. § 33 Abs. 1 Satz 1 Nr. 5 KWG.

und der Vorstand das eingebrachte Vermögen im ausschließlichen Interesse der Aktionäre und der Integrität des Marktes verwaltet (§ 106 Satz 2 Nr. 1 InvG), wohingegen der Vorstand der AG im Rahmen seiner Ermessensausübung weitere Interessen berücksichtigen muss[721]. Zudem bestünde bei der Bestellung eines einzigen Vorstandsmitglieds die Gefahr, dass die hohen Anforderungen, die an die persönliche und fachliche Eignung der Vorstandsmitglieder einer InvAG gestellt werden und die über die Anforderungen an die Qualifikation der Vorstandsmitglieder einer AG hinausgehen[722], nicht zum Tragen kämen[723]. Da beide Vorstandsmitglieder voll verantwortlich sind, müssen sie durch eine enge Zusammenarbeit und gegenseitige Informationen sicherstellen, dass jeder von ihnen einen Gesamtüberblick über den Geschäftsbetrieb hat[724]. Damit gewährleistet das Vier-Augen-Prinzip zugleich eine effektive Selbstkontrolle des Vorstands[725]. Die Satzung der InvAG kann eine höhere Mitgliederzahl vorsehen oder Regeln festlegen, nach denen sich diese Zahl bestimmt[726]. Je nach der Komplexität der Anlagepolitik der InvAG und dem Umfang des verwalteten Vermögens kann die BaFin die Bestellung von mehr als zwei Vorstandsmitgliedern verlangen[727].

2. Die Eignung der Geschäftsleiter

Das AktG stellt geringe Anforderungen an die Eignung der als Vorstandsmitglieder bestellten Personen. Im Grundsatz kann jede natürliche und unbeschränkt geschäftsfähige Person Vorstandsmitglied einer AG sein[728]. Eine Bestellung ist nur dann ausgeschlossen, wenn eines der in § 76 Abs. 3 Satz 2 und 3 AktG abschließend formulierten Bestellungshindernisse vorliegt. Im Übrigen entscheidet der Aufsichtsrat nach pflichtgemäßem Ermessen, ob die betreffende Person für das Vorstandsamt geeignet ist[729].

Das InvG ergänzt die aktienrechtlichen Bestellungshindernisse um die Vorgabe, dass die Vorstandsmitglieder der InvAG nicht zugleich Angestellte der Depotbank sein dürfen[730]. Darüber hinaus verlangt § 97 Abs. 1 Satz 3 Nr. 3 InvG in Umsetzung von Art. 29 Abs. 1 lit. b OGAW-RL, dass diese Personen

721 Siehe III. 1.
722 Siehe 2.
723 Beckmann, in: B/S/V, Kz. 410, § 7b Rn. 25 für die KAG.
724 Zeller, in: B/S, § 2 KAGG Rn. 15 für die KAG.
725 König, S. 111. Vgl. auch Erwägungsgrund 10 OGAW-RL.
726 § 99 Abs. 1 InvG i.V.m. § 23 Abs. 3 Nr. 6 AktG.
727 C. Fischer/K. Steck, in: B/S/L, § 106 InvG Rn. 1; C. Fischer, S. 46.
728 § 76 Abs. 3 Satz 1 AktG.
729 Spindler, in: MünchKommAktG, § 84 Rn. 33; Mertens/Cahn, in: KölnKommAktG, § 84 Rn. 8.
730 § 99 Abs. 3 Satz 1 i.V.m. § 22 Abs. 2 Satz 1 InvG.

zuverlässig und auch in Bezug auf die Art des Unternehmensgegenstands der InvAG zur Leitung der Gesellschaft fachlich geeignet sein müssen. Geschäftsleiter der InvAG sind analog § 2 Abs. 16 InvG die Vorstandsmitglieder als gesetzliche Vertreter der Gesellschaft sowie diejenigen Personen, die an deren Stelle die Geschäftspolitik bestimmen[731], z.B. von der BaFin eingesetzte Sonderbeauftragte[732]. § 97 Abs. 1 Satz 3 Nr. 3 InvG stellt eine Schlüsselregelung für die Sicherung, die Funktionsfähigkeit und die Beaufsichtigung des Investmentgeschäfts dar[733], die sich, ebenso wie das Vier-Augen-Prinzip, aus der besonderen Verantwortung des Vorstands für das ihm anvertraute Aktionärsvermögen rechtfertigt[734].

Die unbestimmten Rechtsbegriffe der „Zuverlässigkeit" und der „fachlichen Eignung" können unter Rückgriff auf die zu § 32 Abs. 1 Satz 2 Nr. 3 und 4 KWG entwickelten Grundsätze konkretisiert werden[735]. Danach wird die Zuverlässigkeit vermutet und nur dann verneint, wenn das Vorstandsmitglied nach seiner gesamten Persönlichkeit keine Gewähr für eine ordnungsgemäße Geschäftsführung bietet[736]. Indizien hierfür können beispielsweise erhebliche Vorstrafen (insbesondere im Bereich der Vermögens- und Steuerdelikte), Verstöße gegen Ordnungsvorschriften, die laufende Verletzung gesetzlicher Pflichten oder auch unverschuldete Mängel wie krankhafte Störungen sein[737]. Zur Beurteilung der Zuverlässigkeit müssen die Geschäftsleiter sich in einer sog. Straffreiheitserklärung gegenüber der BaFin über aktuelle und vergangene Straf- und Insolvenzverfahren erklären[738]. Die fachliche Eignung zur Leitung der InvAG

---

731 § 2 Abs. 16 InvG findet für die InvAG keine direkte und – mangels Bezugnahme auf § 2 Abs. 16 InvG in § 99 Abs. 3 Satz 1 InvG – keine entsprechende Anwendung. Da die Definition des Geschäftsleiters auf die OGAW-RL zurückgeht und diese für die Investmentgesellschaft in Art. 29 Abs. 1 lit. b 2009/65/EG eine vergleichbare Definition enthält, ist die analoge Anwendung von § 2 Abs. 16 InvG gerechtfertigt. De lege ferenda sollte § 2 Abs. 16 InvG entsprechend ergänzt werden.

732 § 97 Abs. 3 Satz 2 i.V.m. § 17a Abs. 2 InvG.

733 R. Fischer, in: Boos/Fischer/Schulte-Mattler, KWG, § 33 Rn. 30 zu § 33 KWG.

734 Begr. RegE, BT-Drs. 16/5576, S. 89 li. Sp.

735 Vgl. hierzu R. Fischer, in: Boos/Fischer/Schulte-Mattler, KWG, § 33 Rn. 33 ff. Vor dem InvÄndG fanden §§ 32, 33 KWG nach § 99 Abs. 2 InvG a.F. für die InvAG entsprechende Anwendung.

736 So die ständige Rspr. und Lit. zu § 35 GewO, vgl. BVerwGE 65, 1 = MDR 1982, 873; Marcks, in: Landmann/Rohmer, GewO, § 35 Rn. 29 m.w.N.; für die KAG vgl. Beckmann, in: B/S/V, Kz. 410, § 7b Rn. 29; Baur, Investmentgesetze, § 2 KAGG Rn. 22; Zeller, in: B/S, § 2 KAGG Rn. 19.

737 Beckmann, in: B/S/V, Kz. 410, § 7b Rn. 33 ff.; Baur, Investmentgesetze, § 2 KAGG Rn. 21 f.; R. Fischer, in: Boos/Fischer/Schulte-Mattler, KWG, § 33 Rn. 37.

738 § 14 Abs. 4 i.V.m. § 5 Abs. 1 Satz 1 Nr. 2 AnzV; Merkblatt der Deutschen Bundesbank und der BaFin über die Erteilung einer Erlaubnis zum Betreiben von Bankgeschäften gemäß § 32 Abs. 1 KWG, S. 10.

setzt entsprechend § 33 Abs. 2 Satz 1 KWG ausreichende theoretische und praktische Kenntnisse in den betreffenden Geschäften sowie Leitungserfahrung voraus. Analog § 33 Abs. 2 Satz 2 KWG wird die fachliche Eignung vermutet, wenn der Geschäftsleiter mindestens drei Jahre bei einem Unternehmen von vergleichbarer Größe und Geschäftsart in leitender Stellung tätig war[739]. Als Nachweis der fachlichen Eignung ist ein eigenhändig geschriebener Lebenslauf mit Angaben zu den vergangenen Tätigkeiten des Geschäftsleiters einzureichen[740].

§ 97 Abs. 1 Satz 3 Nr. 3 InvG verlangt, dass die fachliche Eignung der Geschäftsleiter einer InvAG auch „in Bezug auf die Art des Unternehmensgegenstands der InvAG" vorliegt. Für die Geschäftsleiter der KAG enthielt § 7a Abs. 1 Nr. 4 InvG i.d.F. des InvÄndG einen entsprechenden Zusatz, der allerdings durch Art. 4 Nr. 4 des Gesetzes zur Umsetzung der BeteiligungsRL[741] gestrichen wurde. Seither genügt es, wenn für jedes verwaltete Sondervermögen ein Geschäftsleiter die Anforderungen an die fondspezifische fachliche Eignung erfüllt[742]. Demgegenüber wurde der Wortlaut von § 97 Abs. 1 Satz 3 Nr. 3 InvG nicht angepasst. Bildet die InvAG mehrere TGV, müssen daher nach wie vor alle Vorstandsmitglieder ausreichende Kenntnisse und Erfahrungen in der Anlagepolitik jedes TGV haben.

Ein Grund für die unterschiedliche Behandlung von InvAG und KAG ist nicht ersichtlich. Vielmehr steht die Neuregelung dem Ziel einer weitgehenden Gleichstellung von Vertrags- und Satzungsform entgegen. Dennoch kann § 97 Abs. 1 Satz 3 Nr. 3 InvG nicht im Sinne von § 7a Abs. 1 Nr. 4 InvG n.F. ausgelegt werden[743], da diese Auslegung im Widerspruch zur OGAW-RL stünde, die verlangt, dass alle Geschäftsleiter einer Verwaltungs- oder Investmentgesellschaft über ausreichende Erfahrung im Hinblick auf die Art des verwalteten Investmentvermögens verfügen müssen[744]. Vielmehr sollte die Neufassung von § 7a Abs. 1 Nr. 4 InvG einer kritischen Prüfung unterzogen werden.

---

739 C. Fischer/K. Steck, in: B/S/L, § 106 InvG Rn. 2; Beckmann, in: B/S/V, Kz. 410, § 7b Rn. 53 für die KAG.

740 § 14 Abs. 6 i.V.m. § 5 Abs. 1 Satz 1 Nr. 1 AnzV; Merkblatt der Deutschen Bundesbank und der BaFin über die Erteilung einer Erlaubnis zum Betreiben von Bankgeschäften gemäß § 32 Abs. 1 KWG, S. 11.

741 Gesetz zur Umsetzung der BeteiligungsRL vom 12.3.2009, BGBl. I 2009, 470.

742 BaFin, Rundschreiben 10/2009, Abschnitt II.

743 So aber C. Fischer/K. Steck, in: B/S/L, § 106 InvG Rn. 2.

744 Art. 7 Abs. 1 lit. b, 29 Abs. 1 lit. b OGAW-RL.

III. Die Sorgfaltspflichten des Vorstands

1. Der aktienrechtliche Sorgfaltsmaßstab

Die Vorstandsmitglieder der AG sind nach § 93 Abs. 1 Satz 1 AktG verpflichtet, bei ihrer Geschäftsführung die Sorgfalt eines ordentlichen und gewissenhaften Geschäftsleiters anzuwenden. Diesem Sorgfaltsmaßstab unterliegen aufgrund des Verweises in § 99 Abs. 1 InvG auch die Vorstandsmitglieder der InvAG[745]. Die KAG ist nach § 9 Abs. 1 Satz 1 InvG verpflichtet, bei der Verwaltung des Investmentvermögens die Sorgfalt eines ordentlichen Kaufmanns anzuwenden. Dieser abweichende Wortlaut legt nahe, dass an die Sorgfalt der Geschäftsleiter von InvAG und KAG unterschiedliche Anforderungen zu stellen sind[746].

a) Sorgfalt eines Geschäftsleiters

Teilweise wird vertreten, dass die Anforderungen, die an die Sorgfalt eines Geschäftsleiters zu stellen sind, über die Kaufmannssorgfalt hinausgehen[747]. Ein fester Maßstab für die Geschäftsleitersorgfalt existiert jedoch nicht[748]. Vielmehr richten sich die Anforderungen nach Art und Größe des Unternehmens[749]. Die Kaufmannssorgfalt richtet sich ebenfalls nach dem konkret betriebenen Geschäft[750]. Da sowohl InvAG als auch KAG die kollektive Vermögensverwaltung betreiben und das InvG die Ausübung dieser Tätigkeit weitgehend einheitlich regelt, müssen die Sorgfaltsmaßstäbe für Geschäftsleiter von KAG und InvAG einander entsprechen.

b) Handeln im Gesellschaftsinteresse

Die Sorgfaltspflicht der Geschäftsleiter von InvAG und KAG könnte sich aber im Hinblick auf die Interessen unterscheiden, die bei der Ausübung des unternehmerischen Ermessens zu berücksichtigen sind. Die KAG verwaltet das Sondervermögen für gemeinschaftliche Rechnung der Anleger und im ausschließlichen Interesse der Anleger und der Integrität des Marktes[751]. Der Vorstand der

---

745 Vgl. bereits Begr. RegE, BT-Drs. 13/8933, S. 127 re. Sp. zu § 55 Abs. 1 KAGG.
746 So tendenziell Wallach, Der Konzern 2007, 487, 494 re. Sp.; Eckhold, ZGR 2007, 654, 697; Sachtleber, S. 164.
747 OLG Koblenz ZIP 1991, 870, 871; Spindler, in: MünchKommAktG, § 93 Rn. 24.
748 Vgl. Spindler, in: MünchKommAktG, § 93 Rn. 24; Mertens/Cahn, in: KölnKommAktG, § 93 Rn. 66.
749 Spindler, in: MünchKommAktG, § 93 Rn. 24.
750 Vgl. für die KAG Beckmann, in: B/S/V, Kz. 410, § 9 Rn. 25; Baur, Investmentgesetze, § 10 KAGG Rn. 12; Schödermeier/Baltzer, in: B/S, § 10 Rn. 4; Schäcker, S. 112; Reiss, S. 246; L. Schäfer, S. 92 f.
751 § 9 Abs. 1 Satz 1, Abs. 2 Nr. 1 InvG.

AG ist dagegen dem Unternehmensinteresse verpflichtet[752]. Dabei ist das Aktionärsinteresse an der Maximierung des Ertragswerts ihrer Beteiligung (sog. *shareholder value*) nach h.M. nur eines von mehreren Interessen, die im Rahmen der Ermessensausübung zu berücksichtigen sind[753]. Das Unternehmensinteresse schließt vielmehr auch die Belange der Arbeitnehmer und der Öffentlichkeit (Gemeinwohl) ein[754]. Für das Unternehmensinteresse der InvAG gelten jedoch andere Maßstäbe[755]. Die InvAG ist funktional ein Investmentvehikel, dessen einzige Aufgabe in der kollektiven Vermögensverwaltung besteht. Dementsprechend verpflichtet § 106 Satz 2 Nr. 1 InvG die Vorstandsmitglieder zum Handeln im ausschließlichen Interesse der Aktionäre und der Integrität des Marktes. Die von den Geschäftsleitern von InvAG und KAG anzuwendende Sorgfalt unterscheidet sich deshalb auch nicht im Hinblick auf die ermessensleitenden Kriterien.

2. Die investmentrechtlichen Verhaltensregeln

Die OGAW-RL verpflichtet die Mitgliedstaaten zum Erlass von Wohlverhaltensregeln für Verwaltungsgesellschaften und selbstverwaltende Investmentgesellschaften[756]. Der Gesetzgeber hat diese Vorgabe für die KAG in § 9 Abs. 2 Nr. 1 bis 4 InvG und für die selbstverwaltende InvAG durch eine Bezugnahme auf diese Vorschrift in § 99a Abs. 1 InvG umgesetzt. Diese Verhaltenspflichten werden durch die InvVerOV konkretisiert. Darüber hinaus stellt § 106 Satz 2 InvG für die Vorstandsmitglieder der InvAG besondere Verhaltenspflichten auf, die § 9 Abs. 2 Nr. 1 bis 3 InvG entsprechen[757]. § 106 Satz 2 InvG findet auch für die fremdverwaltete InvAG Anwendung.

Die Umsetzung der Vorgaben der OGAW-RL ist in konzeptioneller Hinsicht missglückt. Der Vorstand der selbstverwaltenden InvAG unterliegt den Verhaltensregeln bereits deshalb, weil sie für die Gesellschaft bindend sind. Der Vorstand kann als geschäftsführendes Organ der InvAG keine weitergehenden Befugnisse haben als die Gesellschaft selbst, so dass es der selbständigen Anordnung in § 106 Satz 2 InvG nicht bedürft hätte.

---

752 Mertens/Cahn, in: KölnKommAktG, § 76 Rn. 15 ff.; Fleischer, in: Spindler/Stilz, AktG, § 76 Rn. 24 ff.
753 Mertens/Cahn, in: KölnKommAktG, § 76 Rn. 15 ff.; Seibt, in: Schmidt/Lutter, AktG, § 76 Rn. 12; Fleischer, in: Spindler/Stilz, AktG, § 76 Rn. 38 jeweils m.N. zur Gegenauffassung.
754 Mertens/Cahn, in: KölnKommAktG, § 76 Rn. 15, 19; Seibt, in: Schmidt/Lutter, AktG, § 76 Rn. 12.
755 So auch Wegner, S. 101.
756 Art. 14 i.V.m. Art. 30 Satz 1 und 2 OGAW-RL.
757 Nur § 9 Abs. 2 Nr. 4 InvG ist der Vorstand der InvAG nicht unterworfen.

Der Vorstand der fremdverwalteten InvAG unterliegt den Verhaltensregeln, ohne dass diese Regeln für die Gesellschaft selbst gelten. Im Falle einer Verletzung von § 106 Satz 2 InvG läge deshalb bei formaler Betrachtung kein Verstoß der fremdverwalteten InvAG selbst vor, so dass die Sanktionen der BaFin, die eine Rechtsverletzung der Gesellschaft voraussetzen[758], nicht greifen würden. Ein Einschreiten gegen die Gesellschaft käme nur aufgrund der Generalklausel des § 5 Abs. 1 Satz 2 InvG in Betracht. Darüber hinaus bleibt unklar, ob und inwieweit die Vorschriften der InvVerOV, soweit sie die Verhaltenspflichten nach § 106 Satz 2 InvG konkretisieren, auch für die fremdverwaltete InvAG gelten.

IV. Die Verantwortlichkeit der Vorstandsmitglieder

1. Zivilrechtliche Verantwortlichkeit

Vorstandsmitglieder, die ihre Pflichten verletzen, sind der InvAG nach § 99 Abs. 1 InvG i.V.m. § 93 Abs. 2 Satz 1 AktG zum Ersatz des hieraus entstehenden Schadens verpflichtet. Zur Geltendmachung des Schadensersatzanspruchs ist der Aufsichtsrat berechtigt und verpflichtet[759]. Beruht der Schaden auf einer Anlageentscheidung des Vorstands, ist zu berücksichtigen, dass der Vorstand nach eigenem Ermessen über den Kauf und Verkauf von Vermögensgegenständen für die InvAG entscheidet[760]. Anlageentscheidungen sind somit nicht bereits deshalb pflichtwidrig, weil sie sich im Nachhinein als wirtschaftliche Fehlentscheidungen herausstellen. Vielmehr ist eine Pflichtverletzung entsprechend § 93 Abs. 1 Satz 2 AktG ausgeschlossen, wenn das Vorstandsmitglied vernünftigerweise annehmen durfte, auf der Grundlage angemessener Informationen im Interesse der Aktionäre und unter Wahrung der Integrität des Marktes zu handeln[761].

Eine direkte Haftung der Vorstandsmitglieder gegenüber den Aktionären der InvAG kann sich, vom Ausnahmefall des § 117 Abs. 2 Satz 1 AktG abgesehen, nur aus den allgemeinen zivilrechtlichen Vorschriften ergeben[762]. In Betracht kommt vor allem ein Schadensersatzanspruch der Aktionäre wegen Schutzgesetzverletzung nach § 823 Abs. 2 BGB. Im Schrifttum sind unter anderem die

---

758 Vgl. § 97 Abs. 3 Satz 1 Nr. 3 InvG für die Aufhebung der Erlaubnis und § 97 Abs. 3 Satz 2 i.V.m. § 17a Abs. 1 InvG für die Abberufung der Geschäftsleiter, die das Vorliegen eines Aufhebungsgrundes voraussetzen („in den Fällen des § 17 Abs. 2").

759 Vgl. BGHZ 135, 244, 252 = NJW 1997, 1926, 1927 „ARAG/Garmenbeck"; Henze, BB 2000, 209, 213 f.

760 Vgl. Reiss, S. 242 ff. zum Anlageermessen der KAG.

761 Eckhold, ZGR 2007, 654, 696.

762 Vgl. Sachtleber, S. 174 ff.; Einsele, AG 2011, 141, 149.

gesetzlichen Anlagevorschriften[763] und die Vorschriften über die Ermittlung des Inventarwerts[764] als Schutzgesetze anerkannt. Bei besonders gravierenden Pflichtverletzungen kann auch ein Ersatzanspruch wegen vorsätzlicher sittenwidriger Schädigung nach § 826 BGB bestehen. Zur Milderung des Haftungsrisikos kann die InvAG eine Haftpflichtversicherung zugunsten ihrer Vorstandsmitglieder abschließen[765].

2. Öffentlich-rechtliche Verantwortlichkeit

Das AktG sanktioniert bestimmte Pflichtverletzungen der Vorstandsmitglieder mit Strafvorschriften (§§ 399 ff. AktG), Bußgeldvorschriften (§§ 405, 406 AktG) und der Möglichkeit zur Androhung von Zwangsgeldern (§ 407 AktG). Die Strafbarkeit des Vorstands kann sich zudem aus dem StGB (z.B. §§ 263, 266 StGB) und Vorschriften anderer Gesetze (z.B. § 69 AO) ergeben. Darüber hinaus gelten die Bußgeld- und Strafvorschriften des InvG (§§ 143, 143a InvG)[766]. Die BaFin[767] kann Ordnungswidrigkeiten nach dem InvG mit einem Bußgeld von bis zu 100.000 Euro ahnden[768]. Sie kann zudem nach § 5 Abs. 1 Satz 2 InvG alle Anordnungen treffen, die erforderlich und geeignet sind, um den Geschäftsbetrieb der InvAG mit den Bestimmungen des InvG, der Satzung und den Anlagebedingungen im Einklang zu halten. Ist die BaFin aufgrund einer Rechtsverletzung der InvAG nach § 97 Abs. 3 Satz 1 InvG zur Aufhebung der Erlaubnis berechtigt, kann sie als milderes Mittel von der InvAG die Abberufung der verantwortlichen Vorstandsmitglieder verlangen und ihnen die Ausübung ihrer Tätigkeit untersagen[769].

763 Köndgen/Schmies, in: Bankrechts-Hdb., § 113 Rn. 65; zu §§ 8 ff. KAGG Baur, Investmentgesetze, § 8g KAGG Rn. 7, § 10 KAGG Rn. 31; Schödermeier/Baltzer, in: B/S, § 10 KAGG Rn. 26; Canaris, Rn. 2435.

764 Schödermeier/Baltzer, in: B/S, § 21 KAGG Rn. 36 zu § 21 KAGG.

765 Sog. D&O-Versicherung, vgl. für die AG Mertens/Cahn, in: KölnKommAktG, § 93 Rn. 241 ff.

766 Ist der Adressat der Vorschrift eine juristische Person, ergibt sich die Verantwortlichkeit der handelnden Vorstandsmitglieder aus § 9 Abs. 1 Nr. 1 OWiG bzw. § 14 Abs. 1 Nr. 1 StGB, vgl. Lindemann, in: Boos/Fischer/Schulte-Mattler, KWG, § 56 Rn. 9; Einsele, AG 2011, 141, 149.

767 Nach § 143 Abs. 6 InvG ist die BaFin Verwaltungsbehörde im Sinne von § 36 Abs. 1 Nr. 1 OWiG.

768 Vgl. § 143 Abs. 5 InvG.

769 § 97 Abs. 3 Satz 2 i.V.m. § 17a Abs. 1 InvG.

V. Exkurs: Das Geschäftsverbot der Organmitglieder

1. Zweck des Geschäftsverbots

Den Mitgliedern von Vorstand und Aufsichtsrat der InvAG ist es nach § 106b Satz 1 InvG untersagt, Vermögensgegenstände von der Gesellschaft zu erwerben oder an diese zu veräußern. Das Geschäftsverbot kann durch die Satzung nicht aufgehoben oder beschränkt werden. Auch die Hauptversammlung der InvAG oder die BaFin können Eigengeschäfte der Organmitglieder nicht gestatten.

Das Geschäftsverbot soll der Gefahr vorbeugen, dass die Organmitglieder der InvAG ihre Rechtsstellung im Eigeninteresse ausnutzen und Geschäfte abschließen, die sich nachteilig auf das Investmentvermögen auswirken könnten[770]. Der Regelungszweck von § 106b Satz 1 InvG besteht somit im Erhalt des Gesellschaftsvermögens und dem Schutz des Anleger- und Marktvertrauens in die Funktionsfähigkeit der InvAG. Da § 106b Satz 1 InvG keinen Nachteil oder Schaden der InvAG voraussetzt, geht der Regelungsgehalt der Vorschrift über ein Verbot von Rechtsgeschäften zu unangemessenen Preisen hinaus. Nach der Vorstellung des Gesetzgebers soll das Geschäftsverbot insbesondere ein „Abladen" von Vermögensgegenständen und ein „Auskaufen" des Gesellschaftsvermögens verhindern[771]. Unter dem Begriff des „Auskaufens" ist eine Situation zu verstehen, in der ein Organmitglied stark unterbewertete Vermögensgegenstände (z.B. Wertpapiere) aus dem Investmentvermögen erwirbt und der Gesellschaft damit die Möglichkeit nimmt, von Kurssteigerungen zu profitieren. Umgekehrt veräußert das Organmitglied beim „Abladen" überbewertete Vermögensgegenstände aus dem eigenen Bestand an die InvAG[772]. Diesen Fällen ist gemein, dass das Rechtsgeschäft zwar zu marktüblichen Konditionen vorgenommen wird, ein pflichtgemäß handelnder Geschäftsleiter aber dennoch vom Vertragsschluss abgesehen hätte.

2. Reichweite des Geschäftsverbots

a) Beschränkung auf das Anlagevermögen?

Das Gesellschaftsvermögen der InvAG kann für die Zwecke der Rechnungslegung in das (Investment-)Betriebsvermögen und das (Investment-)Anlagevermögen unterteilt werden[773]. Das Anlagevermögen ist das eigentliche Investmentvermögen im Sinne von § 1 Satz 2 InvG. Dem Betriebsvermögen sind die

770 Begr. RegE, BT-Drs. 13/8933, S. 127 li. Sp.; C. Fischer, S. 47.
771 Begr. RegE, BT-Drs. 13/8933, S. 127 li. Sp.; Geßler, WM 1957, Sonderbeil. Nr. 4, S. 10, 18.
772 Vgl. die Beschreibung des „Auskaufens" und „Abladens" bei F. A. Schäfer, S. 83 ff.
773 § 18 Abs. 1 InvRBV; vgl. Tschesche/Hofmann, in: B/S/L, § 110 InvG Rn. 28 ff.

zur Aufrechterhaltung des Betriebs erforderlichen Mittel (z.B. Computer, Büromaterial) und Aufwendungen (z.B. Mietkosten für die Büroräume) zugeordnet. Der Wortlaut von § 106b Satz 1 InvG nimmt auf keine dieser Vermögensmassen ausdrücklich Bezug. Der Begriff der Vermögensgegenstände in § 106b Satz 1 InvG könnte aber im Sinne von § 2 Abs. 4 InvG zu verstehen sein[774] mit der Folge, dass sich das Verbot ausschließlich auf Gegenstände bezöge, die für das Anlagevermögen angeschafft oder aus diesem veräußert werden. Für diese Auslegung spricht zwar, dass auch das an die Organmitglieder der KAG adressierte Geschäftsverbot des § 5 Satz 1 KAGG nur für das Sondervermögen betreffende Rechtsgeschäfte galt[775]. Eigengeschäfte, die das Gesellschaftsvermögen der KAG betrafen, waren den Geschäftsleitern dagegen erlaubt[776]. Diese Auslegung von § 106b Satz 1 InvG stünde aber nur dann im Einklang mit dem Anlegerschutzziel des Gesetzgebers, wenn Veränderungen im Bestand des Betriebsvermögens der InvAG keine Auswirkung auf den Wert des Anlagevermögens hätten. Das ist nicht der Fall, da eine der Vertragsform entsprechende Trennung zwischen Betriebs- und Anlagevermögen der InvAG nicht besteht[777] und auch die Gestaltungsmittel des InvG nicht vollständig verhindern können, dass die Anlageaktionäre die Risiken des Betriebsvermögens mittragen[778]. Eine Beschränkung von § 106b Satz 1 InvG auf das Anlagevermögen der InvAG kommt somit nicht in Betracht.

b) Erwerb und Veräußerung von Aktien der InvAG

Vom Geschäftsverbot ausgenommen sind nach § 106b Satz 2 InvG der Erwerb und die Veräußerung[779] von Aktien von der bzw. an die InvAG[780]. Die Kapitalbeteiligung der Organmitglieder an der eigenen Gesellschaft wird allgemein als wünschenswert angesehen[781]. Organmitglieder, die die InvAG selbst als Anlagevehikel nutzen, sollen einen erhöhten Anreiz zur Verwaltung des Investment-

774 In diese Richtung C. Fischer, S. 49: (potenzieller) Anlagegegenstand.
775 Baur, Investmentgesetze, § 5 KAGG Rn. 4.
776 Baur, Investmentgesetze, § 5 KAGG Rn. 1 und 4.
777 Siehe § 13 C. I. 2.
778 Siehe § 5 C. IV 1b) cc) ccc).
779 Gemeint ist die Rückgabe der Aktien nach § 105 Abs. 2 Satz 1 InvG, da die InvAG eigene Aktien nicht nach §§ 71 ff. AktG zurückerwerben kann, siehe § 10 B. IV. 1.
780 Der Wortlaut von § 98 Satz 2 InvG i.d.F. des InvModG ließ nur den Erwerb und die Veräußerung von Aktien durch Vorstandsmitglieder der InvAG zu. Nach Sinn und Zweck fand die Vorschrift aber auch für die Mitglieder des Aufsichtsrats Anwendung, vgl. C. Fischer, S. 49 f.; Bödecker/Kuhn, in: Hdb. Investmentrecht, S. 419.
781 Vgl. Mertens/Cahn, in: KölnKommAktG, § 87 Rn. 37; Thüsing, in: Hdb. Vorstandsrecht, § 6 Rn. 58; jeweils zu Aktienoptionen.

vermögens im Aktionärsinteresse haben, da sich die Entwicklung des Anlagevermögens direkt auf ihr Privatvermögen auswirkt[782].

3. Rechtsfolgen eines Verbotsverstoßes

§ 106b Satz 1 InvG ist ein Verbotsgesetz im Sinne von § 134 BGB[783], so dass Rechtsgeschäfte, die gegen das Geschäftsverbot verstoßen, nichtig sind. Da § 106b Satz 1 InvG auch die Durchführung von Eigengeschäften von Organmitgliedern unterbinden soll, erfasst die Nichtigkeitsfolge auch das Verfügungsgeschäft[784]. Die Rückabwicklung des Geschäfts folgt den Regeln des Bereicherungsrechts (§§ 812 ff. InvG)[785]. Darüber hinaus sind die verantwortlichen Organmitglieder zum Ersatz des der Gesellschaft entstandenen Schadens verpflichtet[786].

4. Aufhebung des Geschäftsverbots de lege ferenda?

Für die Organmitglieder der KAG enthielt § 5 KAGG ein § 106b InvG entsprechendes Geschäftsverbot. Dieses Verbot ist im Zuge des InvModG entfallen. Angesichts des gesetzgeberischen Ziels einer weitgehenden Gleichstellung von Vertrags- und Satzungsform[787] stellt sich die Frage, ob das für die Organmitglieder der InvAG geltende Verbot ebenfalls aufgehoben werden sollte.

a) Allgemeine Grenzen für Eigengeschäfte von Organmitgliedern

Die Aufhebung des Geschäftsverbot des § 106b Satz 1 InvG kommt nur dann in Betracht, wenn andere Vorkehrungen bestehen, die verhindern, dass die Organmitglieder mit der InvAG Rechtsgeschäfte abschließen, die für die Gesellschaft von Nachteil sind.

aa) Verbot von Rechtsgeschäften zu unangemessenen Preisen

§ 106b Satz 1 InvG verhindert zunächst den Abschluss von Eigengeschäften der Organmitglieder zu überhöhten Preisen. Aktienrechtlich sind Rechtsgeschäfte zwischen der AG und Mitgliedern von Vorstand oder Aufsichtsrat prinzipiell

782 Vgl. Begr. RegE, BT-Drs. 15/1553, S. 104 re. Sp.
783 C. Fischer/K. Steck, in: B/S/L, § 106b InvG Rn. 1; C. Fischer, S. 47 zu § 98 InvG a.F.; Baur, Investmentgesetze, § 5 KAGG Rn. 2 zu § 5 Satz 1 KAGG; Schmitt, in: B/S, § 53 KAGG zu § 53 KAGG.
784 Im Ergebnis auch Baur, Investmentgesetze, § 5 KAGG Rn. 2 zu § 5 Satz 1 KAGG; Schmitt, in: B/S, § 53 KAGG zu § 53 KAGG.
785 C. Fischer/K. Steck, in: B/S/L, § 106b Rn. 1.
786 § 99 Abs. 1 InvG i.V.m. §§ 93 Abs. 2, 116 AktG; Schmitt, in: B/S, § 53 KAGG zu § 53 KAGG.
787 Begr. RegE, BT-Drs. 16/5576, S. 83 li. Sp.

zulässig[788]. Für die Gesellschaft nachteiligen Eigengeschäften wird auf mehrfache Weise begegnet. Um Interessenkonflikte zu vermeiden, wird die Gesellschaft bei Rechtsgeschäften mit Vorstandsmitgliedern nicht durch den Vorstand, sondern durch den Aufsichtsrat vertreten (§ 112 AktG)[789]. Im Vorfeld des Geschäftsabschlusses werden die Grenzen durch das Wettbewerbsverbot (§ 88 AktG), die Vorgaben für die Kreditgewährung an Vorstandsmitglieder (§ 89 AktG) sowie die Geschäftschancenlehre[790] gezogen. Eine Inhaltskontrolle der Eigengeschäfte findet im Rahmen der Treuepflicht der Organmitglieder statt, die sie verpflichtet, Rechtsgeschäfte mit der AG so zu tätigen, wie sie unter unabhängigen Dritten getätigt worden wären (*dealing at arm's length*)[791]. Weichen die Konditionen zum Nachteil der AG von den Markt- und Branchenstandards ab, sind die verantwortlichen Vorstandsmitglieder gegenüber der Gesellschaft zum Schadensersatz verpflichtet[792]. In schweren Fällen können die Vorstandsmitglieder vom Aufsichtsrat abberufen und gekündigt werden[793]. Zudem drohen strafrechtliche Sanktionen[794]. Dritte, die die Geschäftsleitung hinsichtlich der Vornahme des Eigengeschäfts beeinflusst haben, sind ebenfalls schadensersatzpflichtig[795]. Auch die Aufsichtsratsmitglieder, die die AG nach § 112 AktG gegenüber den Vorstandsmitgliedern vertreten, haften, wenn das Rechtsgeschäft einem Drittvergleich nicht standhält[796]. Die aktienrechtliche Inhaltskontrolle von Eigengeschäften wird durch die investmentrechtlichen Bewertungsvorschriften[797] und insbesondere die Vorschriften zur *best execution* ergänzt, die verlangen, dass beim Kauf und Verkauf von Vermögensgegenständen das bestmögliche Ergebnis für das Investmentvermögen erzielt wird[798]. Im Ergebnis gewährleisten die aktien- und investmentrechtlichen Regelungen einen hinreichenden Aktionärsschutz vor einer Minderung des Gesellschaftsvermögens durch Rechtsgeschäfte zu unangemessenen Preisen[799].

---

788 Fleischer, in: Spindler/Stilz, AktG, § 93 Rn. 133.
789 Habersack, in: MünchKommAktG, § 112 Rn. 1; Fleischer, WM 2003, 1045, 1052.
790 Organmitglieder dürfen Geschäftschancen, die sich bei Gelegenheit der geschäftlichen Betätigung der AG ergeben, nicht für sich selbst nutzen, vgl. Mertens/Cahn, in: KölnKommAktG, § 93 Rn. 105; Fleischer, in: Spindler/Stilz, AktG, § 93 Rn. 136 ff.; Nr. 4.3.3 DCGK.
791 Hopt, in: GroßKommAktG, § 93 Rn. 159; K. Thoma, S. 191; Fleischer, WM 2003, 1045, 1052 f. Nr. 4.3.4 DCGK enthält eine entsprechende Empfehlung.
792 § 93 Abs. 2 Satz 1 AktG; vgl. K. Thoma, S. 192 ff. zu weiteren Anspruchsgrundlagen.
793 § 84 Abs. 3 Satz 1 AktG, § 626 BGB; vgl. K. Thoma, S. 199 f.
794 Vgl. K. Thoma, S. 200 ff.
795 § 117 Abs. 1 AktG; K. Thoma, S. 197 f.
796 § 116 i.V.m. § 93 Abs. 2 Satz 1 AktG.
797 § 99 Abs. 3 Satz 1 i.V.m. § 36 Abs. 3 und 4 InvG.
798 § 99 Abs. 3 Satz 1 i.V.m. § 36 Abs. 2 InvG, § 22 f. InvVerOV.
799 Ebenso Siara/Tormann, zu § 5 KAGG (S. 30).

bb) Verbot des „Abladens“ und „Auskaufens“

Das Geschäftsverbot soll die Aktionäre der InvAG insbesondere vor einem „Abladen“ von Risiken aus eigenen Spekulationsgeschäften der Organmitglieder und einem „Auskaufen“ des Anlagevermögens durch Ausnutzen von Gewinnchancen der Gesellschaft im Eigeninteresse schützen[800]. Die aktien- und investmentrechtlichen Anforderungen an die Festlegung des Kaufpreises bieten insofern keinen Aktionärsschutz, da das Rechtgeschäft zu Bedingungen vorgenommen wird, die einem Drittvergleich standhalten. Ein „Auskaufen“ und „Abladen“ ist den Organmitgliedern aber bereits aufgrund ihrer aktienrechtlichen Sorgfaltspflicht verboten, da ein eigennütziges Verhalten, dem kein gleichgerichtetes Interesse der Gesellschaft gegenübersteht, die Grenzen des gebotenen Interessenausgleichs überschreiten würde[801]. Zudem würden die beteiligten Organmitglieder ihre Pflichten aus § 106 Satz 2 Nr. 1 InvG verletzen, da die Veräußerung unterbewerteter bzw. der Erwerb überbewerteter Vermögensgegenstände nicht im Interesse des Investmentvermögens liegt[802]. Schließlich sind die Vorstandsmitglieder nach § 106 Satz 2 Nr. 3 InvG verpflichtet, Interessenkonflikte zu vermeiden und unvermeidbare Konflikte unter Wahrung der Aktionärsinteressen zu lösen. Hieraus kann sich im Einzelfall eine Pflicht zur Unterlassung von Eigengeschäften ergeben[803]. An solchen Rechtsgeschäften beteiligte Aufsichtsratsmitglieder würden ihre Sorgfaltspflichten ebenfalls verletzen[804]. Im Ergebnis ist es den Organmitgliedern der InvAG bereits aufgrund ihrer aktien- und investmentrechtlichen Sorgfaltspflichten untersagt, Rechtsgeschäfte mit der Gesellschaft abzuschließen, die sich als unerwünschtes „Abladen“ oder „Auskaufen“ darstellen.

b) Vergleich der Risiken bei InvAG und KAG

Die InvAG soll nach der Intention des Gesetzgebers eine gleichwertige Alternative zum Sondervermögen darstellen[805]. Abweichungen von den Vorschriften

800 Siehe V. 1.
801 Vgl. für die AG Mertens/Cahn, KölnKommAktG, § 93 Rn. 107.
802 Vgl. für die KAG Beckmann, in: B/S/V, Kz. 410, § 9 Rn. 123; F. A. Schäfer, S. 84.
803 Ähnlich Köndgen, in: B/S/L, § 9 InvG Rn. 43; Schelm, S. 136 ff.; strenger Beckmann, in: B/S/V, § 9 Rn. 148, 172: Unzulässigkeit von jeglichen Eigengeschäften der Geschäftsleiter.
804 Vgl. auch BVI-Wohlverhaltensregeln, Teil II, Abschnitt V Nr. 3 und 4, wonach die Aufsichtsratsmitglieder persönliche Interessen nicht verfolgen dürfen und Interessenkonflikte offenlegen müssen.
805 Begr. RegE, BT-Drs. 16/5576, S. 50 re. Sp.; BT-Drs. 15/1553, S. 105 li. Sp.

über das Sondervermögen sind deshalb nur dann gerechtfertigt, wenn sie auf den gesellschaftsrechtlichen Besonderheiten der InvAG beruhen[806].

Zwar ist die Gefahr nachteiliger Einwirkungen auf das Anlagevermögen Folge des der Fremdverwaltung immanenten Prinzipal-Agenten-Konflikts, der bei Satzungs- und Vertragsform gleichermaßen besteht. Die Auswirkungen pflichtwidriger Eigengeschäfte auf das Investmentvermögen unterscheiden sich jedoch, da bei der InvAG keine der Vertragsform vergleichbare Trennung zwischen Eigen- und Anlagevermögen besteht[807]. So belasten Verbindlichkeiten der InvAG das Anlagevermögen der Gesellschaft grundsätzlich unmittelbar, während für die von der KAG begründeten Verbindlichkeiten nur das Eigenvermögen der Gesellschaft haftet und die Kosten nur dann an das Sondervermögen weitergegeben werden können, wenn es sich um erforderliche Aufwendungen im Sinne von §§ 675, 670 BGB handelt[808]. Ein Aufwendungsersatzanspruch der KAG besteht etwa dann nicht, wenn die Vornahme des betreffenden Rechtsgeschäfts aus der Sicht des handelnden Organmitglieds dem Anlegerinteresse nach objektiven Maßstäben nicht entspricht[809].

Die Organmitglieder der KAG unterliegen allerdings auch dann keinem absoluten Geschäftsverbot, wenn sie als Geschäftsleiter einer Verwaltungsgesellschaft im Sinne von § 96 Abs. 4 InvG mit der Anlage und Verwaltung der Mittel der InvAG betraut sind. Sofern sie im Einklang mit ihren Sorgfaltspflichten handeln, ist es ihnen nicht verwehrt, Vermögensgegenstände von der InvAG zu erwerben oder an diese zu veräußern. Es ist deshalb unklar, ob die Besonderheiten der Satzungsform für die Entscheidung des Gesetzgebers maßgebend waren, das Geschäftsverbot des § 106b InvG beizubehalten.

c) Signalwirkung des gesetzlichen Geschäftsverbots

Gegen die Aufhebung von § 106b Satz 1 InvG könnte sprechen, dass hierdurch die Sanktionierung unzulässiger Eigengeschäfte erschwert würde, da das Rechtsgeschäft wirksam bliebe. Die verantwortlichen Organmitglieder könnten lediglich entsprechend §§ 93 Abs. 2 Satz 1, 116 AktG auf Schadensersatz in Anspruch genommen werden, sofern der Pflichtverstoß überhaupt bemerkt würde und der Schaden nachgewiesen werden könnte[810]. Die Geltendmachung des Schadensersatzanspruchs würde dadurch erschwert, dass die Mitglieder des

---

806 Ähnlich Begr. RegE, BT-Drs. 15/1553, S. 105 li. Sp. zur entsprechenden Anwendung der Vorschriften über Sondervermögen.

807 Siehe § 13 C. I. 2.

808 § 31 Abs. 2 Satz 1, Abs. 3 InvG; Beckmann, in: B/S/V, Kz. 410, § 31 Rn. 39 f.

809 Zum Maßstab der Erforderlichkeit nach § 670 BGB vgl. Seiler, in: MünchKommBGB, § 670 Rn. 9.

810 Dieser Nachweis könnte insbesondere beim „Abladen" oder „Auskaufen" schwer fallen.

Aufsichtsrats befürchten müssten, wegen ihrer Vertretung der Gesellschaft bei der Vornahme des Rechtsgeschäfts (§ 112 AktG) selbst in Anspruch genommen zu werden. Sofern das Eigengeschäft des Organmitglieds dem Interesse der Unternehmensaktionäre entspräche oder jedenfalls nicht widerspräche, fiele die Hauptversammlung als Kontrollorgan ebenfalls aus, da die Anlageaktionäre in der Regel nicht stimm- und teilnahmeberechtigt sind. Schließlich ist umstritten, ob sich die Prüfungspflicht der Depotbank auch auf die wirtschaftliche Vertretbarkeit einzelner Anlageentscheidungen der InvAG erstreckt[811]. Das absolute Geschäftsverbot des § 106b Satz 1 InvG hat somit den Vorteil einer klaren rechtlichen Sanktion. Die im Einzelfall schwierig zu beantwortende Frage, ob das Eigengeschäft die Grenzen der Sorgfaltspflicht überschreitet, entfällt. Das Geschäftsverbot ist aus diesen Gründen geeignet, das Vertrauen des Marktes und der Anleger in das Investmentgeschäft zu stärken[812].

d) Bewertung

Das Geschäftsverbot des § 106b InvG sollte ungeachtet der Aufhebung des entsprechenden Verbotstatbestands für die KAG beibehalten werden. Zwar wird Interessenkonflikten dadurch vorgebeugt, dass die Gesellschaft bei Rechtsgeschäften mit Vorstandsmitgliedern durch den Aufsichtsrat vertreten wird. Zudem sind die Mitglieder von Vorstand und Aufsichtsrat bereits aufgrund ihrer aktien- und investmentrechtlichen Sorgfaltspflichten verpflichtet, nachteilige Eigengeschäfte zu unterlassen. Das absolute Geschäftsverbot des § 106b Satz 1 InvG bietet aber den Vorteil einer klaren Sanktion und vermeidet Rechtsunklarheiten im Hinblick auf die Anforderungen, die an zulässige Eigengeschäfte gestellt werden müssten.

Auch die vom Gesetzgeber angestrebte Gleichstellung von Vertrags- und Satzungsform gebietet nicht die Aufhebung von § 106b InvG, da die Risiken, die den Anlegern aus Eigengeschäften der Organmitglieder der InvAG drohen, aufgrund der fehlenden Trennung zwischen Eigen- und Anlagevermögen der InvAG über die Risiken hinausgehen, die bei Eigengeschäften der Organmitglieder einer KAG zu befürchten sind. Vorteile, die sich aus der Aufhebung des Verbots für die Aktionäre ergeben könnten, sind nicht erkennbar. Zwar können Rechtsgeschäfte der InvAG mit ihren Organmitgliedern auch im Gesellschaftsinteresse liegen, z.B. weil sie geringere Transaktionskosten versprechen oder der InvAG Geschäftschancen eröffnen, die sich ihr auf dem freien Markt nicht bie-

811 Vgl. einerseits BGH NJW 2001, 3633, 3634; Beckmann, in: B/S/V, Kz. 410, § 22 Rn. 5: reine Rechtmäßigkeitskontrolle; andererseits Köndgen, in: B/S/L, § 22 InvG Rn. 5: Zweckmäßigkeitskontrolle.

812 Ähnlich Beckmann, in: B/S/V, Kz. 410, § 9 Rn. 148.

ten. Die Organmitglieder haben aber typischerweise kein Eigeninteresse am Abschluss solcher Geschäfte.

C. Der Aufsichtsrat

I. Aufgaben und Zuständigkeiten des Aufsichtsrats

Der Aufsichtsrat ist das zentrale Kontrollorgan der InvAG. Seine Hauptaufgabe besteht entsprechend § 111 Abs. 1 AktG in der laufenden Überwachung der Geschäftsführung des Vorstands. In Abweichung vom Aktienrecht richtet sich die Überwachungsaufgabe des Aufsichtsrats nicht auf den Schutz der Aktionärs- und Gläubigerinteressen[813], sondern ist nach § 106a Satz 1 InvG auf die Wahrung der Aktionärsinteressen beschränkt[814]. Die Erfüllung der Überwachungsaufgabe setzt einen ständigen Informationsfluss vom Vorstand an den Aufsichtsrat voraus, der durch die aktienrechtlichen Berichtspflichten des Vorstands[815] und die Prüfungsrechte des Aufsichtsrats[816] sichergestellt wird. Zentrale Kontrollaufgaben des Aufsichtsrats sind zudem die Prüfung von Jahresabschluss und Lagebericht sowie die schriftliche Berichterstattung über das Prüfungsergebnis[817]. Der Aufsichtsrat stellt den Jahresabschluss fest und kann diese Aufgabe nicht der Hauptversammlung übertragen[818].

Der Aufsichtsrat ist in begrenztem Maße auch zur Verwaltung der InvAG befugt. Dem Aufsichtsrat obliegen insbesondere die Bestellung und Abberufung der Vorstandsmitglieder[819] und die Vertretung der InvAG gegenüber dem Vorstand[820]. Bestimmte Geschäfte dürfen nach Maßgabe der Satzung nur mit Zustimmung des Aufsichtsrats vorgenommen werden (§ 111 Abs. 4 Satz 2 InvG). Solche Zustimmungsvorbehalte können sich beispielsweise für die Auflegung

813 Habersack, in: MünchKommAktG, § 116 Rn. 11; Spindler, in: Spindler/Stilz, AktG, § 116 Rn. 28 für die AG.
814 Dies entspricht der ausschließlich am Aktionärsinteresse orientierten Geschäftsführung des Vorstands, siehe B. III. 1b).
815 § 99 Abs. 1 InvG i.V.m. § 90 Abs. 1 und 3 AktG.
816 § 99 Abs. 1 InvG i.V.m. § 111 Abs. 2 AktG.
817 § 110a Satz 1 InvG.
818 Vgl. § 110a Satz 3 InvG. Anders § 172 Satz 1 AktG, wonach Aufsichtsrat und Vorstand beschließen können, die Feststellung des Jahresabschlusses der Hauptversammlung zu übertragen.
819 § 99 Abs. 1 InvG i.V.m. § 84 Abs. 1 Satz 1, Abs. 3 Satz 1 AktG.
820 § 99 Abs. 1 InvG i.V.m. § 112 AktG.

von TGV[821], wesentliche Änderungen der Anlagebedingungen[822] und die Ausgabe von Unternehmensaktien[823] anbieten.

II. Bestellung des Aufsichtsrats

1. Zusammensetzung des Aufsichtsrats

Der Aufsichtsrat der InvAG setzt sich nach den Vorschriften des AktG aus mindestens drei Mitgliedern zusammen[824]. Die Satzung kann eine höhere, durch drei teilbare Mitgliederzahl festlegen[825]. Der erste Aufsichtsrat wird von den Gründern der InvAG, d.h. den Unternehmensaktionären, bestellt[826]. Die nachfolgenden Aufsichtsratsmitglieder bestellt die Hauptversammlung für eine Amtszeit von höchstens vier Jahren[827]. Da der von der Hauptversammlung gewählte Aufsichtsrat wiederum die Vorstandsmitglieder bestellt[828], nehmen die Aktionäre durch die Wahl des Aufsichtsrats indirekt auch auf die Geschäftsleitung Einfluss. Hierdurch unterscheidet sich die Satzungsform von der Vertragsform, da die Anteilinhaber des Sondervermögens bei der Besetzung der Verwaltungsgremien der KAG kein Mitspracherecht haben. Die Satzung der InvAG kann einzelnen Namensaktionären das Recht zur Entsendung von Aufsichtsratsmitgliedern einräumen[829]. Seit der Einführung von stimmrechtslosen Anlageaktien ist das Entsenderecht als Mittel zur Sicherung des Einflusses der Initiatoren der InvAG auf die Geschäftsleitung[830] weitgehend bedeutungslos. Der Aufsichtsrat der AG setzt sich in bestimmten Fällen, insbesondere wenn regelmäßig mehr als 500 Arbeitnehmer[831] bzw. 2000 Arbeitnehmer[832] beschäftigt werden, auch aus Vertretern der Arbeitnehmer zusammen. Ein mitbestimmter Aufsichtsrat der

821 C. Fischer/K. Steck, in: B/S/L, § 100 InvG Rn. 3; Wegner, S. 107.
822 Wegner, S. 107; Wallach, Der Konzern 2007, 487, 495 li. Sp.
823 Siehe § 5 C. I. 2c).
824 § 99 Abs. 1 InvG i.V.m. § 95 AktG.
825 § 99 Abs. 1 InvG i.V.m. § 95 AktG. Vgl. auch Fromm, S. 33 f., der mögliche Überlegungen zur Reduzierung der Mitgliederzahl zurückweist. Unklar ist, welche Größe bei der InvAG an die Stelle des Grundkapitals tritt. Wegner, S. 107 f. hält das in der Satzung festgelegte Höchstkapital für maßgeblich. Dies erscheint vor allem im Vergleich zur KAG, deren Grund- bzw. Stammkapital über die Höchstzahl der Aufsichtsratsmitglieder bestimmt, während der Wert des Sondervermögens keine Rolle spielt, nicht sachgerecht.
826 § 99 Abs. 1 InvG i.V.m. § 30 Abs. 1 Satz 1 AktG.
827 § 99 Abs. 1 InvG i.V.m. §§ 119 Abs. 1 Nr. 1, 101 Abs. 1 Satz 1, 102 AktG.
828 § 99 Abs. 1 InvG i.V.m. § 84 Abs. 1 Satz 1 AktG.
829 § 99 Abs. 1 InvG i.V.m. § 101 Abs. 2 Satz 1 und 2 AktG.
830 Vgl. hierzu C. Fischer, S. 188 f.
831 § 96 Abs. 1 AktG, § 1 Abs. 1, 4 Abs. 1 DrittelbG.
832 § 96 Abs. 1 AktG, § 1 MitbestG.

InvAG kommt praktisch nicht vor, weil die InvAG in der Regel nur wenige Mitarbeiter hat[833].

Die gewählten Aufsichtsratsmitglieder können durch Beschluss der Hauptversammlung jederzeit abberufen werden[834]. Die Bestellung und das Ausscheiden der Mitglieder des Aufsichtsrats sind der BaFin unverzüglich anzuzeigen[835]. Auf diese Weise wird die BaFin in die Lage versetzt, die Anforderungen an die Eignung der Aufsichtsratsmitglieder (2.) zu überprüfen.

2. Eignung der Aufsichtsratsmitglieder

In den Aufsichtsrat einer AG kann jede natürliche, unbeschränkt geschäftsfähige Person bestellt werden, sofern kein Bestellungshindernis im Sinne von § 100 Abs. 2 AktG vorliegt. Die Aufsichtsratsmitglieder der InvAG müssen in persönlicher und fachlicher Hinsicht zur Wahrung der Aktionärsinteressen geeignet sein[836]. Dies setzt voraus, dass die Aufsichtsratsmitglieder in persönlicher Hinsicht eine untadelige, die charakterliche Eignung beweisende Vergangenheit haben und in fachlicher Hinsicht über praktische Erfahrung im Wirtschaftsleben, insbesondere im Investmentgeschäft, verfügen[837].

III. Das unabhängige Aufsichtsratsmitglied

1. Pflicht zur Bestellung eines unabhängigen Aufsichtsratsmitglieds

Im Zuge des InvÄndG wurde die KAG nach § 6 Abs. 2a Satz 1 InvG verpflichtet, von ihrer Gesellschafterversammlung mindestens ein Mitglied des Aufsichtsrats wählen zu lassen, das von den Aktionären, den mit ihnen verbundenen Unternehmen und den Geschäftspartnern der KAG unabhängig ist. Diese Vorschrift gilt nach § 106a Satz 2 InvG entsprechend für den Aufsichtsrat der Publikums-InvAG. Die Spezial-InvAG ist zu Recht von der Pflicht zur Bestellung eines unabhängigen Aufsichtsratsmitglieds befreit[838], da als Aktionäre ausschließlich institutionelle Investoren beteiligt sind, die ihre Interessen auf anderem Wege sichern können, weshalb der Aufsichtsrat als Gremium zur Wahrung der Aktionärsinteressen eine untergeordnete Rolle spielt[839]. Für die Aufsichts-

---

833 Fromm, S. 30 Fn. 141; König, S. 112; Geßler, WM 1957, Sonderbeil. Nr. 4, S. 10, 13.
834 § 99 Abs. 1 InvG i.V.m. § 103 Abs. 1 AktG. Die Abberufung entsandter Mitglieder erfolgt durch den Entsendungsberechtigten, § 99 Abs. 1 InvG i.V.m. § 103 Abs. 2 Satz 1 AktG.
835 § 106a Satz 3 InvG.
836 Dies ergibt sich aus § 106a Satz 1 InvG.
837 Beckmann, in: B/S/V, Kz. 410, § 6 Rn. 36 f.
838 § 106a Satz 2 i.V.m. § 6 Abs. 2a Satz 3 InvG.
839 Ebenso Nickel, S. 27.

ratsmitglieder der AG besteht kein mit §§ 106a Satz 2, 6 Abs. 2a Satz 1 InvG vergleichbares Unabhängigkeitserfordernis[840].

Die Einführung des unabhängigen Aufsichtsratsmitglieds wurde von heftiger Kritik aus der Praxis begleitet[841]. Die Kritiker befürchteten einen Wettbewerbsnachteil deutscher Investmentunternehmen, da die OGAW-RL und die europäischen Nachbarländer keine vergleichbaren Regelungen vorsähen[842]. Das unabhängige Mitglied sei entbehrlich, da der Aufsichtsrat ohnehin zum unabhängigen Agieren im ausschließlichen Anlegerinteresse verpflichtet sei[843]. Zudem liege kein regelungsbedürftiger Missstand vor, da das Verhalten der Aufsichtsratsmitglieder in der Vergangenheit keinen Grund zu Beanstandungen gegeben habe[844].

Den Kritikern ist entgegenzuhalten, dass der Aufsichtsrat der KAG im Anlegerschutzsystem des Investmentrechts eine besonders wichtige Funktion hat. Er überwacht die Geschäftsführung und trägt dafür Sorge, dass das Sondervermögen im Anlegerinteresse verwaltet wird[845]. Die Anteilinhaber des Sondervermögens, die nicht zugleich Gesellschafter der KAG sind, haben keine Möglichkeit, auf die Geschäftsleitung Einfluss zu nehmen[846]. In ihrem Interesse ist es notwendig, die Unabhängigkeit des Aufsichtsrats durch die Festlegung objektiv nachprüfbarer Kriterien zu sichern. Schließlich ist die Kontrollfunktion des Aufsichtsrats in Anbetracht etwaiger wirtschaftlicher Interessenverflechtungen mit den Gesellschaftern der KAG jedenfalls zweifelhaft[847]. Das Anliegen des Gesetzgebers, mit der Einführung von § 6 Abs. 2a InvG die Unabhängigkeit des Aufsichtsrats der KAG im Interesse des Anlegerschutzes zu stärken[848], verdient daher Zustimmung.

Das unabhängige Aufsichtsratsmitglied der InvAG schützt vor allem die Interessen der Anlageaktionäre. Die Anlageaktionäre haben grundsätzlich keine

---

840 Vgl. aber Nr. 5.4.2 DCGK, wonach dem Aufsichtsrat eine nach seiner Einschätzung ausreichende Anzahl unabhängiger Mitglieder angehören soll.

841 Vgl. BVI, Stellungnahme InvÄndG, S. 7 f.; ZKA, Stellungnahme InvÄndG, S. 10 f.; DekaBank, Stellungnahme InvÄndG, S. 3 f.; Roegele/Görke, BKR 2007, 393, 394 f.

842 BVI, Stellungnahme InvÄndG, S. 7 f.; ZKA, Stellungnahme InvÄndG, S. 11; DekaBank, Stellungnahme InvÄndG, S. 3; Roegele/Görke, BKR 2007, 393, 394 f.; rechtsvergleichend Schmolke, WM 2007, 1909 ff.

843 DekaBank, Stellungnahme InvÄndG, S. 3; Roegele/Görke, BKR 2007, 393, 395; ähnlich ZKA, Stellungnahme InvÄndG, S. 10.

844 DekaBank, Stellungnahme InvÄndG, S. 3; Roegele/Görke, BKR 2007, 393, 395.

845 Baur/Ziegler, Rn. 9/96. Vgl. bereits Dürre, Sparkasse 1956, 219, 222, der sich für die Wahl einiger „neutraler Persönlichkeiten" in den Aufsichtsrat der KAG ausspricht; ähnlich Barocka, S. 126; Roth, S. 152.

846 König, S. 124.

847 König, S. 125; L. Schäfer, S. 223 ff.

848 Begr. RegE, BT-Drs. 16/5576, S. 48 re. Sp., S. 60 li. Sp.

Stimmrechte und können die Zusammensetzung des Aufsichtsrats daher ebenso wenig beeinflussen wie die Anteilinhaber des Sondervermögens. Insbesondere dann, wenn Aufsichtsratsmitglieder hauptberuflich für einen Unternehmensaktionär oder ein konzernangehöriges Unternehmen eines Unternehmensaktionärs tätig sind, ist zu befürchten, sie könnten einseitig im Interesse der Unternehmensaktionäre handeln.

Schließlich bedeutet der im europäischen Vergleich bestehende Regelungsüberschuss nicht zwingend einen Nachteil für den deutschen Investmentstandort, da sich die von §§ 6 Abs. 2a, 106a Satz 2 InvG bezweckte Stärkung des Anlegerschutzes auch als Vorteil im Wettbewerb der Rechtsordnungen erweisen kann. Im Vergleich zu den Regelungen des U.S.-Rechts erscheint die Neuregelung auch nicht als übermäßig streng[849].

2. Unabhängigkeit des Aufsichtsratsmitglieds

a) Begriff der Unabhängigkeit

Der Begriff der Unabhängigkeit ist ausweislich der Regierungsbegründung im Sinne einer wirtschaftlichen Unabhängigkeit zu verstehen[850]. Sie ist regelmäßig anzunehmen, wenn „die Einnahmen des Aufsichtsratsmitglieds aus seiner Tätigkeit für einen Aktionär, ein mit ihm verbundenes Unternehmen oder einen Geschäftspartner der KAG in den letzten vier Jahren vor seiner Bestellung im Mittel 30 Prozent seiner Gesamteinnahmen nicht überschritten haben“[851]. In der Praxis werden beispielsweise Politiker und Professoren mit Forschungsschwerpunkten, die zum Geschäft der Gesellschaft passen, als unabhängige Mitglieder in den Aufsichtsrat gewählt[852].

b) Unabhängigkeit von den „Aktionären“

§ 6 Abs. 2a Satz 1 InvG verlangt zunächst, dass das Aufsichtsratsmitglied im Verhältnis zu den Aktionären der KAG unabhängig sein muss. Wird die KAG in der Rechtsform der GmbH betrieben, muss die Unabhängigkeit gegenüber deren Gesellschaftern bestehen[853].

Im Zusammenhang mit der InvAG stellt sich die Frage, ob der Aktionärsbegriff auf die Unternehmensaktionäre beschränkt werden sollte, da die Anlageak-

849 Der Verwaltungsrat der U.S.-amerikanischen Investmentgesellschaft muss zu mindestens 40 Prozent aus unabhängigen Direktoren (*disinterested persons*) zusammengesetzt sein, vgl. Section 10(a) Investment Company Act; Schmolke, WM 2007, 1909, 1911.

850 Begr. RegE, BT-Drs. 16/5576, S. 60 li. Sp. Zustimmend L. Schäfer, S. 225 ff. mit Vorschlägen für eine weitere Konkretisierung des Unabhängigkeitsbegriffs.

851 Begr. RegE, BT-Drs. 16/5576, S. 60 li. Sp.

852 Schulte, in: Börsenzeitung vom 20.5.2008, S. 4.

853 § 6 Abs. 2a Satz 2 InvG.

tionäre mit den von der Vorschrift geschützten Anlegern identisch sind[854]. Der Prinzipal-Agenten-Konflikt, der zwischen den Gesellschaftern der KAG und den Anteilinhabern des Sondervermögens besteht und durch das unabhängige Aufsichtsratsmitglied im Interesse der Anteilinhaber gelöst werden soll, stellt sich für die Satzungsform in ähnlicher Weise. Die Unternehmensaktionäre sind insofern mit den Gesellschaftern der KAG vergleichbar, als auch sie vornehmlich am wirtschaftlichen Erfolg der Unternehmung interessiert sind und ihre Interessen durch die Ausübung gesellschaftsrechtlicher Mitspracherechte durchsetzen können. Ihnen stehen die Anlageaktionäre gegenüber, die aufgrund ihres auf die Vermögensanlage beschränkten Interesses mit den Anteilinhabern des Sondervermögens vergleichbar sind. Das unabhängige Aufsichtsratsmitglied könnte daher zur Wahrung der Interessen der Anlageaktionäre eingesetzt werden und einer „Selbstkontrolle“ der InvAG aufgrund wirtschaftlicher Verflechtungen zwischen den Unternehmensaktionären und den Mitgliedern des Aufsichtsrats entgegenwirken. Diesem Verständnis kann nicht entgegengehalten werden, dass das unabhängige Aufsichtsratsmitglied damit von den Personen, denen gegenüber die Unabhängigkeit bestehen muss, gewählt wird. Dieses Problem stellt sich für die KAG ebenfalls[855]. Im Ergebnis muss die Unabhängigkeit des betreffenden Aufsichtsratsmitglieds in einschränkender Auslegung von § 6 Abs. 2a Satz 1 InvG im Verhältnis zu den Unternehmensaktionären bestehen. Ob das Aufsichtsratsmitglied wirtschaftlich mit den Anlageaktionären verbunden ist, ist unerheblich.

c) Unabhängigkeit von den Geschäftspartnern

Die Unabhängigkeit des nach § 6 Abs. 2a InvG gewählten Aufsichtsratsmitglied muss ferner im Verhältnis zu den Geschäftspartnern der InvAG bestehen. Da der Aufsichtsrat zur Wahrung der Anlegerinteressen verpflichtet ist, kann dieses Amt nur von Personen ausgeübt werden, deren Geschäftsbeziehung zur InvAG keinen Anlass zu der Befürchtung gibt, die Person werde ihre eigenen Interessen über die Interessen der Anleger stellen. Im Schrifttum wird vereinzelt vertreten, dass die Bestellung eines Geschäftspartners der InvAG als unabhängiges Aufsichtsratsmitglied zulässig sei, wenn ein Interessenkonflikt aufgrund besonderer Umstände im Einzelfall ausgeschlossen werden könne[856]. Dem steht entgegen, dass der Begriff des Geschäftspartners nach der Regierungsbegründung weit auszulegen ist und jede natürliche oder juristische Person erfasst, zu der die

854 So C. Fischer/K. Steck, in: B/S/L, § 106a InvG Rn. 2.
855 Vgl. Schmolke, WM 2007, 1909, 1915.
856 So K. Steck/Gringel, in: B/S/L, § 6 InvG Rn. 23 f. Kritisch auch Roegele/Görke, BKR 2007, 393, 394.

InvAG Geschäftsbeziehungen jeglicher Art unterhält, wobei weder die Dauer noch der Umfang der Geschäftsbeziehung eine Rolle spielen[857]. Da der Unabhängigkeit somit bereits das Bestehen einer Geschäftsbeziehung entgegensteht, kommt es auf die Feststellung eines Interessenkonflikts nicht an. Schließlich lässt sich die restriktive Auslegung des Begriffs des Geschäftspartners auch nicht damit begründen, dass die Regierungsbegründung von der KAG die Dokumentation der Gründe für die Auswahl eines wirtschaftlich abhängigen Aufsichtsratsmitglieds verlangt[858]. Diese Dokumentationspflicht besteht bei der Bestellung von Personen, die mit der KAG bzw. InvAG selbst (und nicht mit deren Geschäftspartnern) wirtschaftlich verflochten sind[859].

IV. Die Verantwortlichkeit der Aufsichtsratsmitglieder

Aufsichtsratsmitglieder, die ihre Pflichten verletzen, können der InvAG nach § 99 Abs. 1 InvG i.V.m. §§ 93 Abs. 2 Satz 1, 116 AktG zur Schadensersatzleistung verpflichtet sein. Gegenüber den Aktionären sind die Aufsichtsratsmitglieder nur im Ausnahmefall unter den Voraussetzungen von §§ 823 Abs. 1 und 2, 826 BGB verantwortlich[860]. Die BaFin kann im Falle der Verletzung öffentlichrechtlicher Pflichten des Aufsichtsrats auf der Grundlage der Generalklausel des § 5 Abs. 1 Satz 2 InvG einschreiten[861].

D. Die Hauptversammlung

Die Hauptversammlung wird als „oberstes Organ" der AG bezeichnet, da sie die Anteilseigner als „Eigentümer" der AG vertritt[862]. In der Organtrias der AG fungiert die Hauptversammlung als Willensbildungsorgan[863]. Die Zuständigkeiten der Hauptversammlung der AG, die im AktG und der Satzung abschließend geregelt sind,[864] werden üblicherweise in regelmäßig wiederkehrende Maßnahmen und Strukturmaßnahmen eingeteilt[865]. Zu den regelmäßig wiederkehrenden Maßnahmen gehören vor allem die Beschlussfassung über die Bestellung der

857 Begr. RegE, BT-Drs. 16/5576, S. 60 li. Sp.
858 BT-Drs. 16/5576, S. 60 li. Sp.
859 Zutreffend K. Steck/Gringel, in: B/S/L, § 6 InvG Rn. 18; Engert, Der Konzern 2007, 477, 482 mit Fn. 41; anders Zetzsche, ZBB 2007, 438, 440 li. Sp.
860 Habersack, in: MünchKommAktG, § 116 Rn. 78 für die AG.
861 Beckmann, in: B/S/V, Kz. 410, § 6 Rn. 44.
862 Kritisch wegen der begrenzten Kompetenzen der Hauptversammlung Kubis, in: MünchKommAktG, § 118 Rn. 10; Hüffer, AktG, § 118 Rn. 4.
863 Kubis, in: MünchKommAktG, § 118 Rn. 9.
864 Vgl. § 119 Abs. 1 AktG.
865 Vgl. Kubis, in: MünchKommAktG, § 119 Rn. 10; Hüffer, AktG, § 119 Rn. 5 ff.

Mitglieder des Aufsichtsrats[866], die Wahl des Abschlussprüfers[867], die Verwendung des Bilanzgewinns[868] sowie die Entlastung der Organmitglieder[869] und die Geltendmachung von Ersatzansprüchen gegen diese[870]. Strukturmaßnahmen sind zum Beispiel die Satzungsänderung[871], die Kapitalerhöhung und -herabsetzung[872] sowie Maßnahmen der Geschäftsführung, die einen schwerwiegenden Eingriff in die Rechte der Aktionäre darstellen[873].

Die Zuständigkeiten der Hauptversammlung der InvAG folgen im Grundsatz den Regeln des Aktienrechts (§ 99 Abs. 1 InvG i.V.m. §§ 118 ff. AktG). Die besondere Funktion der InvAG als Investmentvehikel, das ausschließlich der Anlage und Verwaltung des Gesellschaftsvermögens dient, macht aber eine weitgehende Verlagerung der Kompetenzen der Hauptversammlung auf den Vorstand erforderlich. Dies betrifft insbesondere den Bereich strukturändernder Maßnahmen. So obliegen dem Vorstand der InvAG insbesondere die Erhöhung und Herabsetzung des Gesellschaftskapitals durch die Aktienausgabe und -rücknahme[874]. Gleiches gilt für einige originär investmentrechtliche Strukturmaßnahmen, wie zum Beispiel die Auflegung oder Auflösung von TGV[875].

Darüber hinaus weicht die personelle Zusammensetzung der Hauptversammlung von den aktienrechtlichen Regeln ab. Die Hauptversammlung der AG besteht aus sämtlichen Aktionären[876]. Die Hauptversammlung der InvAG ist regelmäßig auf die Unternehmensaktionäre beschränkt, da die Anlageaktionäre nach dem gesetzlichen Leitbild nicht zur Teilnahme an der Hauptversammlung berechtigt sind.

E. Zusammenfassung

1. Wie die AG hat auch die InvAG den Vorstand, den Aufsichtsrat und die Hauptversammlung als notwendige Organe. Die Aufgaben und Zuständigkeiten sowie die Zusammensetzung dieser Organe weichen jedoch vielfach von den aktienrechtlichen Vorschriften ab.

---

866 §§ 119 Abs. 1 Nr. 1, 101 Abs. 1 AktG.
867 § 119 Abs. 1 Nr. 4 AktG.
868 §§ 119 Abs. 1 Nr. 2, 174 Abs. 1 AktG.
869 §§ 119 Abs. 1 Nr. 3, 120 AktG.
870 § 147 Abs. 1 AktG.
871 § 199 Abs. 1 Nr. 5, 179 AktG.
872 § 119 Abs. 1 Nr. 6, §§ 182 ff.; 222 ff. AktG.
873 Vgl. BGHZ 83, 122, 131 ff. = NJW 1982, 1703 „Holzmüller“; BGHZ 159, 30, 37 ff. = NZG 2004, 571 „Gelatine I“; BGH NZG 2004, 575, 576 ff. „Gelatine II“.
874 Vgl. §§ 104 Satz 1 und 3, 105 Abs. 1 und 3 InvG.
875 § 100 Abs. 4 Satz 1 InvG.
876 Das Teilnahmerecht der Aktionäre der AG ist im Kern unentziehbar, vgl. Mülbert, in: GroßKommAktG, § 118 Rn. 28; Kubis, in: MünchKommAktG, § 118 Rn. 37.

2. Der Vorstand der InvAG muss mindestens zwei Mitglieder haben, die zuverlässig sind und die zur Leitung der Gesellschaft erforderliche fachliche Eignung haben. Die fachliche Eignung der Geschäftsleiter muss sich auf die Anlagepolitik aller TGV beziehen. Vor dem Hintergrund der besonderen Pflichten, die das InvG der Geschäftsleitung auferlegt, kommt der aktienrechtlichen Leitungsverantwortung des Vorstands (§ 76 AktG) auch eine aufsichtsrechtliche Bedeutung zu.
3. AktG und InvG enthalten Vorkehrungen, um für die InvAG nachteilige Eigengeschäfte der Mitglieder von Vorstand und Aufsichtsrat zu unterbinden. Das Geschäftsverbot des § 106b InvG sollte dennoch beibehalten werden, da an der Zulassung von Eigengeschäften der Organmitglieder kein Gesellschaftsinteresse besteht und die Nichtigkeitsfolge des Geschäftsverbots den Vorteil einer klaren Sanktion bietet.
4. Der Aufsichtsrat hat eine wichtige Funktion im investmentrechtlichen Anlegerschutzsystem. Aufgabe des Aufsichtsrats der Publikums-InvAG ist die Wahrung der Interessen der Anlageaktionäre, die regelmäßig keine Möglichkeiten zur Einflussnahme auf die Geschäftsleitung haben. Die im Zuge des InvÄndG eingeführte Pflicht zur Wahl eines unabhängigen Aufsichtsratsmitglieds ist im Interesse des Anlegerschutzes zu begrüßen. Die Unabhängigkeit des Aufsichtsratsmitglieds muss gegenüber den Unternehmensaktionären und den Geschäftspartnern der InvAG bestehen.
5. Die Zuständigkeiten der Hauptversammlung richten sich weitgehend nach den aktienrechtlichen Vorschriften. Bestimmte Strukturmaßnahmen, über die bei aktienrechtlicher Betrachtung die Hauptversammlung entscheiden würde, sind jedoch dem Vorstand zugewiesen. In Abweichung vom Aktienrecht besteht die Hauptversammlung der InvAG regelmäßig nur aus den Unternehmensaktionären.

3. Abschnitt: Die Finanzverfassung

§ 7 Die Abkehr vom aktienrechtlichen System des festen Kapitals

Die Finanzordnung der InvAG mit veränderlichem Kapital wurde als „Revolution für das deutsche Gesellschaftsrecht“ bezeichnet[877]. Grund hierfür ist, dass das veränderliche Kapital mit der Kapitalstruktur herkömmlicher Kapitalgesellschaften bricht, die das Grund- bzw. Stammkapital als feste und im Gläubigerinteresse besonders schützenswerte Größe kennen. In diesem Abschnitt wird zunächst das System des festen Grundkapitals dargestellt, auf dem die Finanzordnung der AG beruht (A.). Sodann wird erläutert, weshalb die Umsetzung der offenen Fondsstruktur in der Rechtsform der AG eine Abkehr vom Kapitalsystem des AktG erfordert und was hieraus für die Bedeutung des Grundkapitals der InvAG folgt (B.). Schließlich wird untersucht, ob die notwendige Abkehr vom aktienrechtlichen System des festen Kapitals mit den Vorgaben der KapitalRL vereinbar ist (C.).

A. Das aktienrechtliche System des festen Kapitals

I. Der Begriff des Grundkapitals

Die Finanzverfassung der AG baut auf dem Begriff des Grundkapitals auf. Jede AG muss ein Grundkapital festlegen, das in Aktien zerlegt sein und auf einen Nennbetrag von mindestens 50.000 Euro lauten muss (§§ 1 Abs. 2, 6, 7 AktG). Der Nennbetrag des Grundkapitals ist notwendiger Satzungsbestandteil (§ 23 Abs. 3 Nr. 3 AktG) und wird in das Handelsregister eingetragen, so dass er für jedermann ersichtlich ist[878]. In der Bilanz der AG wird das Grundkapital als Passivposten ausgewiesen („gezeichnetes Kapital“)[879]. Vom Grundkapital zu unterscheiden ist das Gesellschaftsvermögen, welches sämtliche Sachen, Rechte und sonstige Vermögensgegenstände der Gesellschaft erfasst und dessen Höhe vom wirtschaftlichen Erfolg der AG abhängt[880]. Zuflüsse zum und Abflüsse vom Gesellschaftsvermögen verändern die Höhe des Grundkapitals nur dann, wenn sie im formalen Verfahren der Kapitalerhöhung bzw. -herabsetzung erfolgen. Entscheidungen über Kapitalmaßnahmen trifft die Hauptversammlung (vgl. § 119

877 Köndgen/Schmies, WM 2004, Sonderbeil. Nr. 1, S. 2, 17.
878 § 39 Abs. 1 Satz 1 AktG.
879 § 266 Abs. 3 A. I HGB.
880 Wiesner, in: MünchHdb. AG, § 11 Rn. 6.

Abs. 1 Nr. 6 AktG)[881]. Veränderungen der Grundkapitalziffer werden grundsätzlich erst mit der Eintragung der Durchführung der Kapitalerhöhung bzw. -herabsetzung im Handelsregister wirksam[882].

II. Funktionen des Grundkapitals

Die Grundkapitalziffer erfüllt zwei Funktionen[883]. Sie bezeichnet erstens den Betrag, zu dessen vollständiger Aufbringung die Aktionäre verpflichtet sind (Prinzip der Kapitalaufbringung, 1.). Zweitens ist das Gesellschaftsvermögen der AG bilanziell in der Höhe des Nennbetrags des Grundkapitals gebunden (Prinzip der Kapitalerhaltung, 2.).

1. Prinzip der Kapitalaufbringung

Das Prinzip der Kapitalaufbringung wird durch verschiedene Vorschriften des AktG gesichert. Hierzu gehört unter anderem das Verbot der Unterpariemission, das die AG zur Ausgabe ihrer Aktien zu einem Preis verpflichtet, der mindestens dem geringsten Ausgabebetrag der Aktien entspricht[884]. Auf Aktien, die gegen Bareinlagen ausgegeben werden, muss im Zeitpunkt der Anmeldung der Gesellschaft bzw. der Durchführung der Kapitalerhöhung zur Eintragung in das Handelsregister mindestens ein Viertel des geringsten Ausgabebetrages zuzüglich des Agios in voller Höhe geleistet sein[885]. Sacheinlagen müssen sogleich vollständig erbracht werden und setzen erhöhte Publizitätsanforderungen und eine strenge Werthaltigkeitsprüfung voraus[886].

Das Prinzip der Kapitalaufbringung dient zuvörderst dem Gläubigerschutz. Die Gesellschaftsgläubiger sollen sich darauf verlassen können, dass die AG über ein Betriebskapital verfügt, das in der Anfangsphase, in der die Gesellschaft ihre Verbindlichkeiten noch nicht durch eigene Einnahmen decken kann, die ordnungsgemäße Führung der Geschäfte gewährleistet[887]. Das Mindestgrundkapital in Höhe von 50.000 Euro stellt damit gewissermaßen eine „Seriosi-

---

881 Das AktG betrachtet die Änderung der Grundkapitalziffer als Sonderfall der Satzungsänderung, vgl. Hirte, in: Aktienrecht im Wandel, S. 827, 839. Dementsprechend tritt die Beschlusskompetenz des § 119 Abs. 1 Nr. 5 AktG hinter § 119 Abs. 1 Nr. 6 AktG zurück.

882 Vgl. §§ 189, 224 AktG. Ausnahmen sind §§ 200, 238 Satz 1 und 2 AktG.

883 Dauner-Lieb, in: KölnKommAktG, § 1 Rn. 59 ff.; Lutter, in: Schmidt/Lutter, AktG, § 1 Rn. 23 ff.

884 § 9 Abs. 1 AktG. Der geringste Ausgabebetrag ist der Nennbetrag der (Nennbetrags-) Aktie oder der auf die einzelne Stückaktie entfallende anteilige Betrag des Grundkapitals.

885 §§ 36 Abs. 2, 36a Abs. 1, 37 Abs. 1 Satz 1, 188 Abs. 2 Satz 1 AktG.

886 Siehe § 4 A. II. 3.

887 Lutter, in: Schmidt/Lutter, AktG, § 1 Rn. 24; Pentz/Priester/Schwanna, ZGR 2006, Sonderheft Nr. 17, S. 42, 47.

tätsschwelle“ auf[888]. Personen, die nicht willens oder nicht in der Lage sind, diesen Mindestbetrag aufzubringen, die keinen geschäftlichen Plan entwickelt haben oder gar eine betrügerische Absicht verfolgen, sollen von der Gründung einer AG abgehalten werden[889]. Das Grundkapital soll zudem als „Haftkapital“ den notwendigen Ausgleich für die auf die Einlage beschränkte Haftung der Aktionäre leisten[890]. Wird das Grundkapital nachträglich erhöht, schützen die Regeln der Kapitalaufbringung neben den Gläubigern auch die Altaktionäre vor einer Entwertung ihrer Aktien.

2. Prinzip der Kapitalerhaltung

Die Grundkapitalziffer stimmt allenfalls im Zeitpunkt der Errichtung der AG mit dem Wert des Gesellschaftsvermögens überein[891]. Die Aktionäre sind nicht verpflichtet, eine durch die mangelnde Grundkapitaldeckung entstandene Unterbilanz auszugleichen. Die Regeln der Kapitalerhaltung haben folglich nicht zum Ziel, Verluste der AG aus ihrer allgemeinen Geschäftstätigkeit zu vermeiden[892]. Das Grundkapital bildet aufgrund seiner begrenzten Aussagekraft über die wirtschaftliche Lage der AG keine sinnvolle Bezugsgröße für den Kapitalschutz[893]. Das AktG untersagt im Übrigen nicht nur die Minderung des gezeichneten Kapitals durch Zuwendungen an die Aktionäre, sondern verbietet jede Ausschüttung aus dem Gesellschaftsvermögen, bei der es sich nicht um die ordnungsgemäße Verteilung von Bilanzgewinn handelt (vgl. § 57 Abs. 1 Satz 1, Abs. 3 AktG)[894]. Die aktienrechtliche Kapitalerhaltung wird daher zutreffend als Prinzip der Vermögensbindung verstanden[895]. Ausnahmen von diesem Prinzip sieht das AktG nur in engen Grenzen vor. Hierzu gehört namentlich die Zahlung des Erwerbspreises für den zulässigen Rückerwerb eigener Aktien (vgl. § 57 Abs. 1 Satz 2 AktG). Ein Kapitalschutz findet aber auch insofern statt, da die AG den Aktienerwerb nur aus Rücklagen finanzieren kann, die zur freien Ausschüttung

888 Heidinger/Benz, in: Spindler/Stilz, AktG, § 27 Rn. 2.
889 Dauner-Lieb, in: KölnKommAktG, § 1 Rn. 59. Vgl. auch Heider, in: MünchKommAktG, § 7 Rn. 10; T. Bezzenberger, Kapital, S. 30 f. mit dem Hinweis, dass diese „Sperrfunktion“ nur gegenüber sehr kleinen Unternehmen bestehe, da der Kapitalbedarf in der Regel 50.000 Euro übersteige.
890 Drygala, in: KölnKommAktG, § 57 Rn. 9; Lutter, in: Schmidt/Lutter, AktG, § 1 Rn. 24; T. Bezzenberger, Kapital, S. 89 ff.
891 Heider, in: MünchKommAktG, § 1 Rn. 92.
892 Heider, in: MünchKommAktG, § 1 Rn. 92.
893 T. Bezzenberger, Kapital, S. 36.
894 Bayer, in: MünchKommAktG, § 57 Rn. 7; Lutter, in: KölnKommAktG, § 57 Rn. 5.
895 Unstr., vgl. Bayer, in: MünchKommAktG, § 57 Rn. 10; Cahn/v. Spannenberg, in: Spindler/Stilz, AktG, § 57 Rn. 1, 14.

an die Aktionäre zur Verfügung stehen[896]. Durch die Vermögensbindung wird das Rangverhältnis zwischen Fremd- und Eigenkapitalgebern in der Insolvenz der AG gewahrt, da den Aktionären nur der Abwicklungsüberschuss zusteht[897]. Die Kapitalerhaltung dient somit der Sicherung des bevorrechtigten Zugriffs der Gläubiger auf das Gesellschaftsvermögen[898]. Die Interessen einzelner Aktionäre, die etwa durch Ausschüttungen unter Verletzung des Gleichbehandlungsgebots berührt sind, werden durch § 57 Abs. 1 Satz 1 AktG nur reflexartig geschützt[899].

B. Notwendigkeit der Abkehr vom System des festen Grundkapitals zur Einführung der InvAG

I. Flexibilisierung der Kapitalmaßnahmen und des Erwerbs eigener Aktien

Wesentliches Kennzeichen der offenen Fondsstruktur sind das Recht der Anleger auf Auszahlung des Anteilwerts gegen Rückgabe ihrer Aktien und die prinzipiell jederzeitige Offenheit des Investmentvermögens für den Eintritt neuer Anleger[900]. Die Verwirklichung der offenen Fondsstruktur in der Rechtsform der AG setzt voraus, dass der Gesellschaft die fortlaufende Ausgabe und Rücknahme ihrer Aktien gestattet ist. Die AG kann neue Aktien erst nach Durchlaufen des formalen Verfahrens der Kapitalerhöhung ausgeben. Auf diesem Wege lässt sich eine flexible fortlaufende Aktienausgabe nicht erreichen[901]. Die Vorschriften über die aktienrechtliche Kapitalerhöhung können daher allenfalls in modifizierter Form für die InvAG Anwendung finden. Auch der Rückerwerb eigener Aktien ist der AG nur unter den strengen Voraussetzungen und in den engen Grenzen der §§ 71 ff. AktG gestattet[902]. Sofern die zurückgenommenen Aktien nicht im Vermögen der InvAG fortbestehen sollen, müssen sie im aufwändigen Verfahren der Kapitalherabsetzung eingezogen werden[903]. Folglich bedürfen auch die Vorschriften des AktG über den Erwerb eigener Aktien und die Kapitalherabsetzung der Modifizierung, um der InvAG die fortlaufende Rücknahme ihrer Aktien auf Verlangen der Aktionäre zu ermöglichen.

---

896 § 71 Abs. 2 Satz 2 AktG; BR-Drs. 344/08, S. 134.
897 § 271 Abs. 1 AktG; Cahn/v. Spannenberg, in: Spindler/Stilz, AktG, § 57 Rn. 6.
898 Cahn/v. Spannenberg, in: Spindler/Stilz, AktG, § 57 Rn. 6.
899 Cahn/v. Spannenberg, in: Spindler/Stilz, AktG, § 57 Rn. 6; Fleischer, in: Schmidt/Lutter, AktG, § 57 Rn. 3; a.A. Bayer, in: MünchKommAktG, § 57 Rn. 2, der den Schutz der Aktionäre als weiteres Ziel der Kapitalerhaltung ansieht; ähnlich Drygala, in: KölnKommAktG, § 57 Rn. 11 ff.
900 Siehe § 2 C. II. 2.
901 Siehe § 9 A. I. und II.
902 Siehe § 10 B. I. und II.
903 Siehe § 10 B. I. 2a).

II. Bedeutungslosigkeit des Grundkapitals für den Gläubigerschutz?

Das Prinzip der Kapitalaufbringung als solches spielt auch für die InvAG eine Rolle, da auch von den Aktionären der InvAG verlangt werden muss, dass der anlässlich der Gründung bzw. der Kapitalerhöhung festgelegte Nennbetrag vollständig aufgebracht wird[904]. Sacheinlagen, die das Risiko der Überbewertung des einzubringenden Gegenstands bergen, sind sogar grundsätzlich unzulässig[905]. Die investmentrechtliche Kapitalaufbringung ist aber nicht in erster Linie durch den Gläubigerschutz motiviert, sondern trägt dem öffentlichen Interesse an der Funktionsfähigkeit der InvAG und dem Anlegerschutz Rechnung. Ein Marktvertrauen in das Investmentgeschäft kann nur bestehen, wenn sichergestellt ist, dass die InvAG über ein Betriebskapital verfügt, das ihr die reibungslose Aufnahme ihrer Geschäftstätigkeit ermöglicht. Die Ausgabe der Aktien zu einem Preis, der ihrem „inneren" Wert entspricht und sogleich vollständig aufgebracht werden muss, ist ein Wesensmerkmal offener Investmentvermögen[906]. Hierdurch wird im Aktionärsinteresse sichergestellt, dass der Aktienwert nur durch Wertschwankungen der Vermögensgegenstände des Portfolios beeinflusst wird. Die Ausgabe der Aktien gegen Leistung eines geringeren Betrags würde den Wert der Altaktien „verwässern".

Schwierigkeiten bereitet die Übertragung des aktienrechtlichen Prinzips der Kapitalerhaltung auf die InvAG. Ein berechtigtes Vertrauen auf den Erhalt des Gesellschaftsvermögens kann nicht bestehen, da die Aktionäre ihre Aktien nach § 105 Abs. 2 Satz 1 InvG grundsätzlich jederzeit gegen Auszahlung des Aktienwerts zurückgeben können[907]. Die InvAG hat zudem kein festes Grundkapital, das als Anknüpfungspunkt für den Gläubigerschutz dienen könnte. Es stellt sich darüber hinaus die Frage nach dem Bedürfnis für einen Gläubigerschutz durch Kapitalerhaltung. Im Rahmen der Aktienrücknahme ist der Vorrang des Fremdkapitals vor dem Eigenkapital gesichert, da der Rücknahmepreis den anteiligen Wert des um die Verbindlichkeiten bereinigten Gesellschaftsvermögens nicht übersteigen darf[908]. Ein Bedürfnis für einen gesetzlichen Kapitalschutz besteht also nur insofern, als die InvAG berechtigt ist, Ausschüttungen aus dem nicht bereinigten Gesellschaftsvermögen vorzunehmen. Die Gefahr einer Aushöhlung des Gesellschaftsvermögens ist aber auch insofern gering. Zum einen steht der Unternehmensgegenstand der InvAG übermäßigen Ausschüttungen entgegen, da

904 Siehe § 4 A. I.; § 103 InvG.

905 § 99 Abs. 3 Satz 1 i.V.m. § 23 Abs. 1 Satz 3 InvG.

906 Siehe § 2 C. II. 2.

907 Ähnlich Fock/Hartig, in: FS Spiegelberger, 2009, S. 653, 659.

908 Vgl. §§ 105 Abs. 2 Satz 1, 99 Abs. 3 Satz 1 i.V.m. §§ 23 Abs. 2 Satz 3, 36 Abs. 1 Satz 1 InvG.

er prinzipiell den Verbleib des Anlagevermögens in der Gesellschaft zur weiteren Wertsteigerung voraussetzt. Zum anderen steigt die Höhe der Einnahmen, die die Initiatoren der InvAG erzielen, mit zunehmendem Fondsvolumen[909], so dass die Vorstandsmitglieder, deren Interessen typischerweise mit denen der Initiatoren verknüpft sind[910], eher einen Anreiz zur Reduzierung der Ausschüttungen haben[911]. Im Übrigen hat die InvAG aufgrund ihres auf die kollektive Vermögensverwaltung beschränkten Unternehmensgegenstands nur wenige Vertragsgläubiger, deren Interessen durch Ausschüttungen gefährdet werden könnten. Die aus den für das Investmentvermögen getätigten An- und Verkäufen resultierenden Verbindlichkeiten werden regelmäßig sofort beglichen[912]. Kredite darf die InvAG grundsätzlich nur kurzfristig und in geringem Umfang[913] und nur mit Zustimmung der Depotbank[914] aufnehmen. Die Gläubiger können sich anhand des börsentäglich ermittelten Nettoinventarwerts[915] von der Zahlungsfähigkeit der Gesellschaft überzeugen. Gläubiger, mit denen Dauerschuldverhältnisse bestehen (z.B. Portfolioverwalter), sind oftmals gesellschaftsrechtlich mit der InvAG verbunden oder haben aufgrund der ihnen übertragenen Aufgaben eine unmittelbare Einwirkungsmöglichkeit auf das Gesellschaftsvermögen[916] oder eine starke vertragliche Stellung[917], so dass ein Kapitalschutz zu ihren Gunsten überflüssig erscheint.

Ein gesetzlicher Kapitalschutz könnte aber im Interesse „unfreiwilliger" Gläubiger erforderlich sein. Zu diesen Gläubigern gehören beispielsweise Aktionäre oder Dritte, die Schadensersatzforderungen gegen die Gesellschaft haben. Derartige Forderungen können beispielsweise aufgrund der Veröffentlichung eines fehlerhaften Verkaufsprospekts (§ 127 Abs. 1 InvG) oder einer durch Organmitglieder oder sonstige Mitarbeiter verursachten, der InvAG zurechenbaren

---

909 Vgl. Schmitz, in: B/S/L, § 41 InvG Rn. 8; Köndgen/Schmies, in: Bankrechts-Hdb., § 113 Rn. 4 Fn. 4.

910 Entweder ist der Vorstand mit Personen aus den Reihen der Unternehmensaktionäre besetzt oder die Unternehmensaktionäre, die in der Regel alle Stimmen auf sich vereinen, können über die Besetzung der Aufsichtsrats auf die Wahl der Vorstandsmitglieder Einfluss nehmen (§ 99 Abs. 1 InvG i.V.m. §§ 84 Abs. 1, 101 Abs. 1, 103 Abs. 1 AktG).

911 König, S. 42 f. für die Geschäftsleiter der KAG.

912 Wegner, S. 321.

913 § 99 Abs. 3 Satz 1 i.V.m. §§ 53, 90h Abs. 6, 99 Abs. 3 Satz 4 InvG. Die als Hedgefonds ausgestaltete InvAG kann Kredite in unbeschränkter Höhe aufnehmen, vgl. § 112 Abs. 1 Satz 2 Nr. 1 InvG.

914 § 99 Abs. 3 Satz 1 i.V.m. § 26 Abs. 1 Nr. 1 InvG.

915 § 99 Abs. 3 Satz 1 i.V.m. § 36 Abs. 1 Satz 2 InvG.

916 Die Depotbank entnimmt die ihr zustehende Vergütung aus dem von ihr verwahrten Vermögen der InvAG, vgl. § 99 Abs. 3 Satz 1 i.V.m. § 29 Abs. 2 InvG.

917 Vgl. C. Fischer, S. 108 f. mit den Hinweis auf die Möglichkeit zur Vereinbarung monatlicher Zahlungen.

unerlaubten Handlung (§§ 823 ff. BGB)[918] bestehen. Den Interessen dieser Gläubiger könnte durch ein Ausschüttungsverbot entsprochen werden, sofern eine andere Bezugsgröße als das Grundkapital gewählt würde. Es stellt sich aber die grundsätzliche Frage, ob und inwieweit ein Rangrücktritt der Aktionäre hinter die Gläubiger der InvAG dem Grundgedanken des Investmentsparens gerecht wird, da das Haftungsrisiko des Fondsverwalters nicht zu den typischen Risiken der Investmentanlage gehört[919]. Sofern die Aktionäre mit ihrer Einlage nicht für sämtliche Risiken der InvAG einstehen sollen, kann den Gläubigerinteressen nur dadurch Rechnung getragen werden, dass ihnen der Zugriff auf eine vom Anlagevermögen getrennte Vermögensmasse eröffnet wird. Kapitalschutzerwägungen wären dann allein in Bezug auf diese Vermögensmasse gerechtfertigt.

C. Europarechtliche Zulässigkeit der Abweichung von den aktienrechtlichen Kapitalvorschriften

I. Anwendungsbereich der KapitalRL

Das System des festen Grundkapitals ist in der KapitalRL verankert. Diese Richtlinie harmonisiert die einzelstaatlichen Bestimmungen über die Gründung der AG und die Aufrechterhaltung, die Erhöhung sowie die Herabsetzung des Grundkapitals. Ziel der Richtlinie ist die Gewährleistung eines europaweiten, einheitlichen Mindeststandards für den Aktionärs- und Gläubigerschutz[920]. Der Anwendungsbereich der KapitalRL erstreckt sich auf die AG und ihr entsprechende, in Art. 1 Abs. 1 aufgezählte ausländische Rechtsformen[921]. Die InvAG fällt als AG in den Anwendungsbereich der KapitalRL. Art. 1 Abs. 2 Satz 1 räumt den Mitgliedstaaten aber die Möglichkeit ein, Investmentgesellschaften mit veränderlichem Kapital von den Richtlinienvorgaben auszunehmen. Ohne diese Freistellungsoption[922] wäre die variable Kapitalstruktur der InvAG europarechtswidrig[923].

---

918 Zu möglichen Anspruchsgrundlagen vgl. Campbell/Müchler, ILF Working Paper Series No. 101, 4/2009, S. 16 f.
919 Siehe § 5 C. IV. 1b) cc) aaa).
920 Habersack/Verse, § 6 Rn. 3 f.
921 Art. 1 Abs. 1 KapitalRL.
922 Mülbert, in: FS Lutter, 2000, S. 535, 547 f.
923 Vorschlag der Zweiten KapitalRL vom 9.3.1970, ABl. Nr. C 48 vom 24.4.1970, S. 8, 9; Niessen, AG 1970, 281, 282; Ankele, BB 1970, 988, 989.

II. Die InvAG als Investmentgesellschaft mit veränderlichem Kapital im Sinne von Art. 1 Abs. 2 KapitalRL

Investmentgesellschaften mit veränderlichem Kapital werden in Art. 1 Abs. 2 Satz 3 KapitalRL definiert als Gesellschaften, (1) deren ausschließlicher Gegenstand es ist, ihre Mittel in verschiedenen Wertpapieren, in verschiedenen Grundstücken oder in anderen Werten anzulegen mit dem einzigen Ziel, das Risiko der Investitionen zu verteilen und ihre Aktionäre an dem Gewinn aus der Verwaltung ihres Vermögens zu beteiligen, (2) die sich an die Öffentlichkeit wenden, um ihre eigenen Aktien unterzubringen und (3) deren Satzung bestimmt, dass ihre Aktien in den Grenzen eines Mindest- und Höchstkapitals jederzeit von der Gesellschaft ausgegeben, zurückgekauft oder weiterveräußert werden können. Im Folgenden wird untersucht, ob die InvAG diese Voraussetzungen erfüllt.

1. Unternehmensgegenstand

§ 96 Abs. 2 InvG bestimmt, dass der satzungsmäßige Unternehmensgegenstand der InvAG in der Anlage und Verwaltung ihrer Mittel nach dem Grundsatz der Risikomischung besteht und die Gesellschaft das einzige Ziel verfolgt, die Aktionäre an dem Gewinn aus der Vermögensverwaltung zu beteiligen. Das erste Merkmal der Definition von Art. 1 Abs. 2 Satz 3 KapitalRL wird hiermit fast wortgleich wiedergegeben.

2. Öffentliches Angebot der Aktien

Als Investmentgesellschaft mit veränderlichem Kapital im Sinne der KapitalRL müsste die InvAG sich zur Platzierung ihrer Aktien an die Öffentlichkeit wenden. Nach § 101 InvG i.d.F. des InvModG[924] war die InvAG verpflichtet, mindestens 90 Prozent ihrer Aktien innerhalb von sechs Monaten nach der Erteilung der Erlaubnis öffentlich zum Erwerb anbieten. Diese Bestimmung genügte nach allgemeiner Meinung den Anforderungen der KapitalRL[925]. Im Zuge des InvÄndG wurde § 101 Abs. 1 InvG a.F. aufgehoben[926]. An dessen Stelle sieht § 96 Abs. 5 Satz 2 InvG nun vor, dass das Gesellschaftsvermögen innerhalb von sechs Monaten nach der Eintragung der InvAG im Handelsregister einen Betrag von 1,25 Mio. Euro erreicht haben muss. Sofern das Anfangskapital der InvAG hinter diesem Betrag zurückbleibt[927], kann sich aus dieser Vorschrift im Einzelfall eine faktische Pflicht zum öffentlichen Angebot der Aktien ergeben. Da-

---

924 Bereits § 61 Abs. 1 KAGG.

925 C. Fischer, S. 41, 57; Baums/Kiem, in: FS Hadding, 2004, S. 741, 747.

926 Kritisch vor dem Hintergrund von Art. 1 Abs. 2 KapitalRL C. Fischer, S. 40 Fn. 102 sowie S. 57 Fn. 150.

927 Das Anfangskapital beträgt nach § 97 Abs. 1 Satz 3 Nr. 1 InvG mindestens 300.000 Euro.

rüber hinaus sieht § 97 Abs. 2 Satz 1 1. Alt. InvG vor, dass die Erlaubnis erlischt, wenn die InvAG von ihr nicht innerhalb eines Jahres seit ihrer Erteilung Gebrauch macht. Hiervon ist auszugehen, wenn die InvAG sich nicht an den Markt wendet, um ihre Aktien zu platzieren[928].

Zu klären ist, ob die nach § 99 Abs. 3 Satz 1 i.V.m. § 112 InvG als Single-Hedgefonds ausgestaltete InvAG unter die Freistellungsoption der KapitalRL fällt. Dieser InvAG ist es nach § 101 InvG untersagt, ihre Aktien öffentlich zu vertreiben[929]. Das Verbot soll gewährleisten, dass die Aktien nur an Privatanleger vertrieben werden, die um die Risiken der Anlage wissen und über das erforderliche Kapital verfügen[930]. Der Vertrieb der Aktien einer InvAG, die die Anlagepolitik eines Single-Hedgefonds verfolgt, kann deshalb nur im Wege der Privatplatzierung erfolgen[931]. Die Aktien können somit nur auf Initiative der Kunden sowie an Kunden vertrieben werden, mit denen die Gesellschaft aufgrund früherer Geschäfte bereits in Kontakt stand und die für ein bestimmtes Produkt gezielt wieder angesprochen werden[932]. Ein an die Öffentlichkeit, d.h. an einen unbestimmten, individuell weder begrenzten noch begrenzbaren Personenkreis[933] gerichtetes Angebot ist unzulässig. Das Vertriebsverbot des § 101 InvG könnte deshalb dem Öffentlichkeitsbegriff von Art. 1 Abs. 2 Satz 3 KapitalRL widersprechen mit der Konsequenz, dass die Kapitalstruktur der als Single-Hedgefonds ausgestalteten InvAG gegen die Richtlinienvorgaben verstieße.

Dieses Ergebnis ist aber nicht zwingend. Da die KapitalRL den Öffentlichkeitsbegriff weder definiert noch in anderer Weise eingrenzt, kann der nationale Gesetzgeber ihn unter Berücksichtigung von Inhalt und Zielsetzung der Richtlinie konkretisieren[934]. Eines der Kennzeichen von Investmentgesellschaften ist, dass sie sich an den Kapitalmarkt wenden, um neue Mittel für das Portfolio ein-

---

928 Siehe § 4 B. III. 1a).

929 Bei Zuwiderhandlung liegt eine Ordnungswidrigkeit vor, die mit einer Geldbuße von bis zu 100.000 Euro geahndet werden kann, § 143 Abs. 3 Nr. 21, Abs. 5 InvG.

930 Bericht des Finanzausschusses vom 5.11.2003, BT-Drs. 15/1944, S. 14 re. Sp; Wegner, S. 482 f.

931 Lindemann/Kayser, in: B/S/V, Kz. 410, § 112 Rn. 34; Bericht des Finanzausschusses vom 5.11.2003, BT-Drs. 15/1944, S. 14 li. Sp.

932 Wegner, S. 482 ff.; v. Livonius, WM 2004, 60, 65; Gstädtner/Elicker, BKR 2006, 91, 94; vgl. BaWe, Bekanntmachung zum Wertpapier-Verkaufsprospektgesetz (Verkaufsprospektgesetz), Ziffer II. 1.

933 Beckmann, in: B/S/V, Kz. 410, § 2 Rn. 311; Baur, Investmentgesetze, § 1 AuslInvestmG Rn. 15; Pfüller/Schmitt, in: B/S, § 1 AuslInvestmG Rn. 10; Wegner, S. 475.

934 Vgl. Bleckmann, ZGR 1992, 364, 373 ff. Der EuGH kann allerdings feststellen, dass die nationale Fassung vom Inhalt der Richtlinie abweicht, Habersack, in: MünchKommAktG, Einl. Rn. 111. Zu weitgehend C. Fischer/K. Steck, in: B/S/L, § 101 InvG Rn. 3; C. Fischer, S. 42, die einen eigenen Entscheidungsspielraum der Mitgliedstaaten bei der Umsetzung des Öffentlichkeitsbegriffs annehmen.

zuwerben. Wenngleich die AG ebenfalls als „Kapitalsammelbecken“ genutzt werden kann[935], kann ihr Aktionärskreis auch auf die Gründer beschränkt bleiben[936]. Die nach Art. 1 Abs. 2 Satz 3 KapitalRL erforderliche Öffentlichkeit des Angebots könnte folglich bereits durch die Öffnung der Gesellschaft für einen über die Gründer hinausgehenden Investorenkreis erfüllt sein. Nach diesem Verständnis stünde das Vertriebsverbot des § 101 InvG im Einklang mit Art. 1 Abs. 2 KapitalRL, da auch die als Single-Hedgefonds ausgestaltete InvAG mit Blick auf §§ 96 Abs. 5 Satz 2, 97 Abs. 2 Satz 1 1. Alt. AktG verpflichtet ist, nach Abschluss des Gründungsvorgangs weitere Aktien zu begeben.

Für eine weite Auslegung des Öffentlichkeitsbegriffs spricht zudem, dass dieser Begriff offenbar auch von anderen EU-Mitgliedschaften nicht als Gegenstück zur Privatplatzierung verstanden wird. Beispielsweise setzt die Definition der luxemburgischen SICAV voraus, dass die Anteile der Gesellschaft „zum Vertrieb an das Publikum im Wege eines öffentlichen Angebots oder einer Privatplatzierung bestimmt sind“[937].

Im Ergebnis steht das Verbot des öffentlichen Vertriebs des § 101 InvG der Freistellungsoption nach Art. 1 Abs. 2 KapitalRL nicht entgegen.

3. Veränderliches Kapital

Nach § 105 Abs. 1 InvG i.d.F. des InvModG konnte die InvAG ihre Aktien in den Grenzen eines in der Satzung festgelegten Mindest- und Höchstkapitals jederzeit ausgeben, zurückkaufen und weiterveräußern. Diese Bestimmung entsprach den Vorgaben von Art. 1 Abs. 2 Satz 3 KapitalRL wortgenau. Im Zuge des InvÄndG wurde die Ermächtigung auf die jederzeitige Aktienausgabe und -rücknahme beschränkt. Mit der Rücknahme der eigenen Aktien ist das Gesellschaftskapital nach § 105 Abs. 3 InvG automatisch herabgesetzt, so dass die InvAG neue Anlageaktien ausgegeben muss, um weiteren Zeichnungswünschen zu entsprechen. Da es der InvAG somit verwehrt ist, eigene Aktien zur späteren Weiterveräußerung zu halten, stellt sich die Frage, ob § 105 Abs. 1 InvG hinter den Anforderungen von Art. 1 Abs. 2 KapitalRL zurückbleibt.

---

935 Wiesner, MünchHdb. AG, § 2 Rn. 4; Henssler/Wiedemann, in: Aktienrecht im Wandel, S. 1, 13.

936 Dies könnte etwa bei Beteiligungs- und Finanzierungsgesellschaften der Fall sein, die nach dem Willen des Richtliniengebers „mehr als alle anderen im Interesse der Aktionäre und Gläubiger den Bestimmungen dieser Richtlinie unterworfen werden müssen“, vgl. Vorschlag zur Zweiten KapitalRL vom 9.3.1970, ABl. Nr. C 48 vom 24.4.1970, S. 8, 9.

937 Vgl. Art. 25 2. Spiegelstrich loi du 17 décembre 2010 concernant les organismes de placement collectif: “*Par SICAV dans le sens de la présente partie on entend les sociétés qui ont adopté la forme d'une société anonyme de droit luxembourgeois [...] dont les actions sont destinées au placement dans le public par une offre publique ou privée.*”

Die Freistellungsoption soll den Mitgliedstaaten ermöglichen, eine Investmentgesellschaft der offenen Struktur in der Rechtsform der AG einzuführen. Die offene Fondsstruktur setzt voraus, dass die Gesellschaft in der Lage ist, ihre Aktien in einem flexiblen Verfahren an die Aktionäre auszugeben und auf Verlangen der Aktionäre wieder zurückzunehmen[938]. Da es der Investmentgesellschaft jederzeit möglich ist, neue Aktien zu begeben, ist für die Schaffung eines variablen Kapitals nicht entscheidend, ob die zurückgenommenen Aktien eingezogen werden oder zum Zwecke der Weiterveräußerung gehalten werden. Es ist vielmehr anzunehmen, dass der Richtliniengeber das Schicksal der zurückgenommenen Aktien der Regelung durch die Mitgliedstaaten überlassen wollte. § 105 Abs. 1 InvG erfüllt daher auch das dritte Merkmal der Richtliniendefinition[939]. Die InvAG ist somit eine Investmentgesellschaft mit veränderlichem Kapital im Sinne von Art. 1 Abs. 2 Satz 3 KapitalRL.

III. Publizität der Kapitalstruktur

Die Freistellung der InvAG von der KapitalRL setzt weiterhin voraus, dass die Gesellschaft verpflichtet ist, auf Briefen und Bestellscheinen im Sinne von Art. 4 RL 68/151/EWG[940] die Bezeichnung „Investmentgesellschaft mit veränderlichem Kapital“ anzugeben[941]. Hierdurch wird sichergestellt, dass die Gläubiger über die von der klassischen AG abweichende Kapitalstruktur der Investmentgesellschaft informiert werden.

Die Publizitätsanforderungen der Richtlinie werden in § 98 Abs. 1 Satz 1 InvG umgesetzt. Danach muss die Firma der InvAG die Bezeichnung „Investmentaktiengesellschaft“ oder eine allgemeinverständliche Abkürzung dieser Bezeichnung enthalten. Zudem muss auf allen Geschäftsbriefen im Sinne von § 80 AktG, d.h. auf sämtlichen nach außen gerichteten Mitteilungen der Gesellschaft in Schriftform[942], ein Hinweis auf die Veränderlichkeit des Gesellschaftskapitals gegeben werden[943].

---

938 Die Kapitalvorschriften des AktG stehen insbesondere der Rücknahme eigener Aktien entgegen, vgl. Art. 19, 20 KapitalRL; Nienhaus, S. 135; Mülbert, in: FS Lutter, 2000, S. 535, 548.

939 Auch der luxemburgische Gesetzgeber hat auf die Möglichkeit zur Weiterveräußerung der Aktien verzichtet, vgl. Chambre des Députés du Grand-Duché de Luxembourg, Projet de loi n°2366/00 relatif aux organismes de placement collectif, J-1979-O-0070, Commentaire des articles, S. 19, 32.

940 ABl. Nr. L 65 vom 14.3.1968, S. 8 ff.

941 Art. 1 Abs. 2 Satz 2 KapitalRL.

942 Hüffer, AktG, § 80 Rn. 2 m.w.N.

943 Z.B. durch die Ergänzung der Firma um den Zusatz „mit veränderlichem Kapital“, vgl. C. Fischer/K. Steck, in: B/S/L, § 98 InvG Rn. 2.

D. Zusammenfassung

1. Die offene Fondsstruktur der InvAG erfordert eine besondere Beweglichkeit des Grundkapitals. Die aktienrechtlichen Vorschriften über die Kapitalerhöhung, den Erwerb eigener Aktien und die Kapitalherabsetzung können deshalb allenfalls in modifizierter Form Anwendung finden.
2. Die Kapitalstruktur der InvAG bricht mit den herkömmlichen Funktionen des Grundkapitals. Eine umfassende Vermögensbindung kann angesichts des Rückgaberechts der Aktionäre nicht bestehen. Die Kapitalziffer der InvAG ist aufgrund ihrer Unbeständigkeit kein geeigneter Anknüpfungspunkt für den Gläubigerschutz. Ein Bedürfnis für einen gesetzlichen Kapitalschutz besteht im Interesse „unfreiwilliger" Gesellschaftsgläubiger. Sofern die Aktionäre mit ihrer Einlage nicht für sämtliche Risiken der InvAG haften sollen, sind Kapitalschutzerwägungen allein im Hinblick auf eine vom Anlagevermögen getrennte Vermögensmasse gerechtfertigt.
3. Die Kapitalstruktur der InvAG kann abweichend von der KapitalRL ausgestaltet werden, da die InvAG unter die Freistellungsoption nach Art. 1 Abs. 2 KapitalRL fällt.

§ 8 Das veränderliche Kapital der InvAG

A. Wesensmerkmale des veränderlichen Kapitals

I. Die fortlaufende Ausgabe und Rücknahme von Aktien

§ 105 Abs. 1 InvG gestattet der InvAG die jederzeitige Ausgabe und Rücknahme ihrer Aktien in den Grenzen eines in der Satzung festzulegenden Kapitalrahmens. Die Möglichkeit zur fortlaufenden Ausgabe und Rücknahme von Aktien kennzeichnet die InvAG als Investmentvermögen der offenen Struktur (*open-end fund*)[944]. § 105 Abs. 1 InvG normiert folglich das Grundprinzip des veränderlichen Kapitals. Der Begriff des veränderlichen Kapitals, der auch als Überschrift von § 105 Abs. 1 AktG gewählt wurde, bringt die Besonderheiten der Kapitalstruktur der InvAG aber nur unvollkommen zum Ausdruck. Auch das Grundkapital der AG ist veränderlich, wenn auch nur unter Einhaltung strenger und komplexer Kapitalvorschriften. Demgegenüber soll es der InvAG nach § 105 Abs. 1 InvG möglich sein, ihre Aktien kurzfristig und ohne großen Aufwand entsprechend der bestehenden Nachfrage auszugeben und zurückzunehmen („jederzeit"). Diese besondere Beweglichkeit der Kapitalstruktur der InvAG hätte mit dem Begriff des „flexiblen" oder „atmenden" Kapitals treffender zum Ausdruck gebracht werden können.

II. Der Gleichlauf von Gesellschaftskapital und Gesellschaftsvermögen

1. Das Gebot der jederzeitigen Deckung des Grundkapitals (§ 105 Abs. 1 Satz 2 InvG a.F.)

Das in § 105 Abs. 1 InvG verankerte Grundprinzip des veränderlichen Kapitals wurde ursprünglich durch die Bestimmung ergänzt, dass die Satzung der InvAG die jederzeitige Deckung des Grundkapitals durch den Wert des Gesellschaftsvermögens vorsehen muss (§ 105 Abs. 1 Satz 2 InvG i.d.F. des InvModG.). Das Schrifttum verstand diese Vorschrift als „Gebot der jederzeitigen Deckung des Grundkapitals", das die InvAG verpflichtete, ein Absinken des Wertes des Gesellschaftsvermögens unter die Grundkapitalziffer zu vermeiden und eine bestehende Unterbilanz umgehend auszugleichen[945]. Die Einhaltung des Gebots der Grundkapitaldeckung sollte anhand der mindestens wöchentlichen Veröffentlichung des Inventarwerts im elektronischen Bundesanzeiger nach § 103 Abs. 3

---

944 Begr. RegE, BT-Drs. 16/5576, S. 88 re. Sp.

945 Bödecker/Kuhn, in: Hdb. Investmentrecht, S. 443; C. Fischer, S. 77; Baums/Kiem, in: FS Hadding, 2004, S. 741, 755; Hermanns, ZIP 2003, 1297, 1301; K. Steck/Schmitz, AG 2004, 658, 663; Pluskat, WM 2004, 772, 775; Eckhold, ZGR 2007, 654, 693.

InvG a.F. überprüft werden[946]. Dies setzte allerdings die Kenntnis der aktuellen Grundkapitalziffer voraus, die dem Handelsregister aufgrund ihrer ständigen Schwankungen infolge der Ausgabe und Rücknahme von Aktien nicht zu entnehmen war.

a) Gestaltungsmöglichkeiten zur Umsetzung von § 105 Abs. 1 Satz 2 InvG a.F.

Das InvG ließ offen, auf welche Weise die jederzeitige Deckung des Grundkapitals herzustellen war.

aa) Bildung eines „Verlustpuffers"

Verschiedentlich wurde vorgeschlagen, durch die Festlegung eines im Verhältnis zum Grundkapital deutlich erhöhten Anfangskapitals einen „Verlustpuffer" zu bilden, um den Eintritt der Unterbilanz hinauszuzögern[947]. Hierzu sollte der den Nennbetrag des Grundkapitals übersteigende Ausgabebetrag der Aktien als Agio in die Kapitalrücklage eingestellt werden. Nach dieser Ansicht verfügte beispielsweise eine InvAG mit einem Grundkapital von 50.000 Euro und einem Anfangskapital von 300.000 Euro über einen „Puffer" von 250.000 Euro. Hiervon ausgehend wurde die Grundkapitaldeckung erst dann verletzt, wenn das Gesellschaftsvermögen auf weniger als ein Sechstel seines ursprünglichen Wertes absank[948].

bb) Einziehung oder Veräußerung eigener Aktien

Ein anderer Vorschlag aus dem Schrifttum beinhaltete die Wiederherstellung der Grundkapitaldeckung durch Einziehung oder Veräußerung eigener Aktien[949]. Diese Vorgehensweise kam nach der damaligen Rechtslage in Betracht, da die zurückgenommenen Aktien im Vermögen der InvAG fortbestehen konnten[950]. Dem Vorschlag wurde aber zu Recht entgegengehalten, dass sich die Unterbilanz hierdurch nicht beseitigen lasse, da der Rücklage für eigene Aktien in der Bilanz ein Aktivposten in gleicher Höhe gegenüberstehe (vgl. § 272 Abs. 4 HGB a.F.)[951].

---

946 Kasberg, S. 27; Baums/Kiem, in: FS Hadding, 2004, S. 741, 753; Hermanns, ZIP 2003, 1297, 1301; Pluskat, WM 2004, 772, 775.
947 C. Fischer, S. 84 ff.; K. Steck/Schmitz, AG 2004, 658, 664.
948 Vgl. die Beispielsfälle bei C. Fischer, S. 85.
949 C. Fischer, S. 86; K. Steck/Schmitz, AG 2004, 658, 664.
950 Siehe § 10 B. III. 3.
951 Baums/Kiem, in: FS Hadding, 2004, S. 741, 753.

cc) Vereinfachte Kapitalherabsetzung

Nach einer weiteren Ansicht konnte dem Deckungsgebot nur durch eine formelle Kapitalherabsetzung entsprochen werden. Das AktG hält speziell für die Sanierung der AG ein vereinfachtes Verfahren zur Kapitalherabsetzung bereit (§§ 229 ff. AktG), das angesichts des erforderlichen Hauptversammlungsbeschlusses und der konstitutiven Eintragung im Handelsregister[952] aufwändig und langwierig ist. Die Vereinfachung gegenüber der ordentlichen Kapitalherabsetzung (§§ 222 ff. AktG) besteht im Wesentlichen im Verzicht auf die besonderen Vorschriften zur Sicherung der Gläubiger der AG nach § 225 AktG[953]. Die vereinfachte Kapitalherabsetzung war somit nicht geeignet, die von § 105 Abs. 1 Satz 2 InvG a.F. vorausgesetzte zeitnahe Wiederherstellung der Grundkapitaldeckung zu gewährleisten[954]. Zudem war die Einberufung einer außerordentlichen Hauptversammlung, die unter Umständen mehrfach im Jahr erforderlich gewesen wäre, weder praktikabel noch mit der Funktion der Hauptversammlung als nichtständiges Organ[955] vereinbar[956]. Schließlich bestand für die Befassung der Hauptversammlung kein Bedürfnis, da die InvAG bei Vorliegen der Voraussetzungen des § 105 Abs. 1 Satz 2 InvG a.F. zur Kapitalherabsetzung verpflichtet war.

dd) Anordnung der Zwangseinziehung

Im Schrifttum wurde außerdem vorgeschlagen, in der Satzung der InvAG die anteilige Zwangseinziehung der Aktien in Höhe der Differenz zwischen dem aktuellen Nennbetrag des Grundkapitals und dem Wert des Gesellschaftsvermögens anzuordnen[957]. Ist die Zwangseinziehung bereits in der Satzung angeordnet, können die Aktien durch Vorstandsbeschluss eingezogen werden (§ 237 Abs. 6 Satz 1 AktG). Da die Hauptversammlung nicht mitwirkt, kann die Kapitalherabsetzung auf diesem Wege kurzfristig erfolgen. Die Zwangseinziehung muss in der Satzung so konkret festgelegt sein, dass der Vorstand bei der Einziehung der

952 § 229 Abs. 3 i.V.m. §§ 222 Abs. 1, 224 AktG.
953 Vgl. § 229 Abs. 3 AktG, der keinen Verweis auf § 225 AktG enthält; Oechsler, in: MünchKommAktG, § 229 Rn. 4.
954 Bödecker/Kuhn, in: Hdb. Investmentrecht, S. 444; Baums/Kiem, in: FS Hadding, 2004, S. 741, 753; K. Steck/Schmitz, AG 2004, 658, 664; Hermanns, ZIP 2004, 1297, 1301; Pluskat, WM 2004, 772, 775 f.
955 Hüffer, AktG, § 118 Rn. 5; Kubis, in: MünchKommAktG, § 118 Rn. 11.
956 Ähnlich Baums/Kiem, in: FS Hadding, 2004, S. 741, 753.
957 Baums/Kiem, in: FS Hadding, 2004, S. 741, 754; Pluskat, WM 2005, 772, 776; K. Steck/Schmitz, AG 2004, 658, 664; Hermanns, ZIP 2004, 1297, 1301 f. mit Formulierungsvorschlag.

Aktien kein Ermessen hat[958]. Mit der auf die Vernichtung der Aktien gerichteten Vorstandsentscheidung ist das Grundkapital nach § 238 Satz 2 AktG automatisch herabgesetzt[959].

Die Flexibilität der angeordneten Zwangseinziehung sprach für deren Nutzung zur Wiederherstellung der Grundkapitaldeckung der InvAG. Die Beschränkung der Anordnung auf die Zwangseinziehung im Falle der Unterbilanz war hinreichend konkret[960]. Der Grundsatz der Aktionärsgleichbehandlung setzte allerdings die gleichmäßige Einziehung aller Aktien voraus, wodurch bei der Ausgabe von Nennbetragsaktien das Problem verbleibender Aktienbruchteile und deren anschließender Glättung entstand[961]. Zudem wurde eine Vertiefung des Vermögensverlusts befürchtet, da die Wertminderung des Gesellschaftsvermögens für die Aktionäre durch den Akt der Zwangseinziehung unmittelbar spürbar wurde[962].

ee) Kapitalherabsetzung ohne Hauptversammlungsbeschluss

In Anbetracht der Nachteile der vorgenannten Verfahren wurde vorgeschlagen, den Vorstand in der Satzung zu ermächtigen, das Grundkapital auf den Wert des jeweils aktuellen Gesellschaftsvermögens herabzusetzen[963]. Das Verfahren sollte sich nach den aktienrechtlichen Vorschriften über die vereinfachte Kapitalherabsetzung (§§ 229 ff. AktG) richten mit der Maßgabe, dass der Vorstand der InvAG anstelle der Hauptversammlung über die Kapitalherabsetzung entscheiden konnte[964]. Diese Abweichung wurde mit dem Rechtsgedanken des § 237 Abs. 6 Satz 1 AktG und dem in § 105 Abs. 1 InvG a.F. zum Ausdruck kommenden Prinzip der Entscheidungsbefugnis des Vorstands begründet[965]. Entsprechend § 238 Satz 2 AktG sollte die Kapitalherabsetzung bereits mit der Vorstandsentscheidung und nicht erst mit der Handelsregistereintragung wirksam werden. Probleme der Glättung der verbleibenden Aktiennennträge konnten bei

958 Oechsler, in: MünchKommAktG, § 237 Rn. 28; Lutter, in: KölnKommAktG, § 237 Rn. 34.

959 Oechsler, in: MünchKommAktG, § 237 Rn. 115.

960 Baums/Kiem, in: FS Hadding, 2004, S. 741, 754; Hermanns, ZIP 2004, 1297, 1301.

961 Baums/Kiem, in: FS Hadding, 2004, S. 741, 754; a.A. Bödecker/Kuhn, in: Hdb. Investmentrecht, S. 445: Herabsetzung auf „glatten“ Betrag; Hermanns, ZIP 2004, 1297, 1302: Auf- oder Abrundung der Zahl der einzuziehenden Aktien nach allgemeinen Rundungsregeln.

962 Baums/Kiem, in: FS Hadding, 2004, S. 741, 754; a.A. Hermanns, ZIP 2004, 1297, 1301 Fn. 11.

963 Bödecker/Kuhn, in: Hdb. Investmentrecht, S. 444 f.; C. Fischer, S. 87 f.; Baums/Kiem, in: FS Hadding, 2004, S. 741, 754 f.; K. Steck/Schmitz, AG 2004, 658, 664; vorsichtiger Pluskat, WM 2005, 772, 775.

964 Baums/Kiem, in: FS Hadding, 2004, S. 741, 755.

965 Baums/Kiem, in: FS Hadding, 2004, S. 741, 755.

der Ausgabe von Stückaktien nicht auftreten. Dieser Vorschlag führte zu einem sachgerechten Ergebnis, konnte aber nicht darüber hinweghelfen, dass die Abweichung vom AktG ohne gesetzliche Ermächtigung die Satzungsstrenge (§ 23 Abs. 5 AktG) verletzte.

b) § 105 Abs. 1 Satz 2 InvG a.F. als gesetzgeberisches Versehen?

Die möglichen Gestaltungen zur Wiederherstellung der Grundkapitaldeckung standen im Vordergrund der rechtswissenschaftlichen Diskussion um § 105 Abs. 1 Satz 2 InvG a.F. Wenig Aufmerksamkeit wurde dem Regelungszweck der Vorschrift geschenkt[966]. Nur vereinzelt wurde auf den unklaren Hintergrund der Regelung hingewiesen[967]. Dabei gab bereits die Regierungsbegründung Anlass zu Zweifeln an der tatsächlichen Reichweite der Vorschrift[968]. Hiernach sollte § 105 Abs. 1 Satz 2 InvG a.F. die Deckungsgleichheit von Grundkapital und aktuellem Gesellschaftsvermögen der InvAG „konkretisieren"[969]. Diese Begründung lässt annehmen, dass der Gesetzgeber mit der Einführung von § 105 Abs. 1 Satz 2 InvG a.F. eigentlich die Schaffung eines vollständigen Gleichlaufs zwischen Grundkapital und Gesellschaftsvermögen beabsichtigte. Das Gebot der Grundkapitaldeckung verhinderte zwar das Absinken des Vermögens der InvAG unter die Kapitalziffer durch Ausschüttungen an die ihre Aktien andienenden Aktionäre. Das InvG enthielt aber keine Mechanismen, die gewährleisteten, dass Wertsteigerungen des Gesellschaftsvermögens zu jeder Zeit in der Kapitalziffer reflektiert waren. Eine Pflicht zur Kapitalerhöhung bestand nicht[970]. Da die Kapitalziffer somit keine Aussagekraft über die Höhe des aktuellen Gesellschaftsvermögens hatte, konnte das Höchstkapital seiner Funktion nicht gerecht werden. Die Aktienausgabe war somit nur durch den nach § 104 Satz 1 InvG a.F. in der Satzung festzulegenden Höchstbetrag begrenzt[971]. Ob damit den Anforderungen der KapitalRL an den Kapitalrahmen einer Investmentgesellschaft mit veränderlichem Kapital genügt wurde, ist zu bezweifeln. Schließlich hat sich das moderne Verständnis des variablen Kapitals als Bilanzziffer, die jederzeit dem Wert des Gesellschaftsvermögens entspricht, auch in anderen EU-

966 Hermanns, ZIP 2004, 1297, 1301: Interesse des Anlegerschutzes; kritisch hierzu Eckhold, ZGR 2007, 654, 693 f.

967 K. Steck/Schmitz, AG 2004, 658, 663; Eckhold, ZGR 2007, 654, 693: „ungelüftetes Geheimnis des Gesetzgebers". Ausführlich aber C. Fischer, S. 77 ff.; C. Fischer/K. Steck, in: B/S/L, § 96 InvG Rn. 20.

968 Vgl. C. Fischer, S. 78.

969 Begr. RegE, BT-Drs. 15/1553, S. 106 re. Sp.

970 K. Steck/Schmitz, AG 2004, 658, 663.

971 Der Höchstbetrag war der Betrag, um den das Kapital maximal durch die Ausgabe von Aktien erhöht werden konnte, während das Höchstkapital im Sinne von § 105 Abs. 1 InvG eine maximale Kapitalziffer bezeichnet.

Mitgliedstaaten durchgesetzt. Hierzu gehört namentlich Luxemburg, dessen Investmentrecht bei der Einführung der InvAG mit veränderlichem Kapital Modell stand[972]. Im Ergebnis lässt sich mit guten Gründen annehmen, dass die Formulierung von § 105 Abs. 1 Satz 2 InvG a.F. auf einem gesetzgeberischen Versehen beruhte und der Regelungsgehalt der Vorschrift nicht auf ein Gebot der Grundkapitaldeckung beschränkt werden sollte[973].

2. Vollständiger Gleichlauf von Gesellschaftskapital und Gesellschaftsvermögen

Im Zuge des InvÄndG wurde § 105 Abs. 1 Satz 2 InvG a.F. aufgehoben. An dessen Stelle ordnet § 96 Abs. 1a Satz 1 InvG an, dass die Satzung der InvAG bestimmen muss, dass der Betrag des Gesellschaftskapitals dem Wert des Gesellschaftsvermögens entspricht. Mit anderen Worten deckt sich das auf der Passivseite der Bilanz ausgewiesene Kapital mit dem auf der Aktivseite ausgewiesenen Reinvermögen, d.h. dem Nettoinventarwert als Saldo aus den Verkehrswerten der zum Gesellschaftsvermögen gehörenden Vermögensgegenstände abzüglich der aufgenommenen Kredite und sonstigen Verbindlichkeiten. Die Kapitalziffer der InvAG wird daher nicht nur durch Kapitalmaßnahmen, sondern auch durch Wertschwankungen der zum Gesellschaftsvermögen gehörenden Vermögensgegenstände und Verbindlichkeiten verändert[974]. Aufgrund des nunmehr vollständigen Gleichlaufs von Gesellschaftskapital und -vermögen ist sichergestellt, dass sowohl die Mindest- als auch die Höchstkapitalziffer ihre Funktion als Grenze der Vorstandsermächtigung zur Aktienausgabe und -rücknahme erfüllen können.

Mit der Ausgabe neuer Aktien und der Verbuchung der Einlagen auf der Aktivseite der Bilanz ist das Kapital erhöht. Umgekehrt sinkt das Kapital automatisch mit der Auszahlung des Aktienwerts an die Aktionäre infolge der Bedienung von Rücknahmeansprüchen. Ein eigenständiger Kapitalerhöhungs- bzw. -herabsetzungsakt ist entbehrlich. § 104 Satz 3 und § 105 Abs. 3 InvG stellen dies klar.

---

972 Vgl. Art. 25 Spiegelstrich 3 loi du 17 décembre 2010 concernant les organismes de placement collectif: "*Par SICAV dans le sens de la présente partie on entend les sociétés qui ont adopté la forme d'une société anonyme de droit luxembourgeois, [...] dont les statuts stipulent que le montant du capital est égal à tout moment à la valeur de l'actif net de la société*". Der luxemburgische Gesetzgeber orientierte sich bei der Schaffung dieser Bestimmung am Vorbild Frankreichs, vgl. Chambre des Députés du Grand-Duché de Luxembourg, Projet de loi n°2366/00 relatif aux organismes de placement collectif, J-1979-O-0070, Commentaire des articles, S. 19, 34. Art L214-15 des französischen Code monétaire et financier lautet : "*Le montant du capital est égal á tout moment à la valeur de l'actif net de la société*, [...]".

973 Im Ergebnis auch C. Fischer/K. Steck, in: B/S/L, § 105 InvG Rn. 1 InvG; C. Fischer, S. 79.

974 Begr. RegE, BT-Drs. 16/5576, S. 84 li. Sp.

Das aufgrund des Gleichlaufs von Kapitalziffer und Gesellschaftsvermögen „atmende“ Kapital unterscheidet sich grundlegend vom Grundkapital der AG, da ein fester Nennbetrag im Sinne von § 7 AktG nicht bestimmbar ist. Um eine Irreführung des Rechtsverkehrs zu vermeiden, wurde der Begriff des Grundkapitals für die InvAG aufgegeben und durch den Begriff des „Gesellschaftskapitals“ ersetzt[975].

Nach § 96 Abs. 1a Satz 1 InvG muss der Gleichlauf zwischen Gesellschaftskapital und -vermögen in der Satzung festgelegt sein. Zweck dieser Vorgabe ist vermutlich die Information der Aktionäre über die Besonderheiten der Kapitalstruktur der in der Praxis noch nicht hinreichend bekannten InvAG. Der Gesetzeswortlaut ist insofern missverständlich, als er suggeriert, das bewegliche Kapital werde durch diese Satzungsbestimmung konstituiert. Tatsächlich gehört das veränderliche Kapital zum Wesen der InvAG und wird durch das Fehlen einer § 96 Abs. 1a Satz 1 InvG entsprechenden Satzungsbestimmung nicht abbedungen.

B. Grenzen des veränderlichen Kapitals: Das Mindestkapital und das Höchstkapital

Die Befugnis der InvAG zur jederzeitigen Ausgabe und Rücknahme ihrer Aktien wird durch das in der Satzung festzulegende Mindest- und Höchstkapital begrenzt (§ 105 Abs. 1 InvG). Die Kapitalziffern müssen in der Satzung angegeben werden[976]. Die Festlegung der Grundlagen für die Ermittlung des jeweiligen Nennbetrags genügt nicht.

I. Funktion und Festlegung des Kapitalrahmens

1. Das Mindestkapital

a) Funktion des Mindestkapitals

Das Mindestkapital der InvAG ist der in der Satzung festzulegende Nennbetrag, auf den der Vorstand das Gesellschaftskapital durch die Rücknahme von Aktien nach § 105 Abs. 1 und 3 InvG herabsetzen kann. Aufgrund des Gleichlaufs von Kapitalziffer und Gesellschaftsvermögen besteht in Höhe der Mindestkapitalziffer zugleich eine Ausschüttungssperre. Die Beschränkung des Umfangs der zulässigen Einlagenrückgewähr trägt den Interessen der Gläubiger am Erhalt einer zur Befriedigung ihrer Verbindlichkeiten dienenden Haftungsmasse Rechnung.

---

975 Begr. RegE, BT-Drs. 16/5576, S. 84 li. Sp.; Dornseifer, AG 2008, 53, 60; kritisch Fock/Hartig, in: FS Spiegelberger, 2009, S. 653, 659.

976 Eckhold, ZGR 2007, 654, 673.

Auf diese Weise übernimmt das Mindestkapital die Gläubigerschutzfunktion des Grundkapitals der AG[977]. Zudem verhindert der in der Höhe der Mindestkapitalziffer bestehende Vermögensschutz, dass die Gesellschaft z.B. im Falle eines kollektiven Anlegerrückzugs ihren Unternehmensgegenstand zum Nachteil der verbleibenden Aktionäre nicht mehr erfüllen kann.

b) Festlegung des Nennbetrags

aa) Untergrenze

Die Satzungsfreiheit der InvAG bei der Festlegung des Mindestkapitals ist nur scheinbar grenzenlos. §§ 96 Abs. 5 Satz 1, 97 Abs. 1 Satz 3 Nr. 1 InvG verlangen, dass das Gesellschaftsvermögen der InvAG im Zeitpunkt der Erlaubniserteilung und in den ersten sechs Monaten nach der Handelsregistereintragung mindestens 300.000 Euro beträgt. Zudem bestimmt § 105 Abs. 2 Satz 3 InvG, dass die Einlagen der Unternehmensaktionäre einer selbstverwaltenden InvAG den Betrag von 300.000 Euro nicht unterschreiten dürfen. Wird dieser Schwellenwert unterschritten, ist die BaFin berechtigt, die Erlaubnis der InvAG aufzuheben[978]. In der Gründungssatzung der InvAG muss die Mindestkapitalziffer somit auf einen Nennbetrag von mindestens 300.000 Euro lauten[979]. Auffassungen, die die Untergrenze des Mindestkapitals bei 50.000 Euro[980] ziehen, ist deshalb ebenso zu widersprechen wie Auffassungen, die den Betrag in Höhe von 1,25 Mio. Euro für die Untergrenze[981] oder Obergrenze[982] des zulässigen Mindestkapitals halten. Da das InvG aber von einem dauerhaften „Mindestgesellschaftsvermögen“ in Höhe von 1,25 Euro ausgeht[983], fungiert die Mindestkapitalziffer als Stellschraube, durch die ein über diesen Betrag hinausgehender Liquiditätsschutz eingeführt werden kann. Dies könnte sich etwa anbieten, wenn vergleichsweise illiquide Vermögensgegenstände (z.B. Unternehmensbeteiligungen) für das Investmentvermögen erworben werden oder eine angemessene Risikodiversifizierung nach der festgelegten Anlagepolitik nur bei einem größeren Anlagevolumen möglich ist.

---

977 Ähnlich C. Fischer, S. 74 f.; Baums/Kiem, in: FS Hadding, 2004, S. 741, 756; Fock/Hartig, in: FS Spiegelberger, 2009, S. 653, 659; Eckhold, ZGR 2007, 654, 686: „im aktienrechtlichen Sinne gebundener Anteil des Gesellschaftsvermögens“.

978 § 97 Abs. 3 Satz 1 Nr. 2 i.V.m. Abs. 1 Satz 3 Nr. 1 InvG.

979 C. Fischer/K. Steck, in: B/S/L, § 105 InvG Rn. 2; Dornseifer, AG 2008, 53, 62.

980 Wegner, S. 97.

981 Eckhold, ZGR 2007, 654, 686; Wallach, Der Konzern 2007, 487, 490.

982 Wegner, S. 97 f.

983 Siehe C. II. 2.

bb) Obergrenze

Das Mindestkapital ist entgegen anderer Auffassung[984] auch nach oben hin nicht frei wählbar. Das Mindestkapital beschränkt die Ausübung des Rückgaberechts, das den Aktionären nach §§ 2 Abs. 5 Satz 1, 105 Abs. 2 Satz 1 InvG und Art. 1 Abs. 2 lit. a OGAW-RL zwingend zustehen muss. Die Beschränkung des Rückgaberechts ist europarechtskonform, da das Mindestkapitalerfordernis seinerseits auf einer europäischen Richtlinie beruht[985]. Die genannten Vorschriften sind aber jedenfalls dann verletzt, wenn die Ausübung des Rückgaberechts aufgrund der gewählten Mindestkapitalziffer so stark beschränkt wird, dass die InvAG bei wertender Betrachtung als geschlossener Fonds erscheint. Maßgebend für diese Beurteilung, die im Rahmen der Erlaubniserteilung erfolgen muss, ist die Spannbreite zwischen dem Mindestkapital und dem zu erwartenden Inventarwert. In Anbetracht der Schwierigkeiten, die sich bei der Ermittlung des letztgenannten Werts ergeben, da hierbei eine Prognose über die konkrete Zusammensetzung des Portfolios und dessen Wertentwicklung angestellt werden muss, wäre eine gesetzliche Festlegung des Mindestkapitals der InvAG wünschenswert (cc)).

cc) Gesetzliche Festlegung des Mindestkapitals de lege ferenda

In Anbetracht des großen Spielraums, die bei der Festlegung der Anlagepolitik besteht, lässt sich keine allgemeingültige Obergrenze für das Mindestkapital benennen. Stattdessen sollte der Gesetzgeber das Mindestkapital nach Ablauf der Sechsmonatsfrist des § 96 Abs. 5 Satz 2 InvG verbindlich auf einen Nennbetrag von 1,25 Mio. Euro festlegen. Eine ähnliche Regelung sah bereits der Diskussionsentwurf zum InvÄndG vor[986] und besteht auch für die luxemburgische SICAV[987]. Durch den Gleichlauf von Mindestkapital und „Mindestgesellschaftsvermögen" würde der Rechtsgedanke des § 96 Abs. 1a Satz 1 InvG fortgeführt. Zudem würden Unstimmigkeiten beseitigt, die sich daraus ergeben, dass die §§ 96 ff. InvG zum Teil ohne erkennbaren Grund entweder an das Kapital

984 C. Fischer/K. Steck, in: B/S/L, § 105 InvG Rn. 2; Eckhold, ZGR 2007, 654, 686.

985 Art. 1 Abs. 2 KapitalRL.

986 § 96 Abs. 5 Satz 2 InvG i.d.F. des DiskE des BMF zum InvÄndG vom 18.1.2007 definierte den Betrag von 1,25 Mio. Euro als Mindestkapital.

987 Vgl. Art. 27 Abs. 1 Satz 2 loi du 17 décembre 2010 concernant les organismes de placement collectif, wonach das Gesellschaftskapital nach Ablauf von sechs Monaten nach der Zulassung der SICAV den Betrag von 1,25 Mio. erreicht haben muss. Dieser Betrag kann durch Großherzogliche Verordnung auf bis zu 2,5 Mio. Euro erhöht werden. Die Festlegung eines gesonderten Mindestkapitals in der Satzung der SICAV sieht das Gesetz nicht vor.

oder das Gesellschaftsvermögen anknüpfen[988]. Art. 1 Abs. 2 KapitalRL stünde der gesetzlichen Fixierung des Mindestkapitals nicht entgegen, da die Vorgabe, in der Satzung einen durch Mindest- und Höchstkapital definierten Kapitalrahmen festzulegen, nicht die Satzungsfreiheit sichern, sondern die flexible Aktienausgabe und -rücknahme begrenzen soll.

2. Das Höchstkapital

a) Funktion des Höchstkapitals

Das Höchstkapital bezeichnet den Betrag, bis zu dem das Gesellschaftskapital durch die Ausgabe neuer Aktien nach §§ 105 Abs. 1, 104 Satz 1 und 3 InvG erhöht werden kann[989]. Grenzen der Satzungsfreiheit der InvAG hinsichtlich der Festlegung des Nennbetrags lassen sich weder dem InvG noch der OGAW-RL entnehmen. Unklar ist der Zweck des Höchstkapitals, da das kontinuierliche Wachstum des Fondsvolumens durch die Einbringung neuer Einlagen grundsätzlich im Aktionärsinteresse liegt. Die InvAG ist aufgrund ihrer Konzeption als offenes Investmentvermögen auf den laufenden Beitritt neuer Aktionäre angelegt[990]. Ein größeres Anlagevolumen erlaubt eine breitere Risikodiversifizierung. Zudem sinken die für die Verwaltung des Investmentvermögens anfallenden Kosten mit zunehmender Größe des Fondsvolumens[991]. Auch die Gesellschaftsgläubiger profitieren von der Zuführung weiterer Mittel, da die Haftungsmasse wächst.

Das Wachstum des Anlagevermögens entspricht aber dann nicht mehr den Interessen der am Investmentgeschäft Beteiligten, wenn der Fonds die im Hinblick auf seine Anlagepolitik optimale Größe überschreitet. Ab einer bestimmten Größenordnung sinken die Leistungsfähigkeit und die erzielbaren Gewinne[992]. In dieser Situation ist der Vorstand aber bereits aufgrund seiner allgemeinen Sorgfaltspflicht zur vorübergehenden „Schließung" des Fonds[993] verpflichtet[994]. Eines Höchstkapitals zur Begrenzung der Aktienausgabe bedarf es nicht. Schließlich ist es angesichts der Unvorhersehbarkeit zukünftiger Marktentwick-

988 Z.B. § 105 Abs. 1 InvG: Mindest- und Höchstkapital; § 105 Abs. 2 Satz 2, § 96 Abs. 6 Satz 1 InvG: Gesellschaftsvermögen.

989 Eckhold, ZGR 2007, 654, 673.

990 Baums/Kiem, in: FS Hadding, 2004, S. 741, 746; Eckhold, ZGR 2007, 654, 674.

991 Roggatz, S. 242 f.

992 Siehe FAZ vom 26.6.2009, S. 21: „Große Fonds bergen besondere Risiken".

993 Als „Fondsschließung" wird die temporäre oder endgültige Einstellung der Ausgabe und des Vertriebs neuer Fondsanteile verstanden, vgl. Köndgen/Schmies, in: Bankrechts-Hdb., § 113 Rn. 10 Fn. 2.

994 Köndgen, in: B/S/L, § 9 InvG Rn. 35 für die KAG.

lungen kaum möglich, die optimale Größe des Fonds bereits im Vorhinein zu bestimmen.

Das Höchstkapital ist auch nicht erforderlich, um die Aktionäre vor einem Missbrauch der Ausnutzung der Vorstandsermächtigung zur Aktienausgabe zu schützen, der in der Bevorzugung einzelner Aktionäre bei der Aktienausgabe bestehen könnte. Zum einen würde dieser Gefahr durch die Begrenzung des Umfangs der Aktienausgabe kaum auf wirksame Weise begegnet. Zum anderen ist die Missbrauchsgefahr gering. Der Ausgabepreis der Aktien bestimmt sich nach dem InvG und der Satzung bzw. den Anlagebedingungen der InvAG[995]. Im Hinblick auf die Ausgestaltung der Mitgliedschaft sind dem Vorstand ebenfalls enge Grenzen gesetzt, da die Merkmale von Unternehmens- und Anlageaktien gesetzlich weitgehend festgelegt sind[996]. Verwässerungen des Aktienwerts und der Stimm- und Beteiligungsquote der Aktionäre wird durch das Gebot der vollständigen Einzahlung des dem anteiligen Nettoinventarwert entsprechenden Ausgabepreises[997] und das Bezugsrecht stimmberechtigter Aktionäre[998] begegnet.

Die Existenz des Höchstkapitals ist schließlich auch nicht im Interesse der Sicherung der Machtbalance zwischen den Organen der InvAG gerechtfertigt[999]. Zwar begrenzt § 202 Abs. 3 Satz 1 AktG aus einem ähnlichen Grund das genehmigte Kapital der AG auf die Hälfte des Grundkapitals. Diese Kapitalgrenze soll eine allzu weitgehende Selbstentmachung der Hauptversammlung verhindern, da sich die Hauptversammlung mit der Schaffung des genehmigten Kapitals ihrer Zuständigkeit zur Kapitalerhöhung begibt[1000]. In der Organisationsverfassung der InvAG ist aber nicht die Hauptversammlung, sondern der Vorstand das originär für die Kapitalerhöhung zuständige Organ[1001].

Im Ergebnis bleibt die Funktion des in der Satzung festzulegenden Höchstkapitals unklar.

b) Abschaffung des Höchstkapitals de lege ferenda?

Angesichts des fehlenden Bedürfnisses für ein Höchstkapital könnte dessen Abschaffung erwogen werden, wie es bereits der Diskussionsentwurf des InvÄndG

995 § 99 Abs. 3 Satz 1 i.V.m. §§ 23 Abs. 2 Satz 1, 36 Abs. 1 Satz 1 InvG.
996 Vgl. § 96 Abs. 1b und 1c InvG.
997 §§ 105 Abs. 2 Satz 1, 103 InvG; Eckhold, ZGR 2007, 654, 674.
998 § 104 Satz 2 InvG. Anders Wegner, S. 98, der auf die Gefahr hinweist, der Vorstand könne das Bezugsrecht der Aktionäre durch die über deren wirtschaftliche Verhältnisse hinausgehende Ausgabe neuer Aktien aushöhlen.
999 So aber Wegner, S. 98 f.
1000 Wamser, in: Spindler/Stilz, AktG, § 202 Rn. 9.
1001 Siehe § 6 B. I. 2.

vorsah[1002]. Die Festlegung eines Höchstkapitals ist allerdings eine Voraussetzung für die Freistellung der InvAG von den Vorgaben der KapitalRL (vgl. Art. 1 Abs. 2 KapitalRL). Entgegen einer Ansicht im Schrifttum[1003] steht es der InvAG deshalb auch nicht frei, von der Festlegung eines Höchstkapitals abzusehen.

II. Änderung des Kapitalrahmens

Fraglich ist, unter welchen Voraussetzungen die InvAG Aktien ausgeben und zurücknehmen kann, wenn der in der Satzung festgelegte Kapitalrahmen ausgeschöpft ist. In Betracht käme zunächst das Wiederaufleben der aktienrechtlichen Kapitalvorschriften (§§ 182 ff. AktG). Dem steht entgegen, dass diese Vorschriften nach § 99 Abs. 1 InvG für die InvAG keine Anwendung finden. Die Zuständigkeit der Hauptversammlung kann auch nicht auf § 99 Abs. 1 InvG i.V.m. § 119 Abs. 1 Nr. 6 AktG gestützt werden, da die InvAG nach dem Willen des Gesetzgebers von den aktienrechtlichen Kapitalvorschriften vollständig abgekoppelt sein soll[1004]. Dies schließt die Kompetenzverteilung zwischen Vorstand und Hauptversammlung ein. Nach Ausschöpfung des Kapitalrahmens können weitere Aktien daher erst nach Änderung der in der Satzung festgelegten Mindest- bzw. Höchstkapitalziffer ausgegeben bzw. zurückgenommen werden[1005]. Die Hauptversammlung beschließt mit der qualifizierten Kapitalmehrheit über die Satzungsänderung[1006].

Wird das in der Satzung festgelegte Mindestkapital herabgesetzt, stellt sich die Frage, ob besondere Maßnahmen zum Schutz der Gesellschaftsgläubiger erforderlich sind. Für die Kapitalherabsetzung der AG schreibt § 225 Abs. 1 AktG vor, dass denjenigen Gläubigern, deren Forderungen bereits vor der Kapitalherabsetzung bestanden, Sicherheit zu leisten ist, sofern sie keine Befriedigung erlangen können. Vereinzelt wird auch für die Herabsetzung der Mindestkapitalziffer der InvAG die Sicherheitsleistung analog § 225 Abs. 1 AktG oder die Bildung einer Rücklage in Höhe des Herabsetzungsbetrags und deren sukzessive Auflösung mit der Befriedigung der Gläubiger verlangt[1007]. Diesen Vor-

---

1002 § 105 Abs. 1 InvG i.d.F. des DiskE des BMF zum InvÄndG vom 18.1.2007 lautete: „Die InvAG kann in den Grenzen eines in der Satzung festzulegenden Mindestkapitals nach Maßgabe der folgenden Bestimmungen jederzeit ihre Aktien ausgeben und zurücknehmen".

1003 Sachtleber, S. 109 mit Fn. 505 mit dem Argument, dass sich aus § 105 Abs. 1 InvG lediglich die Pflicht ergebe, ein (eventuell festgelegtes) Höchstkapital in der Satzung zu verankern.

1004 Begr. RegE, BT-Drs. 16/5576, S. 88 li. Sp.

1005 C. Fischer/K. Steck, in:B/S/L, § 99 InvG Rn. 3; Hermanns, ZIP 2004, 1297, 1299; Pluskat, WM 2005, 771, 775.

1006 § 99 Abs. 1 InvG i.V.m. §§ 119 Abs. 1 Nr. 5, 179 Abs. 1 Satz 1, Abs. 2 Satz 1 AktG.

1007 Eckhold, ZGR 2007, 654, 691.

schlägen ist entgegenzuhalten, dass § 225 AktG nach § 99 Abs. 1 InvG für die InvAG keine Anwendung findet. Die Analogie scheitert daher bereits am Fehlen einer planwidrigen Regelungslücke. Für die Bildung einer Rücklage im Gläubigerinteresse besteht ebenfalls kein Anlass, da die Herabsetzung der Mindestkapitalziffer lediglich weitere Aktienrücknahmen ermöglicht, die jedenfalls dann, wenn das Gesellschaftsvermögen zutreffend bewertet wurde, nur zum Abfluss von Nettovermögen führen, das nicht zur Gläubigerbefriedigung benötigt wird[1008]. Schließlich werden auch die Aktionärsinteressen durch die Herabsetzung der Mindestkapitalziffer nicht gefährdet. Das Mindestgesellschaftsvermögen in Höhe von 1,25 Mio. Euro stellt in vielen Fällen eine ausreichende Risikodiversifizierung sicher. Den Aktionären steht es zudem frei, durch Rückgabe ihrer Aktien gegen Auszahlung des Aktienwerts aus der Gesellschaft auszuscheiden.

C. Kapitalanforderungen an die InvAG

I. Anfangskapital

1. Begriff

Die InvAG muss nach § 96 Abs. 5 Satz 1 InvG über ein Anfangskapital in Höhe von mindestens 300.000 Euro verfügen. Eine entsprechende Bestimmung enthält § 11 Abs. 1 Nr. 1 InvG für die KAG. § 2 Abs. 23 InvG definiert das Anfangskapital im Einklang mit Art. 2 Abs. 1 lit. k OGAW-RL und Art. 57 lit. a und b RL 2006/48/EG als „das eingezahlte Grund- oder Stammkapital ohne die Aktien, die mit einem nachzuzahlenden Vorzug bei der Verteilung des Gewinns ausgestattet sind (Vorzugsaktien), und die Rücklagen im Sinne des § 10 Abs. 3a des Kreditwesengesetzes“. Eine ähnliche Definition, die bis zum Inkrafttreten des InvÄndG auch dem Anfangskapital der InvAG zugrunde gelegt wurde[1009], findet sich in § 10 Abs. 2a Satz 1 Nr. 2 KWG. Für die InvAG ist die Definition des § 2 Abs. 23 InvG unpassend[1010]. Die InvAG hat kein auf einen festen Nennbetrag lautendes Grundkapital, sondern ein Gesellschaftskapital, dessen Höhe dem Wert des Gesellschaftsvermögens entspricht und das vollständig eingezahlt sein muss[1011].

1008 Siehe § 7 B. II.

1009 § 99 Abs. 2 Satz 1 InvG a.F. enthielt einen entsprechenden Verweis; vgl. Eckhold, ZGR 2007, 654, 669 f.; C. Fischer, S. 26 f.

1010 So auch C. Fischer/K. Steck, in: B/S/L, § 97 InvG Rn. 2; Bödecker/Kuhn, in: Hdb. Investmentrecht, S. 411.

1011 §§ 96 Abs. 1a Satz 1, 103 InvG.

2. Funktion

a) Das Anfangskapital als Betriebskapital

Das Anfangskapital übernimmt wie das aktienrechtliche Grundkapital die Funktion eines Betriebskapitals. Es ist als absolute Untergrenze dessen anzusehen, was die InvAG benötigt, um eine ordnungsgemäße Geschäftsorganisation zu gewährleisten und angemessene Verwaltungsleistungen zu erbringen[1012]. Erfahrungsgemäß ist in den ersten Jahren nach der Geschäftsaufnahme mit Verlusten zu rechnen[1013]. Die Funktion des Anfangskapitals als Betriebskapital folgt auch aus der OGAW-RL i.d.F. vom 20. Dezember 1985, die ein „ausreichendes eingezahltes Kapital" der Investmentgesellschaft verlangte, das es ihr gestattet, „ihre Tätigkeit ordnungsgemäß auszuüben und ihren Verpflichtungen nachzukommen"[1014]. Das Anfangskapital der InvAG muss gemäß den Vorgaben der OGAW-RL mindestens 300.000 Euro betragen[1015].

b) Das Anfangskapital als dauerhaftes Haftkapital?

Umstritten ist, ob das Anfangskapital ein dauerhaftes Kapitalerfordernis ist[1016] oder ob sein Zweck mit der vollständigen Aufbringung des erforderlichen Betrags erfüllt ist[1017]. Richtig ist, den als gesetzliches Mindestanfangskapital festgelegten Betrag von 300.000 Euro als dauerhaft erforderliches Haftkapital zu verstehen. Dieses Verständnis ergab sich vor dem InvÄndG unproblematisch aus § 97 Abs. 2 InvG a.F.[1018], dessen Regelungsgehalt durch das InvÄndG nicht geändert werden sollte[1019]. Anstelle von § 97 Abs. 2 InvG a.F. sieht § 96 Abs. 6 Satz 1 InvG nun vor, dass der Vorstand der InvAG verpflichtet ist, der BaFin und den Aktionären unverzüglich anzuzeigen, wenn das Gesellschaftsvermögen unter den Betrag von 300.000 Euro fällt. Die BaFin ist in diesem Fall berechtigt, die Erlaubnis der InvAG aufzuheben[1020]. Diese Vorschriften begründen eine fak-

1012 Vgl. Beckmann, in: B/S/V, Kz. 410, § 11 Rn. 2; § 7 Rn. 7 f.; ähnlich Engert, Der Konzern 2007, 477, 480.
1013 R. Fischer, in: Boos/Fischer/Schulte-Mattler, KWG, § 33 Rn. 6; K. Steck/Schmitz, AG 2005, 658, 664.
1014 Art. 12 RL 85/611/EWG i.d.F. vom 20.12.1985.
1015 §§ 96 Abs. 5 Satz 1, 97 Abs. 1 Satz 3 Nr. 1 InvG; Art. 29 Abs. 1 OGAW-RL.
1016 So für die KAG Beckmann, in: B/S/V, Kz. 410, § 11 Rn. 13; Geßler, WM 1957, Sonderbeil. Nr. 4, S. 10, 14.
1017 So für die KAG K. Steck/Gringel, in. B/S/L, § 11 InvG Rn. 6; für die InvAG C. Fischer/K. Steck, in: B/S/L, § 105 InvG Rn. 10.
1018 § 97 Abs. 2 InvG a.F. lautete: „Die InvAG hat der Bundesanstalt und der Deutschen Bundesbank das Absinken des Grundkapitals unter die Schwelle des Anfangskapitals unverzüglich anzuzeigen".
1019 Vgl. Begr. RegE, BT-Drs. 16/5576, S. 85 re. Sp.
1020 § 97 Abs. 3 Satz 1 Nr. 2 i.V.m. Abs. 1 Satz 3 Nr. 1 InvG.

tische Pflicht der InvAG zum Erhalt eines Gesellschaftsvermögens in Höhe von 300.000 Euro. Schließlich bestimmt § 105 Abs. 2 Satz 3 1. Hs. InvG seit dem OGAW-IV-UmsG, dass die Unternehmensaktionäre der selbstverwaltenden InvAG ihre Aktien nur dann zurückgeben können, wenn die verbleibenden Einlagen der Unternehmensaktionäre das Anfangskapital nicht unterschreiten.

II. Der Schwellenwert in Höhe von 1,25 Mio. Euro

1. Aufbringung

Das Gesellschaftsvermögen der InvAG muss innerhalb von sechs Monaten nach der Eintragung der Gesellschaft im Handelsregister einen Betrag von mindestens 1,25 Mio. Euro erreicht haben (§ 96 Abs. 5 Satz 2 InvG). Dieser Schwellenwert beruht nicht auf einer Vorgabe der OGAW-RL, sondern entspricht dem Vorbild der luxemburgischen SICAV[1021]. Der Diskussionsentwurf des AIFM-UmsG sieht deshalb die ersatzlose Aufhebung von § 96 Abs. 5 Satz 2 InvG vor[1022].

Ausweislich der Regierungsbegründung soll § 96 Abs. 5 Satz 2 InvG sicherstellen, dass die Gesellschaft unmittelbar im Anschluss an die Erlaubniserteilung und die Eintragung im Handelsregister ihre Geschäftstätigkeit aufnimmt und Aktien an das Publikum ausgibt[1023]. Diesem Zweck diente bereits die Pflicht zum öffentlichen Angebot von 90 Prozent der Aktien nach § 101 Abs. 1 InvG a.F.[1024], die im Zuge des InvÄndG abgeschafft wurde.

2. Erhaltung

Der Schwellenwert in Höhe von 1,25 Mio. Euro ist auch im weiteren Betrieb der InvAG von Bedeutung. Sinkt das Gesellschaftsvermögen unter diesen Betrag, ist der Vorstand zur Anzeige gegenüber der BaFin und den Aktionären verpflichtet[1025]. Zugleich ist eine Hauptversammlung einzuberufen, die über weitere Maßnahmen beschließt[1026]. Die BaFin kann Maßnahmen zur Verhinderung eines weiteren Vermögensverlusts treffen[1027] und, sofern diese nicht zum Erfolg füh-

1021 Begr. RegE, BT-Drs. 16/5576, S. 85 re. Sp. Vgl. Art. 27 Abs. 1 Satz 2 loi du 17 décembre 2010 concernant les organismes de placement collectif: "*Le capital social de toute SICAV, y compris de celle ayant désigné une société de gestion, doit atteindre un million deux cent cinquante mille euros (1.250.000 euros) dans un délai de 6 mois à partir de l'agrément de la SICAV*".

1022 Siehe § 4 B. IV. 4.

1023 Begr. RegE, BT-Drs. 16/5576, S. 85 re. Sp.

1024 Begr. RegE, BT-Drs. 13/8933, S. 127 li. Sp. und 129 li. Sp. zu § 51 Abs. 6 und § 61 Abs. 1 KAGG; kritisch Vollhard/Kayser, Absolut Report 2006, Nr. 30, S. 44, 49.

1025 § 96 Abs. 6 Satz 1 InvG.

1026 § 96 Abs. 6 Satz 3 InvG.

1027 § 99 Abs. 3 Satz 1 i.V.m. §§ 19i, 19j InvG.

ren, die Erlaubnis der InvAG aufheben[1028]. Der Schwellenwert begrenzt zudem die Aktienrücknahme durch die InvAG[1029]. Es stellt sich die Frage, ob über die gesetzlichen Regelungen hinaus ein generelles Ausschüttungsverbot in Höhe von 1,25 Mio. Euro besteht (b)). Ob dies der Fall ist, kann erst beurteilt werden, wenn Klarheit darüber besteht, ob das Gesellschaftsvermögen der InvAG gemäß § 57 Abs. 1 Satz 1 AktG umfassend gebunden ist (a)).

a) Anwendbarkeit von § 57 AktG

aa) Wortlaut des InvG

§ 57 Abs. 1 Satz 1, Abs. 3 AktG untersagt der AG jede Zuwendung aus dem Gesellschaftsvermögen an die Aktionäre, die sich nicht in den Grenzen der ordnungsgemäßen Verteilung des Bilanzgewinns hält[1030]. § 57 AktG könnte auch für die InvAG anwendbar sein[1031], da die Vorschrift, anders als andere Kapitalvorschriften des AktG, in § 99 Abs. 1 InvG nicht ausdrücklich von der Geltung für die InvAG ausgenommen ist. Die grundsätzliche Anwendbarkeit von § 57 AktG scheint durch § 105 Abs. 2 Satz 5 InvG bestätigt zu werden. Dieser mit § 57 Abs. 1 Satz 2 AktG nahezu wortgleichen Vorschrift hätte es nicht bedurft, wenn ein Verbot der Einlagenrückgewähr nicht bestünde. Allerdings ist der Katalog der nicht anwendbaren Vorschriften des AktG in § 99 Abs. 1 InvG nicht abschließend. Beispielsweise finden die Vorschriften über den Erwerb eigener Aktien für die InvAG keine Anwendung[1032], obwohl die §§ 71 ff. AktG in § 99 Abs. 1 InvG nicht genannt sind. Die fehlende Erwähnung von § 57 AktG in § 99 Abs. 1 InvG lässt daher keinen sicheren Schluss auf die Anwendbarkeit dieser Vorschrift für die InvAG zu.

bb) Normzweck von § 57 AktG

Die Anwendung von § 57 Abs. 1 Satz 1 AktG für die InvAG könnte aufgrund des Gläubigerschutzzwecks dieser Vorschrift geboten sein. Der aktienrechtliche Kapitalschutz ist aber nicht ohne weiteres auf die InvAG übertragbar[1033]. Da die wenigen Vertragsgläubiger der Gesellschaft regelmäßig selbst in der Lage sind,

---

1028 § 97 Abs. 3 Satz 1 Nr. 4 InvG.
1029 § 105 Abs. 2 Satz 2 InvG.
1030 Bayer, in: MünchKommAktG, § 57 Rn. 7; Lutter, in: KölnKommAktG, § 57 Rn. 5; Cahn/v. Spannenberg, in: Spindler/Stilz, AktG, § 57 Rn. 14; Fleischer, in: Schmidt/Lutter, AktG, § 57 Rn. 9.
1031 Heeren/v. Tiling, in: Kempf, Investmentrecht 2007, S. 235; Eckhold, ZGR 2006, 654, 690; im Grundsatz auch K. Steck/C. Fischer, ZBB 2009, 188, 190; hiervon ausgehend auch Fromm, S. 119 ff.; a.A. C. Fischer/K. Steck, in: B/S/L, § 99 InvG Rn. 16.
1032 Begr. RegE, BT-Drs. 16/5576, S. 88 re. Sp.
1033 Siehe § 7 B. I.

ihre Interessen zu sichern, besteht ein Bedürfnis für einen gesetzlichen Kapitalschutz vor allem im Interesse sog. unfreiwilliger Gläubiger[1034]. Das Anfangskapital von mindestens 300.000 Euro dient insofern als Haft- und Garantiekapital, das dauerhaft erhalten bleiben muss[1035]. Angesichts dieser Besonderheiten der InvAG erscheint ein darüber hinausgehender Vermögensschutz verzichtbar.

cc) Systematik des InvG

Der Geltung des aktienrechtlichen Prinzips der Vermögensbindung für die InvAG könnte entgegenstehen, dass das Regel-Ausnahme-Verhältnis zwischen § 57 Abs. 1 Satz 1 und Abs. 3 AktG angesichts der investmentrechtlich zulässigen Ausschüttungen in sein Gegenteil verkehrt würde. So können die Einlagen der Aktionäre nach § 105 Abs. 2 Satz 1 InvG jederzeit zurückgezahlt werden, wobei der auszahlbare Betrag – anders als im Rahmen der Rücknahme eigener Aktien durch eine AG[1036] – nicht durch das gezeichnete Kapital und bestimmte Rücklagen begrenzt wird, sondern dem Wert des anteiligen Nettovermögens entspricht. Zudem darf die InvAG Erträge und Veräußerungsgewinne ausschütten und Umbuchungen im Rahmen eines sog. Ertragsausgleichs vornehmen, sofern die Satzung bzw. die Anlagebedingungen dies gestatten[1037]. Bildet die InvAG mehrere TGV, können die auf der Ebene der einzelnen TGV erzielten Gewinne ohne Rücksicht auf die Verluste anderer TGV an die Aktionäre ausgeschüttet werden[1038]. Angesichts dieser zahlreichen Ausnahmen kann von einem Prinzip der Vermögensbindung keine Rede sein.

Die Anwendbarkeit von § 57 Abs. 1 Satz 1 AktG stößt auch insofern auf Bedenken, als unzulässige Ausschüttungen einen Rückgewähranspruch gegen den begünstigten Aktionär begründen würden, der unter den Voraussetzungen des § 62 Abs. 2 AktG auch von den Gesellschaftsgläubigern der InvAG geltend gemacht werden könnte. Dieses Verfolgungsrecht Privater wäre im Sanktionssystem des InvG, das Rechtsverletzungen des Investmentunternehmens mit aufsichtsbehördlichen Maßnahmen und öffentlich-rechtlichen Sanktionen begegnet, ein Fremdkörper. Die § 62 Abs. 2 AktG zugrunde liegende Abwägung, die den Gläubigerinteressen außerhalb von Dividendenzahlungen den Vorrang vor dem

1034 Siehe § 7 B. II.
1035 Siehe C. I. 2.
1036 Vgl. hierzu T. Bezzenberger, in: Schmidt/Lutter, AktG, § 71 Rn. 54.
1037 § 99 Abs. 3 Satz 1 i.V.m. § 43 Abs. 4 Nr. 6 InvG. Zur Funktion des Ertragsausgleichs vgl. Beckmann, in: B/S/V, Kz. 410, § 43 Rn. 69 ff.; Berger, in: B/S/L, § 9 InvStG, Rn. 4 ff.
1038 Siehe § 13 D. II.

Schutz des Aktionärsvertrauens einräumt, wäre mit dem Anlegerschutzziel des InvG nicht vereinbar[1039].

dd) Wille des Gesetzgebers

aaa) Freistellung von den Kapitalvorschriften des AktG

Ausweislich der Regierungsbegründung zum InvÄndG soll die InvAG von den Kapitalvorschriften des AktG umfassend befreit sein[1040]. §§ 182 bis 240 AktG finden für die InvAG deshalb nach § 99 Abs. 1 InvG keine Anwendung. Der Begriff des Grundkapitals wurde aufgegeben, um eine Verwechslung mit der aktienrechtlichen Kapitalstruktur zu vermeiden[1041]. Vor diesem Hintergrund ist es konsequent, § 57 AktG als die zentrale, auf Art. 15 Abs. 1 KapitalRL beruhende Vorschrift der Kapitalerhaltung[1042] ebenfalls von der Geltung für die InvAG auszunehmen.

bbb) Gleichstellung mit dem Sondervermögen

Der Gesetzgeber strebte bei der Regulierung der InvAG eine weitgehende Gleichstellung mit dem Sondervermögen an[1043]. Sofern die KAG keinem Ausschüttungsverbot in Bezug auf das Sondervermögen unterliegt, spricht auch dieses Anliegen für die Befreiung der InvAG von der Vermögensbindung des § 57 AktG.

Die KAG wird nach § 6 Abs. 1 Satz 2 InvG als AG oder GmbH betrieben. Da das Sondervermögen nicht Bestandteil des Gesellschaftsvermögens der KAG ist, greifen die gesellschaftsrechtlichen Ausschüttungssperren (§§ 30 Abs. 1 GmbHG, 57 AktG) insofern nicht. Umstritten ist, ob dem Investmentsparen ein Grundsatz der Substanzerhaltung immanent ist, der Ausschüttungen aus dem Sondervermögen außerhalb der im InvG geregelten Ausnahmen entgegensteht[1044]. Die wohl h.M.[1045] lehnt dies ab, da der Gesetzgeber den schwierigen

1039 Beispielsweise könnten die Aktionäre im Hinblick auf einen gutgläubig empfangenen, überhöhten oder entgegen § 105 Abs. 2 Satz 2 InvG ausgezahlten Rücknahmepreis einem von den Gläubigern geltend gemachten Rückforderungsanspruch der InvAG ausgesetzt sein, da der Vertrauensschutz des § 62 Abs. 1 Satz 2 AktG für diese Zahlungen nicht gelten würde, vgl. für die AG Cahn, in: Spindler/Stilz, AktG, § 62 Rn. 26.

1040 Begr. RegE, BT-Drs. 16/5576, S. 88 li. und re. Sp.

1041 Siehe A. II. 2.

1042 Cahn/v. Spannenberg, in: Spindler/Stilz, AktG, § 57 Rn. 1 und 3.

1043 Begr. RegE, BT-Drs. 16/5576, S. 83 li. Sp.; S. 84 re. Sp.; BT-Drs. 15/1553, S. 105 li. Sp.

1044 So Schödermeier/Baltzer, in: B/S, § 16 KAGG, Rn. 1; vorsichtiger Beckmann, in: B/S/V, Kz. 410, § 43 Rn. 73.

Ausgleich zwischen den verschiedenen Interessen der Anleger, die einerseits auf die Substanzerhaltung zur weiteren Wertsteigerung und andererseits auf die Dividende gerichtet seien, bewusst der Privatautonomie überlassen habe[1046]. Durch die verbindliche Festlegung der Ausschüttungspolitik in den Vertragsbedingungen und ihre Offenlegung im Verkaufsprospekt werde ein ausreichender Anlegerschutz gewährleistet[1047]. Dieser Auffassung ist zuzustimmen. Selbst wenn die Investmentanlage prinzipiell voraussetzt, dass die Gewinne zur weiteren Wertsteigerung im Anlagevermögen verbleiben, spricht angesichts der vorgeschriebenen Publizität nichts dagegen, den Anteilinhabern die Beteiligung an einem Sondervermögen mit einer großzügigen Ausschüttungspolitik zu gestatten. Die Befreiung der InvAG von der Vermögensbindung des § 57 AktG steht demnach im Einklang mit dem Anliegen des Gesetzgebers, Vertrags- und Satzungsform weitgehend gleichzustellen.

ee) Ergebnis

Da das InvG umfassende Ausschüttungen aus dem Investmentvermögen zulässt, dem Gläubigerschutzzweck des § 57 AktG durch das Anfangskapital und weitere Maßnahmen angemessen Rechnung trägt und es der Wille des Gesetzgebers ist, die InvAG von den Kapitalvorschriften des AktG zu befreien und dem Sondervermögen gleichzustellen, für das keine Vermögensbindung besteht, findet § 57 Abs. 1 Satz 1 AktG für die InvAG keine Anwendung.

b) Vermögensbindung in Höhe von 1,25 Mio. Euro

Da das Gesellschaftsvermögen der InvAG nicht umfassend gebunden ist, stellt sich die Frage, ob in Höhe von 1,25 Mio. Euro eine Ausschüttungssperre besteht. Aus § 105 Abs. 2 Satz 2 InvG ergibt sich, dass dieser Betrag jedenfalls nicht durch die Auszahlung des Aktienwerts im Rahmen der Aktienrücknahme gemindert werden darf[1048]. Ein darüber hinausgehendes Ausschüttungsverbot lässt sich dem InvG nicht entnehmen. Entgegen einer Ansicht im Schrifttum[1049] dient der Schwellenwert nicht in erster Linie dem Gläubigerschutz. Ein angemessener Schutz der Gläubigerinteressen wird bereits durch das anlässlich der

1045 Barocka, S. 150 f.; F. A. Schäfer, S. 93; v. Caemmerer, JZ 1958, 41, 47 f.; Hammer, BB 2003, 1760, 1761; Geßler, WM 1957, Sonderbeil. Nr. 4, S. 10, 23; Dürre, Sparkasse 1956, 219, 223; für die InvAG K. Steck/C. Fischer, ZBB 2009, 188, 191 f.

1046 Schäcker, S. 118 m.w.N.; F. A. Schäfer, S. 93; Hammer, BB 2003, 1760, 1761; v. Caemmerer, JZ 1958, 41, 47.

1047 K. Steck/C. Fischer, ZBB 2009, 188, 191 f.

1048 Siehe § 10 A. III. 2a).

1049 C. Fischer/K. Steck, in: B/S/L, § 97 InvG Rn. 12.

Gründung vollständig aufzubringende Anfangskapital[1050], die Begrenzung der Aktienrücknahme auf das in der Satzung festgelegte Mindestkapital und die Rücknahme der Aktien zum anteiligen Nettoinventarwert[1051], dessen zutreffende Ermittlung durch die Bewertungsvorschriften und die Mitwirkung der Depotbank sichergestellt wird[1052], die Publizität der Ausschüttungspolitik[1053] und die Beschränkung der Geschäftstätigkeit der InvAG[1054] erreicht. Es ist vielmehr anzunehmen, dass das Mindestgesellschaftsvermögen in erster Linie gewährleisten soll, dass die InvAG die Mittel für ein risikodiversifiziertes Portfolio einwirbt[1055]. Der Schwellenwert in Höhe von 1,25 Mio. Euro dient damit in erster Linie dem Schutz der Aktionäre und dem öffentlichen Interesse an der Funktionsfähigkeit der InvAG. Angesichts der drohenden Aufhebung der Erlaubnis durch die BaFin und der weiteren Konsequenzen, die im Falle des Unterschreitens der 1,25 Mio. Euro-Grenze drohen[1056], sind Ausschüttungen aus dem Mindestgesellschaftsvermögen aber regelmäßig sorgfaltswidrig.

D. Zusammenfassung

1. Zu den Wesensmerkmalen des veränderlichen Kapitals der InvAG gehören die Befugnis zur jederzeitigen Ausgabe und Rücknahme ihrer Aktien sowie der Gleichlauf von Gesellschaftsvermögen und Gesellschaftskapital. Das Gesellschaftskapital unterscheidet sich grundlegend vom Grundkapital der AG, da es auf keinen festen Nennbetrag lautet und den Wertschwankungen des Gesellschaftsvermögens unterliegt.
2. Das Mindestkapital der InvAG, das die Aktienrücknahme begrenzt, muss anfänglich mindestens 300.000 Euro betragen und darf keinesfalls so hoch sein, dass die InvAG bei wertender Betrachtung als geschlossener Fonds erscheint. Es ist unklar, welchem Zweck das die Aktienausgabe begrenzende Höchstkapital dient. Seiner Abschaffung steht jedoch Art. 1 Abs. 2 KapitalRL entgegen.
3. Das Anfangskapital der InvAG in Höhe von mindestens 300.000 Euro dient als Betriebskapital und hat vornehmlich Haft- und Garantiefunktion im Gläu-

1050 Siehe § 4 A. I.

1051 §§ 105 Abs. 2 Satz 1, 99 Abs. 3 Satz 1 i.V.m. §§ 36 Abs. 1 Satz 1, 23 Abs. 2 Satz 3 InvG.

1052 § 99 Abs. 3 Satz 1 i.V.m. §§ 36 Abs. 2 bis 4, 27 Abs. 1 Nr. 1, 105 Abs. 1 InvG.

1053 § 99 Abs. 3 Satz 1 i.V.m. §§ 42 Abs. 1 Satz 3 Nr. 13, 43 Abs. 4 Nr. 6 InvG.

1054 § 96 Abs. 2 InvG.

1055 Vgl. auch C. Fischer, S. 33, der zutreffend darauf hinweist, dass die selbstverwaltende InvAG einen Teil ihres Vermöges zum Erwerb der erforderlichen Infrastruktur aufwenden muss.

1056 Siehe C. II. 2.

bigerinteresse. Der Schwellenwert in Höhe von 1,25 Mio. Euro, den das Gesellschaftsvermögen nach Ablauf von sechs Monaten nach der Eintragung der InvAG im Handelsregister erreicht haben muss, soll gewährleisten, dass die InvAG die Mittel für ein risikodiversifiziertes Portfolio einwirbt. Ausschüttungen, die zur Unterschreitung dieses Betrags führen würden, sind regelmäßig sorgfaltswidrig.

4. Das aktienrechtliche Prinzip der Vermögensbindung findet für die InvAG keine Anwendung.

§ 9 Die Aktienausgabe

A. Die Aktienausgabe

Als Investmentvermögen der offenen Struktur muss es der InvAG möglich sein, fortlaufend neue Aktien auszugeben. Aktienrechtlich können neue Aktien nur im Verfahren der Kapitalerhöhung ausgegeben werden (I.), das den Besonderheiten der InvAG nicht gerecht wird (II.). Es stellt sich daher die Frage, ob es dem Gesetzgeber gelungen ist, das Verfahren der Aktienausgabe der InvAG durch investmentrechtliche Sonderregelungen praxisgerecht auszugestalten (III. und IV.). Auch die Modalitäten der Aktienausgabe weichen vom AktG ab (V.).

I. Das aktienrechtliche Verfahren der Kapitalerhöhung

Das AktG sieht verschiedene Verfahren zur Erhöhung des Grundkapitals durch Ausgabe neuer Aktien vor. Nachfolgend werden diese Verfahren – die reguläre Kapitalerhöhung (§§ 182 ff. AktG) und die Kapitalerhöhung aus genehmigtem Kapital (§§ 202 ff. AktG) – in der gebotenen Kürze dargestellt.

1. Die reguläre Kapitalerhöhung

Aktienrechtlich geht der Ausgabe neuer Aktien die Entscheidung zur Erhöhung des Grundkapitals voraus, die von der Hauptversammlung mit der qualifizierten Kapitalmehrheit und der einfachen Stimmenmehrheit zu treffen ist[1057]. Existieren mehrere Aktiengattungen, ist zusätzlich ein Sonderbeschluss der Aktionäre der jeweiligen Gattung erforderlich[1058]. Im Anschluss an die Eintragung des Kapitalerhöhungsbeschlusses im Handelsregister[1059] werden die jungen Aktien gezeichnet und die Mindesteinlage geleistet[1060]. Steht die Mindesteinlage zur freien Verfügung des Vorstands[1061], kann die Durchführung der Kapitalerhöhung in das Handelsregister eingetragen werden[1062]. Mit der Handelsregistereintragung

1057 §§ 182 Abs. 1, 133 Abs. 1 AktG.

1058 § 182 Abs. 2 Satz 1 und 2 AktG. Dieser Beschluss wird ebenfalls grundsätzlich mit der qualifizierten Kapitalmehrheit gefasst, § 182 Abs. 2 Satz 3 i.V.m. Abs. 1 Satz 1 AktG.

1059 § 184 Abs. 1 Satz 1 AktG.

1060 §§ 185, 188 Abs. 2, 36 Abs. 2, 36a AktG.

1061 §§ 188 Abs. 2, 37 Abs. 1 Satz 2 AktG.

1062 § 188 Abs. 1 AktG. Alternativ kann der Kapitalerhöhungsbeschluss nach § 188 Abs. 4 AktG gemeinsam mit dem Beschluss über die Durchführung der Kapitalerhöhung eingetragen werden.

ist die Kapitalerhöhung wirksam[1063] und die Ausgabe der neuen Aktien zulässig[1064].

2. Das genehmigte Kapital

Das genehmigte Kapital ermöglicht der AG, sich kurzfristig auf dem Kapitalmarkt bietende Chancen für die Eigenkapitalfinanzierung zu nutzen. Hierzu wird der Vorstand in der Satzung zur Ausgabe neuer Aktien gegen Einlagen ermächtigt[1065]. Auf dieser Grundlage entscheidet der Vorstand nach pflichtgemäßem Ermessen über den Zeitpunkt und den Umfang der Aktienausgabe. Das genehmigte Kapital ist auf einen in der Satzung festzulegenden Betrag begrenzt, der die Hälfte des Grundkapitals nicht überschreiten darf (sog. Kapitalgrenze)[1066]. Die Ermächtigung zur Aktienausgabe ist befristet und endet spätestens mit Ablauf von fünf Jahren nach der Eintragung des genehmigten Kapitals im Handelsregister[1067]. Die Ausgabe der Aktien bedarf der Zustimmung des Aufsichtsrats[1068]. Das weitere Verfahren folgt dem der ordentlichen Kapitalerhöhung[1069]. Mit der Eintragung der Durchführung der Kapitalerhöhung im Handelsregister ist die Kapitalerhöhung wirksam[1070].

II. Bedürfnis für eine investmentrechtliche Sonderregelung

Die reguläre Kapitalerhöhung ist angesichts des erforderlichen Hauptversammlungsbeschlusses und der Eintragungserfordernisse im Handelsregister aufwändig und langwierig. Allein die Einhaltung der Einberufungsfristen erfordert einen zeitlichen Vorlauf von mindestens 30 Tagen[1071], sofern die Hauptversammlung nicht unter Verzicht auf alle Fristerfordernisse als Vollversammlung abgehalten wird[1072]. Die gesetzliche Ermächtigung der InvAG zur „jederzeitigen" Aktienausgabe (vgl. § 105 Abs. 1 InvG) ließe sich auf diesem Wege nicht umsetzen.

Das genehmigte Kapital wird den investmentrechtlichen Besonderheiten eher gerecht, da der Vorstand die Aktienausgabe ohne Mitwirkung der Haupt-

1063 § 189 AktG.
1064 § 191 AktG.
1065 § 202 Abs. 1 und 2 AktG.
1066 § 202 Abs. 3 Satz 1 AktG.
1067 § 203 Abs. 1 und Abs. 2 Satz 1 AktG.
1068 § 203 Abs. 3 Satz 2 AktG. Der Wortlaut ist insofern missverständlich, als nicht die körperliche Ausgabe der Aktienurkunden, sondern der Entschluss des Vorstands an die Zustimmung des Aufsichtsrats gebunden ist, Wanser, in: Spindler/Stilz, AktG, § 202 Rn. 90.
1069 § 203 Abs. 1 i.V.m. §§ 185 bis 191 AktG
1070 § 203 Abs. 1 Satz 1 i.V.m. §§ 188 Abs. 1, 189 AktG.
1071 § 123 Abs. 1 Satz 1 AktG.
1072 § 121 Abs. 6 AktG.

versammlung beschließen kann. Nicht interessengerecht sind allerdings die Grenzen des genehmigten Kapitals. Für eine Beschränkung der Vorstandsermächtigung zur Aktienausgabe durch eine Kapitalgrenze besteht kein Bedürfnis[1073]. Eine Befristung der Vorstandsermächtigung ist ebenfalls nicht interessengerecht, da die InvAG während der gesamten Dauer ihrer Geschäftstätigkeit die Möglichkeit zur flexiblen Ausgabe neuer Aktien haben muss. Schließlich würde die Aktienausgabe durch das Zustimmungserfordernis des Aufsichtsrats unnötig erschwert, da die Ausgabebedingungen im InvG und der Satzung festgelegt sind[1074].

III. Die Aktienausgabe nach dem InvModG

1. Das statutarisch genehmigte Kapital

§ 104 Satz 1 InvG i.d.F. des InvModG ermächtigte den Vorstand der InvAG, das Grundkapital durch die wiederholte Ausgabe neuer Aktien bis zu einem in der Satzung festgelegten Höchstbetrag zu erhöhen. Dieser Tatbestand wurde als „statutarisch genehmigtes Kapital" bezeichnet, wohl um klarzustellen, dass die Vorstandsermächtigung immanenter Bestandteil der Kapitalstruktur der InvAG ist und – anders als das genehmigte Kapital des Aktienrechts – nicht erst durch die Aufnahme einer entsprechenden Satzungsbestimmung geschaffen werden muss[1075]. Hinsichtlich des Verfahrens der Kapitalerhöhung verwies § 104 Satz 2 InvG a.F. auf die „Vorschriften des AktG zur Kapitalerhöhung". Diese Formulierung wurde im Schrifttum als Bezugnahme auf die Vorschriften des genehmigten Kapitals verstanden[1076] und hatte angesichts des Pauschalverweises auf das AktG in § 99 Abs. 1 InvG a.F. lediglich klarstellenden Charakter. Durch den Verzicht auf einen Beschluss der Hauptversammlung in § 104 Satz 2 InvG a.F. wurde klargestellt, dass eine Mitwirkung dieses Organs zu keiner Zeit erforderlich war, so dass das statutarisch genehmigte Kapital in Abweichung von § 202 Abs. 1 und 2 AktG unbefristet galt[1077]. An die Stelle der Kapitalgrenze des ge-

---

1073 Siehe § 8 B. I. 2a) für das Höchstkapital.

1074 Vgl. §§ 105 Abs. 2 Satz 4, 99 Abs. 3 Satz 1 i.V.m. §§ 23 Abs. 2 Satz 1 und 3, 43 Abs. 4 Nr. 4, 6, 8, 10 InvG.

1075 Kritisch K. Steck/Schmitz, AG 2004, 658, 660 Fn. 23, da auch das genehmigte Kapital nach §§ 202 ff. AktG auf einer Regelung in der Satzung beruhe.

1076 Fromm, S. 36; Begr. RegE, BT-Drs. 15/1553, S. 106 li. Sp. Anders Eckhold, ZGR 2007, 654, 670, der das statutarisch genehmigte Kapital als „investmentrechtlichen Hybrid" mit Anleihen beim aktienrechtlichen genehmigten und bedingten Kapital bezeichnet; ähnlich Baums/Kiem, in: FS Hadding, 2004, S. 741, 756.

1077 C. Fischer, S. 62; Fromm, S. 37 ff.; Kasberg, S. 25; Baums/Kiem, in: FS Hadding, 2004, S. 741, 745 f.; Pluskat, WM 2005, 772, 774; Hermanns, ZIP 2004, 1297, 1298.

nehmigten Kapitals traten der in der Satzung festzulegende Höchstbetrag und das Höchstkapital[1078].

2. Die Durchführung der Kapitalerhöhung

Die Ausnutzung des statutarisch genehmigten Kapitals setzte entsprechend § 202 Abs. 3 Satz 2 AktG die Zustimmung des Aufsichtsrats voraus[1079]. Da § 191 AktG nach § 104 Satz 5 InvG a.F. keine Anwendung fand, konnten die Aktien der InvAG bereits vor der Eintragung der Durchführung der Kapitalerhöhung in das Handelsregister eingetragen werden. Die Grundkapitalerhöhung war damit in Abweichung von § 189 AktG bereits vor der Handelsregistereintragung wirksam[1080]. Kontrovers diskutiert wurde, ob die Kapitalerhöhung zur Eintragung in das Handelsregister anzumelden war und wann dies zu geschehen hatte. Überwiegend wurde eine Pflicht zur zeitabschnittsweisen Eintragung der Kapitalerhöhung angenommen, wobei analog § 201 AktG die Sammelanmeldung aller unterjährigen Kapitalerhöhungen binnen eines Monats nach Ablauf des Geschäftsjahres für ausreichend gehalten wurde[1081]. Andere Stimmen befürworteten eine wöchentliche Veröffentlichung des Umfangs der Ausnutzung des statutarisch genehmigten Kapitals im elektronischen Bundesanzeiger entsprechend § 103 Abs. 3 InvG a.F.[1082].

IV. Die Aktienausgabe nach dem InvÄndG

Im Rahmen des InvÄndG wurden die Kapitalvorschriften der InvAG grundlegend überarbeitet. Die in § 104 Satz 1 InvG enthaltene Vorstandsermächtigung zur Kapitalerhöhung wurde beibehalten[1083], aber auf die Ausgabe von Anlageaktien beschränkt[1084]. Die Bezeichnung als statutarisch genehmigtes Kapital ist entfallen. Die Grenzen des genehmigten Kapitals finden angesichts der ausdrücklichen Ausnahme der InvAG von den Regelungen der §§ 182 ff. AktG keine Anwendung mehr. Die Vorstandsermächtigung zur Kapitalerhöhung ist

---

1078 §§ 104 Satz 1, 105 Abs. 1 InvG a.F.; C. Fischer, S. 62; Fromm, S. 40; Kasberg, S. 26; Baums/Kiem, in: FS Hadding, 2004, S. 741, 745 f.; Hermanns, ZIP 2004, 1297, 1298; Pluskat, WM 2005, 772, 774.

1079 Begr. RegE, BT-Drs. 16/5576, S. 88 li. Sp.; Nickel, S. 124.

1080 Begr. RegE, BT-Drs. 15/1553, S. 106; Kasberg, S. 26; Pluskat, WM 2005, 771, 774.

1081 Baums/Kiem, in: FS Hadding, 2004, S. 741, 756; Hermanns, ZIP 2004, 1297, 1299; Pluskat, WM 2005, 771, 774; a.A. C. Fischer, S. 73 ff.

1082 C. Fischer, S. 75 f.; Baums/Kiem, in: FS Hadding, 2004, S. 741, 757; Hermanns, ZIP 2004, 1297, 1300; Pluskat, WM 2005, 771, 775; Bödecker/Kuhn, in: Hdb. Investmentrecht, S. 440 de lege ferenda.

1083 Kritisch Heeren/v. Tiling, in: Kempf, Investmentrecht 2007, S. 214, die die gesetzliche Ermächtigung für überflüssig halten.

1084 Zur Zuständigkeit für die Ausgabe neuer Unternehmensaktien siehe § 10 C. I. 2.

somit einzig durch das in der Satzung festzulegende Höchstkapital begrenzt. Die Ausgabe neuer Aktien steht im pflichtgemäßen Ermessen des Vorstands[1085] und ist nicht an die Zustimmung des Aufsichtsrats gebunden. Die Vorstandskompetenz ist zwingend und kann nicht auf die Hauptversammlung übertragen werden[1086]. Nach § 104 Satz 3 InvG ist die Kapitalerhöhung mit der Aktienausgabe wirksam. Die Eintragung der Kapitalerhöhung im Handelsregister ist auch als deklaratorischer Akt nicht erforderlich.

V. Modalitäten der Aktienausgabe

1. Ausgabe von Stückaktien

Das InvModG überließ die Wahl der Aktienform der InvAG. Die Aktien konnten entweder als Nennbetragsaktien oder als Stückaktien ausgegeben werden[1087]. Die Ausgabe von Nennbetragsaktien war allerdings nicht praktikabel[1088], da die ständigen Schwankungen der Grundkapitalziffer eine fortlaufende Korrektur des Nennbetrags erfordert hätten. Bei Stückaktien stellt sich dieses Problem nicht, da der auf die Aktien entfallende Kapitalbetrag im Wege der Teilung des Grundkapitals durch die Aktienanzahl ermittelt wird[1089]. Seit dem InvÄndG dürfen die Aktien der InvAG nach § 96 Abs. 1 Satz 4 InvG nur noch als Stückaktien begeben werden.

Die Aktien der InvAG sind nur bedingt mit den Stückaktien der AG im Sinne von § 8 Abs. 1 2. Alt. AktG vergleichbar. Die Stückaktien der AG werden auch als unechte nennwertlose Aktien bezeichnet, da sie zwar auf keinen bestimmten Nennbetrag lauten, ihr rechnerischer Wert aber unter Heranziehung des Grundkapitals ermittelt wird[1090]. Sog. echte nennwertlose Aktien (*no par value shares*) repräsentieren dagegen den rechnerisch auf die Aktien entfallenden Teil des Gesellschaftsvermögens, ohne einen Bezug zum Grundkapital herzustellen[1091]. Die KapitalRL steht der Einführung echter nennwertloser Aktien für die AG entgegen[1092]. Die InvAG hat ebenso wie die AG ein in Aktien zerlegtes Kapital (vgl. § 1 Abs. 2 AktG), das jedoch nicht auf einen festen Nennbetrag

---

1085 Eckhold, ZGR 2007, 654, 680; K. Steck/Schmitz, AG 2004, 654, 660.

1086 Eckhold, ZGR 2007, 654, 672; a.A. Baums/Kiem, in: FS Hadding, 2004, S. 741, 746.

1087 § 99 Abs. 1 InvG i.V.m. §§ 8 Abs. 1, 23 Abs. 3 Nr. 4 AktG.

1088 Begr. RegE, BT-Drs. 16/5576, S. 83 re. Sp.

1089 § 8 Abs. 4 AktG.

1090 Heider, in: MünchKommAktG, § 8 Rn. 20 f.; Jahr/Stützel, S. 14; vgl. auch T. Bezzenberger, Kapital, S. 34: „impliziter" oder „virtueller" Nennbetrag.

1091 Heider, in: MünchKommAktG, § 8 Rn. 20, 22; Jahr/Stützel, S. 14; Schröer, ZIP 1997, 221, 223.

1092 Heider, in: MünchKommAktG, § 8 Rn. 22. Zu Reformüberlegungen auf europäischer Ebene Baldamus, S. 105 ff.; Pentz/Priester/Schwanna, ZGR 2006, Sonderheft 71, 42, 67 ff.

lautet, sondern dem aktuellen Wert des Gesellschaftsvermögens entspricht[1093]. Die Aktien der InvAG vermitteln deshalb zugleich eine anteilige Beteiligung am Gesellschaftsvermögen. Aufgrund dieser Besonderheit sind die Stückaktien der InvAG echten nennwertlosen Aktien angenähert[1094].

2. Zulässigkeit von Bruchstückaktien

Seit dem InvÄndG kann die Satzung der InvAG nach § 96 Abs. 1 Satz 4 2. Hs. InvG eine Beteiligung nach Bruchteilen vorsehen. Hierdurch wird den Aktionären die Möglichkeit gegeben, für einen festen Geldbetrag Aktien der Gesellschaft zu erwerben[1095]. Zudem wird der Rechtsrahmen der InvAG an den des Sondervermögens[1096] und vergleichbarer ausländischer Investmentvermögen[1097] angepasst. Die Einführung von „Bruchstückaktien"[1098] geht über das Aktienrecht hinaus, da § 8 Abs. 5 AktG eine Aufspaltung von Aktien verbietet[1099].

3. Der Ausgabepreis

Aktienrechtlich ist die Hauptversammlung zur Entscheidung über den Ausgabebetrag, d.h. den Betrag, der bei Zeichnung der Aktien zu zahlen ist[1100], berufen[1101]. Unterbleibt eine konkrete Festlegung des Ausgabebetrags im Kapitalerhöhungsbeschluss, trifft der Vorstand die Entscheidung im Rahmen seiner allgemeinen Finanzierungsverantwortung[1102]. Die Aktien müssen nach § 9 Abs. 1 AktG mindestens zu pari ausgegeben werden. Ist das Bezugsrecht auf die neuen Aktien ausgeschlossen, muss der Ausgabebetrag nach § 255 Abs. 2 AktG angemessen sein, um eine „Verwässerung" des Aktienkurses zum Nachteil der Alt-

1093 § 96 Abs. 1a Satz 1 InvG.

1094 Weitergehend Fock/Hartig, in: FS Spiegelberger, 2009, S. 653, 658: echte nennwertlose Stückaktien.

1095 Z.B. im Rahmen eines Sparplans, vgl. Begr. RegE, BT-Drs. 16/5576, S. 83 re. Sp.; Nickel, S. 126.

1096 Köndgen/Schmies, in: Bankrechts-Hdb., § 113 Rn. 23; Baur, in: Hdb. Kapitalanlagerecht, § 20 Rn. 291; Päsler, S. 66.

1097 Beispielsweise kann die luxemburgische SICAV Bruchstückaktien (*fractions d'actions*) ausgeben, vgl. Art. 37 loi du 10 août 1915 concernant les sociétés commerciales; Kremer/Lebbe, Rn. 516.

1098 Wallach, Der Konzern 2007, 488, 491.

1099 Brändel, in: GroßKommAktG, § 8 Rn. 49 ff.; Vatter, in: Spindler/Stilz, AktG, § 8 Rn. 49; Hüffer, AktG, § 8 Rn. 30; Wiesner, in: MünchHdb. AG, § 12 Rn. 18; Nickel, S. 126.

1100 Herfs, in: Unternehmensfinanzierung am Kapitalmarkt, § 4 Rn. 53.

1101 § 182 Abs. 3 AktG; Peifer, in: MünchKommAktG, § 182 Rn. 47; Herfs, in: Unternehmensfinanzierung am Kapitalmarkt, § 4 Rn. 54.

1102 Hüffer, AktG, § 182 Rn. 24; Herfs, in: Unternehmensfinanzierung am Kapitalmarkt, § 4 Rn. 55.

aktionäre zu vermeiden[1103]. Im Übrigen liegt die Festlegung der Höhe des Ausgabebetrags im freien Ermessen des Vorstands[1104], so dass auch ein erheblicher Abschlag auf den Börsenkurs vereinbart werden kann[1105].

Der Ausgabepreis der Aktien der InvAG wird durch den Vorstand festgelegt. Der Ausgabepreis muss dem Aktienwert entsprechen, zuzüglich eines ggf. vereinbarten Ausgabeaufschlags[1106], der die Kosten für den Vertrieb der Aktien decken soll[1107]. Der Aktienwert ist der anteilige Nettoinventarwert am Tag der Annahme des Zeichnungsangebots[1108]. Da der Ausgabepreis zudem sofort vollständig eingezahlt werden muss[1109], ist eine Verwässerung des Aktienwerts zulasten der Altaktionäre nicht zu befürchten[1110]. Die Aktionäre können sich jederzeit über den aktuellen Aktienwert informieren, da der Ausgabe- und der Rücknahmepreis der Aktien regelmäßig veröffentlicht werden[1111].

B. Das Bezugsrecht der Aktionäre

I. Einleitung

Die Aktionäre einer AG sind nach § 186 Abs. 1 AktG zur bevorrechtigten Zeichnung neuer Aktien aus einer Kapitalerhöhung berechtigt. Das Bezugsrecht kann nach § 186 Abs. 3 AktG durch Beschluss der Hauptversammlung ausgeschlossen werden[1112], wenn ein sachlicher Grund vorliegt[1113]. In Abweichung vom AktG stand den Aktionären der InvAG nach § 104 Satz 2 InvG i.d.F. des InvModG kein Bezugsrecht zu. Der gesetzliche Bezugsrechtsausschluss wurde für notwendig erachtet, um der InvAG die fortlaufende und reibungslose Ausgabe ihrer Aktien zu ermöglichen[1114]. Im Zuge des InvÄndG wurde § 104 Satz 2

1103 Peifer, in: MünchKommAktG, § 182 Rn. 50; Hüffer, AktG, § 182 Rn. 25.

1104 Peifer, in: MünchKommAktG, § 182 Rn. 48, 50; Hüffer, AktG, § 182 Rn. 23, 25; § 204 Rn. 5.

1105 Herfs, in: Unternehmensfinanzierung am Kapitalmarkt, § 4 Rn. 55.

1106 § 99 Abs. 3 Satz 1 i.V.m. § 23 Abs. 2 Satz 1 InvG.

1107 Kritisch Köndgen/Schmies, in: Bankrechts-Hdb., § 113 Rn. 129, die annehmen, der Ausgabeaufschlag werde in der Praxis vor allem mit dem Ziel erhoben, die Anleger von einer kostspieligen Umschichtung ihrer Anteile abzuhalten.

1108 § 99 Abs. 3 Satz 1 i.V.m. § 36 Abs. 1 Satz 1 InvG; Begr. RegE, BT-Drs. 13/8933, S. 130 re. Sp.

1109 § 103 InvG.

1110 Beckmann, in: B/S/V, Kz. 410, § 27 Rn. 7; C. Fischer, S. 58 f.; Wegner, S. 283; Eckhold, ZGR 2007, 654, 676; v. Caemmerer, JZ 1958, 41, 47.

1111 § 99 Abs. 3 Satz 1 i.V.m. § 36 Abs. 6 Satz 2 InvG.

1112 Erfolgt die Kapitalerhöhung aus genehmigtem Kapital, kann der Vorstand der AG nach § 203 Abs. 2 AktG zum Bezugsrechtsausschluss ermächtigt werden.

1113 BGHZ 71, 40, 46 = NJW 1978, 1316 „Kali & Salz".

1114 Begr. RegE BT-Drs. 15/1553, S. 106 li. Sp.

InvG vor dem Hintergrund der Einführung von Unternehmens- und Anlageaktien neu gefasst. Nach der Neufassung haben die Unternehmensaktionäre ein Bezugsrecht entsprechend § 186 AktG. Anlageaktionären steht ein Bezugsrecht nur dann zu, wenn ihnen die Satzung Stimmrechte einräumt.

Im Folgenden werden die Funktion (II.) und der Inhalt des investmentrechtlichen Bezugsrechts (III.) untersucht.

II. Die Funktion des Bezugsrechts

Zweck des aktienrechtlichen Bezugsrechts ist der Schutz der Aktionäre vor den nachteiligen Folgen des Hinzutretens neuer Aktionäre im Rahmen einer Kapitalerhöhung[1115]. Werden neue Aktien gezeichnet, verringert sich die Beteiligungsquote der Altaktionäre, wodurch ihr Stimmgewicht in der Hauptversammlung sinkt[1116] und Verwaltungsrechte, die an eine bestimmte Kapitalquote geknüpft sind, unter Umständen nicht mehr ausgeübt werden können[1117]. Darüber hinaus nehmen die Altaktionäre mit einer geringeren Quote an künftigen Gewinnausschüttungen und am Abwicklungserlös teil und erleiden damit eine Vermögenseinbuße, wenn die Ausschüttungen und der Abwicklungserlös durch die neuen Einlagen nicht entsprechend steigen[1118]. Werden die neuen Aktien mit einem Abschlag auf den Börsenkurs ausgegeben, „verwässert“ zudem der Kurswert der Altaktien[1119]. Das Bezugsrecht kompensiert diese Nachteile, da die Aktionäre durch die Ausübung dieses Rechts ihre bisherige Stimm- und Beteiligungsquote aufrechterhalten können und zudem einen veräußerlichen Vermögenswert erhalten, der in etwa dem Wertverlust ihrer Aktien entspricht[1120].

Für die Aktionäre der InvAG trifft die beschriebene Funktion des Bezugsrechts nur zum Teil zu. Die InvAG gibt ihre Aktien zum anteiligen Nettoinventarwert und gegen vollständige Leistung des Ausgabepreises aus, so dass eine Verwässerung des Aktienwerts nicht zu befürchten ist[1121]. Die Depotbank wacht über die zutreffende Ermittlung und die vollständige Einzahlung des Ausgabepreises und ist überdies mit der Abwicklung der Aktienausgabe betraut[1122]. Zu-

---

1115 Peifer, in: MünchKommAktG, § 186 Rn. 27.

1116 Das Stimmgewicht bemisst sich nach der Zahl der Aktien bzw. den Nennbeträgen der Aktien des Aktionärs vgl. § 134 Abs. 1 Satz 1 AktG.

1117 Peifer, in: MünchKommAktG, § 186 Rn. 1; Veil, in: Schmidt/Lutter, AktG, § 186 Rn. 24.

1118 §§ 60 Abs. 1, 271 Abs. 2 AktG; Peifer, in: MünchKommAktG, § 186 Rn. 1; Veil, in: Schmidt/Lutter, AktG, § 186 Rn. 24; Hüffer, AktG, § 186 Rn. 2.

1119 Peifer, in: MünchKommAktG, § 186 Rn. 1; Veil, in: Schmidt/Lutter, AktG, § 186 Rn. 24.

1120 Peifer, in: MünchKommAktG, § 186 Rn. 1; T. Bezzenberger, ZIP 2002, 1917, 1918.

1121 Siehe A. V. 3.

1122 § 99 Abs. 3 Satz 1 i.V.m. §§ 23 Abs. 1, 27 Abs. 1 Nr. 1, 36 Abs. 1 Satz 2 InvG.

dem kann die InvAG einen Ertragsausgleich vornehmen, der verhindert, dass die Dividende durch das Hinzutreten neuer Aktionäre unmittelbar vor einem Ausschüttungstermin geschmälert wird[1123]. Da die Transaktionskosten von dem regelmäßig erhobenen Ausgabeabschlag abgedeckt sind, werden die Altaktionäre auch nicht mit den Kosten für die Ausgabe der neuen Aktien belastet. Dagegen enthält das InvG keine Vorkehrungen, die verhindern oder einen Ausgleich dafür bieten, dass die Stimm- und Beteiligungsquote der Aktionäre durch das Hinzutreten weiterer Aktionäre sinkt[1124]. Das Bezugsrecht, das den Unternehmensaktionären und den stimmberechtigten Anlageaktionären nach § 104 Satz 2 InvG i.V.m. § 186 AktG zusteht, gewährleistet insofern einen angemessenen Aktionärsschutz.

III. Reichweite und Inhalt des Bezugsrechts

Der Wortlaut von § 104 Satz 2 InvG lässt offen, ob die Regelung für die Ausgabe von Aktien jeder Gattung gilt.

1. Ausgabe stimmberechtigter Anlageaktien

Gibt die InvAG neue stimmberechtigte Anlageaktien aus, sind die Unternehmensaktionäre und die stimmberechtigten Anlageaktionäre nach § 104 Satz 2 InvG i.V.m. § 186 AktG zur bevorrechtigten Zeichnung der Aktien berechtigt. Entgegen anderer Auffassung[1125] setzt das Bezugsrecht der Aktionäre nicht voraus, dass die Hauptversammlung über die Kapitalerhöhung unter gleichzeitiger Erhöhung des in der Satzung festgelegten Höchstkapitals beschließt. Eine solche Voraussetzung stellt auch das Aktienrecht nicht auf, da § 186 AktG etwa auch dann Anwendung findet, wenn der Vorstand der AG über eine Kapitalerhöhung aus genehmigtem Kapital beschließt[1126]. Träfe diese Auffassung zu, wäre das Bezugsrecht weitgehend bedeutungslos, da die Ausgabe neuer Aktien sich regelmäßig innerhalb des festgelegten Kapitalrahmens bewegt und somit nach § 104 Satz 1 InvG in die Kompetenz des Vorstands fällt.

Das aktienrechtliche Bezugsrecht berechtigt grundsätzlich zum Bezug der neu geschaffenen Aktien, ungeachtet dessen, ob diese einer anderen Gattung angehören[1127]. Somit sind auch die Unternehmensaktionäre zur Zeichnung von stimmberechtigten Anlageaktien berechtigt[1128]. Dieses Ergebnis stößt nicht auf

1123 § 99 Abs. 3 Satz 1 i.V.m. § 43 Abs. 4 Nr. 6 InvG.
1124 Eckhold, ZGR 2007, 654, 678; Wallach, Der Konzern 2007, 487, 491.
1125 C. Fischer/K. Steck, in: B/S/L, § 96 InvG Rn. 12.
1126 Bayer, in: MünchKommAktG, § 203 Rn. 202.
1127 Peifer, in: MünchKommAktG, § 186 Rn. 27; Lutter, in: KölnKommAktG, § 186 Rn. 17; Hüffer, AktG, § 186 Rn. 8; Kraft/Krieger, in: MünchHdb. AG, § 56 Rn. 66; Polte, S. 140 ff.
1128 Ebenso Sachtleber, S. 110; Wallach, Der Konzern 2007, 487, 491.

Bedenken, da die Unternehmensaktionäre ihren Anteil am stimmberechtigten Kapital auch durch die Zeichnung von Anlageaktien aufrechterhalten können und ein berechtigtes Interesse haben, ihre Beteiligung auch zu Anlagezwecken zu nutzen[1129].

Den stimmrechtslosen Anlageaktionären steht nach § 104 Satz 2 InvG kein Bezugsrecht zu. Soweit das Bezugsrecht dazu dient, den Aktionären den Erhalt ihrer Stimmrechtsquote zu ermöglichen, kann die verfassungsrechtliche Rechtfertigung dieses Bezugsrechtsausschlusses im Lichte von Art. 14 Abs. 1 GG nicht zweifelhaft sein[1130]. Der Ausschluss des Bezugsrechts ist aber auch insoweit rechtlich unbedenklich, als er dem Erhalt der Beteiligungsquote dient, da die Verwaltungsrechte, deren Ausübung von einer bestimmten Beteiligungsquote abhängt, zumeist versammlungsgebunden sind[1131] und den Anlageaktionären deshalb nach § 96 Abs. 1c Satz 2 InvG ohnehin nicht zustehen[1132]. Die Interessen stimmrechtsloser Anlageaktien sind bei der Ausgabe neuer Aktien nur insoweit berührt, als eine „Verwässerung" des Wertes der Altaktien zu befürchten ist. Dieser Gefahr wird aber durch investmentrechtliche Maßnahmen, insbesondere das Gebot der vollständigen Einzahlung des Aktienwerts durch die neuen Aktionäre, ausreichend Rechnung getragen[1133]. Zudem können die stimmrechtslosen Anlageaktionäre in der Regel problemlos neue Aktien zeichnen, da eine Überzeichnung[1134] angesichts der Vorstandsermächtigung zur jederzeitigen Ausgabe neuer Anlageaktien nach § 104 Satz 1 InvG praktisch ausgeschlossen ist.

2. Ausgabe stimmrechtsloser Anlageaktien

Nach dem Wortlaut von § 104 Satz 2 InvG besteht das Bezugsrecht der Unternehmensaktionäre und der stimmberechtigten Anlageaktionäre auch dann, wenn

---

1129 Begr. RegE, BT-Drs. 16/5576, S. 83 re. Sp.

1130 Zur verfassungsrechtlichen Rechtfertigung des Bezugsrechtsausschlusses nach § 104 Satz 2 InvG a.F. vgl. C. Fischer, S. 58 f.; Eckhold, ZGR 2007, 654, 675; Baums/Kiem, in: FS Hadding, 2004, S. 741, 748 f.

1131 Vgl. z.B. §§ 93 Abs. 4 Satz 3, § 122 Abs. 1 und 2, § 142 Abs. 2 und 4, § 147 Abs. 2, § 258 Abs. 2 AktG. Das Recht zur Geltendmachung von Ersatzansprüchen im Wege des Klagezulassungsverfahrens nach § 148 Abs. 1 AktG ist nicht an die Teilnahme in der Hauptversammlung gebunden. Die Aktionäre können dieses Recht aber unabhängig von ihrer Kapitalquote geltend machen, wenn der von ihnen gehaltene Betrag mindestens 100.000 Euro entspricht, vgl. § 148 Abs. 1 Satz 1 AktG.

1132 Siehe § 5 D. II.

1133 Siehe II.

1134 Diese Problematik stellt sich für die AG, wenn mehr Zeichnungserklärungen eingehen, als Aktien aus der Kapitalerhöhung zur Verfügung stehen, vgl. Krieger, in: MünchHdb. AG, § 56 Rn. 119.

die InvAG stimmrechtlose Anlageaktien ausgibt. Dieses Ergebnis könnte einer Korrektur bedürfen. Der auf den Erhalt der Stimmrechts- und Beteiligungsquote der Altaktionäre gerichtete Zweck des Bezugsrechts spricht dafür, dass bei der Ausgabe von Anlageaktien, die weder ein Stimmrecht noch sonstige versammlungsgebundene Verwaltungsrechte gewähren, kein Bezugsrecht besteht[1135]. Zudem wäre die Verfassungsmäßigkeit von § 104 Satz 2 InvG im Lichte des in Art. 3 Abs. 1 GG verankerten Gleichbehandlungsgrundsatzes zweifelhaft, wenn ein Bezugsrecht der Unternehmensaktionäre und der stimmberechtigten Anlageaktionäre bestünde, da in diesem Fall kein sachlicher Grund für die Benachteiligung der stimmrechtslosen Anlageaktionäre vorläge. Schließlich werden die Aktien der InvAG nach dem gesetzlichen Leitbild regelmäßig als stimm- und teilnahmerechtslose Anlageaktien ausgegeben[1136]. Bestünde ein Bezugsrecht der Unternehmensaktionäre und, soweit vorhanden, der stimmberechtigten Anlageaktionäre, würde die bezugsrechtswahrende Kapitalerhöhung in der Praxis zum Regelfall. Der Zweck des partiellen Bezugsrechtsausschlusses des § 104 Satz 2 InvG, der in der Erleichterung des Verfahrens der Aktienausgabe besteht[1137], würde bei einer wortlautgetreuen Auslegung der Vorschrift also in sein Gegenteil verkehrt. § 104 Satz 2 InvG ist deshalb dahingehend auszulegen, dass bei der Ausgabe stimmrechtsloser Anlageaktien kein Bezugsrecht besteht[1138].

3. Ausgabe von Unternehmensaktien

Da § 104 Satz 2 InvG das Bezugsrecht der Aktionäre der InvAG abschließend regelt, weil § 186 AktG im Übrigen nach § 99 Abs. 1 InvG nicht anwendbar ist, findet die Vorschrift auch dann Anwendung, wenn neue Unternehmensaktien ausgegeben werden. Da sich das Bezugsrecht grundsätzlich auf Aktien der ausgegebenen Gattung richtet[1139], wären an sich auch die stimmberechtigten Anlageaktionäre zum Bezug junger Unternehmensaktien berechtigt. Dies ist deshalb problematisch, weil die Unternehmensaktien anders als die Anlageaktien nicht an das breite Publikum ausgegeben werden, sondern einem eng begrenzten Personenkreis vorbehalten sind. Nur die Gründer der InvAG und andere Investoren, die am wirtschaftlichen Erfolg der Unternehmung interessiert und bereit sind, unternehmerische Verantwortung zu übernehmen, sollen als Unternehmensaktionäre beteiligt werden[1140]. Um bestimmte Personen gezielt als Unternehmensaktionäre zu werben, kann das Bezugsrecht entsprechend § 186 Abs. 3 AktG durch

---

1135 So auch Eckhold, ZGR 2007, 654, 678.
1136 § 96 Abs. 1c Satz 2 InvG.
1137 Begr. RegE. BT-Drs. 15/1553, S. 106 li. Sp.
1138 So auch C. Fischer/K. Steck, in: B/S/L, § 104 InvG Rn. 6.
1139 Siehe III. 1.
1140 Siehe § 5 C. I. 1.

Hauptversammlungsbeschluss ausgeschlossen werden. Die Aufnahme weiterer, mit den bisherigen Unternehmensaktionären einvernehmlich agierender Investoren liegt regelmäßig im Gesellschaftsinteresse.

Es stellt sich die Frage, ob statt des Bezugsrechtsausschlusses die Ausgabe neuer Unternehmensaktien unter Gewährung sog. Gattungsbezugsrechte möglich ist. In diesem Fall wären die Bezugsrechte der Unternehmensaktionäre und der stimmberechtigten Anlageaktionäre auf Aktien der eigenen Gattung gerichtet[1141]. Die h.M. lässt das Gattungsbezugsrecht zu, sofern die neuen Aktien im bisherigen Verhältnis der Gattungen zueinander ausgegeben werden[1142]. Nach der Gegenauffassung lässt sich dieses Ergebnis nur durch den vorherigen förmlichen Ausschluss der Bezugsrechte auf Aktien der jeweils anderen Gattung erreichen (sog. gekreuzter Bezugsrechtsausschluss), wobei ein sachlicher Grund vorliegt, wenn das Verhältnis der Aktiengattungen zueinander gewahrt bleibt[1143].

Für die Zulässigkeit des Gattungsbezugsrechts spricht, dass die Funktion des Bezugsrechts, die in der Aufrechterhaltung des Status Quo besteht, erfüllt ist, wenn die Aktionäre Gelegenheit haben, Aktien ihrer eigenen Gattung in einem ihrer bisherigen Beteiligung entsprechenden Umfang zu zeichnen[1144]. Ein berechtigtes Interesse der Aktionäre an der Zeichnung von Aktien der jeweils anderen Gattung besteht nicht, weshalb ein gekreuzter Bezugsrechtsausschluss entbehrlich ist. Bei der Ausgabe neuer Unternehmensaktien richtet sich das Bezugsrecht der Unternehmensaktionäre und der stimmberechtigten Anlageaktionäre somit auf Aktien der eigenen Gattung, sofern der Vorstand zugleich beschließt, neue stimmberechtigte Anlageaktien im zur Bedienung der Bezugsrechte erforderlichen Umfang auszugeben. Hierzu ist er aufgrund der gesetzlichen Ermächtigung des § 104 Satz 1 InvG berechtigt.

C. Zusammenfassung

1. Die Ausgabe neuer Aktien der InvAG vollzieht sich ausschließlich nach dem InvG. Die Aktienausgabe steht im pflichtgemäßen Ermessen des Vorstands

---

1141 Dieses Ergebnis enspricht einer vielfach vertretenen Auffassung im Schrifttum, die allerdings keine dogmatische Begründung bietet, vgl. C. Fischer/K. Steck, in: B/S/L, § 104 InvG Rn. 6; Sachtleber, S. 114 f.; Wallach, Der Konzern 2007, 487, 491.

1142 Wiedemann, in: GroßkommAktG, § 186 Rn 69; Peifer, in: MünchKommAktG, § 186 Rn. 27; Kraft/Krieger, in: MünchHdb. AG, § 56 Rn. 67; Polte, S. 145 ff.; T. Bezzenberger, Vorzugsaktien, S. 153.

1143 Peifer, in: MünchKommAktG, § 186 Rn. 27; Lutter, in: KölnKommAktG, § 186 Rn. 68; Veil, in: Schmidt/Lutter, AktG, § 186 Rn. 38; Hüffer, AktG, § 186 Rn. 30; Kraft/Krieger, in: MünchHdb. AG, § 56 Rn. 67, 80 m.w.N.

1144 Wiedemann, in: GroßkommAktG, § 186 Rn. 13, 69; Peifer, in: MünchKommAktG, § 186 Rn. 27.

und erhöht das Gesellschaftskapital unmittelbar. Die Aktien der InvAG werden als Stückaktien ausgegeben, die eine direkte Beteiligung am Gesellschaftsvermögen vermitteln und deshalb echten nennwertlosen Stückaktien angenähert sind. Die InvAG darf in Abweichung von § 8 Abs. 5 AktG „Bruchstückaktien" ausgeben. Der Ausgabepreis der Aktien ist anders als im Aktienrecht nicht frei bestimmbar, sondern entspricht dem anteiligen Nettoinventarwert ggf. zuzüglich eines Ausgabeaufschlags.

2. Die Unternehmensaktionäre und die stimmberechtigten Anlageaktionäre der InvAG sind nach § 104 Satz 2 InvG i.V.m. § 186 AktG zur bevorrechtigten Zeichnung neuer Aktien berechtigt. Das Bezugsrecht der stimmrechtslosen Anlageaktionäre ist gesetzlich ausgeschlossen. Die Funktion des Bezugsrechts erschöpft sich im Schutz der Aktionäre vor einer Minderung ihrer Stimm- und Beteiligungsquote. § 104 Satz 2 InvG ist insofern einschränkend auszulegen, als Bezugsrechte bei der Ausgabe stimmrechtsloser Anlageaktien nicht bestehen. Gibt die InvAG neue Unternehmensaktien aus, richtet sich das Bezugsrecht der stimmberechtigten Anlageaktionäre auf Aktien der eigenen Gattung, sofern der Vorstand zugleich beschließt, neue stimmberechtigte Anlageaktien im zur Bedienung der Bezugsrechte erforderlichen Umfang auszugeben.

§ 10 Die Aktienrücknahme

A. Das Rückgaberecht der Aktionäre

I. Begriff, Inhalt und Funktion des Rückgaberechts

1. Begriff und Inhalt

Nach § 105 Abs. 2 Satz 1 InvG können die Aktionäre von der InvAG verlangen, dass ihnen gegen Rückgabe ihrer Aktien ihr Anteil am Gesellschaftskapital ausgezahlt wird. Dieses Recht der Aktionäre wird allgemein als „Rückgaberecht" bezeichnet, wenngleich es sich eigentlich um einen Zahlungsanspruch handelt. Der Begriff der „rückerwerbbaren Aktien", den das InvG ursprünglich für die Aktien der InvAG mit veränderlichem Kapital enthielt[1145], wurde im Zuge des InvÄndG aufgegeben. Zur Einführung einer treffenderen Bezeichnung konnte sich der Gesetzgeber trotz vielfacher Vorschläge aus dem Schrifttum[1146] nicht entschließen. Mit dem Rückgaberecht der Aktionäre korrespondiert eine Verpflichtung der InvAG zur Aktienrücknahme auf Verlangen der Aktionäre, ohne dass diese gesetzlich angeordnet sein müsste. § 105 Abs. 2 Satz 2 InvG bestätigt dies („Die Verpflichtung zur Rücknahme besteht nur, [...]").

Das Rückgaberecht ist auf die Auszahlung des „Anteils" der Aktionäre am Gesellschaftskapital gerichtet. Gemeint ist die anteilige Beteiligung der Aktionäre am Gesellschaftsvermögen, da der „Anteilwert" (besser: Aktienwert) im Wege der Teilung des Wertes des Gesellschaftsvermögens (Nettoinventarwert) durch die Zahl der ausgegebenen Stückaktien errechnet wird[1147]. Der Wortlaut von § 105 Abs. 2 Satz 1 InvG ist auch insofern ungenau, als der Rücknahmepreis nicht zwingend dem Aktienwert entspricht. Vielmehr kann die InvAG zur Abgeltung der Transaktionskosten einen Abschlag auf den Aktienwert vorsehen[1148]. Der Rücknahmepreis ist zusammen mit dem Ausgabepreis bei jeder Ausgabe und Rücknahme von Aktien, mindestens aber zweimal monatlich, bekannt zu machen[1149].

1145 § 105 Abs. 2 Satz 1 InvG i.d.F. des InvModG.

1146 C. Fischer, S. 65: rücknahmepflichtige Aktien; Baums/Kiem, in: FS Hadding, 2004, S. 741, 751; Fromm, S. 59: rückzuerwerbende oder rückgebbare Aktien; Hermanns, ZIP 2004, 1297, 1300: rückerwerbspflichtige Aktien.

1147 § 99 Abs. 3 Satz 1 i.V.m. § 36 Abs. 1 Satz 1 InvG.

1148 § 99 Abs. 3 Satz 1 i.V.m. § 23 Abs. 2 Satz 3 InvG.

1149 § 99 Abs. 3 Satz 1 i.V.m. § 36 Abs. 6 InvG.

2. Funktion

Das Rückgaberecht kennzeichnet die InvAG als Investmentvermögen der offenen Struktur[1150]. Bei der Anlageentscheidung des Aktionärs spielt das Rückgaberecht eine wichtige Rolle[1151]. Der Aktionär hat die Gewissheit, dass er seine Aktien kurzfristig und komfortabel „verflüssigen" kann. Ihm wird zu jeder Zeit ein Käufer in Gestalt der InvAG garantiert, der die Aktien gegen Auszahlung des anteiligen Nettoinventarwerts abnimmt. Die Aktionäre sind somit nicht darauf angewiesen, ihre Aktien zum Kurswert zu veräußern[1152]. Die Auszahlung des anteiligen Nettoinventarwerts wird durch die Vorschriften über die Bewertung der Anlagegegenstände[1153] und die Einbindung der Depotbank in das Verfahren der Aktienwertermittlung[1154] sichergestellt. Gleichwertige Möglichkeiten zum Ausstieg aus der Gesellschaft hat der Aktionär regelmäßig nicht. Die freihändige Veräußerung der Aktien ist nicht immer möglich und bei Liquiditätsengpässen mit hohen Verlusten verbunden. Das Rückgaberecht wird daher zu Recht als wesentliches Qualitätsmerkmal des deutschen Investmentmarkts[1155] bezeichnet.

Die Funktion des Rückgaberechts geht über die Reduzierung des Kursrisikos und die Förderung des Investmentsparens hinaus. Es gleicht die Risiken aus, die sich daraus ergeben, dass die Geschäftsleitung die eingebrachten Gelder der Anleger in eigener Verantwortung anlegt und verwaltet. Der hieraus entstehende Prinzipal-Agenten-Konflikt existiert auch im Verhältnis der Aktionäre zum Vorstand der AG[1156]. Im Investmentrecht wird der Konflikt aber dadurch verschärft, dass die Aktionäre typischerweise eine nur geringe Beteiligung halten, die es ihnen nicht erlaubt, auf die Willensbildung in der Hauptversammlung Einfluss zu nehmen. Zudem sind die Anlageaktionäre in der Hauptversammlung regelmäßig nicht stimmberechtigt[1157]. Zwar haben auch die Vorzugsaktionäre der AG regelmäßig kein Stimmrecht[1158]. Ihnen wird als Ausgleich für die fehlende gesellschaftsrechtliche Mitwirkung aber ein nachzuzahlender Vorzug bei der Gewinnverteilung eingeräumt, ohne den der Stimmrechtsausschluss unzulässig wä-

---

1150 Siehe § 2 C. II. 2.

1151 Vgl. auch OLG Stuttgart, NZG 2008, 951, 953 zur Aufklärungspflicht des Anlageberaters über die eingeschränkte Möglichkeit zur Realisierung des in Aktien einer nicht börsennotierten AG investierten Kapitals.

1152 Baur, Investmentgesetze, § 11 KAGG Rn. 5; Reuter, S. 131.

1153 § 99 Abs. 3 Satz 1 i.V.m. § 36 Abs. 2 bis 4 InvG.

1154 § 99 Abs. 3 Satz 1 i.V.m. §§ 27 Abs. 1 Nr. 1, 36 Abs. 1 Satz 2 InvG.

1155 Baur, in: Hdb. Kapitalanlagerecht, § 20 Rn. 179.

1156 Vgl. Fleischer, in: Hdb. Vorstandsrecht, § 1 Rn. 30 m.w.N.

1157 Vgl. § 96 Abs. 1c Satz 2 InvG.

1158 Vgl. § 139 Abs. 1 AktG; Bormann, in: Spindler/Stiltz, AktG, § 139 Rn. 1.

re[1159]. Die Investmentanleger haben typischerweise auch kein Interesse daran, die Anlageentscheidungen der Geschäftsleitung zu beeinflussen. Dem Investmentsparen liegt vielmehr der Gedanke zugrunde, dass die Anleger mit dem Erwerb von Investmentanteilen die Expertise des fachkundigen Fondsmanagements „kaufen"[1160]. Der Geschäftsleitung muss es ihrerseits möglich sein, rasch und flexibel auf Marktentwicklungen reagieren zu können, um das Investmentvermögen gemäß den festgelegten Anlagezielen verwalten zu können. Diesem Bedürfnis trägt das InvG durch eine weitreichende Verlagerung der aktienrechtlichen Hauptversammlungskompetenzen auf den Vorstand Rechnung[1161]. Die Entmachtung der Hauptversammlung ist aber nur solange mit den Aktionärsinteressen vereinbar, wie die Geschäftsleitung die (Rendite-)Erwartungen der Aktionäre erfüllt. Ist dies nicht mehr der Fall, ist es den Aktionären aufgrund der beschriebenen rechtlichen und tatsächlichen Hindernisse nicht möglich, ihrer Unzufriedenheit in der Hauptversammlung Ausdruck zu verleihen[1162]. Als Ausgleich für ihre fehlende Einflussnahmemöglichkeit muss es ihnen möglich sein, ihre Mittel kurzfristig abzuziehen[1163]. Diesem besonderen Desinvestitionsinteresse trägt das Rückgaberecht der Aktionäre Rechnung[1164]. § 105 Abs. 2 Satz 1 InvG ist somit ein zentrales Anlegerschutzrecht[1165].

Neben dieser Kompensationsfunktion hat das Rückgaberecht – zumindest in der Theorie – eine Kontrollfunktion im System der Corporate Governance der InvAG. Da der wirtschaftliche Erfolg der InvAG auch nach dem Fondsvolumen beurteilt wird, das regelmäßig für die Verwaltungsvergütung maßgeblich ist[1166], haben die Vorstandsmitglieder einen Anreiz, auf die Steigerung des Fondsvolumens hinzuwirken[1167] und einem Rückzug der Aktionäre entgegenzuwirken. Der drohende kollektive Anlegerrückzug hat somit eine disziplinierende Wirkung

1159 Volhard, in: MünchKommAktG, § 139 Rn. 8; Bormann, in: Spindler/Stilz, AktG, § 139 Rn. 8; Spindler, in: Schmidt/Lutter, AktG, § 139 Rn. 10.
1160 V. Caemmerer, JZ 1958, 41, 44.
1161 Siehe § 6 B. I. 2.
1162 Beispielsweise durch die Verweigerung der Entlastung von Vorstand und Aufsichtsrat (§§ 119 Abs. 1 Nr. 3, 120 AktG) oder die Abberufung des Aufsichtsrats (§ 103 Abs. 1 AktG).
1163 Baur, Investmentgesetze, § 11 KAGG Rn. 5; Schäcker, S. 119; ähnlich Geßler, WM 1957, Sonderbeil. Nr. 4, S. 10, 23.
1164 Begr. RegE, BT-Drs. 16/5576, S. 84 re. Sp.; kritisch Wegner, S. 346, da die „Abstimmung mit den Füßen" die Transparenz der Missstände oder Risiken voraussetze.
1165 Beckmann, in: B/S/V, Kz. 410, § 37 Rn. 1; Schödermeier/Baltzer, in: B/S, § 11 KAGG, Rn. 1 mit Verweis auf Kümpel, Bank- und Kapitalmarktrecht, 2. Aufl., 2000, S. 15.
1166 Schmitz, in: B/S/L, § 41 InvG Rn. 8.
1167 König, S. 41 ff.; Köndgen/Schmies, in: Bankrechts-Hdb., § 113 Rn. 4 Fn. 4.

auf den Vorstand. Seine bloße Existenz trägt zur Minderung der aus dem Prinzipal-Agenten-Konflikt resultierenden sog. Agenturkosten bei[1168].

II. Die rechtliche Einordnung des Rückgaberechts

1. Das Rückgaberecht als Mitgliedschaftsrecht

Das Rückgaberecht der Aktionäre der InvAG ist Bestandteil der gesellschaftsrechtlichen Beteiligung und daher als Mitgliedschaftsrecht einzuordnen[1169]. Dem Aktienrecht ist ein mitgliedschaftliches Recht auf Auszahlung des Aktienwerts fremd. Vielmehr kann die AG eigene Aktien nur in den engen Grenzen und unter den strengen Voraussetzungen der §§ 71 ff. AktG erwerben. Sofern im Aktienrecht Gestaltungen existieren, die dem Rückgaberecht ähnlich sind, werden sie im Folgenden von § 105 Abs. 2 Satz 1 InvG abgegrenzt.

2. Abgrenzung zu ähnlichen Gestaltungsformen

a) Rückerwerbbare Aktien (*redeemable shares*)

Rückerwerbbare Aktien (*redeemable shares*) sind Aktien, die von vornherein als von der Gesellschaft rückerwerbbar ausgegeben werden oder deren Rückerwerb von der Ausübung eines Optionsrechts durch die Gesellschaft oder den Aktionär abhängt[1170]. Es handelt sich um ein vor allem in England verbreitetes Finanzierungsinstrument[1171]. Art. 39 KapitalRL gestattet den Mitgliedstaaten unter bestimmten Voraussetzungen die Einführung rückerwerbbarer Aktien. Der deutsche Gesetzgeber hat von dieser Ermächtigung keinen Gebrauch gemacht[1172]. Insbesondere stellt § 105 Abs. 2 Satz 1 InvG keine Umsetzung dieser Gestaltungsoption dar[1173], wenngleich die ursprüngliche gesetzliche Bezeichnung als „rückerwerbbare Aktien" dies nahe legte[1174]. Die Aktien der InvAG unterschei-

---

1168 Zum Begriff der Agenturkosten vgl. Köndgen/Schmies, in: Bankrechts-Hdb., § 113 Rn. 4.

1169 Wegner, S. 67 f. differenziert zwischen einem gesetzlichen (§ 105 Abs. 2 Satz 1 InvG) und einem gesellschaftsvertraglichen Rücknahmeanspruch (§ 2 Abs. 5 Satz 1 InvG).

1170 Baums, Regierungskommission Corporate Governance, Rn. 235; Butzke, in: Hdb. börsennotierte AG, 1. Aufl., 2005, § 5 Rn. 47; Habersack, in: FS Lutter, 2000, S. 1329, 1335 f.; Chamorro Dominguez, AG 2004, 487; Steinhauer, RIW 2004, 772, 774. Für das englische Gesellschaftsrecht vgl. Section 684 (1) Companies Act 2006: "*shares that are to be redeemed or are liable to be redeemed at the option of the company or the shareholder*".

1171 Brammer, S. 103 ff.

1172 Umsetzungsvorschläge u.a. bei Baums, Regierungskommission Corporate Governance, Rn. 235; Brammer, S. 364 ff.; Chamorro Dominguez, AG 2004, 487, 491 f.

1173 So aber Butzke, in: Hdb. börsennotierte AG, 1. Aufl., 2005, § 5 Rn. 48; Brammer, S. 185 f., 187 f.; Fleischer, NZG 2004, 1129, 1133.

1174 Die Bezeichnung der Aktien der InvAG als „rückerwerbare Aktien" in § 105 Abs. 2 Satz 1 InvG a.F. sollte vermutlich betonen, dass die Gesellschaft bei der Rücknahme ihrer den sich vielmehr grundlegend von diesem Instrument. Die rückerwerbbaren Aktien der KapitalRL sind in das aktienrechtliche System des festen Kapitals integriert, so dass der Rückkaufpreis aus dem Bilanzgewinn oder aus Einlagen auf Aktien, die zum Zwecke des Rückerwerbs ausgegeben wurden, finanziert werden muss[1175]. Es ist somit nicht gewährleistet, dass der Rückkauf der Aktien zu einem ihrem „inneren" Wert entsprechenden Preis erfolgt[1176]. Die InvAG ist dagegen von den Vorgaben der KapitalRL befreit[1177]. Der Rücknahmepreis entspricht dem anteiligen Nettoinventarwert, der dem Gesellschaftsvermögen in den Grenzen von § 105 Abs. 1, Abs. 2 Satz 2 und 3 InvG entnommen werden kann. Anders als die rückerwerbbaren Aktien der KapitalRL, die auch auf Verlangen der AG und gegen den Willen der Aktionäre zurückerworben werden können[1178], werden die Aktien der InvAG von den Aktionären angedient[1179]. Schließlich setzt die Ausgabe rückerwerbbarer Aktien voraus, dass eine weitere Gattung nicht rückerwerbbarer Aktien besteht[1180]. Die Anlage- und Unternehmensaktien der InvAG sind dagegen zwingend mit einem Rückgaberecht ausgestattet.

b) Verkaufsoption der Aktionäre (Put-Option)

Eine gewisse Ähnlichkeit mit dem Rückgaberecht der Aktien einer InvAG weisen Optionsrechte auf, die die Aktionäre berechtigten, ihre Aktien zu einem bestimmten Preis an die AG zu verkaufen (Verkaufs- oder Put-Optionen)[1181]. Nach h.M. können Put-Optionen, die auf die Lieferung von Aktien gerichtet sind, nur in den Grenzen der Vorschriften über den Erwerb eigener Aktien (§ 71 ff. AktG)

Aktien nicht den strengen Regeln des AktG über den Erwerb eigener Aktien unterworfen ist, weshalb sie im Vergleich zu den Aktien der AG als frei „rückerwerbbar" erscheinen.

1175 Art. 39 lit. d KapitalRL; Section 687 (2) Companies Act 2006; Brammer, S. 243; Chamorro Dominguez, AG 2004, 487, 488. Die englische private limited company kann ihre Aktien unter den Voraussetzungen von Chapter 5 Companies Act auch aus sonstigem Kapital zurücknehmen (*pay out of capital*).

1176 Vgl. auch Brammer, S. 243 f., wonach bei der Festlegung der Berechnung des Rückkaufpreises in der Satzung meist auf den Marktwert Bezug genommen wird.

1177 Siehe § 7 C.

1178 Baums/Kiem, in: FS Hadding, 2004, S. 741, 751.

1179 Fromm, S. 59; C. Fischer, S. 64 f.; Baums/Kiem, in: FS Hadding, 2004, S. 741, 751; Hermanns, ZIP 2004, 1297, 1300.

1180 Vgl. Section 684 (3) Companies Act 2006; Butzke, in: Hdb. börsennotierte AG, 1. Aufl., 2005, § 5 Rn. 47. Hierdurch wird verhindert, dass nach dem Rückerwerb und Einzug der rückerwerbbaren Aktien keine weiteren Aktien existieren und die Gesellschaft aufgelöst werden muss, Chamorro Dominguez, AG 2004, 487, 488.

1181 Vgl. v. Dryander/Apfelbacher, in: Unternehmensfinanzierung am Kapitalmarkt, § 22 Rn. 11.

ausgegeben werden[1182]. Aufgrund der rein schuldrechtlichen Natur der Optionsrechte ist zudem nicht gewährleistet, dass das Andienungsrecht in der Person des Aktienerwerbers fortbesteht[1183]. Das investmentrechtliche Rückgaberecht geht dagegen als Bestandteil der Mitgliedschaft automatisch auf den Rechtsnachfolger über. Es handelt sich gewissermaßen um ein „verdinglichtes" Andienungsrecht[1184].

c) Anordnung der Zwangseinziehung von Aktien

Die Satzung der AG kann nach § 237 Abs. 1 Satz 1 1. Alt. Abs. 6 AktG die Zwangseinziehung von Aktien vorsehen und als Einziehungsgrund die Andienung der Aktien durch die Aktionäre festlegen[1185]. Diese Gestaltung bleibt in ihren Rechtswirkungen ebenfalls hinter dem investmentrechtlichen Rückgaberecht zurück. Insbesondere kann das Einziehungsentgelt nur aus freien Mitteln der AG finanziert werden[1186]. Schließlich kann die Zwangseinziehung nur für einen Teil der Aktien angeordnet werden, da andernfalls die Vorschriften über die Auflösung und Abwicklung der AG (§§ 262 ff. AktG) umgangen würden.

III. Reichweite und Grenzen des Rückgaberechts

1. Das Rückgaberecht als unabdingbares Recht

Das Rückgaberecht gehört zu den begriffsnotwendigen Merkmalen der InvAG (vgl. § 2 Abs. 5 Satz 1 InvG) und kann somit nicht durch die Satzung ausgeschlossen werden[1187]. Die Unabdingbarkeit des Rückgaberechts beruht auf der OGAW-RL, in deren Anwendungsbereich ausschließlich Investmentvermögen fallen, deren Anteile auf Verlangen der Anteilinhaber zurückgenommen werden können[1188]. Bei der Festlegung der Einzelheiten des Rückerwerbs in der Satzung der InvAG muss das Rückgaberecht deshalb in seiner Substanz unangetastet

1182 Oechsler, in: MünchKommAktG, § 71 Rn. 75; Cahn, in: Spindler/Stilz, AktG, § 71 Rn. 194. Nach der Gegenauffassung müssen die Voraussetzungen von § 71 AktG erst im Zeitpunkt der Ausübung der Option erfüllt sein; so etwa Brammer, S. 203 f.

1183 Brammer, S. 204 f.

1184 Baums, Regierungskommission Corporate Governance, Rn. 235; Brammer, S. 205; Habersack, in: FS Lutter, 2000, S. 1329, 1333; Steinhauer, RIW 2004, 772, 774, jeweils zu Art. 39 KapitalRL.

1185 Lutter, in: KölnKommAktG, § 237 Rn. 36; Hüffer, AktG, § 237 Rn. 12; Butzke, in: Hdb. börsennotierte AG, 1. Aufl. 2005, § 5 Rn. 46; Brammer, S. 207.

1186 Brammer, S. 207.

1187 C. Fischer, S. 72; Baums/Kiem, in: FS Hadding, 2004, S. 741, 751.

1188 Art. 1 Abs. 2 lit. b OGAW-RL. Gleichgestellt sind Handlungen, mit denen ein OGAW sicherstellen will, dass der Kurs seiner Anteile nicht erheblich von deren Nettoinventarwert abweicht. Diese Alternative hat keinen Eingang in das InvG gefunden, Beckmann, in: B/S/V, Kz. 410, § 37 Rn. 3.

bleiben[1189]. Regelungen, die die Ausübung des Rückgaberechts so stark beschränken, dass die InvAG bei wertender Betrachtung als geschlossener Fonds erscheint, sind unzulässig[1190].

2. Grenzen der Aktienrücknahme

a) Das Verbot der Aktienrücknahme nach § 105 Abs. 2 Satz 2 und 3 InvG

Nach § 105 Abs. 2 Satz 2 InvG entfällt die Verpflichtung der InvAG zur Aktienrücknahme, wenn das Gesellschaftsvermögen durch die Auszahlung des Rücknahmepreises den Betrag von 1,25 Mio. Euro unterschreiten würde. Da nach dem Wortlaut nur die Verpflichtung der InvAG zur Aktienrücknahme entfällt, bleibt offen, ob der Vorstand weiterhin berechtigt ist, Aktien nach pflichtgemäßem Ermessen zurückzunehmen. Im Schrifttum ist diese Frage umstritten. Nach h.M. besteht ein Rücknahmeverbot[1191].

Für die h.M. spricht, dass die BaFin die Erlaubnis aufheben kann, wenn das Gesellschaftsvermögen der InvAG unter 1,25 Mio. Euro sinkt[1192]. Eine Aktienrücknahme, die die Unzulässigkeit der weiteren Geschäftstätigkeit der InvAG zur Folge haben kann, liegt nicht im Gesellschaftsinteresse. Der Einwand, ein Verbot der Aktienrücknahme könne die Unternehmenskrise aufgrund der damit verbundenen Image- und Reputationsschäden noch vertiefen[1193], ist unberechtigt. Die Öffentlichkeit wird bereits durch die Bekanntmachung der Tagesordnung der Hauptversammlung informiert, die nach § 96 Abs. 6 Satz 3 InvG einberufen werden muss, wenn der Schwellenwert unterschritten wird[1194].

Neben § 105 Abs. 2 Satz 2 InvG wurde durch das OGAW-IV-UmsG ein weiteres Rücknahmeverbot eingeführt. Nach § 105 Abs. 2 Satz 3 InvG können die Unternehmensaktionäre ihre Aktien nur dann zurückgeben, wenn alle Unternehmensaktionäre zustimmen und gewährleistet ist, dass mindestens Einlagen der Unternehmensaktionäre in Höhe von 300.000 Euro (bzw. im Falle der fremdverwalteten InvAG in Höhe von 50.000 Euro) in der Gesellschaft verbleiben.

1189 Schäcker, S. 119; ähnlich Baur, Investmentgesetze, § 11 KAGG Rn. 8; Schödermeier/Baltzer, in: B/S, § 11 KAGG, Rn. 7; Baur/Ziegler, Rn. 9/278.

1190 Siehe § 8 B. I. 1b) bb).

1191 C. Fischer/K. Steck, in: B/S/L, § 105 InvG Rn. 5; Sachtleber, S. 111; Einsele, AG 2011, 141, 147; zu § 105 Abs. 3 Satz 2 InvG i.d.F. des InvModG C. Fischer, S. 66 f.; Hermanns, ZIP 2004, 1297, 1301; Eckhold, ZGR 2007, 654, 685. Nach Wegner, S. 299 ff. und Bödecker/Kuhn, in: Hdb. Investmentrecht, S. 448 (zu § 105 Abs. 3 Satz 2 InvG i.d.F. des InvModG) bleibt die InvAG zur Aktienrücknahme berechtigt.

1192 § 97 Abs. 3 Satz 1 Nr. 4 InvG.

1193 Wegner, S. 300.

1194 Ist die InvAG börsennotiert, besteht zugleich eine Publizitätspflicht nach § 15 WpHG.

b) Das Mindestkapital als Grenze der Aktienrücknahme nach § 105 Abs. 1 InvG

Nach § 105 Abs. 1 InvG darf die InvAG ihre Aktien nur bis zur Grenze des in der Satzung festgelegten Mindestkapitals zurücknehmen. Dieses Rücknahmeverbot erlangt vor dem Hintergrund des § 105 Abs. 2 Satz 2 InvG aber nur dann praktische Bedeutung, wenn der Nennbetrag des Mindestkapitals 1,25 Mio. Euro übersteigt.

c) Die Zahlungsverbote nach § 92 Abs. 2 Satz 1 und 3 AktG

Dem Vorstand der AG ist es nach § 92 Abs. 2 Satz 1 und 3 AktG grundsätzlich untersagt, Zahlungen an die Aktionäre zu leisten, wenn die Gesellschaft zahlungsunfähig oder überschuldet ist, oder Zahlungen vorzunehmen, die zur Zahlungsunfähigkeit führen müssen. Diese Zahlungsverbote, die über § 99 Abs. 1 InvG auch für die InvAG Anwendung finden, ziehen der Aktienrücknahme eine weitere Grenze, die aber wegen der bereits im Vorfeld der Insolvenz greifenden Rücknahmeverbote der § 105 Abs. 1 und § 105 Abs. 2 Satz 2 und 3 InvG geringe praktische Relevanz hat. Zudem kann die Aktienrücknahme jedenfalls bei zutreffender Bewertung des Gesellschaftsvermögens die Solvenz der InvAG nicht gefährden, weil nur das Reinvermögen ausgezahlt wird. Zwar kann die Insolvenz im Sinne von § 17 InsO bereits dann eintreten, wenn das Gesellschaftsvermögen zu einem Großteil aus nicht kurzfristig liquidierbaren Vermögensgegenständen besteht[1195]. Für die InvAG besteht diese Gefahr aber nicht, weil die Anlagevorschriften des InvG dem Erwerb eines weitgehend illiquiden Portfolios entgegenstehen[1196].

3. Die teilweise Rücknahme der angedienten Aktien

a) Zulässigkeit der teilweisen Rücknahme

Das InvG verlangt keine jederzeitige Rücknahmebereitschaft der InvAG[1197]. Die Aktienrücknahme erfolgt zeitabschnittsweise, üblicherweise börsentäglich[1198]. Darüber hinaus legt die InvAG einen konkreten Zeitpunkt fest, bis zu dem die Aufträge für die Aktienrücknahme vorliegen müssen (sog. Order-

---

1195 Uhlenbruck, in: Uhlenbruck, InsO, § 17 Rn. 7 ff.

1196 §§ 99 Abs. 3 Satz 1 i.V.m. §§ 46 ff., §§ 96 Abs. 2, 2 Abs. 4 InvG. Ausgeschlossen ist z.B. der Erwerb von Immobilien und Beteiligungen an Immobilien-Gesellschaften.

1197 Für die KAG vgl. Beckmann, in: B/S/V, Kz. 410, § 37 Rn. 12; Baur, Investmentgesetze, § 11 KAGG Rn. 8; Schödermeier/Baltzer, in: B/S, § 11 KAGG, Rn. 7; v. Caemmerer, JZ 1957, 41, 47; a.A. Geßler, WM 1957, Sonderbeil. Nr. 4, S. 10, 23: unverzügliche Rücknahmeverpflichtung.

1198 § 99 Abs. 3 Satz 1 i.V.m. § 36 Abs. 1 Satz 2 InvG.

Annahmeschluss)[1199]. Später eingehende Rücknahmeverlangen werden erst zum nächsten Rücknahmetermin berücksichtigt. Liegen zum Order-Annahmeschluss mehr Rücknahmeaufträge vor, als die InvAG nach § 105 Abs. 1 und Abs. 2 Satz 2 und 3 InvG bedienen darf, stellt sich die Frage, ob die InvAG die Rücknahme aller angedienten Aktien ablehnen muss oder zur Teilrücknahme der Aktien bis zum Erreichen des maßgeblichen Schwellenwerts verpflichtet ist. Für das letztgenannte Verständnis spricht, dass der Anlegerschutzzweck des Rückgaberechts dessen weitestgehende Verwirklichung gebietet. Insbesondere dann, wenn durch die Rücknahme sämtlicher angedienter Aktien nur eine geringfügige Unterschreitung des Schwellenwerts droht, wäre die vollständige Verweigerung der Rücknahme unverhältnismäßig[1200]. Die Verpflichtung der InvAG zur Aktienrücknahme entfällt im Rahmen von § 105 Abs. 1 und Abs. 2 Satz 2 und 3 InvG also nur insoweit, als das Gesellschaftsvermögen durch die Rücknahme den maßgeblichen Schwellenwert unterschreiten würde[1201].

b) Zulässige Auswahl

Die Verpflichtung der InvAG zur teilweisen Aktienrücknahme führt zu der Frage, nach welchen Kriterien die InvAG die zurückzunehmenden Aktien auswählen darf. Die Auswahlkriterien müssen in der Satzung festgelegt sein (vgl. § 105 Abs. 2 Satz 4 InvG) und dem Gebot der Anlegergleichbehandlung genügen.

aa) Zeitliche Reihenfolge

Die Auswahl der zurücknehmenden Aktien könnte sich nach der zeitlichen Reihenfolge der Andienung der Aktien bis zum Ordner-Annahmeschluss richten. Maßgeblicher Zeitpunkt könnte beispielsweise der Zugang der Erklärungen der Aktionäre (§ 130 Abs. 1 BGB) sei[1202]. Dieses sog. Prioritätsprinzip ist mit dem Grundsatz der Anlegergleichbehandlung vereinbar und gilt allgemein als zulässiges Kriterium für die Aktienauswahl[1203]. Gegen die Auswahl nach dem Prioritätsprinzip spricht allerdings die praktische Erwägung, dass die exakte Bestimmung des Zugangszeitpunkts der Rückgabeerklärung oder des sonst maßgeblichen Ereignisses einen hohen technischen Aufwand erfordert. Zudem löst das Prioritätsprinzip das Problem der Aktienauswahl nur teilweise, da die Satzung

---

1199 BVI-Wohlverhaltensregeln, Teil I Abschnitt I Nr. 3; Schmitz, in: B/S/L, § 37 InvG Rn. 8; Beckmann, in: B/S/V, Kz. 410, § 37 Rn. 13.

1200 Fromm, S. 68.

1201 So auch Wegner, S. 302; Wallach, Der Konzern, 2007, 487, 490 li. Sp.

1202 C. Fischer, S. 69.

1203 Bödecker/Kuhn, in: Hdb. Investmentrecht, S. 449; C. Fischer, S. 69; Baums/Kiem, in: FS Hadding, 2004, S. 741, 752; K. Steck/Schmitz, AG 2004, 658, 661; a.A. Wegner, S. 302 f., da die Rücknahmeanträge alle zum gleichen Zeitpunkt wirksam werden.

der
InvAG für den Fall des zeitgleichen Zugangs der Rückgabeerklärungen weitere Auswahlkriterien vorsehen muss[1204].

bb) Anteilige Rücknahme

Die Satzung könnte anstelle des Prioritätsprinzips die anteilige Erfüllung der Rücknahmeverlangen vorsehen. Auch dieses sog. Paritätsprinzip ist mit dem Grundsatz der Anlegergleichbehandlung vereinbar[1205]. Ein Nachteil könnte darin bestehen, dass die Aktionäre durch die anteilige Befriedigung ihrer Ansprüche unter Umständen weniger erhalten würden als sie bei einem freihändigen Verkauf des gesamten Aktienpakets hätten erzielen können. Es könnte daher erwogen werden, den Aktionären, deren Rücknahmeverlangen nur teilweise befriedigt werden können, den Widerruf ihrer Rückgabeerklärungen zu gestatten. Hiergegen spricht aber neben technischen Abwicklungsschwierigkeiten, dass es sich um ein eher theoretisches Problem handelt, da die Aktionäre ihre Aktien im Falle eines den Inventarwert übersteigenden Kurswerts von vornherein über den Markt veräußern würden.

cc) Nachrangige Berücksichtigung der Unternehmensaktionäre

Die Satzung der Publikums-InvAG könnte in Ergänzung des Paritätsprinzips die nachrangige Rücknahme von Unternehmensaktien vorsehen[1206]. Diese Gestaltung kann zwar zur Folge haben, dass die Unternehmensaktionäre ihre Aktien dauerhaft nicht andienen können. Eine solche Regelung wäre aber dennoch zulässig, weil das Rückgaberecht der Unternehmensaktionäre der Publikums-InvAG für diese von untergeordneter Bedeutung ist[1207]. Zum einen können die Unternehmensaktionäre durch Ausübung ihrer Stimmrechte in der Hauptversammlung und auf informellem Wege auf die Geschäftsleitung der InvAG Einfluss nehmen und sind auf eine „Abstimmung mit den Füßen“ nicht angewiesen.

1204 C. Fischer, S. 69; Fromm, S. 67; Baums/Kiem, in: FS Hadding, 2004, S. 741, 752; K. Steck/Schmitz, AG 2004, 658, 661.

1205 Fromm, S. 68; C. Fischer, S. 69 ff.; Wegner, S. 303; Hermanns, ZIP 2004, 1297, 1301; wohl auch Baums/Kiem, in: FS Hadding, 2004, S. 741, 752; einschränkend K. Steck/Schmitz, AG 2004, 658, 661. Vgl. auch Mertens/Cahn, in: KölnKommAktG, § 92 Rn. 54 für eine anteilige Kürzung der Zahlungen an die Aktionäre, wenn die Befriedigung sämtlicher Zahlungsansprüche gegen das Zahlungsverbot nach § 92 Abs. 2 Satz 3 AktG verstieße.

1206 Diese Frage offen lassend Wegner, S. 303; Baums/Kiem, in: FS Hadding, 2004, S. 741, 752. Abweichend Sachtleber, S. 161, der auch ohne eine entsprechende Satzungsbestimmung eine Pflicht zur Bevorzugung der Anlageaktionäre annimmt.

1207 Vgl. auch VG Frankfurt, Beschluss vom 22.12.2008, 1 L 4252/08.F (V), Rn. 19, wonach die nachrangige Berücksichtigung des Rücknahmebegehrens eines Großinvestors gegenüber der Rücknahme kleinerer Aktienbestände zulässig sein kann.

Zum anderen soll es den Unternehmensaktionären nicht möglich sein, sich ihrer unternehmerischen Verantwortung für den Betrieb der InvAG zu entziehen[1208]. Aus diesem Grund sieht § 105 Abs. 2 Satz 3 InvG seit dem OGAW-IV-UmsG auch vor, dass eine Mindesteinlage der Unternehmensaktionäre dauerhaft in der InvAG verbleiben muss.

c) Rechte der in der Gesellschaft verbleibenden Aktionäre

Liegen die Voraussetzungen eines Rücknahmeverbots vor, bleibt das Rückgaberecht der Aktionäre als solches bestehen. Der Zahlungsanspruch der Aktionäre ist lediglich einredebehaftet[1209]. Ist die Unternehmenskrise von Dauer, kann die Hauptversammlung nach § 262 Abs. 1 Nr. 2 AktG die Auflösung der InvAG beschließen[1210] oder die Aktionäre können die BaFin um die Aufhebung der Erlaubnis und die Anordnung der Abwicklung der InvAG ersuchen[1211]. Nach der Auflösung der InvAG tritt das Recht der Aktionäre auf den Liquidationserlös (§ 99 Abs. 1 InvG i.V.m. § 271 Abs. 1 AktG) an die Stelle des Rückgaberechts[1212].

4. Aussetzung der Rücknahme

Die Satzung kann die Aussetzung der Aktienrücknahme vorsehen, wenn außergewöhnliche Umstände dies unter Berücksichtigung der Aktionärsinteressen gebieten (§ 105 Abs. 2 Satz 6 i.V.m. § 37 Abs. 2 Satz 1 InvG). Diese sog. Katastrophenklausel[1213], die auf der OGAW-RL beruht[1214], kann beispielsweise dann zur Anwendung kommen, wenn der Inventarwert aufgrund wirtschaftlicher oder politischer Entwicklungen im Ausland nicht ermittelt werden kann[1215]. Eine abschließende Aufzählung der Aussetzungsgründe in der Satzung der InvAG ist weder praktikabel noch erforderlich[1216]. Zweckmäßig und zumutbar ist aber die

---

1208 Siehe § 5 C. V.

1209 Wegner, S. 301; Wallach, Der Konzern 2007, 487, 490; Dornseifer, AG 2008, 53, 61 Fn. 53; Mertens/Cahn, in: KölnKommAktG, § 92 Rn. 51 zum Zahlungsverbot des § 92 Abs. 2 Satz 3 AktG.

1210 C. Fischer/K. Steck, in: B/S/L, § 106 InvG Rn. 7.

1211 Wegner, S. 304.

1212 C. Fischer, S. 71 f.; K. Steck/Schmitz, AG 2004, 658, 661; Eckhold, ZGR 2007, 654, 686.

1213 Baur, Investmentgesetze, § 11 KAGG Rn. 14; Schödermeier/Baltzer, in: B/S, § 11 KAGG, Rn. 1.

1214 Art. 84 Abs. 2 lit. a OGAW-RL.

1215 Schmitz, in: B/S/L, § 37 Rn. 17; Beckmann, in: B/S/V, Kz. 410, § 37 Rn. 23; Baur, Investmentgesetze, § 11 KAGG Rn. 14.

1216 Hermanns, ZIP 2004, 1297, 1399; a.A. C. Fischer/K. Steck, in: B/S/L, § 105 InvG Rn. 6; C. Fischer, S. 69.

Aufnahme eines Beispielkatalogs[1217]. Über die Aussetzung entscheidet der Vorstand nach pflichtgemäßem Ermessen. Die BaFin und die Aktionäre müssen unverzüglich über die Aussetzung und die spätere Wiederaufnahme der Aktienrücknahme unterrichtet werden[1218]. Ebenso wie das Rücknahmeverbot führt auch die Aussetzung der Rücknahme nur zur vorübergehenden Undurchsetzbarkeit des Rückgaberechts[1219]. Die InvAG muss alles Mögliche und Zumutbare unternehmen, um den Aussetzungsgrund zu beseitigen[1220].

5. Festlegung von Rücknahmeterminen

Die InvAG kann in bestimmten Fällen von der börsentäglichen Rücknahme ihrer Aktien absehen, z.B. wenn es sich um Aktien eines Investmentvermögens mit zusätzlichen Risiken[1221] oder eines Sonstigen Investmentvermögens[1222] handelt. Die Spezial-InvAG kann die Rücknahme ihrer Aktien nach § 99 Abs. 3 Satz 1 i.V.m. § 95 Abs. 4 Satz 3 InvG auf einen Termin in zwei Jahren beschränken[1223]. § 95 Abs. 4 Satz 3 InvG nimmt zwar nur auf das Rückgaberecht der Anteilinhaber des Sondervermögens (§ 37 Abs. 1 InvG) Bezug. Die fehlende Bezugnahme auf das Rückgaberecht der Aktionäre der InvAG (§ 105 Abs. 2 Satz 1 InvG) steht der entsprechenden Anwendung dieser Vorschrift aber nicht entgegen, da das zugrundeliegende Anliegen der Deregulierung des Spezialfondsbereichs auch für die Spezial-InvAG gilt und der Gesetzgeber die Verweisungstechnik der §§ 91 ff. InvG auch an anderer Stelle nicht auf die InvAG abgestimmt hat[1224].

B. Das Verfahren der Aktienrücknahme

I. Der aktienrechtliche Erwerb eigener Aktien

1. Voraussetzungen des Erwerbs eigener Aktien

§§ 71 ff. AktG regeln den Rückerwerb eigener Aktien der AG. Der Rückerwerb eigener Aktien ist grundsätzlich verboten[1225] und nur in den in § 71 Abs. 1 AktG

1217 A.A. Hermanns, ZIP 2004, 1297, 1300.
1218 § 105 Abs. 2 Satz 5 i.V.m. § 37 Abs. 2 Satz 3 und 4 InvG.
1219 V. Caemmerer, JZ 1958, 41, 47.
1220 K. Steck/Schmitz, AG 2004, 658, 661.
1221 § 105 Abs. 2 Satz 5 i.V.m. § 116 Satz 1 InvG.
1222 § 105 Abs. 2 Satz 5 i.V.m. § 90i Abs. 1 Satz 1 InvG.
1223 Wegner, S. 339.
1224 Siehe § 4 A. II. 4 zum Sacheinlageverbot des § 103 Satz 2 InvG a.F.
1225 § 71 Abs. 1 AktG „Die Gesellschaft darf eigene Aktien nur erwerben, wenn [...]“. Mit der Einführung von § 71 Abs. 1 Satz 1 Nr. 8 AktG wurde der Katalog der Ausnahmetat-

genannten Ausnahmefällen zulässig. In der Praxis kommt der Vorstandsermächtigung zum Erwerb eigener Aktien aufgrund eines Hauptversammlungsbeschlusses (§ 71 Abs. 1 Nr. 8 AktG) die größte Bedeutung zu[1226]. Die Ermächtigung ist höchstens fünf Jahre gültig und auf eine Aktienrücknahme im Umfang von bis zu 10 Prozent des Grundkapitals beschränkt.

Das Erwerbsverbot dient in erster Linie der Kapitalerhaltung und damit dem Gläubigerschutz[1227]. Die Zahlung des Entgelts für den Erwerb eigener Aktien stellt in der Sache eine Einlagenrückgewähr dar und wird nur dann von § 57 Abs. 1 Satz 1 AktG ausgenommen, wenn der Erwerb in Übereinstimmung mit den §§ 71 ff. AktG erfolgt[1228]. Der Kapitalschutz wird dadurch gewährleistet, dass der Erwerbspreis nur aus frei verfügbaren Mitteln finanziert werden kann[1229]. Liegen die Voraussetzungen der §§ 71 ff. AktG nicht vor, ist das Kausalgeschäft nichtig[1230] und die Gesellschaft verpflichtet, die unrechtmäßig erworbenen Aktien binnen Jahresfrist zu veräußern oder einzuziehen[1231].

2. Schicksal der eigenen Aktien

Die zurückerworbenen Aktien können von der AG entweder eingezogen (a)) oder zum Zwecke der späteren Veräußerung gehalten werden (b)).

a) Kapitalherabsetzung durch Einziehung eigener Aktien

aa) Ordentliches Einziehungsverfahren

Das Verfahren der ordentlichen Einziehung folgt im Grundsatz dem der regulären Kapitalherabsetzung[1232], so dass ein Hauptversammlungsbeschluss[1233] und bei Vorhandensein mehrerer Gattungen stimmberechtigter Aktien zusätzlich ein

---

bestände zwar maßgeblich erweitert; dies bedeutet jedoch keine Abkehr vom grundsätzlichen Erwerbsverbot; Hüffer, AktG, § 71 Rn. 3.

1226 Bezzenberger, in: Schmidt/Lutter, AktG, § 71 Rn. 16.

1227 Merkt, in: GroßKommAktG, § 71 Rn. 3; Oechsler, in: MünchKommAktG, § 71 Rn. 21; Wiesner, in: MünchHdb. AG, § 15 Rn. 1; Wieneke, in: Bürgers/Körber, AktG, § 71 Rn. 1.

1228 Vgl. § 57 Abs. 1 Satz 2 AktG, Cahn/v. Spannenberg, in: Spindler/Stilz, AktG, § 57 Rn. 132.

1229 Vgl. § 71 Abs. 2 Satz 2 AktG; BR-Drs. 344/08, S. 134.

1230 § 71 Abs. 4 Satz 2 AktG. Die Gesellschaft kann den gezahlten Kaufpreis nach § 62 AktG zurückverlangen; der Aktionär kann die Gesellschaft auf Rückübertragung des Aktieneigentums nach § 812 BGB in Anspruch nehmen, vgl. Cahn, in: Spindler/Stilz, AktG, § 71 Rn. 233.

1231 § 71c Abs. 1 AktG.

1232 §§ 237 Abs. 2 Satz 1, 222 ff. AktG.

1233 § 222 Abs. 1 Satz 1 AktG. Grundsätzlich ist die qualifizierte Kapitalmehrheit erforderlich.

Sonderbeschluss der Aktionäre jeder Gattung[1234] erforderlich ist. Der Kapitalherabsetzungsbeschluss ist zur Eintragung in das Handelsregister anzumelden[1235]. Mit der Eintragung der Durchführung der Einziehung im Handelsregister ist die Kapitalherabsetzung wirksam[1236]. Da die Kapitalherabsetzung das an die Aktionäre ausschüttbare Vermögen erhöht, trifft das AktG besondere Vorkehrungen für den Gläubigerschutz. Gläubigern, die nach Anmeldung ihrer Forderungen keine Befriedigung erlangen können, muss Sicherheit geleistet werden[1237]. Zudem darf der Erwerbspreis für die eigenen Aktien erst nach Ablauf einer sechsmonatigen Sperrfrist an die Aktionäre ausgezahlt werden[1238].

bb) Vereinfachtes Einziehungsverfahren

Die Einziehung vollständig eingezahlter Aktien der AG kann in einem vereinfachten Verfahren erfolgen, wenn der Erwerb unentgeltlich, zulasten des Bilanzgewinns oder einer Gewinnrücklage erfolgt oder wenn Stückaktien ohne Herabsetzung des Grundkapitals eingezogen werden[1239]. Auch die vereinfachte Einziehung setzt einen Kapitalherabsetzungsbeschluss der Hauptversammlung voraus[1240]. Die Vereinfachung gegenüber dem Verfahren der ordentlichen Einziehung besteht im Wesentlichen darin, dass die besonderen Vorkehrungen zum Schutz der Gläubiger keine Anwendung finden. Es genügt, wenn der auf die eingezogenen Aktien entfallende Betrag in die Kapitalrücklage eingestellt wird[1241].

b) Halten eigener Aktien zur Weiterveräußerung

Während der Haltensdauer eigener Aktien ruhen die Mitgliedschaftsrechte aus den Aktien[1242]. Bilanziell wird der Rückerwerb eigener Aktien abgebildet, indem der Nennbetrag bzw. der rechnerische Wert der Aktien offen vom Posten „gezeichnetes Kapital“ abgesetzt wird[1243]. Ein diesen Betrag übersteigender Erwerbspreis wird mit den frei verfügbaren Rücklagen verrechnet[1244]. Im Falle der Veräußerung entfällt der Ausweis des Wertes der eigenen Aktien in der Bi-

---

1234 § 222 Abs. 2 AktG.
1235 §§ 223, 239 Abs. 1 AktG.
1236 § 238 Satz 1 AktG.
1237 § 225 Abs. 1 Satz 1 AktG.
1238 § 225 Abs. 2 AktG.
1239 § 237 Abs. 2 AktG.
1240 § 237 Abs. 4 Satz 1 AktG. Grundsätzlich ist die einfache Stimmenmehrheit erforderlich, vgl. § 237 Abs. 4 Satz 2, 133 Abs. 1 AktG.
1241 § 237 Abs. 5 AktG.
1242 § 71b AktG.
1243 § 272 Abs. 1a Satz 1 HGB.
1244 § 272 Abs. 1a Satz 2, § 266 Abs. 3 A III 4 HGB.

lanz[1245]. Soweit der Veräußerungspreis den Nennbetrag bzw. den rechnerischen Wert der eigenen Aktien übersteigt, findet eine Verrechnung mit den freien Rücklagen und, soweit diese nicht ausreichen, eine Einstellung in die Kapitalrücklage statt[1246]. Die AG darf maximal 10 Prozent ihres Grundkapitals dauerhaft halten. Der überschießende Teil der Aktien muss innerhalb von drei Jahren nach dem Erwerb veräußert oder eingezogen werden[1247].

II. Bedürfnis für eine investmentrechtliche Sonderregelung

Die in § 105 Abs. 1 InvG vorgesehene flexible Aktienrücknahme der InvAG könnte durch die entsprechende Anwendung der Vorstandsermächtigung zum Erwerb eigener Aktien nach § 71 Abs. 1 Nr. 8 AktG umgesetzt werden. Dem stünde jedoch entgegen, dass die Ermächtigung nur befristet gültig und auf einen Nennbetrag im Höhe von 10 Prozent des Grundkapitals begrenzt ist. Demgegenüber muss es der InvAG möglich sein, ihre Aktien während der gesamten Dauer ihrer Geschäftstätigkeit bis zur Grenze des Schwellenwerts in Höhe von 1,25 Mio. Euro bzw. des (höheren) Mindestkapitals zurückzunehmen. Da das Gesellschaftsvermögen der InvAG nicht im Sinne von § 57 AktG gebunden ist[1248], liefe zudem der durch die fiktive Rücklagenbildung nach § 71 Abs. 2 Satz 2 AktG gewährleistete Gläubigerschutz ins Leere.

In Anbetracht der fortlaufenden Aktienrücknahme müssten die zurückgenommenen Aktien in einem flexiblen Verfahren eingezogen werden können. Nach den Vorschriften des AktG könnte die InvAG die zurückgenommenen Aktien nämlich nur in Höhe von maximal 10 Prozent des Grundkapitals zur späteren Wiederveräußerung halten. Das aktienrechtliche Einziehungsverfahren ist jedoch aufgrund des erforderlichen Hauptversammlungsbeschlusses, des Eintragungserfordernisses im Handelsregister und des Verfahrens zum Schutz der Gläubiger aufwändig und langwierig. Für einen besonderen Gläubigerschutz anlässlich der Kapitalherabsetzung besteht auch kein Bedürfnis, da die Gläubiger der InvAG ohnehin nicht auf den Erhalt des Gesellschaftsvermögens in Höhe einer bestimmten Kapitalziffer vertrauen können[1249]. Zudem wäre es mit den Anlegerinteressen unvereinbar, wenn der Aktienwert entsprechend § 225 Abs. 2 AktG erst sechs Monate nach Ausübung des Rückgaberechts ausgezahlt würde. Das vereinfachte Einziehungsverfahren des AktG würde diese Schwierigkeiten nur zum Teil lösen, da auch insofern eine Mitwirkung der Hauptversammlung erforderlich wäre.

1245 § 272 Abs. 1b Satz 1 HGB.
1246 § 272 Abs. 1b Satz 1 bis 3 HGB.
1247 § 71c Abs. 2 AktG.
1248 Siehe § 8 C. II. 2a).
1249 Siehe § 7 B. II.

III. Die Rechtslage nach dem InvModG

1. Erleichterter Erwerb eigener Aktien

§ 105 Abs. 4 InvG i.d.F. des InvModG sah für den Erwerb eigener Aktien der InvAG ein gegenüber dem Aktienrecht erleichtertes Verfahren vor. Da die §§ 71 ff. AktG mit der Ausnahme von § 71b InvG AktG keine Anwendung fanden, war die Aktienrücknahme weder von der Mitwirkung der Hauptversammlung abhängig noch befristet oder auf einen Teil des Grundkapitals begrenzt[1250]. Die nach der damaligen Rechtslage erforderliche Unterrichtung der BaFin über den Rückerwerb eigener Aktien[1251] wurde durch eine investmentrechtliche Meldepflicht ersetzt[1252].

2. Kapitalherabsetzung durch Einziehung eigener Aktien

Die Aktien der InvAG konnten nach § 105 Abs. 4 Satz 2 InvG a.F. bis zur Grenze der Mindestkapitalziffer eingezogen werden. Das Einziehungsverfahren folgte weitgehend dem aktienrechtlichen Verfahren der Kapitalherabsetzung[1253]. Die Einziehung der Aktien setzte deshalb insbesondere einen Hauptversammlungsbeschluss, die Einhaltung der besonderen Gläubigerschutzvorschriften sowie die Eintragung des Kapitalerhöhungsbeschlusses und dessen Durchführung im Handelsregister voraus. Angesichts der Schwerfälligkeit dieses Verfahrens wurde im Schrifttum die Vorstandsermächtigung zur Einziehung zurückgenommener Aktien für zulässig gehalten[1254].

3. Halten eigener Aktien zur Weiterveräußerung

§ 105 Abs. 1 InvG a.F. gestattete der InvAG das Halten eigener Aktien zum Zwecke der späteren Weiterveräußerung. Nach aktienrechtlichem Vorbild ruhten die Mitgliedschaftsrechte aus den Aktien während der Haltensdauer durch die Gesellschaft[1255]. Mangels Anwendbarkeit von § 71c AktG[1256] konnten die eigenen Aktien unbeschränkt und unbefristet gehalten werden. Entsprechend der damaligen Rechtslage für die AG wurden die eigenen Aktien in der Bilanz aktiviert und nach § 272 Abs. 4 HGB a.F. durch Bildung einer Rücklage für eigene

---

1250 Baums/Kiem, in: FS Hadding, 2004, S. 741, 750.

1251 § 71 Abs. 3 Satz 3 AktG a.F. Die Unterrichtungspflicht wurde durch Art. 1 des Gesetzes zur Umsetzung der AktionärsrechteRL (BGBl. I 2009, 2479) aufgehoben.

1252 § 100 InvG a.F.; Eckhold, ZGR 2007, 654, 688.

1253 § 99 Abs. 1 InvG a.F. i.V.m. §§ 222 ff. AktG. Die InvAG war jedoch von der Ausweis- und Berichtspflicht des § 240 AktG befreit, vgl. § 105 Abs. 6 Satz 2 InvG a.F.

1254 Siehe § 8 A. II. 1c) dd).

1255 § 105 Abs. 5 InvG a.F. i.V.m. § 71b AktG.

1256 § 105 Abs. 5 InvG a. F.

Anteile auf der Passivseite „neutralisiert“[1257]. Schließlich bestand in Anbetracht der gesetzlichen Vorstandsermächtigung zur jederzeitigen Aktienausgabe für die Weiterveräußerung eigener Aktien kein Bedürfnis[1258].

IV. Die Rechtslage nach dem InvÄndG

1. Kein Erwerb eigener Aktien

Im Zuge des InvÄndG wurde die InvAG von den Kapitalvorschriften des AktG losgelöst. Seither finden die §§ 71 ff. AktG für die InvAG keine Anwendung mehr. Dies ergibt sich nicht ausdrücklich aus § 99 Abs. 1 InvG, sondern folgt daraus, dass die Aktienrücknahme als investmentrechtlicher Sondertatbestand[1259] in § 105 InvG abschließend geregelt ist. Die §§ 71 ff. AktG kommen entgegen einer vereinzelt vertretenen Auffassung[1260] auch dann nicht zur Anwendung, wenn ein Rücknahmeverbot besteht. Die Finanzverfassung der InvAG ist seit dem InvÄndG originär investmentrechtlich ausgestaltet, weshalb für die ergänzende Heranziehung aktienrechtlicher Kapitalvorschriften kein Raum ist.

Anders als der Erwerb eigener Aktien der AG ist die Aktienrücknahme der InvAG kein Gestaltungsinstrument[1261], sondern notwendiges Korrelat zum Rückgaberecht der Aktionäre. Es ist daher richtig, dass der Gesetzgeber die Aktienrücknahme der InvAG auch begrifflich vom Erwerb eigener Aktien abgegrenzt hat[1262].

2. Kapitalherabsetzung kraft Gesetzes

Mit der Aktienrücknahme ist das Gesellschaftskapital der InvAG nach § 105 Abs. 3 InvG automatisch herabgesetzt. Dass es eines eigenständigen Kapitalherabsetzungsakts nicht bedarf, ergibt sich bereits daraus, dass die Kapitalziffer der InvAG zu jeder Zeit dem Wert des Gesellschaftsvermögens entspricht (§ 96 Abs. 1a Satz 1 InvG) und sich das Gesellschaftsvermögen durch die Auszahlung des Aktienwerts somit entsprechend verringert. Aufgrund der automatischen Kapitalherabsetzung kann die InvAG die zurückgenommenen Aktien weder einziehen noch als eigenen Bestand halten. Die in § 105 Abs. 1 InvG a.F. geregelte

---

1257 Zur Bilanzierung eigener Aktien vor dem Bilanzrechtsmodernisierungsgesetz (BGBl. I 2009, 1102) vgl. Oechsler, in: MünchKommAktG, § 71 Rn. 368 ff.; Benckendorff, S. 229.

1258 Eckhold, ZGR 2007, 654, 691 f.

1259 Eckhold, ZGR 2007, 654, 683.

1260 Sachtleber, S. 113, der annimmt, die unzulässige Aktienrücknahme stelle eine unzulässige Rücknahme eigener Aktien nach §§ 71 ff., 57 AktG dar.

1261 Zu den vielfältigen Einsatzmöglichkeiten des Rückerwerbs eigener Aktien vgl. Oechsler, in: MünchKommAktG, § 71 Rn. 289 ff.; Cahn, in: Spindler/Stilz, AktG, § 71 Rn. 3 ff.

1262 Begr. RegE, BT-Drs. 16/5576, S. 88 re. Sp.

Ermächtigung zur Weiterveräußerung der Aktien ist dementsprechend entfallen[1263].

C. Zusammenfassung

1. Das Rückgaberecht der Aktionäre der InvAG (§ 105 Abs. 2 Satz 1 InvG) ist ein zentrales Anlegerschutzrecht, dessen Funktion vor allem in der Reduzierung des Kursrisikos und der Kompensation der fehlenden tatsächlichen und rechtlichen Möglichkeiten zur Einflussnahme auf die gesellschaftlichen Entscheidungsprozesse und zur Kontrolle der Geschäftsleitung besteht. Es handelt sich um ein originär investmentrechtliches Mitgliedschaftsrecht. Insbesondere sind die Aktien der InvAG keine rückerwerbbaren Aktien im Sinne von Art. 39 KapitalRL.
2. Das Rückgaberecht ist unabdingbar und kann nur in den gesetzlich geregelten Fällen beschränkt werden. Die Aktienrücknahme ist verboten, soweit durch die Rücknahme einer der in § 105 Abs. 2 Satz 2 und 3 InvG genannten Schwellenwerte oder das in der Satzung festgelegte Mindestkapital unterschritten würde. Die Zahlungsverbote des § 92 Abs. 2 AktG haben vor diesem Hintergrund keine praktische Bedeutung. Können an einem Rücknahmetermin nicht alle angedienten Aktien zurückgenommen werden, ist die Rücknahme auf den zulässigen Umfang beschränkt. Die Satzung sollte für diesen Fall die anteilige Rücknahme und ggf. die nachrangige Bedienung der Ansprüche der Unternehmensaktionäre vorsehen.
3. Die Aktienrücknahme der InvAG ist als investmentrechtlicher Sondertatbestand geregelt, der auch begrifflich vom aktienrechtlichen Erwerb eigener Aktien abgegrenzt ist. Die Kapitalherabsetzung erfolgt unmittelbar und kraft Gesetzes mit der Aktienrücknahme.

1263 Die Umsetzung von Art. 1 Abs. 2 KapitalRL wird hierdurch nicht in Frage gestellt, siehe § 7 C. II. 3.

4. Abschnitt: Der Insolvenzschutz der Aktionäre

§ 11 Der Schutz der Aktionäre vor der Insolvenz der InvAG

A. Einleitung

Die Anleger treffen ihre Anlageentscheidung auch im Hinblick darauf, ob ihre Interessen in der Insolvenz der als Fondsvehikel dienenden Gesellschaft ausreichend geschützt sind. So wird als besonderer Vorzug der Vertragsform gerühmt, dass das Sondervermögen in der Insolvenz der KAG nicht Bestandteil der Insolvenzmasse ist, sondern vollständig zugunsten der Anteilinhaber erhalten bleibt (B.)[1264]. Vor diesem Hintergrund stellt sich die Frage, ob in der Insolvenz der InvAG ein gleichwertiger Anlegerschutz besteht. Der Gesetzgeber hat in der Regierungsbegründung zum Mitarbeiterbeteiligungsgesetz[1265] angedeutet, dass es sich bei der InvAG um kein insolvenzfestes Anlagevehikel handelt[1266]. Sofern diese Annahme zutrifft (C.), stellt sich die Frage, ob Mechanismen bestehen, die die Aktionäre im Vorfeld der Insolvenz der InvAG schützen (D.).

B. Die Rechte der Anteilinhaber des Sondervermögens in der Insolvenz der KAG

Wird das Insolvenzverfahren über die KAG eröffnet, weil sie zahlungsunfähig (§ 17 InsO) oder überschuldet (§ 19 InsO) ist oder die Zahlungsunfähigkeit droht (§ 18 InsO), wird die Gesellschaft aufgelöst[1267] und nach den Vorschriften der InsO abgewickelt. Die Insolvenzmasse der KAG besteht nach § 35 Abs. 1 InsO aus dem Vermögen, das der Gesellschaft zur Zeit der Verfahrenseröffnung gehört und das sie während des Verfahrens erlangt. Das Sondervermögen ist rechtlich vom Gesellschaftsvermögen der KAG getrennt[1268]. Sehen die Vertragsbedingungen vor, dass das Sondervermögen im gemeinschaftlichen Mitei-

1264 Vgl. BVI, Pressemitteilung vom 27.12.2008 „Fondsanleger schätzen vor allem Kostentransparenz und Insolvenzschutz".

1265 BGBl. I. 2009, 451.

1266 BT-Drs. 16/10531, S. 17 li. Sp. zur Ausnahme der InvAG von den Vorschriften über Mitarbeiterbeteiligungsfonds in § 2 Abs. 5 Satz 1 InvG: „Die Änderung stellt klar, dass Mitarbeiterbeteiligungsfonds nicht in der Rechtsform der InvAG errichtet werden dürfen. Es handelt sich bei den Mitarbeiterbeteiligungsfonds um ein neues Anlageprodukt. Für dieses Produkt sollen daher zunächst Erfahrungen mit der Rechtsform des Sondervermögens gesammelt werden, *zumal dieses* insolvenzfest ist" [Hervorhebungen durch die Verfasserin].

1267 § 262 Abs. 1 Nr. 3 AktG, § 60 Abs. 1 Nr. 4 GmbHG.

1268 § 30 Abs. 1 Satz 2 InvG; Köndgen/Schmies, in: Bankrechts-Handbuch, § 113 Rn. 58.

gentum der Anteilinhaber steht (sog. Miteigentumslösung)[1269], besteht kein Zweifel, dass sich die Trennung von Gesellschafts- und Sondervermögen in der Insolvenz der KAG fortsetzt. Die Anteilinhaber sind aufgrund ihrer dinglichen Berechtigung nach § 47 Satz 1 InsO zur Aussonderung berechtigt, d.h. sie haben das Recht, gegenüber dem Insolvenzverwalter die Nichtzugehörigkeit der Anlagegegenstände zum Gesellschaftsvermögen geltend zu machen[1270]. Das Aussonderungsrecht wird nicht von der Gemeinschaft der Anteilinhaber, sondern von der Depotbank ausgeübt[1271], die nach der Eröffnung des Insolvenzverfahrens nach § 39 Abs. 1 2. Alt. InvG über die zum Sondervermögen gehörenden Gegenstände verfügt.

Schwerer fällt die insolvenzrechtliche Beurteilung, wenn das Sondervermögen im Eigentum der KAG steht, die dieses treuhänderisch im Anlegerinteresse verwaltet (sog. Treuhandlösung)[1272]. Die Rechtsprechung räumt dem Treugeber in Fällen der „echten" Treuhand, in denen der treuhänderisch verwaltete Gegenstand rechtlich zum Treuhandvermögen gehört, sachlich und wirtschaftlich aber dem Vermögen des Treugebers zugeordnet ist, ein Aussonderungsrecht ein, wenn das Treugut unmittelbar aus dem Vermögen des Treugebers stammt[1273]. Dieser Anforderung genügt das Sondervermögen aber nicht, da die Anlagegegenstände nicht von den Anteilinhabern eingebracht, sondern mit den von ihnen geleisteten Barmitteln erworben werden[1274]. Die Anteilinhaber wären damit an sich auf ihre schuldrechtlichen Ansprüche auf Auszahlung des Anteilwerts verwiesen, die quotenmäßig aus der Insolvenzmasse befriedigt würden[1275]. Zum Schutz der Anteilinhaber sieht § 38 Abs. 3 Satz 2 InvG aber vor, dass das Sondervermögen nicht zur Insolvenzmasse der KAG gehört. Das Sondervermögen kann somit auch im Falle der Treuhandlösung in der Insolvenz der KAG nach § 47 InsO ausgesondert werden[1276].

1269 § 30 Abs. 1 Satz 1 2. Alt. InvG.

1270 Ganter, in: MünchKommInsO, § 47 Rn. 5.

1271 Ganter, in: MünchKommInsO, § 47 Rn. 424; Ohl, S. 35 f.; Wilderink, S. 71.

1272 § 30 Abs. 1 Satz 1 1. Alt. InvG.

1273 RGZ 133, 84, 87; BGH NJW 1959, 1223, 1224 f.; NJW-RR 1993, 310. Nach a.A. kommt es darauf an, ob der Übergang der Vermögensgegenstände auf den Treuhänder offenkundig war, so z.B. Canaris, Rn. 280. Der BGH hat zuletzt offen gelassen, ob das Unmittelbarkeits- oder Offenkundigkeitsprinzip entscheidend ist, vgl. BGHZ 155, 277 = NJW 2003, 3414, 3415.

1274 Wegner, S. 209.

1275 Ganter, in: MünchKommInsO, § 1 Rn. 52.

1276 Lwowski/Peters, in: MünchKommInsO, § 35 Rn. 275; Beckmann, in: B/S/V, Kz. 410, § 38 Rn. 13; Baur, Investmentgesetze, § 13 KAGG Rn. 9; Ohl, S. 35; Wilderink, S. 71.

C. Die Rechte der Aktionäre in der Insolvenz der InvAG

I. Die Rechte der Aktionäre der InvAG ohne TGV

Das Anlagevermögen der InvAG ist – anders als das Sondervermögen der KAG – Bestandteil des Gesellschaftsvermögens der InvAG und gehört als solches nach § 35 Abs. 1 InsO zur Insolvenzmasse der Gesellschaft. Da die Aktionäre keine dinglichen oder persönlichen Rechte im Hinblick auf die Anlagegegenstände haben, liegen die Voraussetzungen für eine Aussonderung nach § 47 Satz 1 InsO nicht vor. Ein Aussonderungsrecht steht den Aktionären der InvAG auch nicht aufgrund des für die Treuhand entwickelten Unmittelbarkeitsprinzips[1277] zu. Der Anwendung dieses Prinzips steht bereits entgegen, dass das Gesellschaftsvermögen von der InvAG auf eigene Rechnung und nicht treuhänderisch für Rechnung der Aktionäre verwaltet wird[1278]. Zudem werden die Anlagegegenstände regelmäßig nicht von den Aktionären eingebracht, sondern mit den von ihnen geleisteten Bareinlagen erworben[1279]. Die auf die Auszahlung des Aktienwerts gerichteten Ansprüche der Aktionäre nach § 105 Abs. 2 Satz 1 InvG wandeln sich in der Insolvenz der InvAG in Ansprüche auf Teilnahme am Abwicklungserlös (§ 99 Abs. 1 InvG i.V.m. § 271 Abs. 1 AktG) um. Als Residualgläubiger haben die Aktionäre lediglich Anspruch auf dasjenige, was nach der Befriedigung sämtlicher Verbindlichkeiten verbleibt. Im Ergebnis ist das Anlagevermögen der InvAG anders als das Sondervermögen nicht zugunsten der Anleger insolvenzfest.

II. Die Rechte der Aktionäre der InvAG mit mehreren TGV

1. Insolvenz der InvAG mit TGV

Die InvAG kann TGV bilden, die vermögens- und haftungsrechtlich voneinander getrennt sind (vgl. § 99 Abs. 3 Satz 1 i.V.m. § 34 Abs. 2a Satz 1 InvG). Seit dem InvÄndG sieht § 100 Abs. 2 InvG vor, dass die Trennung der TGV in der Insolvenz der InvAG aufrechterhalten bleibt[1280]. Die TGV werden deshalb in gesonderten Verfahren abgewickelt. Das Trennungsprinzip hat zur Folge, dass die Aktionäre eines TGV im Grundsatz nur hinter diejenigen Gläubiger zurücktreten, deren Forderungen nach der Satzung oder den Anlagebedingungen dem betreffenden TGV zugeordnet sind. Ein Rangrücktritt hinter Gläubiger, denen ausschließlich ein anderes TGV als Haftungsmasse dient, findet dagegen nicht

1277 Siehe B.

1278 C. Fischer, S. 117 ff., 212 f.

1279 Sacheinlagen sind für die Publikums-InvAG nach § 99 Abs. 3 Satz 1 i.V.m. § 23 Abs. 1 Satz 3 InvG unzulässig.

1280 Zur Rechtslage vor dem InvÄndG vgl. C. Fischer, S. 214 f.; Wegner, S. 213 ff.

statt. Das Trennungsprinzip kann allerdings nicht verhindern, dass die TGV zum Ausgleich von Forderungen herangezogen werden, für die die InvAG unbeschränkt haftet[1281]. Dagegen ist den Gläubigern der KAG der Zugriff auf das Sondervermögen auch in der Insolvenz der KAG verwehrt. Aufwendungsersatzansprüche der KAG, die auch in der Insolvenz der KAG aus dem Sondervermögen befriedigt werden, bestehen nach § 31 Abs. 3 InvG nur für Geschäfte, die für gemeinschaftliche Rechnung der Anleger getätigt wurden; Kosten für die Erfüllung von gegen die KAG gerichteten Schadensersatzansprüchen gehören nicht dazu[1282]. Im Ergebnis bleibt der Schutz der Aktionäre der insolventen InvAG auch dann hinter dem Schutz der Anteilinhaber des Sondervermögens zurück, wenn das Anlagevermögen in TGV gebündelt ist.

2. TGV als Gegenstand eines Sonderinsolvenzverfahrens

a) Meinungsstand im Schrifttum

Um den Aktionären der InvAG einen der Vertragsform gleichwertigen Schutz zu gewähren, spricht sich ein Teil des Schrifttums für eine isolierte Insolvenzfähigkeit der TGV der InvAG aus[1283]. Als Rechtsgrundlage wird die vermögens- und haftungsrechtliche Separierung der TGV genannt[1284] oder eine Analogie zu § 11 Abs. 2 Nr. 2 InsO bemüht[1285]. Das Insolvenzverfahren über TGV soll verhindern, dass die „Zahlungsunfähigkeit" eines einzelnen TGV die Insolvenz der InvAG auslöst, obwohl die übrigen TGV über ausreichende Liquidität verfügen[1286]. Die Gefahr einer solchen „Insolvenzerweiterung"[1287] besteht deshalb, weil die InvAG bereits dann zahlungsfähig im Sinne von § 17 InsO ist, wenn sie außerstande ist, einen Teil ihrer fälligen Verbindlichkeiten zu begleichen[1288]. Nach der Rechtsprechung wird die Zahlungsunfähigkeit widerleglich vermutet, wenn eine Liquiditätslücke von mehr als 10 Prozent besteht[1289]. Unter Zugrundelegung dieser Rechtsprechung wäre die InvAG bereits dann insolvent, wenn

1281 Siehe § 13 C. III. 2.
1282 Siehe § 5 C. IV. 1b) cc) aaa).
1283 C. Fischer, S. 219 ff.; Wallach, Der Konzern 2007, 487, 492.
1284 Wallach, Der Konzern 2007, 487, 492. Ähnlich Sachtleber, S. 121 Fn. 561, der die TGV in Anbetracht der vermögens- und haftungsrechtlichen Trennung als insolvenzfähige Vermögen im Sinne von § 11 Abs. 1 InsO ansieht. Nicht eindeutig Einsele, AG 2011, 141, 151.
1285 C. Fischer, S. 219 ff.; wohl auch Einsele, AG 2011, 141, 151.
1286 C. Fischer, S. 219.
1287 C. Fischer, S. 218; Wegner, S. 219.
1288 Für die AG vgl. Mertens/Cahn, in: KölnKommAktG, Anh. § 92 Rn. 8.
1289 BGHZ 163, 134, 145 f. = NJW 2005, 3062, 2065 f.; Mertens/Cahn, in: KölnKommAktG, Anh. § 92 Rn. 8; Eilenberger, in: MünchKommInsO, § 17 Rn. 18, 24.

auf ein vermögensloses TGV mehr als 10 Prozent der Verbindlichkeiten der InvAG entfielen.

b) Stellungnahme

§ 100 Abs. 2 InvG ordnet lediglich an, dass das Prinzip der vermögens- und haftungsrechtlichen Trennung der TGV in der Insolvenz der InvAG fortbesteht. Die Vorschrift lässt keinen Rückschluss auf die isolierte Insolvenzfähigkeit der TGV zu. Vielmehr legt § 11 Abs. 2 InsO abschließend fest, welche rechtlich unselbständigen Vermögensmassen Gegenstand eines Insolvenzverfahrens sein können[1290]. Da die TGV einer InvAG in diesem Katalog nicht genannt werden, stellt sich die Frage, ob die Vorschrift analoge Anwendung findet.

Es ist bereits zweifelhaft, ob die fehlende Anordnung der Insolvenzfähigkeit der TGV einer InvAG eine planwidrige Regelungslücke darstellt[1291]. Während die Insolvenz der InvAG gegenüber der BaFin und den Aktionären angezeigt werden muss (§ 96 Abs. 6 Satz 2 InvG), hat der Gesetzgeber davon abgesehen, eine Anzeigepflicht für die Unterschreitung eines bestimmten Betrags auf der Ebene der einzelnen TGV festzulegen[1292]. Vielmehr ist anzunehmen, dass die insolvenzrechtlichen Besonderheiten der TGV in § 100 Abs. 2 InvG abschließend geregelt werden sollten[1293].

Die Analogie würde zudem eine vergleichbare Interessenlage voraussetzen. Im Schrifttum wird die Insolvenzfähigkeit der TGV zum Teil auf eine Analogie zur Nachlassinsolvenz gemäß § 11 Abs. 2 Nr. 2 InsO gestützt[1294]. Der Nachlass ist eine rechtlich unselbständige Vermögensmasse, die von einer anderen Vermögensmasse, dem Eigenvermögen des Erben, abgegrenzt werden kann. Das Insolvenzverfahren über den Nachlass ist mit den Interessen der Nachlassgläubiger vereinbar, da die Nachlassverbindlichkeiten entweder vor dem Erbfall und damit zu einer Zeit entstanden sind, in der ausschließlich das Vermögen des Erblassers als Haftungsmasse zur Verfügung stand, oder weil es sich um Verbindlichkeiten handelt, die durch den Erbfall entstanden sind und deshalb einen unmittelbaren Bezug zum Nachlass aufweisen[1295]. Die TGV einer InvAG sind, ebenso wie der Nachlass, rechtlich unselbständige Vermögensmassen. Allerdings können Gläubiger der InvAG, für deren Forderungen die InvAG nicht auf einzelne TGV beschränkt haftet, auf das gesamte Gesellschaftsvermögen zugrei-

---

1290 Hirte, in: Uhlenbruck, InsO, § 11 Rn. 4.

1291 Vgl. BGHZ 105, 140, 143; BGH NJW 2003, 1932, 1933; NJW 2007, 993 m.w.N. zu den Voraussetzungen der Analogie.

1292 Siehe § 13 E. III.

1293 Wegner, S. 221.

1294 C. Fischer, S. 219 ff.; wohl auch Einsele, AG 2011, 141, 151.

1295 Vgl. Ott/Vuia, in: MünchKommInsO, § 11 Rn. 9.

fen[1296]. Die isolierte Insolvenz eines TGV könnte dazu führen, dass diese Gläubiger mit ihren auf das TGV entfallenden Forderungen ausfallen, obwohl die übrigen TGV ausreichende Mittel aufweisen. Diese faktische Haftungsbeschränkung, die ohne die in diesen Fällen erforderliche Publizität (vgl. § 98 Abs. 2 InvG) bestünde, wäre mit den berechtigten Interessen dieser Gläubiger nicht vereinbar. Aufgrund der fehlenden Vergleichbarkeit der Interessenlage ist die isolierte Insolvenzfähigkeit der TGV analog § 11 Abs. 2 Nr. 2 InsO abzulehnen.

c) Insolvenzfähigkeit der TGV de lege ferenda

Es stellt sich die Frage, ob ein Bedürfnis für die Einführung eines Insolvenzverfahrens für die TGV der InvAG besteht[1297]. Soweit es darum geht, zu verhindern, dass die Vermögenslosigkeit eines TGV zum Nachteil der Aktionäre der übrigen TGV die Insolvenz der InvAG nach sich zieht, lässt sich dieses Ziel auch außerhalb der InsO erreichen. Zunächst sollte die von der Rechtsprechung entwickelte Vermutung der Zahlungsunfähigkeit bei einer Liquiditätslücke von mehr als 10 Prozent nicht unbesehen auf die InvAG übertragen werden. Die „Zahlungsunfähigkeit" eines einzelnen TGV lässt aufgrund der vermögensrechtlichen Trennung der TGV keinen Rückschluss auf die Solvenz der Gesellschaft zu[1298]. Die Insolvenzerweiterung lässt sich zudem vermeiden, wenn TGV mit geringer Liquidität rechtzeitig aufgelöst und von der Depotbank abgewickelt[1299] oder auf ein anderes Investmentvermögen verschmolzen[1300] werden. Im Einzelfall könnte der Vorstand aufgrund seiner Pflicht zum Handeln im Interesse der Aktionäre und der Integrität des Marktes[1301] sogar verpflichtet sein, über diese Maßnahmen zu beschließen oder sie zur Beschlussfassung vorzuschlagen, wenn die Insolvenz der Gesellschaft hierdurch abgewendet werden könnte.

Auch die Interessen der Gläubiger, für deren Forderungen die InvAG auf das „zahlungsunfähige" TGV begrenzt haftet, gebieten nicht die Einführung eines Sonderinsolvenzverfahrens. Die gesetzliche Publizität der Haftungsverhältnisse gemäß § 98 Abs. 2 InvG sowie der Umstand, dass die Forderungen dieser Gläubiger regelmäßig kurzfristig zu erfüllen sind oder die Gläubiger in der Lage sind, andere Maßnahmen zur Sicherung ihrer Interessen zu ergreifen, rechtfertigt, dass die auf die TGV beschränkte Haftung der InvAG nicht durch einen

1296 § 99 Abs. 3 Satz 1 i.V.m. § 34 Abs. 2a Satz 1 InvG. Siehe § 13 C. III. 2.
1297 So Wegner, S. 222 f.; Fock/Hartig, in: FS Spiegelberger, 2009, S. 653, 658.
1298 Ähnlich Heeren/v. Tiling, in: Kempf, Investmentrecht 2007, S. 211; C. Fischer, S. 218 f.
1299 § 100 Abs. 4 Satz 1 und 4 i.V.m. § 39 Abs. 1 und 2 InvG.
1300 § 100 Abs. 5 i.V.m. § 40 InvG.
1301 § 106 Satz 2 Nr. 1 InvG.

gesetzlichen Kapitalschutz auf der Ebene der TGV ergänzt wird[1302]. Aus diesen Gründen erscheint es auch nicht notwendig, zum Schutz dieser Gläubiger ein der InvAG entzogenes Verfahren einzuführen, das die gleichmäßige Befriedigung ihrer Forderungen aus der unzureichenden Haftungsmasse sichert.

D. Der Schutz der Aktionäre im Vorfeld der Insolvenz der InvAG

Da das Anlagevermögen der InvAG nicht insolvenzfest ist und die TGV nicht insolvenzfähig sind, stellt sich die Frage, ob andere Mechanismen bestehen, die einen angemessenen Schutz der Aktionäre vor den Risiken der Insolvenz der InvAG gewährleisten.

I. Beschränkte Geschäftstätigkeit

Die Insolvenz der InvAG kann insbesondere durch die Realisierung operativer Risiken ausgelöst werden[1303]. Vor diesen Risiken sind die Anlageaktionäre auch dann nicht vollständig geschützt, wenn Betriebs- und Anlagevermögen in verschiedenen TGV gehalten werden[1304]. Die operativen Risiken der InvAG werden aber maßgeblich durch den auf die kollektive Vermögensverwaltung beschränkten Unternehmensgegenstand der InvAG begrenzt[1305]. Andere Geschäfte als die kollektive Vermögenverwaltung darf die InvAG nicht betreiben. Betriebsvermögen darf sie nur insoweit erwerben, als es für das Investmentgeschäft notwendig ist[1306]. Demgegenüber ist es der KAG gestattet, neben der kollektiven Vermögensverwaltung auch die in § 7 Abs. 2 InvG genannten Leistungen zu erbringen. Die Trennung zwischen Eigenvermögen der KAG und Sondervermögen, die sich in der Insolvenz der KAG nach § 38 Abs. 3 InvG fortsetzt, verhindert in diesem Fall, dass die diesen Geschäften innewohnenden Risiken auf das Sondervermögen durchschlagen[1307].

II. Vorstandspflichten in der Krise der InvAG

1. Verlustanzeige- und Einberufungspflicht

a) Verlustanzeige gegenüber der BaFin

Der Vorstand der InvAG ist nach § 96 Abs. 6 Satz 1 und 2 InvG verpflichtet, der BaFin unverzüglich anzuzeigen, wenn das Gesellschaftsvermögen unter den Be-

1302 Siehe § 7 B. II. und § 13 E. III.
1303 Siehe § 5 C. IV. 1 zum Begriff des operative Risikos.
1304 Siehe C. II. 1.
1305 § 96 Abs. 2 InvG; Piekenbrock, ZZP 112 (2009), 63, 101.
1306 § 99 Abs. 3 Satz 2 InvG.
1307 Beckmann, in: B/S/V, Kz. 410, § 38 Rn. 13.

trag von 300.000 oder 1,25 Mio. Euro fällt oder die Gesellschaft zahlungsunfähig oder überschuldet ist. Der Vorstand ist aufgrund der regelmäßig börsentäglichen Ermittlung des Wertes des Gesellschaftsvermögens[1308] in der Lage, die Vermögenslage der InvAG laufend zu überwachen. Die Anforderungen an diese Überwachungspflicht gehen über die aktienrechtlichen Pflichten hinaus, da der Vorstand der AG erst bei begründeter Besorgnis eines hälftigen Kapitalverlusts zur Erstellung einer Zwischenbilanz verpflichtet ist[1309]. Die Anzeigepflichten ermöglichen ein frühzeitiges Einschreiten der BaFin und sind deshalb für den Aktionärsschutz von elementarer Bedeutung[1310]. Verletzungen der Anzeigepflicht können mit einer Geldbuße geahndet werden[1311].

b) Verlustanzeige gegenüber den Aktionären und Einberufung der Hauptversammlung

Besteht nach § 96 Abs. 6 Satz 1 oder Satz 2 InvG eine Anzeigepflicht gegenüber der BaFin, ist der Vorstand zugleich verpflichtet, den Aktionären den Vermögensverlust bzw. die Zahlungsunfähigkeit oder die Überschuldung der InvAG unverzüglich anzuzeigen und eine Hauptversammlung einzuberufen[1312]. Die Vorstandspflichten zur Verlustanzeige nach § 92 Abs. 1 AktG werden von diesen spezialgesetzlichen Anzeigepflichten verdrängt. Sofern alle Aktionäre zur Teilnahme an der Hauptversammlung berechtigt sind, wird die Anzeigepflicht durch die Bekanntmachung der Tagesordnung der Hauptversammlung in den Gesellschaftsblättern erfüllt[1313]. Sind die Aktien der InvAG börsennotiert, liegt zudem eine nach § 15 Abs. 1 WpHG publizitätspflichtige Insiderinformation vor[1314].

Die Einberufung der Hauptversammlung versetzt die Aktionäre in die Lage, über Maßnahmen zur Krisenabwehr zu beraten und zu beschließen[1315]. Maßnahmen, die typischerweise zur Sanierung einer AG getroffen werden, wie z.B. eine Kapitalherabsetzung mit anschließender Kapitalerhöhung[1316], kommen für

---

1308 § 99 Abs. 3 Satz 1 i.V.m. § 36 Abs. 1 Satz 2 InvG.
1309 Vgl. § 92 Abs. 1 AktG („bei pflichtgemäßem Ermessen"), Fleischer, in: Hdb. Vorstandsrecht, § 20 Rn. 8.
1310 Begr. RegE, BT-Drs. 15/1553, S. 104 re. Sp.
1311 § 143 Abs. 2 Nr. 8, Abs. 4 InvG.
1312 § 96 Abs. 6 Satz 1 bis 3 InvG.
1313 Spindler, in: MünchKommAktG, § 92 Rn. 14 zu § 92 Abs. 1 AktG. Mit der Bekanntmachung der Tagesordnung wird zugleich die Öffentlichkeit über den Vermögensverlust informiert, vgl. Fleischer, in: Hdb. Vorstandsrecht, § 20 Rn. 4.
1314 Fleischer, in: Hdb. Vorstandsrecht, § 20 Rn. 4 zu § 92 Abs. 1 AktG.
1315 Begr. RegE, BT-Drs. 16/5576, S. 85 re. Sp.
1316 Oechsler, in: MünchKommAktG, § 92 Rn. 2; Fleischer, in: Spindler/Stilz, AktG, § 92 Rn. 4.

die InvAG aufgrund des Gleichlaufs von Gesellschaftskapital und -vermögen nicht in Betracht. Die freiwillige Zuführung frischen Kapitals durch die Unternehmensaktionäre über die Mindesteinlage von 300.000 Euro hinaus ist allenfalls für die Spezial-InvAG denkbar, da die Unternehmensaktionäre der Publikums-InvAG kein Interesse daran haben, in nennenswertem Umfang am Gesellschaftskapital oder Anlagevermögen beteiligt zu sein[1317]. Sofern andere Sanierungsmaßnahmen, wie beispielsweise die Anpassung der Anlagepolitik der InvAG, nicht in Frage kommen, kann die Hauptversammlung entsprechend § 262 Abs. 1 Nr. 2 AktG über die Auflösung der Gesellschaft beschließen. Anders als die luxemburgische SICAV[1318] ist die InvAG aber nicht verpflichtet, in der Hauptversammlung über die Auflösung abstimmen zu lassen.

2. Zahlungsverbote

Zu den aktienrechtlichen Mechanismen zum Schutz der Solvenz der AG gehören die Zahlungsverbote nach § 92 Abs. 2 Satz 1 und 3 AktG. Hiernach ist es dem Vorstand untersagt, Zahlungen an die Aktionäre zu leisten, wenn die AG zahlungsunfähig oder überschuldet ist oder die Zahlung zur Zahlungsunfähigkeit führen muss, sofern nicht die Sorgfalt eines ordentlichen und gewissenhaften Geschäftsleiters eingehalten wird. Diese Zahlungsverbote sind für die InvAG weitgehend bedeutungslos, da Ausschüttungen regelmäßig bereits dann sorgfaltswidrig sind, wenn das Gesellschaftsvermögen hierdurch unter den Schwellenwert von 1,25 Mio. Euro fiele[1319].

III. Aufsichtsbehördliche Gefahrabwehrmaßnahmen

Unter den Voraussetzungen von § 99 Abs. 3 Satz 1 i.V.m. § 19i und § 19j InvG ist die BaFin berechtigt, bereits im Vorfeld der Insolvenz der InvAG Maßnahmen zur Gefahrenabwehr zu ergreifen. Diese speziellen Eingriffsermächtigungen gehen der Generalklausel des § 5 Abs. 1 Satz 2 InvG vor[1320].

1317 Siehe § 5 C. IV. 2.
1318 Vgl. Art. 30 Abs. 1 und 2 loi du 17 décembre 2010 concernant les organismes de placement collectif, wonach der Verwaltungsrat der SICAV der Gesellschafterversammlung die Auflösung der Gesellschaft vorschlagen muss, wenn das Gesellschaftskapital unter zwei Drittel oder ein Viertel des Mindestbetrages in Höhe von 1,25 Mio. Euro fällt.
1319 Siehe § 8 C. II. 2c).
1320 Vgl. auch Lindemann, in: Boos/Fischer/Schulte-Mattler, KWG, § 45 Rn. 4b für das Verhältnis zwischen § 45 KWG und § 6 Abs. 3 KWG.

1. Maßnahmen bei unzureichenden Eigenmitteln

§ 19i InvG ist § 45 KWG nachempfunden[1321]. Die Regelung setzt im Rahmen der direkten Anwendung für die KAG eine Verletzung der Eigenkapitalanforderungen des § 11 InvG voraus. Da § 11 InvG für die InvAG keine Anwendung findet, stellt sich die Frage, unter welchen Voraussetzungen die BaFin nach § 19i InvG gegen die InvAG einschreiten kann. Die InvAG muss über ein Anfangskapital von mindestens 300.000 Euro verfügen[1322]. Darüber hinaus gehen die §§ 96 ff. InvG davon aus, dass das Gesellschaftsvermögen der InvAG dauerhaft mindestens 1,25 Mio. Euro betragen muss[1323]. Da die BaFin im Falle des Unterschreitens beider Schwellenwerte berechtigt ist, die Erlaubnis der Gesellschaft aufzuheben[1324], stellt die Eingriffsermächtigung des § 19i InvG in beiden Fällen ein zulässiges milderes Mittel dar. Die BaFin ist entsprechend § 19i Satz 2 InvG insbesondere berechtigt, nach Ablauf einer gesetzten Frist[1325] Auszahlungen an die Aktionäre zu beschränken oder zu untersagen[1326]. Die Verwaltungsakte sind sofort vollziehbar[1327]. Zuwiderhandlungen können als Ordnungswidrigkeiten mit Bußgeldern geahndet werden[1328].

2. Maßnahmen bei Gefahr für die Erfüllung von Verpflichtungen

Sofern eine konkrete[1329] Gefahr für die Erfüllung der Verpflichtungen der InvAG gegenüber ihren Gläubigern droht, ist die BaFin entsprechend § 19j InvG zur Anordnung weitergehender Maßnahmen berechtigt[1330]. Da der Gläubigerbegriff im Rahmen der direkten Anwendung von § 19j InvG auch die Anteilinhaber des Sondervermögens umfasst[1331] und die Anlageaktionäre den Anteilinhabern des Sondervermögens gleichgestellt sein sollen[1332], besteht die Anordnungsbefugnis auch dann, wenn eine Gefahr für die Erfüllung der Ansprüche der Anlageaktionäre droht. Dies kann etwa der Fall sein, wenn die InvAG gegen-

1321 Begr. RegE, BT-Drs. 16/5576, S. 66 li. Sp.
1322 § 97 Abs. 1 Satz 3 Nr. 1, 96 Abs. 5 Satz 1 InvG.
1323 Siehe § 8 C. II. 2.
1324 Vgl. § 97 Abs. 3 Satz 1 Nr. 2 i.V.m. Abs. 1 Satz 3 Nr. 1, Abs. 3 Satz 1 Nr. 4 InvG.
1325 § 99 Abs. 3 Satz 1 i.V.m. § 19i Satz 5 InvG i.V.m. § 45 Abs. 4 Satz 1 KWG.
1326 Entnahmen im wörtlichen Sinne (vgl. § 19i Satz 2 InvG) lässt die Rechtsform der AG nicht zu, vgl. K. Steck/Gringel, in: B/S/L, § 19i InvG Rn. 3.
1327 § 99 Abs. 3 Satz 1 i.V.m. § 19i Satz 3 InvG.
1328 § 43 Abs. 3 Nr. 4, Abs. 4 InvG.
1329 Ruzik, BKR 2009, 133, 137.
1330 § 19j InvG greift auch beim Verdacht einer unzureichenden Investmentaufsicht.
1331 Begr. RegE, BT-Drs. 16/5576, S. 66 li. Sp.
1332 Begr. RegE, BT-Drs. 16/5576, S. 83 re. Sp., 84 re. Sp.

über einzelnen Aktionären zum Schadensersatz verpflichtet ist[1333]. Hinsichtlich des Inhalts der Gefahrabwehrmaßnahmen bietet sich die Orientierung an § 46 Abs. 1 Satz 2 KWG an, dem § 19j InvG nachempfunden ist[1334]. In Betracht kommen insbesondere Weisungen der Aufsichtsbehörde an die Vorstandsmitglieder, die vorläufige Beschränkung oder Untersagung der Vorstandstätigkeit oder die vorläufige Bestellung von Aufsichtspersonen[1335]. Die Anordnungen sind sofort vollziehbar[1336]. Zuwiderhandlungen erfüllen den Tatbestand einer Ordnungswidrigkeit[1337]. Führen die Maßnahmen nicht zum Erfolg, kommt unter Umständen die Anordnung der Abberufung der Vorstandsmitglieder[1338] oder der Entzug der Erlaubnis der InvAG[1339] in Betracht.

IV. Insolvenzantragspflicht

Die Vorstandsmitglieder der AG sind bei Eintritt der Zahlungsunfähigkeit oder Überschuldung der Gesellschaft verpflichtet, die Eröffnung des Insolvenzverfahrens zu beantragen. Diese nunmehr in § 15a Abs. 1 InsO[1340] geregelte Vorstandspflicht soll verhindern, dass eine insolvenzreife AG mit unzureichendem Haftungsvermögen weiterhin am Geschäftsverkehr teilnimmt[1341]. Unter den Voraussetzungen von § 14 InsO können auch die Gläubiger der AG einen Insolvenzantrag stellen. Für die InvAG finden §§ 14, 15a Abs. 1 InsO keine Anwendung. Vielmehr ist nur die BaFin berechtigt, einen Insolvenzantrag zu stellen[1342]. Die BaFin wird durch den Vorstand nach § 96 Abs. 6 Satz 2 InvG über den Insolvenzeintritt informiert und ist aufgrund ihrer laufenden Aufsicht über die InvAG in der Lage, über den geeigneten Zeitpunkt für die Antragstellung zu entscheiden[1343].

1333 Begr. RegE, BT-Drs. 16/5576, S. 66 li. Sp.; K. Steck, in: B/S/L, § 19j InvG Rn. 4. Zu möglichen Schadensersatzansprüchen der Aktionäre vgl. Campbell/Müchler, ILF Working Paper Series No. 101, 4/2009, S. 16 f.

1334 Begr. RegE, BT-Drs. 16/5576, S. 66 li. Sp.

1335 § 46 Abs. 1 Satz 2 Nr. 1, 3 KWG; Beckmann, in: B/S/V, Kz. 410 § 5 Rn. 42; Lindemann, in: Boos/Fischer/Schulte-Mattler, KWG, § 46 Rn. 45 ff.

1336 § 99 Abs. 3 Satz 1 i.V.m. § 19j 2. Hs. InvG.

1337 § 143 Abs. 3 Nr. 4, Abs. 4 InvG.

1338 § 97 Abs. 3 Satz 2 i.V.m. § 17a Abs. 1 InvG.

1339 § 97 Abs. 3 Satz 1 Nr. 3 InvG.

1340 § 92 Abs. 2 AktG a.F.

1341 Fleischer, in: Hdb. Vorstandsrecht, § 20 Rn. 17.

1342 § 99 Abs. 3 Satz 1 i.V.m. § 19k InvG i.V.m. § 46b Abs. 1 Satz 4 KWG. Entsprechende Regelungen bestehen für Versicherungsunternehmen (§ 88 Abs. 1 VAG) und Kreditinstitute, (§ 46b Abs. 1 Satz 4 KWG).

1343 Lindemann, in: Boos/Fischer/Schulte-Mattler, KWG, § 46b Rn. 1.

V. Folgerungen für den Aktionärsschutz

Das InvG enthält Vorkehrungen, die die Aktionäre vor dem Eintritt der Insolvenz der InvAG schützen: Die Beschränkung der Geschäftstätigkeit der InvAG auf die kollektive Vermögensverwaltung begrenzt die operativen Risiken der Gesellschaft. Zum Schutz der Solvenz der Gesellschaft bestehen aktien- und investmentrechtliche Zahlungsverbote, die an den Vorstand gerichtet sind. Zudem bestehen im Falle des Unterschreitens der Schwellenwerte in Höhe von 300.000 Euro und 1,25 Mio. Euro bußgeldbewährte Anzeigepflichten des Vorstands gegenüber der BaFin, die der Aufsicht ein frühzeitiges Einschreiten ermöglichen. Die Aktionäre können auf der vom Vorstand in diesen Fällen einzuberufenden Hauptversammlung über die Sanierung oder Auflösung der Gesellschaft beraten und beschließen. Schließlich gewährleistet das Monopol der BaFin hinsichtlich der Stellung des Insolvenzantrags, dass das Insolvenzverfahren zu einem Zeitpunkt eingeleitet wird, in dem es im Aktionärsinteresse geboten ist.

Diese Vorkehrungen sind in der Gesamtschau geeignet, einen angemessenen Schutz der Aktionäre vor der Insolvenz der InvAG zu gewährleisten, der jedoch hinter dem Schutz der Anteilinhaber des Sondervermögens zurückbleibt. Dieses Anlegerschutzdefizit beruht letztlich auf dem Umstand, dass eine vollständige haftungsrechtliche Trennung von Vermögensmassen einer juristischen Person nicht möglich ist, und ist der Satzungsform deshalb immanent.

E. Zusammenfassung

Das Anlagevermögen der InvAG ist anders als das Sondervermögen nicht zugunsten der Aktionäre „insolvenzfest". Die TGV können nicht selbst Gegenstand eines Insolvenzverfahrens sein. Es besteht auch kein Bedürfnis, ein Sonderinsolvenzverfahren für die TGV der InvAG einzuführen. Das InvG enthält Vorkehrungen, die in der Gesamtschau geeignet sind, einen angemessenen Schutz der Aktionäre vor der Insolvenz der InvAG zu gewährleisten, der jedoch hinter dem Schutz der Anteilinhaber des insolvenzfesten Sondervermögens zurückbleibt.

3. Teil: Besondere Gestaltungsformen der InvAG

1. Abschnitt: Aktienklassen

§ 12 Aktienklassen

A. Einleitung

I. Begriff

Der Begriff der Aktienklasse entstammt nicht dem InvG. Es handelt sich um eine Wortschöpfung, die von Wissenschaft und Praxis in Anlehnung an den Begriff der Anteilklasse geschaffen wurde. Anteilklassen werden durch die Ausgestaltung der Anteile an einem Sondervermögen mit verschiedenen Rechten geschaffen. Anteile mit jeweils gleichen Rechten bilden eine Anteilklasse[1344]. Für die InvAG sieht das InvG die entsprechende Anwendung der Regeln über die Anteilklassen eines Sondervermögens vor[1345]. Der Begriff „Aktienklasse" rührt daher, dass das Wort „Anteil" im Rahmen der entsprechenden Anwendung dieser Vorschriften durch das Wort „Aktie" ersetzt wird[1346]. Auch das AktG gestattet die Ausgabe von Aktien mit verschiedenen Rechten und fasst Aktien mit jeweils gleichen Rechten unter dem Begriff der „Aktiengattung" zusammen[1347]. Ob und inwiefern sich Aktienklassen und Aktiengattungen unterscheiden, ist eines der zentralen Themen dieses Abschnitts (C.).

II. Gründe für die Bildung von Aktienklassen

Aktienklassen bieten sowohl aus der Sicht des Initiators einer InvAG als auch aus der Aktionärsperspektive Vorteile. Für den Initiator sind Aktienklassen als Marketinginstrument von Bedeutung. Insbesondere bei der auf einen großen Aktionärskreis ausgerichteten Publikums-InvAG besteht das Bedürfnis, den unterschiedlichen Aktionärsinteressen durch eine breit gefächerte Angebotspalette Rechnung zu tragen, um möglichst viele Aktionäre zu gewinnen. Als zusätzlicher Anreiz zum Aktienerwerb kann den Aktionären das Recht eingeräumt werden, ihre Aktien während der Haltensdauer kostenlos oder gegen eine geringe

1344 § 34 Abs. 1 Satz 1 und 2 InvG.
1345 § 99 Abs. 3 Satz 1 i.V.m. § 34 Abs. 1 InvG.
1346 § 99 Abs. 3 Satz 1 Nr. 3 InvG.
1347 § 11 Satz 1 und 2 AktG.

Gebühr gegen Aktien einer anderen Aktienklasse der InvAG umzutauschen[1348]. Ein weiterer Vorzug der Aktienklassen wurde vor dem OGAW-IV-UmsG im Verschmelzungsverfahren sichtbar. Die Zusammenlegung eines TGV einer InvAG mit einem anderen TGV oder einem Sondervermögen war unzulässig, wenn die jeweils festgelegten Verwaltungsgebühren oder Transaktionskosten wesentlich voneinander abwichen. Bestanden diese Unterschiede aber nach der Verschmelzung in Gestalt von Anteil- bzw. Aktienklassen fort, war die Verschmelzung zulässig[1349].

Für die Aktionäre der InvAG ergeben sich die Vorteile von Aktienklassen aus dem bereits Gesagten. Das Angebot von Aktien mit unterschiedlichen Merkmalen ermöglicht eine größere Feinsteuerung bei der Umsetzung der individuellen Anlageziele. Ändern sich die Anlageziele der Aktionäre während der Haltensdauer der Aktien, sind sie zudem nicht gezwungen, ihre Aktien zurückzugeben und gegen erneute Zahlung eines Ausgabeaufschlags Anteile an einem anderen Investmentvermögen zu erwerben, sondern können sie kostengünstig gegen Aktien einer anderen Klasse umtauschen.

Als Argument für die Bildung von Anteilklassen eines Sondervermögens werden häufig Kosteneinsparungen im Vergleich zur Auflegung und Verwaltung separater Sondervermögen und ein weniger aufwändiges Genehmigungsverfahren genannt. Diese Kosteneinsparungen könnten an die Anleger weitergegeben werden[1350]. Da nur die Vertragsbedingungen des Sondervermögens, nicht aber die einzelnen Anteilklassen der Genehmigung der BaFin bedürften, könne das Genehmigungsverfahren in kürzerer Zeit abgewickelt werden[1351]. Für die InvAG treffen diese Erwägungen nicht zu. Da jede InvAG über eigene Verwaltungsgremien verfügen und mit einem Anfangskapital ausgestattet sein muss, wäre die Gründung weiterer Gesellschaften nur dann wirtschaftlich sinnvoll, wenn anzunehmen wäre, dass die Gesellschaften trotz der hohen Kosten rentabel operierten. Eine entsprechende Nachfrage der Anleger wäre aber nicht zu erwarten, da die Unterscheidungsmerkmale der Gesellschaften, wenn sie nach den für Aktienklassen typischen Merkmalen gewählt würden, bei der Anlageentscheidung eine eher untergeordnete Rolle spielen würden. Insbesondere muss die für

---

1348 BaFin, Fragenkatalog Anteilklassen vom 6.11.2007, Abschnitt II. 4.

1349 § 100 Abs. 5 i.V.m. § 40 Abs. 1 Satz 1 Nr. 3, Satz 7 InvG a.F.

1350 Begr. RegE, BT-Drs. 14/8017, S. 103 re. Sp.; Kempf, Investmentrecht 2002, S. 48; Archner, Die Bank 2001, 800, 805; Poß, ZfK 2001, 1378, 1380; vorsichtiger Kugler/Rittler, BB 2002, 1001, 1002.

1351 Begr. RegE, BT-Drs. 14/8017, S. 103 re. Sp.; Fragos, S. 127; Archner, Die Bank 2001, 800, 805; Kugler/Rittler, BB 2002, 1001, 1002; Poß, ZfK 2001, 1378, 1380.

die Anlageentscheidung maßgebliche Anlagepolitik für alle Aktienklassen einheitlich ausgestaltet sein[1352].

B. Die rechtlichen Grundlagen von Aktienklassen

I. Anteilklassen eines Sondervermögens

§ 17 Abs. 2 Satz 2 1. Hs. KAGG a.F. untersagte ursprünglich die Ausgabe von Anteilen mit verschiedenen Rechten an einem Sondervermögen. Anlass für dieses Verbot waren die Erfahrungen, die in der Weltwirtschaftskrise 1929/1930 mit der Ausgabe von Vorzugsanteilen durch U.S.-amerikanische Investmentunternehmen gemacht wurden[1353]. Die betragsmäßige Begrenzung der Vorzüge führte bei einem günstigen Kursverlauf zu einer überproportionalen Gewinnbeteiligung der übrigen Anleger. In der Weltwirtschaftskrise wirkte sich dieser Hebeleffekt zum Nachteil der breiten Masse der Anleger aus, da sich die Kursverluste aufgrund der bevorzugten Befriedigung der Vorzugsanleger potenzierten. Das Verbot von Anteilklassen sollte die Anleger vor diesen Gefahren schützen[1354]. Die Regelung erfasste aber auch andere, unter Anlegerschutzgesichtspunkten unbedenkliche Gestaltungen. Dies ließ einen Wettbewerbsnachteil deutscher Investmentfonds gegenüber ausländischen Investmentfonds mit entsprechenden Möglichkeiten befürchten.

Im Rahmen des Vierten FMFG[1355] wurde das Verbot der Ausgabe unterschiedlich ausgestalteter Anteile aufgehoben und an dessen Stelle eine Rechtsgrundlage für die Bildung von Anteilklassen geschaffen (vgl. § 18 Abs. 2 Satz 2 KAGG). Hierdurch wurden die Rahmenbedingungen deutscher Fonds an die anderer europäischer Fondsstandorte angeglichen[1356]. Seit der Aufhebung des KAGG besteht diese Rechtsgrundlage in § 34 Abs. 1 Satz 1 InvG fort. Diese Vorschrift gestattet die Ausgabe von Anteilen an Sondervermögen mit verschiedenen Rechten. Der Begriff der „Rechte" wurde im Zuge des OGAW-IV-UmsG durch den Begriff der „Ausgestaltungsmerkmale" ersetzt[1357]. Als Beispiele zulässiger Unterscheidungsmerkmale nennt § 34 Abs. 1 Satz 1 InvG die Ertragsverwendung, den Ausgabeaufschlag, den Rücknahmeabschlag, die Währung des Anteilwerts, die Verwaltungsvergütung, die Mindestanlagesumme und eine

1352 Siehe B. I.

1353 Baur, Investmentgesetze, § 18 KAGG Rn. 29; Schödermeier/Baltzer, in: B/S, § 18 KAGG Rn. 9; v. Caemmerer, JZ 1958, 41, 47.

1354 V. Caemmerer, JZ 1958, 41, 47.

1355 BGBl. I 2002, 2010.

1356 Kempf, Investmentrecht 2002, S. 48.

1357 Diese Änderung wird mit der Anpassung an den Standard in anderen europäischen Ländern begründet, vgl. BT-Drs. 17/4510, S. 67 re. Sp.

Kombination dieser Merkmale. Unzulässig sind Unterscheidungen im Hinblick auf die Anlagepolitik[1358].

Der Wert der Anteile wird in Abweichung von § 36 Abs. 1 Satz 1 InvG nicht aus dem Wert des Sondervermögens, sondern nach § 34 Abs. 1 Satz 4 InvG aus dem der jeweiligen Klasse zugeordneten Nettovermögen errechnet. Hierdurch wird sichergestellt, dass die individuelle Wertentwicklung der Anteilklassen, die insbesondere bei Unterscheidungen im Hinblick auf die Ertragsverwendung oder die Verwaltungsgebühr zu erwarten ist[1359], im Anteilwert abgebildet ist. Voraussetzung der gesonderten Wertberechnung ist die buchhalterische Zuordnung und Abgrenzung der Vermögenswerte und Verbindlichkeiten sowie der Aufwendungen und Erträge des Sondervermögens zu den einzelnen Anteilklassen[1360]. Die Kosten für die nachträgliche Einführung einer Anteilklasse werden den Aktien dieser Klasse in Rechnung gestellt[1361], so dass die Altanleger nicht belastet werden[1362]. Die Einzelheiten des Berechnungsverfahrens sind der Regelung durch Rechtsverordnung vorbehalten[1363]. Mit dem Erlass der AntKlV[1364] wurde erstmals von der Verordnungsermächtigung Gebrauch gemacht. Die Vorschriften der AntKlV wurden im Wesentlichen unverändert in die am 17. Dezember 2009 in Kraft getretene InvRBV überführt[1365].

II. Aktienklassen einer InvAG

Für die InvAG mit fixem Kapital enthielten das KAGG und das InvG weder ein Verbot noch eine Rechtsgrundlage für die Einführung von Aktienklassen. Für die InvAG mit veränderlichem Kapital, die eine gleichwertige Alternative zum Sondervermögen darstellen soll, ist der Gesetzgeber anders verfahren. § 99 Abs. 3 Satz 1 InvG sieht die entsprechende Anwendung bestimmter Vorschriften über das Sondervermögen vor. Die Vorschrift enthält unter anderem eine pauschale Bezugnahme auf § 34 InvG, dessen Absatz 1 die Bildung von Anteil-

---

1358 BaFin, Fragenkatalog Anteilklassen vom 6.11.2007, Abschnitt I. 17; Schmitz, in: B/S/L, § 34 InvG Rn. 7; Kempf, Investmentrecht 2002, S. 48.

1359 Schmitz, in: B/S/L, § 34 InvG Rn. 19; Fragos, S. 129; BaFin, Fragenkatalog Anteilklassen vom 6.11.2007, Abschnitt III. 4.

1360 Begr. RegE, BT-Drs. 14/8017, S. 103 re. Sp.

1361 § 34 Abs. 1 Satz 3 InvG.

1362 Befürchtungen, bei der Einführung einer Anteilklasse für institutionelle Investoren könnte eine Subventionierung der institutionellen Investoren zulasten der Retail-Investoren stattfinden, haben sich daher nicht bestätigt, vgl. Archner, Die Bank 2001, 800, 805.

1363 § 34 Abs. 3 InvG. Die Form der Rechtsverordnung ermöglicht eine flexible Anpassung des Verfahrens an die Erfahrungen aus der Praxis, Begr. RegE, BT-Drs. 14/8017, S. 103 re. Sp.

1364 BGBl. I 2005, 986.

1365 BGBl. I 2009, S. 3871.

klassen gestattet. Dieser Verweis wurde im Schrifttum sogleich[1366] und nach anfänglichem Zögern auch von der BaFin[1367] als taugliche Rechtsgrundlage für die Bildung von Aktienklassen angesehen. Dennoch soll im Folgenden möglichen Bedenken gegen die Zulässigkeit von Aktienklassen nachgegangen werden.

1. Anwendungskonflikt zwischen § 11 AktG und § 34 Abs. 1 InvG

Bedenken gegen die Zulässigkeit von Aktienklassen auf der Grundlage von § 99 Abs. 3 Satz 1 i.V.m. § 34 Abs. 1 InvG könnten sich zunächst daraus ergeben, dass § 11 AktG eine eigenständige Regelung für die Ausgabe von Aktien mit verschiedenen Rechten enthält, die gemäß § 99 Abs. 1 InvG auch für die InvAG gilt. Sofern sich die Regelungsbereiche von § 34 Abs. 1 InvG und § 11 AktG überschneiden, wie es der Wortlaut der Vorschriften nahe legt, würde sich die Frage nach dem Anwendungsvorrang stellen. Da das InvG nach § 99 Abs. 1 InvG vorrangig zu beachten ist, kann § 11 AktG der Bildung von Aktienklassen nicht entgegenstehen[1368].

2. Vereinbarkeit mit der aktienrechtlichen Satzungsstrenge

Nach dem InvModG stellte sich die Frage nach der Vereinbarkeit von Aktienklassen mit der aktienrechtlichen Satzungsstrenge. Nach § 23 Abs. 5 Satz 1 AktG darf die Satzung nur dann von den aktienrechtlichen Vorschriften abweichen, wenn das AktG die Abweichung ausdrücklich gestattet. Unterstellt, dass Aktienklassen von § 11 AktG oder sonstigen Vorschriften des AktG abweichen, hätte das InvG eine „ausdrückliche“, d.h. eine klare und positive Aussage[1369] über die Zulässigkeit von Aktienklassen treffen müssen. Es ist zweifelhaft, ob die pauschale Bezugnahme auf § 34 InvG in § 99 Abs. 3 Satz 1 InvG diesen Anforderungen genügte. Insbesondere ließ die entsprechende Anwendung von § 34 InvG den Rechtsanwender darüber im Unklaren, ob der InvAG die Gesamtheit der Gestaltungsmöglichkeiten von Anteilklassen offen stand und wie diese in der aktienrechtlichen Rechtsform der InvAG umzusetzen waren. Die Zweifel an der Tauglichkeit der Rechtsgrundlage wurden aber dadurch relativiert, dass der Verweis auf § 34 InvG sogar als Rechtsgrundlage für die Bildung von TGV ent-

---

1366 C. Fischer, S. 93 f.; ders., NZG 2007, S. 133 ff.; Pütz/Schmies, Absolut Report 2004, Nr. 22, S. 46, 47; im Ergebnis auch Eckhold, ZGR 2007, 654, 663 f.

1367 BaFin, Fragenkatalog Anteilklassen vom 6.11.2007, Abschnitt I. 5; a.A. noch BaFin, Fragenkatalog Anteilklassen vom 9.5.2005, Abschnitt I. 8; ebenso BaFin, Fragenkatalog Anteilklassen vom 8.7.2005, Abschnitt B. I. 4.

1368 C. Fischer, S. 93 f.; ders., NZG 2007, S. 133 ff.; Pütz/Schmies, Absolut Report 2004, Nr. 22, S. 46, 47; a.A. Eckhold, ZGR 2007, 654, 663.

1369 Pentz, in: MünchKommAktG, § 23 Rn. 153; Seibt, in: Schmidt/Lutter, AktG, § 23 Rn. 54.

sprechend § 34 Abs. 2 InvG anerkannt war, obwohl diese Gestaltung dem Aktienrecht fremd ist[1370]. Mit der Aufhebung der Satzungsstrenge für die InvAG im Zuge des InvÄndG wurden die Zweifel an der Tauglichkeit von § 99 Abs. 3 Satz 1 i.V.m. § 34 Abs. 1 Satz 1 InvG als Rechtsgrundlage für die Bildung von Aktienklassen endgültig beseitigt.

3. Grundsatz der Anlegergleichbehandlung und Kollektivanlageprinzip

Das in § 17 Abs. 2 Satz 2 1. Hs. KAGG a.F. geregelte Verbot der Ausgabe von Anteilen mit verschiedenen Rechten wurde im Schrifttum als Ausprägung des Gebots der Anlegergleichbehandlung[1371] und des Prinzips der gemeinschaftlichen Kapitalanlage, das den regulierten Investmentvermögen zugrunde liegt[1372], verstanden. Indes stehen weder der Grundsatz der Anlegergleichbehandlung noch das Kollektivanlageprinzip der Ausgabe von Aktien verschiedener Klassen entgegen.

Die Anlegergleichbehandlung ist in § 20 Abs. 1 InvVerOV verankert[1373] und darüber hinaus als ungeschriebenes Prinzip des Investmentrechts anerkannt[1374]. Die InvAG unterliegt außerdem dem in § 53a AktG geregelten Gebot der Aktionärsgleichbehandlung, ohne dass sich hieraus ein weitergehender Schutz der Aktionäre ergäbe. Der Gleichbehandlungsgrundsatz gebietet keine unterschiedslose Behandlung der Aktionäre, sondern verlangt, dass die Aktionäre unter gleichen Voraussetzungen gleich behandelt werden[1375]. Dies muss auch im Rahmen von § 20 Abs. 1 InvVerOV gelten. Mit anderen Worten steht die Anlegergleichbehandlung unter dem Vorbehalt sachlich begründeter Differenzierungen[1376]. Eine solche Differenzierung wird durch die gesetzliche Ermächtigung zur Bildung von Aktienklassen geschaffen. Dem Gleichbehandlungsgrundsatz wird in diesem Fall dadurch genügt, dass die Aktien einer Klasse nach § 34 Abs. 1 Satz 2 InvG gleich ausgestaltet sein müssen[1377].

1370 Siehe § 13 B. II. 1b).

1371 Canaris, Rn. 2430; Beckmann, in: B/S/V, Kz. 425, § 10 Rn. 11, § 18 Rn. 14; Kz. 410, § 9 Rn. 38 m.w.N.

1372 Ohl, S. 43 f. Das Kollektivitätsprinzip ist in § 1 Satz 2 InvG verankert.

1373 § 20 Abs. 1 InvVerOV setzt Art. 22 Abs. 1 der RL 2010/43/EG um.

1374 Der Gleichbehandlungsgrundsatz soll auf dem zwischen den Anlegern bestehenden Gemeinschaftsverhältnis beruhen, vgl. Canaris, Rn. 2430 mit Verweis auf G. Hueck, Der Grund der gleichmäßigen Behandlung im Privatrecht, 1958, S. 222 ff.; Beckmann, in: B/S/V, Kz. 410, § 9 Rn. 38. Das VG Frankfurt, Beschluss vom 22.12.2008, 1 L 4252/08.F (V), Rn. 19 leitet das Gebot der Anlegergleichbehandlung aus § 9 Abs. 2 Nr. 3 InvG her.

1375 Vgl. für das Aktienrecht Polte, S. 35.

1376 Wunsch, S. 31; Henn, AG 1985, 240, 242.

1377 Eckhold, ZGR 2007, 658, 663, Neumann, S. 54.

Das Kollektivanlageprinzip steht dem Abschluss individueller Vereinbarungen zwischen der InvAG und einzelnen Aktionären im Hinblick auf die Bedingungen der Investmentanlage entgegen[1378]. Die unterschiedliche Behandlung einer Aktionärsgruppe auf der Ebene der für alle Aktionäre gleichermaßen geltenden Satzung oder Anlagebedingungen stellt die Gemeinschaftlichkeit der Kapitalanlage nicht in Frage.

4. Vereinbarkeit mit § 96 Abs. 1 Satz 4 InvG

Der Einführung von Aktienklassen könnte § 96 Abs. 1 Satz 4 InvG entgegenstehen. Nach dieser Vorschrift müssen die Aktien der InvAG „als Stückaktien begeben sein und am Vermögen der InvAG (Gesellschaftskapital) in gleichem Umfang beteiligt" sein. Aus der Vorgängervorschrift zu § 96 Abs. 1 Satz 4 InvG wurde vereinzelt ein allgemeiner Rechtssatz hergeleitet, wonach die InvAG keine Aktiengattungen bilden darf[1379]. Die Richtigkeit dieser Ansicht unterstellt, könnte die InvAG trotz des Verweises in § 99 Abs. 3 Satz 1 InvG von § 34 Abs. 1 InvG keinen Gebrauch machen.

a) Prinzip der gleichen Kapitalbeteiligung der Aktien

§ 96 Abs. 1 Satz 4 InvG schreibt die gleichmäßige Beteiligung der Aktien am Gesellschaftskapital der InvAG vor. Gegen diese Bestimmung würde verstoßen, wenn die Aktien verschiedener Klassen unterschiedliche Beteiligungsquoten vermitteln würden. Die Aktien der InvAG müssen allerdings nach § 96 Abs. 1 Satz 4 InvG in der Form der Stückaktie begeben werden; die Ausgabe von Nennbetragsaktien ist der InvAG untersagt. Da der auf die einzelne Aktie entfallende Kapitalanteil im Wege der Teilung des Gesellschaftskapitals durch die Zahl der ausgegebenen Aktien errechnet wird, sind Stückaktien zwingend in gleichem Umfang am Gesellschaftskapital beteiligt[1380]. Die Bildung von Aktienklassen lässt die Beteiligungsquoten der Aktionäre somit unberührt. Ein Verstoß gegen das Gebot der gleichen Kapitalbeteiligung ist bei der Bildung von Aktienklassen folglich nicht zu befürchten[1381].

b) Prinzip der Wertgleichheit der Aktien

§ 96 Abs. 1 Satz 4 InvG könnte zudem die gleichmäßige Beteiligung der Aktien am Gesellschaftsvermögen der InvAG gebieten. Ein solches Gebot würde der

1378 Vgl. Schmitz, in: B/S/L, § 43 InvG Rn. 11, 16; Ohl, S. 41.
1379 Baums/Kiem, in: FS Hadding, 2004, S. 741, 751 zu § 96 Abs. 1 Satz 3 InvG a.F.
1380 § 8 Abs. 3 Satz 2, Abs. 4 AktG; Hüffer, AktG, § 8 Rn. 20.
1381 Im Ergebnis auch Eckhold, ZGR 2007 654, 663 f.; Neumann, S. 55.

Bildung von Aktienklassen entgegenstehen, da sich der Aktienwert der verschiedenen Klassen unterschiedlich entwickeln kann.

Ob § 96 Abs. 1 Satz 4 InvG die Wertgleichheit der Aktien verlangt, lässt sich dem Wortlaut nicht eindeutig entnehmen. Die Vorschrift sieht zwar die gleichmäßige Beteiligung der Aktien am „Vermögen“ der InvAG vor, definiert dieses aber als „Gesellschaftskapital“. Für ein Prinzip der Wertgleichheit der Aktien spricht zum einen, dass erst dieses Prinzip § 96 Abs. 1 Satz 4 InvG einen eigenen Anwendungsbereich verleiht, da die gleichmäßige Kapitalbeteiligung der Aktien bereits durch die in eben dieser Vorschrift angeordnete Ausgabe von Stückaktien erreicht wird. Im Übrigen errechnet sich der Aktienwert nach § 36 Abs. 1 Satz 1 InvG im Wege der Teilung des Gesellschaftsvermögens durch die Zahl der ausgegebenen Aktien der InvAG. Das InvG geht somit auch an anderer Stelle von der Wertgleichheit der Aktien aus. § 34 Abs. 1 Satz 4 InvG enthält jedoch eine Sonderregelung, die vorsieht, dass der Wert des Anteils für jede Klasse gesondert zu errechnen ist. § 96 Abs. 1 Satz 4 InvG steht der Bildung von Aktienklassen deshalb nicht entgegen.

5. Ergebnis

Gegen die Zulässigkeit der Bildung von Aktienklassen einer InvAG auf der Grundlage von § 99 Abs. 3 Satz 1 i.V.m. § 34 Abs. 1 InvG bestehen keine Bedenken.

III. Die Anwendbarkeit von Rechtsverordnungen

Da der Anwendungsbereich der AntKlV nach § 1 AntKlV auf inländische Investmentfonds im Sinne von § 2 Abs. 1 InvG beschränkt war, fand die Verordnung für die InvAG keine Anwendung[1382]. Allerdings stand die BaFin der Bildung von Aktienklassen durch die InvAG im Zeitpunkt des Inkrafttretens der AntKlV noch ablehnend gegenüber[1383]. § 12 InvRBV, der die AntKlV später ablöste, findet nach § 17 Abs. 1 InvRBV ausdrücklich auch für die InvAG Anwendung.

C. Die rechtliche Einordnung von Aktienklassen

I. Aktienrechtlicher Ansatz

Die Legaldefinitionen von Aktienklassen und Aktiengattungen in § 34 Abs. 1 Satz 1 InvG und § 11 Satz 1 AktG sind nahezu wortgleich. Aktienklassen und

---

1382 Wegner, S. 334; C. Fischer, S. 97; ders., NZG 2007, 133, 135.

1383 Vgl. BaFin, Fragenkatalog Anteilklassen vom 9.5.2005, Abschnitt I. 8; BaFin, Fragenkatalog Anteilklassen vom 8.7.2005, Abschnitt B. I. 4.

Aktiengattungen entstehen durch die Ausgabe von Aktien mit verschiedenen Rechten bzw. Ausgestaltungsmerkmalen. Im Schrifttum werden Aktienklassen deshalb als investmentrechtliches Pendant zu den Aktiengattungen des AktG verstanden[1384]. § 34 Abs. 1 Satz 1 InvG konkretisiere lediglich die für die InvAG zulässigen Gestaltungen von Aktiengattungen[1385]. Dementsprechend wird vertreten, die Bildung neuer Aktienklassen richte sich nach dem aktienrechtlichen Verfahren für die Einführung neuer Aktiengattungen[1386].

II. Verwirklichung der in § 34 Abs. 1 Satz 1 InvG genannten Unterscheidungsmerkmale durch Aktiengattungen?

Der aktienrechtliche Ansatz verdient nur dann Zustimmung, wenn die Aktienklassen der InvAG auch inhaltlich den Aktiengattungen des Aktienrechts entsprechen. Um dies zu untersuchen, werden in einem ersten Schritt die Grundsätze für die Festlegung von Aktiengattungen ermittelt (1.) und den Grundsätzen für die Festlegung von Anteilklassen eines Sondervermögens gegenübergestellt (2.). Auf dieser Grundlage wird anschließend untersucht, ob die in § 34 Abs. 1 Satz 1 InvG genannten Unterscheidungsmerkmale, ihre aktienrechtliche Zulässigkeit unterstellt, im Rahmen von Aktiengattungen im Sinne von § 11 AktG verwirklicht werden könnten (3.).

1. Grundsätze für die Festlegung von Aktiengattungen

Aktiengattungen werden nach § 11 Satz 1 und 2 AktG durch die Ausgestaltung der Aktien einer AG mit verschiedenen Rechten geschaffen. Die aktienrechtliche Gestaltungsfreiheit bei der Festlegung von Aktiengattungen wird zunächst durch den Begriff der Aktie begrenzt, der sich im Rahmen von § 11 AktG auf die Mitgliedschaft bezieht[1387]. Aktiengattungen werden folglich durch die Ausgabe von Aktien mit unterschiedlichen Mitgliedschaftsrechten geschaffen. Unterscheidungen im Hinblick auf die Aktienform (z.B. Namens- oder Inhaberaktien[1388]) oder die Aktienart (z.B. Nennbetrags- oder Stückaktien[1389]) sind dagegen nicht von § 11 AktG erfasst. Die Mitgliedschaftsrechte sind im AktG ab-

1384 C. Fischer, S. 96, 98 f.; ders., NZG 2007, 133, 135; ähnlich Eckhold, ZGR 2007, 654, 664; wohl auch Bödecker/Kuhn, in: Hdb. Investmentrecht, S. 420.

1385 C. Fischer, NZG 2007, 133, 134; Eckhold, ZGR 2007, 654, 664.

1386 Eckhold, ZGR 2007, 654, 663 f.; ebenso Bödecker/Kuhn, in: Hdb. Investmentrecht, S. 420.

1387 Brändel, in: GroßKommAktG, § 11 Rn. 2; Heider, in: MünchKommAktG, § 11 Rn. 3; Kraft, in: KölnKommAktG, § 11 Rn. 2; Grussendorf, AG 1959, 152, 153.

1388 Heider, in: MünchKommAktG, § 11 Rn. 30; Grussendorf, AG 1959, 152, 153.

1389 Heider, in: MünchKommAktG, § 11 Rn. 31. Die Frage der Gattungsverschiedenheit stellt sich in diesem Fall ohnehin nicht, da die AG nur eine der beiden Aktienformen haben kann, Hüffer, AktG, § 11 Rn. 7.

schließend festgelegt und können nicht durch Satzung erweitert werden[1390]. Über den Wortlaut von § 11 Satz 1 AktG hinaus können Aktiengattungen auch an unterschiedliche mitgliedschaftliche Pflichten anknüpfen[1391].

Verlangt wird zudem, dass die Aktiengattungen bildenden Merkmale die Mitgliedschaft, d.h. die sie kennzeichnenden Rechte oder Pflichten, unmittelbar betreffen[1392]. Diese Voraussetzung ist etwa bei der Ausgabe von Stamm- und Vorzugsaktien erfüllt, weil dem Gewinnbezugsrecht der Vorzugsaktionäre durch die bevorrechtigte Teilhabe am Bilanzgewinn ein vom Gewinnbezugsrecht der Stammaktionäre abweichender Inhalt verliehen wird[1393]. Mangels einer unmittelbaren Auswirkung auf die Mitgliedschaft handelt es sich z.B. bei der Ausgabe von Aktien mit unterschiedlichen Nennbeträgen[1394] oder der Festlegung von Höchststimmrechten nach § 134 Abs. 1 Satz 2 AktG[1395] nicht um gattungsbegründende Merkmale.

2. Grundsätze für die Festlegung von Anteilklassen

Anteilklassen eines Sondervermögens entstehen nach § 34 Abs. 1 Satz 1 und 2 InvG durch die Bildung von Anteilen mit verschiedenen Ausgestaltungsmerkmalen. Vor dem Hintergrund der in § 34 Abs. 1 Satz 1 InvG erwähnten Beispiele ist anzunehmen, dass Anteilklassen durch die unterschiedliche Ausgestaltung der schuldrechtlichen Rechtsstellung der Anteilinhaber gegenüber der KAG gebildet werden[1396]. Im Grundsatz sind somit alle Merkmale, die das in den Vertragsbedingungen geregelte Rechtsverhältnis zwischen der KAG und den Anteilinhabern unmittelbar betreffen, zur Begründung von Anteilklassen geeignet[1397].

3. Anwendung der aktienrechtlichen Grundsätze auf § 34 Abs. 1 Satz 1 InvG

a) Ertragsverwendung

Entsprechend § 34 Abs. 1 Satz 1 InvG können Aktienklassen durch die Festlegung einer unterschiedlichen Ertragsverwendung geschaffen werden. Den Aktionären soll auf diese Weise die Wahl zwischen regelmäßigen Ausschüttungen

1390 Brammer, S. 180 f.
1391 Unstr., vgl. Hüffer, AktG, § 11 Rn. 7.
1392 Würdinger, § 18 I. 1. a) (S. 80); Brammer, S. 183; Polte, S. 43.
1393 G. Bezzenberger, GroßKommAktG, § 139 Rn. 11: „Verstärkung" des allgemeinen mitgliedschaftlichen Gewinnanspruchs.
1394 Brändel, in: GroßKommAktG, § 11 Rn. 16, 18; Heider, in MünchKommAktG, § 11 Rn. 31; Würdinger, § 18 I. 1. a) (S. 80); Grussendorf, AG 1959, 152, 153.
1395 Kraft, in: KölnKommAktG, § 11 Rn. 6; Wiesner, in: Münch Hdb AG, § 11 Rn. 8.
1396 Beckmann, in: B/S/V, Kz. 410, § 33 Rn. 17.
1397 Vgl. Beckmann, in: B/S/V, Kz. 425, § 15 Rn. 3.

und der fortlaufenden Thesaurierung der Erträge eröffnet werden[1398]. Die Ausgabe von „ausschüttenden“ und „thesaurierenden“ Anteilen ist gängige Praxis[1399]. Die aktienrechtliche Zulässigkeit dieser Gestaltungen vorausgesetzt, stellt sich die Frage, ob hierdurch das Gewinnbezugsrecht der Aktionäre der InvAG in einer Weise verändert würde, die Aktiengattungen begründet. Hiergegen spricht, dass die Aktionäre beider Kategorien im wirtschaftlichen Ergebnis gleichstehen[1400]. Auch der Umstand, dass die Aktionäre ausschüttender Aktien wählen können, ob sie die Erträge reinvestieren oder nicht, während die Aktionäre thesaurierender Aktien kein solches Wahlrecht haben, stellt keine relevante Änderung des Gewinnbezugsrechts dar. Aus aktienrechtlicher Perspektive mag es zutreffen, dass eine solche Beschränkung des Liquiditätsinteresses den Kern des mitgliedschaftlichen Gewinnbezugsrechts dieser Aktionäre berührt[1401]. Auf die InvAG lässt sich diese Erwägung wegen des jederzeitigen Rückgaberechts der Aktionäre nicht übertragen. Die fehlende Liquidität der Erträge der thesaurierenden Aktien wird zwar dann spürbar, wenn die Aktionäre ihre Aktien nicht zurückgeben können, z.B. weil die Voraussetzungen von § 105 Abs. 2 Satz 2 InvG vorliegen. Ist der InvAG die Aktienrücknahme untersagt, sind aber auch Ausschüttungen regelmäßig sorgfaltswidrig, so dass sich die Unterschiede zwischen den Aktien beider Kategorien nicht auswirken. Aus diesen Gründen würde die Ausgabe von ausschüttenden und thesaurierenden Aktien keine Aktiengattungen im Sinne von § 11 AktG begründen.

Im Schrifttum wird teilweise vertreten, die unterschiedliche Ausgestaltung der Ertragsverwendung im Rahmen von § 34 Abs. 1 Satz 1 InvG ermögliche der InvAG die Ausgabe von Vorzugsaktien[1402]. Hiergegen könnte sprechen, dass das Vorrecht der Vorzugsaktionäre nicht die Ertragsverwendung, sondern die Ertragsverteilung betrifft[1403]. Für die hier vorzunehmende Untersuchung ist diese Frage nicht relevant, so dass sich eine weitergehende Erörterung erübrigt[1404].

1398 Begr. RegE, BT-Drs. 15/8017, S. 103 re. Sp.

1399 Fragos, S. 127; Glaus, S. 69.

1400 Anschaulich das Beispiel bei Päsler, S. 47 f. Vgl. auch Drygala, in: KölnKommAktG, § 58 Rn. 121.

1401 Drygala, in: KölnKommAktG, § 58 Rn. 122 zur Thesaurierung der Gewinne der AG durch Satzungsbestimmung.

1402 C. Fischer, S. 95; ders., NZG 2007, 133, 134; Eckhold, ZGR 2007, 654, 664.

1403 Zwar ist § 34 Abs. 1 Satz 1 InvG nicht abschließend. Die gewählten Merkmale müssen aber eine gewisse Vergleichbarkeit mit den genannten Beispielen aufweisen, BaFin, Fragenkatalog Anteilklassen vom 9.5.2005, Abschnitt B. III. 1.

1404 Zweifel an der Zulässigkeit von Vorzugsaktien bestehen auch deshalb, weil der Bilanzgewinn in diesem Fall bis zur Höhe der Vorzugsdividende den Vorzugsaktien zugewiesen wird, bevor eine Gewinnverteilung an die Stammaktionäre erfolgt. Der Wert der Ak-

b) Ausgabeaufschlag, Rücknahmeabschlag

§ 34 Abs. 1 Satz 1 InvG ermöglicht zudem eine Unterscheidung von Aktien hinsichtlich des Ausgabeaufschlags oder des Rücknahmeabschlags (vgl. § 99 Abs. 3 Satz 1 i.V.m. § 23 Abs. 2 InvG). Auf diese Weise können Aktien mit reduzierten Transaktionsgebühren angeboten werden, z.B. als Ausgleich für eine lange Haltensdauer. Die Ausgabeaufschläge und Rücknahmeabschläge der InvAG finden im AktG kein Pendant. Insbesondere verbietet sich eine Gleichsetzung des Ausgabeaufschlags mit dem Agio[1405], da der Ausgabeaufschlag nicht dem Gesellschaftsvermögen zufließt und in die Kapitalrücklage gebucht, sondern an den Fondsanbieter abgeführt wird[1406]. Es ist anerkannt, dass durch die Festlegung von Ausgabebeträgen in unterschiedlicher Höhe keine Aktiengattungen begründet werden[1407]. Vor diesem Hintergrund kann auch eine Unterscheidung hinsichtlich der zu zahlenden Transaktionskosten nicht gattungsbegründend sein.

c) Währung

Anteilklassen können durch die Festlegung unterschiedlicher Währungen für die Anteile des Sondervermögens geschaffen werden. Solche Anteilklassen können beispielsweise für einen außerhalb der Eurozone ansässigen Investor interessant sein, der in einen Investmentfonds mit der Währung Euro investieren will[1408]. Der AG wäre die Ausgabe von Aktien, die auf eine andere Währung als Euro lauten, nach § 6 AktG untersagt. Ob dieses Verbot auch für die InvAG gilt mit der Folge, dass Währungsanteilklassen unzulässig sind[1409], kann an dieser Stelle dahinstehen. In jedem Fall bliebe der Inhalt der aktienrechtlichen Mitgliedschaft unberührt, so dass Aktiengattungen nicht gebildet würden.

d) Verwaltungsgebühr

Aktienklassen können durch die Festlegung unterschiedlicher Verwaltungsgebühren begründet werden. Hierbei handelt es sich um Gebühren, die die Kosten der InvAG für die Verwaltung des Investmentvermögens und teilweise auch die Vertriebskosten abdecken[1410]. Anteilklassen werden z.B. durch die Vereinbarung

---

tien einer Aktienklasse wird jedoch im Wege der Teilung des Wertes dieser Klasse durch die Zahl der dieser zugeordneten Aktien errechnet.

1405 § 8 Abs. 2 Satz 1, Abs. 3 Satz 3 AktG.

1406 Schmitz, in: B/S/L, § 41 InvG Rn. 12.

1407 Siehe II. 1.

1408 BaFin, Fragenkatalog Anteilklassen vom 6.11.2007, Abschnitt II. 9.

1409 So Eckhold, ZGR 2007, 654, 664.

1410 Köndgen/Schmies, in: Bankrechts-Hdb., § 113 Rn. 4; Schmitz, in: B/S/L, § 41 InvG Rn. 8.

einer erfolgsabhängigen Vergütung[1411] oder einer reduzierten Verwaltungsgebühr für institutionelle Anleger[1412] gebildet.

Zwar kann die Satzung der AG nach § 55 AktG Nebenpflichten der Aktionäre festlegen, die Aktiengattungen begründen, sofern sie nur für einen Teil der Aktionäre gelten[1413]. Abgesehen davon, dass § 55 AktG nur nicht-monetäre Nebenpflichten erfasst, werden die Verwaltungsgebühren dem Investmentvermögen entnommen, so dass keine Leistung der Aktionäre im Sinne von § 55 AktG vorläge[1414]. Im Ergebnis sind Unterscheidungen im Hinblick auf die Verwaltungsgebühren nicht mitgliedschaftsbezogen und können somit keine Aktiengattungen im Sinne von § 11 AktG begründen.

e) Mindestanlagesumme

Unterscheidungen im Hinblick auf die Mindestanlagesumme würden bereits deshalb nicht in den Anwendungsbereich von § 11 AktG fallen, weil diese Merkmale lediglich den Aktionär, nicht aber den Inhalt seiner Mitgliedschaft beträfen.

4. Ergebnis

Die Gegenüberstellung der für die Bildung von Anteilklassen und Aktiengattungen geltenden Grundsätze hat ergeben, dass der AG bei der Schaffung von Aktiengattungen deutlich engere Grenzen gesetzt sind. Während Aktiengattungen durch die inhaltliche Veränderung der Mitgliedschaft der Aktionäre begründet werden, berühren die in § 34 Abs. 1 Satz 1 InvG beispielhaft genannten Merkmale die sonstige Rechtsstellung der Anteilinhaber. Es überrascht daher nicht, dass diese Ausgestaltungsmerkmale, ihre aktienrechtliche Zulässigkeit unterstellt, keine Aktiengattungen begründen würden. Der InvAG muss der Gestaltungsspielraum des § 34 Abs. 1 Satz 1 InvG aber offen stehen, da sie in ihrer Funktion als Investmentfonds dem Sondervermögen gleichgestellt ist. Der aktienrechtliche Ansatz ist deshalb insofern unzutreffend, als seine Vertreter annehmen, § 34 Abs. 1 InvG konkretisiere den Inhalt der für die InvAG zulässigen Aktiengattungen.

1411 BaFin, Fragenkatalog Anteilklassen vom 9.5.2005, Abschnitt B. III. 1.

1412 Kremer/Lebbe, Rn. 509; CSSF, Rapport d'Activités 1999, Chapitre II, S. 66.

1413 Bungeroth, in: MünchKommAktG, § 55 Rn. 13; Drygala, in: KölnKommAktG, § 55 Rn. 8.

1414 Zum Leistungsbegriff des § 55 AktG vgl. Bungeroth, in: MünchKommAktG, § 55 Rn. 14; Drygala, in: KölnKommAktG, § 55 Rn. 10.

III. Verwirklichung mitgliedschaftsbezogener Unterscheidungsmerkmale durch Aktienklassen?

Diese Erkenntnis führt zu der Frage, ob bei der InvAG ein Bedürfnis für die Unterscheidung von mitgliedschaftsbezogenen und sonstigen Ausgestaltungsmerkmalen besteht oder ob sämtliche aktien- und investmentrechtlich zulässigen Gestaltungsmöglichkeiten unter den nach § 99 Abs. 1 InvG vorrangig zu beachtenden § 34 Abs. 1 InvG fallen. Ein Bedürfnis für eine solche Unterscheidung könnte sich aus dem Verfahren für die Einführung von Anteilklassen eines Sondervermögens ergeben (1.), das sich von dem Verfahren für die Bildung von Aktiengattungen einer AG (2.) unterscheidet.

1. Einführung von Anteilklassen

Das InvG regelt das Verfahren für die Einführung neuer Anteilklassen eines Sondervermögens nicht ausdrücklich. § 43 Abs. 4 Nr. 9 InvG sieht lediglich vor, dass die Vertragsbedingungen Angaben darüber enthalten müssen, ob und unter welchen Voraussetzungen Anteilklassen gebildet werden können[1415]. Die Praxis orientiert sich an einem von der BaFin veröffentlichten Fragenkatalog[1416]. Im Zuge des InvÄndG wurde in § 43 Abs. 4 Nr. 9 InvG klargestellt, dass die Anteilklassen in den Vertragsbedingungen nicht aufgezählt und erläutert werden müssen[1417]. Es genügt, dass die Vertragsbedingungen die Bildung von Anteilklassen generell zulassen und sämtliche zulässigen Ausgestaltungsmerkmale aufzählen[1418]. Die Transparenz über die bestehenden Anteilklassen wird durch den Verkaufsprospekt des Sondervermögens gewährleistet, der nach § 42 Abs. 1 Satz 3 Nr. 8 InvG entsprechende Angaben enthalten muss[1419]. Die Bildung einer neuen Anteilklasse setzt daher nur die Anpassung des Verkaufsprospekts voraus[1420].

2. Einführung von Aktiengattungen

Aktiengattungen müssen gemäß § 23 Abs. 3 Nr. 4 AktG nach Art und Zahl der auf sie entfallenden Aktien in der Satzung der AG festgelegt sein. Die Einfüh-

---

1415 § 43 Abs. 4 Nr. 9 InvG.

1416 Fragenkatalog Anteilklassen vom 6.11.2007.

1417 Begr. RegE, BT-Drs. 16/5576, S. 70; BaFin, Fragenkatalog Anteilklassen vom 6.11.2007, Abschnitt I. 7.

1418 Begr. RegE, BT-Drs. 16/5576, S. 70; BaFin, Fragenkatalog Anteilklassen vom 6.11.2007, Abschnitt I. 7.

1419 Begr. RegE, BT-Drs. 16/5576, S. 70.

1420 Bei der Einreichung des Verkaufsprospekts bei der BaFin nach § 42 Abs. 6 Satz 1 InvG soll in einem Begleitschreiben auf die neue Anteilklasse hingewiesen werden, vgl. BaFin, Fragenkatalog Anteilklassen vom 6.11.2007, Abschnitt II. 8.

rung einer neuen Gattung setzt deshalb einen satzungsändernden Beschluss der Hauptversammlung und dessen Eintragung im Handelsregister voraus[1421]. Werden neue Aktiengattungen im Rahmen einer Kapitalerhöhung eingeführt, ist der Kapitalerhöhungsbeschluss nur dann wirksam, wenn die Aktionäre bereits bestehender Gattungen jeweils mit der qualifizierten Kapitalmehrheit zustimmen[1422]. Dieser Sonderbeschluss trägt den sich aus der Verschiebung der Stimmrechtsmacht für die Aktionäre bestehender Gattungen ergebenden Gefahren Rechnung[1423]. Umstritten ist, ob darüber hinaus die Zustimmung der nachteilig betroffenen Aktionäre einzuholen ist, wenn die neuen Aktien mit „besseren“ Rechten als die vorhandenen Gattungen ausgestattet sind[1424]. Die Einführung einer neuen Gattung kann auch durch die Änderung der Rechte einer bestehenden Gattung erfolgen. Ändert sich hierdurch lediglich das Verhältnis der Aktiengattungen zueinander, ist neben dem satzungsändernden Hauptversammlungsbeschluss ein mit der qualifizierten Kapitalmehrheit zu fassender Sonderbeschluss der Aktionäre der benachteiligten Gattung erforderlich[1425]. Die Änderung von Rechten einzelner Aktionäre innerhalb einer Gattung setzt nach h.M. die Zustimmung aller nachteilig betroffenen Aktionäre voraus[1426].

3. Stellungnahme

Um dem Gedanken der Gleichstellung von Vertrags- und Satzungsform Rechnung zu tragen, der für die Einführung der Aktienklassen maßgebend war, sollte sich das Verfahren für die Bildung von Aktienklassen an den für das Sondervermögen geltenden Regeln orientieren, sofern die aktienrechtlichen Besonderheiten der InvAG keine Abweichung rechtfertigen. Der InvAG muss es deshalb möglich sein, Aktienklassen auf der Grundlage einer in der Satzung enthaltenen Ermächtigung einzuführen, ohne die Hauptversammlung befassen zu müssen.

1421 §§ 119 Abs. 1 Nr. 5, 179 Abs. 1 Satz 1, 181 AktG.

1422 §§ 182 Abs. 2, 193 Abs. 1 Satz 3, 202 Abs. 2 Satz 4, 221 Abs. 1 Satz 4 AktG.

1423 Peifer, in: MünchKommAktG, § 182 Rn. 23; Servatius, in: Spindler/Stilz, AktG, § 202 Rn. 28.

1424 So Heider, in: MünchKommAktG, § 11 Rn. 43; Kraft, in: KölnKommAktG, § 11 Rn. 37; Brändel, in: GroßKommAktG, § 11 Rn. 25, da die Sonderbeschlussfassung im Hinblick auf § 53a AktG nicht ausreiche, a.A. Lutter, in: KölnKommAktG, § 60 Rn. 17; Cahn, in: Spindler/Stilz, AktG, § 60 Rn. 25; Hüffer, AktG, § 60 Rn. 9; Polte, S. 99 f., da die Ungleichbehandlung durch das Bezugsrecht der Altaktionäre auf die jungen Aktien ausgeglichen werde.

1425 § 179 Abs. 3 Satz 1 i.V.m. § 179 Abs. 1 Satz 1, Abs. 2 Satz 1 AktG.

1426 Heider, in: MünchKommAktG, § 11 Rn. 45; Brändel, in: GroßKommAktG, § 11 Rn. 26; Seibt, in: Schmidt/Lutter, AktG, § 179 Rn. 50. Das Zustimmungserfordernis wird damit begründet, dass § 179 Abs. 3 AktG auf diesen Fall keine Anwendung finde.

Betreffen die Merkmale der neuen Aktien die Mitgliedschaft der Aktionäre, müssen diese Rechte oder Pflichten nach den Grundsätzen des Aktienrechts in der Satzung festgelegt sein[1427]. Die Einführung neuer Aktien mit mitgliedschaftsbezogenen Unterscheidungsmerkmalen setzt deshalb einen satzungsändernden Hauptversammlungsbeschluss und ggf. einen Sonder- oder Zustimmungsbeschluss der Aktionäre bestehender Gattungen voraus.

Den Vertretern des aktienrechtlichen Ansatzes ist deshalb auch insofern zu widersprechen, als sich das Verfahren für die Einführung neuer Aktienklassen der InvAG nach den Regeln für die Bildung von Aktiengattungen richtet.

IV. Investmentrechtlicher Ansatz

Das Verfahren für die Einführung und Änderung von Aktien mit unterschiedlichen Merkmalen unterscheidet sich, je nachdem, ob die Merkmale mitgliedschaftsbezogen sind oder die sonstige Rechtsstellung der Aktionäre betreffen (siehe oben, III. 3.). Vor diesem Hintergrund ist es im Interesse der Rechtsklarheit sinnvoll, auch begrifflich zwischen den Aktien dieser Kategorien zu unterscheiden. Folglich betreffen Aktienklassen im Sinne von § 99 Abs. 3 Satz 1 i.V.m. § 34 Abs. 1 InvG verschiedene nicht-mitgliedschaftsbezogene Merkmale („Ausgestaltungsmerkmale“). Aktienklassen der InvAG sind somit ein originär investmentrechtliches Gestaltungsinstrument. Im Unterschied dazu werden Aktiengattungen im Sinne von § 99 Abs. 1 InvG i.V.m. § 11 AktG durch die inhaltliche Ausgestaltung mitgliedschaftlicher Rechte oder Pflichten gebildet. Der Gestaltungsspielraum ist angesichts des weitgehend zwingenden Inhalts der Mitgliedschaft der Unternehmens- und Anlageaktionäre aber gering[1428].

D. Zusammenfassung

Die InvAG kann nach § 99 Abs. 3 Satz 1 i.V.m. § 34 Abs. 1 Satz 1 InvG Aktienklassen bilden. Aktienklassen sind ein originär investmentrechtliches Gestaltungsinstrument und werden durch die Ausgabe von Aktien mit verschiedenen nicht-mitgliedschaftsbezogenen Merkmalen begründet. Über die Einführung neuer Aktienklassen beschließt der Vorstand nach Maßgabe der Satzung und der Anlagebedingungen. Darüber hinaus kann die InvAG nach § 99 Abs. 1 InvG i.V.m. § 11 AktG durch die unterschiedliche Ausgestaltung des Inhalts der Mitgliedschaft der Aktionäre in der Satzung Aktiengattungen bilden.

1427 Vgl. Pentz, in: MünchKommAktG, § 23 Rn. 40; Hüffer, AktG, § 23 Rn. 3; Schmidt, § 5 I 1 d) aa) (S. 79) zu den materiellen Satzungsbestandteilen der AG.

1428 Vgl. § 96 Abs. 1b und 1c InvG. Als Anwendungsfall kommt die Bindung der Vermögensrechte der Unternehmens- und Anlageaktionäre an das Betriebsvermögen einerseits und das Anlagevermögen andererseits in Betracht, siehe hierzu § 5 C. IV. 1. cc) bbb).

2. Abschnitt: Die Umbrella-Konstruktion

§ 13 Grundlagen der Umbrella-Konstruktion

A. Begriff und Rechtsgrundlage

I. Begriff

Die Umbrella-Konstruktion ist eine Fondsstruktur, in der mehrere Teilfonds, die sich hinsichtlich der Anlagepolitik oder eines anderen Merkmals unterscheiden, unter einem Schirm *(umbrella)* zusammengefasst werden. Umbrellafonds sind nicht zu verwechseln mit Dachfonds, die in andere Fonds investieren[1429]. Der erste Umbrellafonds soll 1984 in Großbritannien aufgelegt worden sein[1430]. Heute sind Umbrellafonds international verbreitet und werden sowohl in der Vertragsform als auch in der Satzungsform angeboten. Erfolgsmodell eines Umbrellafonds der Satzungsform ist beispielsweise die luxemburgische SICAV mit Teilfonds (*à compartiments multiples*).

II. Rechtsgrundlage

In Deutschland war die Auflegung von Umbrellafonds lange Zeit nicht möglich. Nach § 17 Abs. 2 Satz 2 KAGG i.d.F. vom 16. April 1957 durften Anteile an einem Sondervermögen keine verschiedenen Rechte haben und mussten sämtliche zum Sondervermögen gehörenden Gegenstände umfassen[1431]. Diese Vorschrift stand der Bildung selbständiger Vermögenseinheiten innerhalb eines Sondervermögens entgegen[1432]. Unter dem Eindruck des Erfolgs ausländischer Umbrellafonds, deren Anteile zunehmend auch in Deutschland angeboten wurden, nahm der Gesetzgeber von seiner ablehnenden Haltung Abstand[1433]. Seit dem InvModG ist die Zusammenfassung mehrerer Sondervermögen zu einer Umbrella-Konstruktion nach § 34 Abs. 2 Satz 1 InvG zulässig. Eine eigenstän-

---

1429 Balk/Eller/Gutmann, S. 156.

1430 Sieberer, S. 25; Balk/Eller/Gutmann, S. 156. Anders Glaus, S. 70, wonach die ersten Umbrellafonds Ende der siebziger Jahre auf den Kanalinseln Jersey und Guernsey aufgelegt wurden und in den achtziger Jahren die Standorte Luxemburg, Irland und Belgien nachzogen.

1431 Mit dem Vierten FMFG (BGBl. I 2002, 2010) wurde § 18 Abs. 2 KAGG zur Einführung von Anteilklassen neu gefasst. Die Umbrella-Konstruktion wurde jedoch nicht gestattet, vgl. § 18 Abs. 2 Satz 7 KAGG: „Wenn an einem Sondervermögen keine Anteile mit unterschiedlichen Rechten bestehen, müssen die Anteile sämtliche zu dem Sondervermögen gehörenden Gegenstände umfassen".

1432 Baur, Investmentgesetze, § 18 KAGG, Rn. 29; ähnlich Beckmann, in: B/S/V, Kz. 425, § 18 Rn. 13; Schödermeier/Baltzer, in: B/S, § 18 KAGG Rn. 9.

1433 Vgl. Begr. RegE, BT-Drs. 15/1553, S. 86 li. Sp.

dige Rechtsgrundlage für die Umbrella-Konstruktion der InvAG wurde nicht geschaffen. § 99 Abs. 3 Satz 1 InvG ordnet jedoch die entsprechende Anwendung von § 34 InvG an. Das überwiegende Schrifttum sprach sich bereits nach dem InvModG für die Zulässigkeit der Bildung von Teilfonds durch die InvAG aus[1434]. Zweifel an der Tauglichkeit des Pauschalverweises als Rechtsgrundlage[1435] waren aber durchaus berechtigt, da das Aktienrecht die Bildung selbständiger Vermögenseinheiten innerhalb des Gesellschaftsvermögens nicht zulässt[1436].

Die verbleibende Rechtsunsicherheit wurde im Zuge des InvÄndG beseitigt. Als Rechtsgrundlage dient zwar nach wie vor § 99 Abs. 3 Satz 1 i.V.m. § 34 Abs. 2 Satz 1 InvG. Der Inhalt dieses Verweises wird aber in mehreren Vorschriften, insbesondere in § 100 InvG, konkretisiert. Damit steht nunmehr fest, dass auch die InvAG „in Form einer Umbrella-Konstruktion"[1437] errichtet werden kann. Die TGV einer Umbrella-Konstruktion können sich im Hinblick auf die Anlagepolitik oder ein sonstiges Ausstattungsmerkmal unterscheiden[1438]. Der Aktienwert wird in Abweichung von § 36 Abs. 1 Satz 1 InvG nicht aus dem Wert des gesamten Gesellschaftsvermögens, sondern aus dem Wert des jeweiligen TGV errechnet[1439]. Die TGV sind entsprechend § 34 Abs. 2a InvG vermögens- und haftungsrechtlich voneinander getrennt[1440]. Die diesbezüglichen Vorschriften wurden offensichtlich nach luxemburgischem Vorbild formuliert[1441]. Die Einzelheiten der buchhalterischen Darstellung, Rechnungslegung und Akti-

---

1434 C. Fischer/K. Steck, in: B/S/L, § 100 InvG Rn. 2; Bödecker/Kuhn, in: Hdb. Investmentrecht, S. 421; C. Fischer, S. 100 f.; Pütz/Schmies, Absolut Report 2004, Nr. 22, S. 46, 47 f.; K. Steck/Schmitz, AG 2004, 658, 665 Fn. 81.

1435 Vgl. Fock/Hartig, in: FS Spiegelberger, 2009, S. 653, 656; Eckhold, ZGR 2007, 654, 665 f.; Vollhard/Kayser, Absolut Report 2006, Nr. 30, S. 44, 47 ff.; ähnlich Wallach, Der Konzern 2007, 487, 491.

1436 Siehe B. II. 1b).

1437 Vgl. §§ 97 Abs. 4 Satz 1, 100 Abs. 2, 3, 4 Satz 1, 110a Abs. 4 InvG.

1438 § 99 Abs. 3 Satz 1 i.V.m. § 34 Abs. 2 Satz 1 InvG.

1439 § 99 Abs. 3 Satz 1 i.V.m. § 34 Abs. 2a Satz 5 i.V.m. Abs. 1 Satz 4 InvG.

1440 § 99 Abs. 3 Satz 1 i.V.m. § 34 Abs. 2a Satz 1 InvG.

1441 Vgl. Art. 181 Abs. 5 loi du 17 décembre 2010 concernant les organismes de placement collectif: "*Les droits des porteurs de parts et des créanciers relatifs à un compartiment ou nés à l'occasion de la constitution, du fonctionnement ou de la liquidation d'un compartiment sont limités aux actifs de ce compartiment, sauf clause contraire du règlement de gestion ou des documents constitutifs. Les actifs d'un compartiment répondent exclusivement des droits des investisseurs relatifs à ce compartiment et de ceux des créanciers dont la créance est née à l'occasion de la constitution, du fonctionnement ou de la liquidation de ce compartiment, sauf clause contraire du règlement de gestion ou des documents constitutifs. Dans les relations entre porteurs de parts, chaque compartiment est traité comme une entité à part, sauf clause contraire du règlement de gestion ou des documents constitutifs.*"

enwertermittlung sind der Regelung durch Rechtsverordnung vorbehalten[1442]. Mit dem Erlass der InvRBV[1443] wurde von dieser Verordnungsermächtigung Gebrauch gemacht.

B. Gründe für die Ausgestaltung der InvAG als Umbrella-Konstruktion

I. Allgemeine Vorteile der Umbrella-Konstruktion

Als wesentlicher Vorteil der Umbrella-Konstruktion wird gepriesen, dass durch die Auflegung und Verwaltung mehrerer Sondervermögen unter einem gemeinsamen „Dach" die Kosten für die Verwaltung der einzelnen Teilfonds reduziert werden können[1444]. Das Einsparungspotenzial soll sogar die Auflegung von Fonds ermöglichen, die für sich allein nicht rentabel wären[1445]. Die KAG hat bei der Auflegung und Auflösung von Sondervermögen ein weites Ermessen[1446]. Die Flexibilität des Verfahrens soll beispielsweise bei Laufzeitfonds oder dynamischen Fonds, die in Märkte mit unsicherem Wachstumspotenzial investieren, nützlich sein[1447]. Zwar müssen für die Sondervermögen jeweils eigene Vertragsbedingungen aufgestellt und von der BaFin genehmigt werden[1448]. Handelt es sich um richtlinienkonforme Sondervermögen, kann das Verfahren aber durch die Vorabgenehmigung von Musterklauseln, aus denen die Vertragsbedingungen später zusammengestellt werden, beschleunigt werden[1449]. Vorteile bieten sich auch hinsichtlich der Vermarktung. So kann den Anlegern das Recht eingeräumt werden, die Anteile kostenlos in Anteile eines anderen Sondervermögens umzutauschen[1450]. Auch die verbesserte Übersicht über die als Umbrellafonds zusammengefasste Produktpalette soll den Absatz fördern[1451].

1442 § 99 Abs. 3 Satz 1 i.V.m. § 34 Abs. 2 Satz 1, Abs. 3 InvG.

1443 BGBl. I 2009, 3871.

1444 Fragos, S. 131; Glaus, S. 71: z.B. Kosten der Rechtsberatung, Gebühren der Aufsichtsbehörden, Aufwand für den Druck von Geschäftsberichten und Prospekten.

1445 Fragos, S. 131; Glaus, S. 71.

1446 Die KAG kann nach Maßgabe der Vertragsbedingungen (vgl. § 43 Abs. 4 Nr. 8 und 9 InvG) weitere Teilfonds auflegen und die Verwaltung der Teilfonds nach § 38 Abs. 1 Satz 1 InvG kündigen.

1447 Glaus, S. 71.

1448 Begr. RegE, BT-Drs. 16/5576, S. 68 li. Sp.

1449 § 43a InvG; Dornseifer, AG 2008, 53, 58 Fn. 35.

1450 Begr. RegE, BT-Drs. 15/1553, S. 86 li. Sp.; Kempf, Investmentrecht 2004, S. 68; Balk/Eller/Gutmann, S. 158; Glaus, S. 70; Fragos, S. 131; A. Steck/Kurz, FB 2003, 737, 742.

1451 Baur/Ziegler, Rn. 9/167.

II. Besondere Vorteile der Umbrella-Konstruktion für die InvAG

Die genannten Vorteile der Umbrella-Konstruktion treffen im Grundsatz auch für die in dieser Form organisierte InvAG zu. Insbesondere können die Anlagebedingungen der einzelnen TGV auf der Grundlage von vorab genehmigten Musterklauseln erstellt werden[1452]. Die Bedeutung der Umbrella-Konstruktion für die InvAG geht aber über die genannten Vorteile hinaus, da der InvAG, anders als der KAG, alternative Gestaltungsmöglichkeiten, mit denen sich ein ähnliches Ergebnis erzielen ließe, nicht zur Verfügung stehen (1.). Zudem besteht aufgrund der körperschaftlichen Struktur der InvAG ein besonders Bedürfnis für die Bildung separater Vermögenseinheiten (2.).

1. Keine alternativen Gestaltungsmöglichkeiten

a) Analoge Anwendung von § 30 Abs. 3 InvG

§ 30 Abs. 3 Satz 1 InvG gestattet der KAG die Auflegung mehrerer Sondervermögen. Da die Sondervermögen nach § 30 Abs. 3 Satz 2 InvG getrennt zu halten sind, eine Vermischung der Vermögensgegenstände und Verbindlichkeiten der einzelnen Sondervermögen somit nicht stattfindet, stellt § 30 Abs. 3 Satz 1 InvG sich als Alternative zur Auflegung von Teilfonds dar. Angesichts dieser Möglichkeit haben Umbrellafonds für die Vertragsform keine praktische Bedeutung[1453].

Für die InvAG ist § 30 Abs. 3 InvG weder direkt noch analog anwendbar. Die Interessenlage ist nicht vergleichbar, da Sondervermögen auf vertraglicher Grundlage getrennt vom Eigenvermögen der KAG verwaltet werden[1454], weshalb das Trennungsprinzip durch § 30 Abs. 3 Satz 2 InvG lediglich auf die „horizontale Ebene“ erweitert wird, wohingegen das Anlagevermögen der InvAG Bestandteil des Gesellschaftsvermögens ist.

b) Aktienrechtliche Zulässigkeit von TGV

Die AG haftet im Grundsatz mit ihrem gesamten Vermögen für die von ihr begründeten Verbindlichkeiten. Die Aufteilung des Gesellschaftsvermögens der AG in separate Vermögenseinheiten wäre mit den aktienrechtlichen Gläubigerschutzvorschriften unvereinbar, wenn, wie es die Umbrella-Konstruktion aufgrund der vermögens- und haftungsrechtlichen Trennung der TGV vorsieht, der Gewinn oder Abwicklungserlös der jeweiligen Vermögenseinheiten ohne Rücksicht auf die Höhe des insgesamt bestehenden Gewinns oder Abwicklungserlö-

---

1452 § 97 Abs. 4 Satz 4 i.V.m. § 43a InvG.
1453 Schmitz, in: B/S/L, § 34 InvG Rn. 27.
1454 § 30 Abs. 1 Satz 2 InvG.

ses an die Aktionäre ausgeschüttet werden könnte. In diesem Fall würde den Gläubigern ein Teil der ihnen nach § 57 Abs. 1 Satz 1, Abs. 3 AktG zugewiesenen Vermögensmasse vorenthalten[1455]. Das Verbot der Einlagenrückgewähr kann durch die Satzung der AG nicht eingeschränkt oder aufgehoben werden[1456]. Selbst die gesetzliche Einführung von TGV wäre unzulässig[1457], da das Verbot der Einlagenrückgewähr zu den Wesensmerkmalen der AG zählt[1458] und überdies in der KapitalRL verankert ist[1459].

c) Ausgabe von Spartenaktien

Eine mit der Umbrella-Konstruktion vergleichbare Vermögenstrennung könnte durch die Ausgabe von Spartenaktien erreicht werden. Spartenaktien (*tracking stocks*) sind Aktien, deren Vermögensrechte nicht an das Ergebnis des Gesamtunternehmens, sondern an das Ergebnis einer Unternehmenssparte anknüpfen[1460]. Die aktienrechtliche Zulässigkeit von Spartenaktien als Aktiengattungen im Sinne von § 11 AktG ist heute anerkannt[1461]. Zwar nehmen die Spartenaktionäre im Grundsatz nur an den Ergebnissen der Unternehmenssparte teil, der ihre Aktien zugeordnet sind[1462]. Eine vollständige Trennung der Unternehmenssparten findet aber nicht statt, da der an die Aktionäre auszahlbare Gewinn bzw. Liquidationserlös durch die Verluste anderer Sparten beschränkt wird[1463]. Mit der Spartenorganisation ist zudem keine Haftungsbeschränkung der AG im Außenverhältnis verbunden, d.h. die Gläubiger von Forderungen, die einer Unternehmenssparte zugeordnet werden, können auf das gesamte Gesellschaftsvermögen zugreifen[1464]. Die Spartenorgansation der AG ist deshalb mit der vermögens- und haftungsrechtlichen Trennung der TGV einer InvAG nicht vergleichbar[1465].

1455 C. Fischer, S. 102.

1456 § 23 Abs. 5 Satz 1 AktG steht abweichenden Satzungsbestimmungen entgegen.

1457 Bader, S. 203 mit einem Regelungsvorschlag für die Einführung von Sondervermögen einer AG nach dem Vorbild der italienischen AG, die Zweckvermögen bilden kann.

1458 Heider, in: MünchKommAktG, § 1 Rn. 103.

1459 Art. 15 Abs. 1 KapitalRL, Bayer, in: MünchKommAktG, § 57 Rn. 1; Cahn/v. Spannenberg, in: Spindler/Stilz, AktG, § 57 Rn. 3.

1460 Baums, in: FS Boujong, 1996, S. 19.

1461 Vgl. nur Thiel, S. 209 ff.; Wunsch, S. 21 ff.; Baums, in: FS Boujong, 1996, S. 19, 35; Brauer, AG 1993, 324 ff. m.w.N.

1462 Nolte, S. 187 f.; Baums, in: FS Boujong, 1996, S. 19, 28 ff.; Brauer, AG 1993, 324, 326; Sieger/Hasselbach, AG 2001, 391, 392.

1463 Siehe D. II., III.

1464 Baums, in: FS Boujong, 1996, S. 19, 22; Eckhold, ZGR 2007, 654, 665.

1465 Im Ergebnis auch Sachtleber, S. 123; Eckhold, ZGR 2007, 654, 665; Dornseifer, AG 2008, 53, 57.

d) Gründung von Tochter-InvAGen

Auch die Gründung von Tochter-InvAGen, deren Satzungen jeweils eine andere Anlagepolitik vorsehen, stellt keine Alternative zur Auflegung von TGV dar[1466]. Zur Aufsetzung dieser Konzernstruktur müssten mehrere Verwaltungsebenen eingesetzt werden, die jeweils mit den rechtlich notwendigen personellen und sachlichen Mitteln ausgestattet sein müssten. Die Existenz weiterer Entscheidungsträger neben dem Vorstand der Mutter-InvAG würde die einheitliche Verwaltung der Investmentvermögen erschweren. Zudem würden die Kosten für die Gründung und den Betrieb weiterer Gesellschaften den Kostenvorteil der Vermarktung der Aktien „unter einem Dach" zunichtemachen. Die Vorteile der Umbrella-Konstruktion beruhen gerade auf der Bildung selbständiger Vermögenseinheiten innerhalb ein und derselben Körperschaft und lassen sich durch die Gründung von Tochter-InvAGen nicht erreichen.

2. Besonderes Bedürfnis für die Bildung von TGV

Schließlich besteht aufgrund der körperschaftlichen Struktur der InvAG ein besonderes Bedürfnis für die Bildung von TGV. Um dem Grundgedanken des Investmentsparens gerecht zu werden und die Mitgliedschaft der Anlageaktionäre an die Rechtsstellung der Anteilinhaber des Sondervermögens anzugleichen, sollten die Anlageaktionäre von den operativen Risiken der InvAG abgeschirmt werden[1467]. Durch die Zusammenfassung des Betriebsvermögens in einem den Unternehmensaktionären zugewiesenen Betriebs-TGV kann erreicht werden, dass der Wert der Anlageaktien von den Wertschwankungen des Betriebsvermögens weitgehend unberührt bleibt[1468]. Die Umbrella-Konstruktion trägt somit dazu bei, Vertrags- und Satzungsform unter Anlegerschutzgesichtspunkten gleichzustellen.

C. Die vermögens- und haftungsrechtliche Trennung der TGV

Die Zusammenfassung mehrerer Sondervermögen zu einer Umbrella-Konstruktion ist durch das Prinzip der Vermögenstrennung, das Prinzip der Haftungstrennung und das Prinzip der dinglichen Surrogation gekennzeichnet[1469]. Da die InvAG als gleichwertige Alternative zum Sondervermögen eingeführt wurde, stellt sich die Frage, ob sich diese Prinzipien in der Umbrella-Konstruktion der Satzungsform wiederfinden.

1466 Vgl. Eckhold, ZGR 2007, 654, 665: TGV als „innergesellschaftliche Holdingstruktur".
1467 Siehe § 5 C. IV. 1b) cc) aaa).
1468 Siehe § 5 C. IV. 1b) cc) ddd).
1469 Köndgen/Schmies, in: Bankrechts-Hdb., § 113 Rn. 57 ff.

I. Das Prinzip der Vermögenstrennung

Die Umbrella-Konstruktion der Vertragsform zeichnet sich in mehrfacher Hinsicht durch eine Vermögenstrennung aus. Erstens sind die einzelnen Teilfonds nach § 34 Abs. 2a Satz 1 InvG von den übrigen Teilfonds vermögens- und haftungsrechtlich getrennt (horizontale Vermögenstrennung)[1470]. Zweitens ordnet § 30 Abs. 1 Satz 2 InvG die Trennung des Sondervermögens vom Eigenvermögen der KAG an (vertikale Vermögenstrennung). Da die Anteilinhaber nicht über die Gegenstände des Sondervermögens verfügen, sondern nur ihren Anteil veräußern oder an die KAG zurückgegeben können[1471], besteht zudem eine Trennung zwischen dem Sondervermögen und dem Privatvermögen der Anteilinhaber[1472], die aber an dieser Stelle außer Betracht bleiben kann, da die Aktionäre der InvAG vergleichbaren Beschränkungen unterliegen[1473].

1. Horizontale Vermögenstrennung

Ebenso wie die Teilfonds des auf vertraglicher Grundlage verwalteten Umbrellafonds sind die TGV der InvAG nach § 99 Abs. 3 Satz 1 i.V.m. § 34 Abs. 2a Satz 1 InvG von den übrigen TGV getrennt. Die Aktionäre, die sich beim Erwerb ihrer Aktien für die Beteiligung an einem bestimmten TGV entscheiden, erwarten, dass sich die Anlagepolitik „ihres" TGV im Aktienwert niederschlägt[1474]. Um die Aktionäre ausschließlich an den Gewinnen und Verlusten des jeweiligen TGV zu beteiligen, werden die Vermögenswerte, Erträge, Verbindlichkeiten und Aufwendungen der Gesellschaft rechnerisch auf die TGV verteilt. Der Aktienwert entspricht dann dem anteiligen Nettoinventarwert des betreffenden TGV[1475].

2. Vertikale Vermögenstrennung

Nach § 30 Abs. 1 Satz 2 InvG ist das Eigenvermögen der KAG rechtlich vom Sondervermögen getrennt. Diese vertikale Vermögenstrennung gewährleistet, dass das Sondervermögen nicht als Haftungsmasse für Verbindlichkeiten der KAG zur Verfügung steht, sondern nur mit den Kosten für die Erfüllung von Aufwendungsersatz- und Vergütungsansprüchen der KAG belastet wird[1476]. Operative Risiken der KAG können somit nicht auf das Sondervermögen durch-

---

1470 Die Begriffe der vertikalen und horizontalen Vermögenstrennung im Zusammenhang mit den TGV einer InvAG verwendet auch Wegner, S. 213 ff.

1471 §§ 33 Abs. 2 Satz 1 und 3, 37 Abs. 1 InvG.

1472 Köndgen/Schmies, in: Bankrechts-Hdb., § 113 Rn. 57 f.

1473 Dies folgt bereits daraus, dass die InvAG Inhaberin des Gesellschaftsvermögens ist.

1474 Köndgen/Schmies, in: Bankrechts-Hdb., § 113 Rn. 57: Durchlaufeffekt.

1475 § 99 Abs. 3 Satz 1 i.V.m. § 34 Abs. 2a Satz 5 i.V.m. Abs. 1 Satz 4 InvG.

1476 § 31 Abs. 3 InvG.

schlagen. § 30 Abs. 1 Satz 2 InvG gilt auch für die einzelnen Teilfonds eines Sondervermögens im Verhältnis zur KAG[1477].

Für die InvAG der Umbrella-Konstruktion existiert keine vertikale Vermögenstrennung[1478]. Bereits der Begriff des TGV gibt Aufschluss darüber, dass die TGV Bestandteil des Gesellschaftsvermögens sind, das folglich die Summe aller TGV bildet. Allerdings hat die selbstverwaltende InvAG neben dem Anlagevermögen in der Regel ein Betriebsvermögen[1479], das in einem TGV gebündelt und den Unternehmensaktionären zugewiesen werden kann[1480]. Durch die Trennung zwischen dem Betriebs-TGV und dem oder den Anlage-TGV entsteht eine Situation, die der vertikalen Trennung zwischen dem Gesellschaftsvermögen der KAG und dem Sondervermögen angenähert ist[1481].

II. Die dingliche Surrogation analog § 30 Abs. 2 InvG

Für das Sondervermögen ergänzt § 30 Abs. 2 InvG das Prinzip der Vermögenssonderung durch eine dingliche Surrogation[1482]. Dingliche Surrogation bedeutet, dass kraft Gesetzes an die Stelle eines Gegenstands ein neuer Gegenstand tritt, an dem sich die Rechtspositionen, die an dem alten Gegenstand bestanden, in unveränderter Form fortsetzen[1483]. Die dingliche Surrogation erstreckt sich auch auf die Teilfonds der Umbrella-Konstruktion, die formal eigenständige Sondervermögen sind. Für die InvAG findet § 30 Abs. 2 InvG keine direkte Anwendung. Fraglich ist, ob die Vorschrift analoge Anwendung findet.

Die Analogie zu § 30 Abs. 2 InvG setzt zunächst das Vorliegen einer planwidrigen Regelungslücke voraus. Zudem muss die der Vorschrift zugrundeliegende Interessenlage auf den Sachverhalt übertragbar sein[1484].

Der Zweck der dinglichen Surrogation wird darin gesehen, das Sondervermögen für die gesetzlich festgelegten Zwecke zu erhalten[1485]. Die Einheit des

---

1477 Die Teilfonds sind eigenständige Sondervermögen, vgl. § 34 Abs. 2 Satz 1 InvG: mehrere Sondervermögen; Begr. RegE, BT-Drs. 16/5576, S. 68 li. Sp.

1478 Wegner, S. 213 f; Bödecker/Kuhn, in: Hdb. Investmentrecht, S. 421; im Ergebnis auch C. Fischer, S. 109 ff.

1479 Siehe § 5 C. IV. 1a).

1480 Siehe § 5 C. IV. 1b) cc) ddd).

1481 Ein gravierender Unterschied zur Vertragsform besteht allerdings darin, dass den Gläubigern der Zugriff auf das Anlagevermögen zum Ausgleich von Verbindlichkeiten, für die die InvAG unbeschränkt haftet, nicht verwehrt werden kann, siehe C. III. 2b) und c).

1482 V. Caemmerer, JZ 1958, 41, 45: Kernpunkt der gesetzlichen Regelung; Baur, Investmentgesetze, § 6 KAGG Rn. 19: Wesen des Sondervermögens.

1483 Coester-Waltjen, Jura 1996, 24, 25.

1484 BGHZ 149, 165, 174; BGH NJW 2003, 1932, 1933; NJW 2007, 993 m.w.N.; zur Analogiefähigkeit der dinglichen Surrogation vgl. Wolf, JuS 1975, 710, 715 ff.

1485 Wolf, JuS 1975, 710, 711.

Sondervermögens droht insbesondere bei mehrheitlicher Rechtszuständigkeit, d.h. des gemeinschaftlichen Eigentums mehrerer an den zum Zweckvermögen gehörenden Gegenständen[1486], verlorenzugehen[1487]. Das Gesetz ordnet die dingliche Surrogation für das Vermögen der GbR (§ 718 Abs. 2 BGB), das Vorbehaltsgut und das Gesamtgut der Gütergemeinschaft (§§ 1418 Abs. 2 Nr. 3, 1473 BGB), das Kindesvermögen (§ 1638 Abs. 2 BGB) sowie den Nachlass des Erblassers (§§ 2019 Abs. 1, 2041, 2111 Abs. 1, 2374 BGB) an.

Auch § 30 Abs. 2 InvG dient dazu, den Bestand des Sondervermögens zu erhalten. Eine mehrheitliche Rechtszuständigkeit besteht, wenn das von der KAG verwaltete Sondervermögen im gemeinschaftlichen Miteigentum der Anteilinhaber steht (Miteigentumslösung)[1488]. Die Surrogation verhindert im Interesse der Anteilinhaber, dass Vermögensgegenstände, die von der KAG mit den Mitteln des Sondervermögens aber ohne entsprechende Zweckbestimmung erworben werden, Bestandteil des Eigenvermögens der KAG werden. Die Surrogation ist aber auch dann gerechtfertigt, wenn die Gegenstände des Sondervermögens im Eigentum der KAG stehen und treuhänderisch zugunsten der Anteilinhaber verwaltet werden (Treuhandlösung)[1489]. In diesem Fall gewährleistet § 30 Abs. 2 InvG, dass die Gegenstände dem Sondervermögen mit unmittelbarer rechtlicher Wirkung zugeordnet werden. Die Anteilinhaber sind folglich nicht darauf angewiesen, Ausgleichs- und Ersatzansprüche gegen die KAG geltend zu machen, um die rechtmäßige Vermögenszuordnung herzustellen. In der Insolvenz der KAG können die Anteilinhaber nach § 47 Satz 1 InsO, § 38 Abs. 3 Satz 2 InvG die Aussonderung des Sondervermögens verlangen. Verwaltet die KAG mehrere Sondervermögen, sichert § 30 Abs. 2 InvG darüber hinaus den Bestand der einzelnen Sondervermögen im Verhältnis zu den übrigen Sondervermögen.

Das Fehlen einer § 30 Abs. 2 InvG entsprechenden Vorschrift für die InvAG wäre planwidrig und die Interessenlage bei Sondervermögen und InvAG vergleichbar, wenn die Surrogation erforderlich wäre, um die aufgrund mehrheitlicher Rechtszuständigkeit oder einer vergleichbaren Situation bedrohte Vermögenseinheit der TGV im Aktionärs- und Gläubigerinteresse zu sichern.

Eine mehrheitliche Rechtszuständigkeit besteht nicht, da allein die InvAG Träger der den einzelnen TGV zugeordneten Vermögensgegenstände und Verbindlichkeiten ist. Ein Bedürfnis für eine dingliche Surrogation besteht auch nicht etwa deshalb, weil die Situation der Ausgangslage bei der Treuhandlösung

---

1486 Schmidt, in: MünchKommBGB, § 741 Rn. 4.

1487 Strauch, S. 99; kritisch Wolf, JuS 1975, 643, 666.

1488 § 30 Abs. 1 Satz 1 2. Alt. InvG.

1489 § 30 Abs. 1 Satz 1 1. Alt. InvG. Baur, Investmentgesetze, § 6 KAGG Rn. 19 und Canaris, Rn. 2403 bezweifeln, dass in diesem Fall eine dingliche Surrogation vorliegt.

entspricht. Zwar vollzieht sich der Erwerb von Vermögensgegenständen grundsätzlich in das ungeteilte Gesellschaftsvermögen, weshalb Aktionäre, deren Rechte entsprechend § 34 Abs. 2a Satz 3 InvG auf ein TGV beschränkt sind, ein berechtigtes Interesse am Erhalt der Vermögens- und Haftungseinheit des TGV durch eine unmittelbare dingliche Zuordnung von Vermögensgegenständen kraft dinglicher Surrogation haben könnten. Anders als im Falle der Treuhandlösung steht den Aktionären in der Insolvenz der InvAG aber kein Aussonderungsrecht nach § 47 InsO zu. Vielmehr sind die TGV – anders als die Sondervermögen der KAG – Bestandteil der Insolvenzmasse des Rechtsträgers[1490]. Eine dingliche Separierung der Vermögensmassen analog § 30 Abs. 2 InvG ist deshalb auch außerhalb der Insolvenz der InvAG nicht gerechtfertigt.

III. Das Prinzip der Haftungstrennung

1. Haftung der TGV für Einzelverbindlichkeiten

Von der vermögensrechtlichen Trennung zu unterscheiden ist die Frage, inwieweit die TGV zum Ausgleich der Verbindlichkeiten der InvAG herangezogen werden können. § 99 Abs. 3 Satz 1 i.V.m. § 34 Abs. 2a Satz 4 InvG ordnet an, dass für die „auf die einzelnen TGV entfallenden Verbindlichkeiten" ausschließlich das betreffende TGV haftet. Zu den Verbindlichkeiten, die den einzelnen TGV buchhalterisch zugeordnet sind (sog. Einzelverbindlichkeiten) zählen zunächst alle Verbindlichkeiten aus Rechtsgeschäften, die unter Einhaltung der Publizitätsanforderungen des § 98 Abs. 2 InvG für Rechnung eines bestimmten TGV abgeschlossen werden. Einzelverbindlichkeiten sind darüber hinaus Verbindlichkeiten, die den einzelnen TGV durch Satzungsbestimmung zugewiesen sind, ohne dass im Außenverhältnis eine Haftungsbeschränkung nach § 34 Abs. 2a Satz 4 InvG besteht, z.B. Kosten, die für die Abschlussprüfung oder für den Druck und Versand der für die Aktionäre bestimmten Jahresabschlüsse anfallen. In der Praxis können die Verbindlichkeiten der Gesellschaft regelmäßig den einzelnen TGV konkret zugeordnet werden[1491].

2. Haftung der TGV für Gesamtverbindlichkeiten

Neben den Einzelverbindlichkeiten gibt es Verbindlichkeiten der Gesellschaft, die keinen Bezug zu bestimmten TGV aufweisen. Zu diesen sog. Gesamtverbindlichkeiten[1492] zählen beispielsweise die Vorstandsvergütung, Kosten für die Miete von Büroräumen oder Forderungen Dritter, die kraft Gesetzes bestehen.

1490 Siehe § 11 C. II.

1491 C. Fischer, S. 108.

1492 C. Fischer/K. Steck, in: B/S/L, § 100 InvG Rn. 13; dies., ZBB 2009, 188, 193; C. Fischer, S. 109: Gemeinschaftsverbindlichkeiten; Wunsch, S. 131: Gemeinkosten.

Fraglich ist, wie diese Verbindlichkeiten rechnerisch auf die einzelnen TGV verteilt werden können.

a) Zuordnung zum Betriebs-TGV

Bildet die InvAG ein Betriebs-TGV, an dem ausschließlich Unternehmensaktionäre beteiligt sind, kann die Satzung vorsehen, dass Forderungen, die infolge der Verwirklichung operativer Risiken entstehen, soweit möglich aus dem Betriebs-TGV beglichen werden[1493]. Es handelt es in diesem Fall um Einzelverbindlichkeiten.

b) Umlegung auf die TGV

Soweit die Satzung der InvAG die Umlegung der Gesamtverbindlichkeiten auf die TGV vorsieht, stellt sich die Frage, nach welchem Maßstab die Gesamtverbindlichkeiten den einzelnen TGV zugeordnet werden können. Eine vollständige Kostenübernahme durch einzelne TGV unter Freistellung der übrigen TGV kommt (mit Ausnahme einer Kostenübernahme durch das Betriebs-TGV, a)) nicht in Betracht, da eine solche Vereinbarung dem Prinzip der horizontalen Vermögenstrennung nicht gerecht würde und das Gebot der Anlegergleichbehandlung verletzen würde[1494]. Im Schrifttum wird teilweise vorgeschlagen, die Gesamtverbindlichkeiten zu gleichen Teilen auf die TGV zu verteilen[1495]. Diese Methode bietet den Vorteil der Einfachheit der Berechnung, führt aber dazu, dass TGV mit einem unterdurchschnittlichen Volumen besonders stark belastet werden. Auf der anderen Seite erscheint die Verteilung der Gesamtverbindlichkeiten im Verhältnis des Wertes der einzelnen TGV zum Wert des Gesellschaftsvermögens insgesamt[1496] als nicht interessengerecht, wenn diese Kosten nicht proportional zum Umfang des verwalteten Vermögens steigen. Im Interesse der Anlegergleichbehandlung sollten jedenfalls dann, wenn der Erstausgabepreis der Aktien identisch ist, alle Aktien gleichmäßig belastet werden[1497].

1493 Siehe § 5 C. IV. 1c) bbb).

1494 Ähnlich C. Fischer, S. 125: Vorstandspflicht zur Herbeiführung eines Ausgleichs.

1495 C. Fischer/K. Steck, in: B/S/L, § 100 InvG Rn. 15; dies., ZBB 2009, 188, 193; C. Fischer, S. 125 f.

1496 C. Fischer/K. Steck, in: B/S/L, § 100 InvG Rn. 15: gangbarer Mittelweg; Wallach, Der Konzern 2007, 487, 492; ähnlich für die Umlegung der Gemeinkosten in der Spartenorganisation Sieger/Hasselbach, BB 1999, 1277, 1282: umsatzbezogene Verteilung.

1497 C. Fischer, S. 125 f.; C. Fischer/K. Steck, in: B/S/L, § 100 InvG Rn. 15; dies., ZBB 2009, 188, 193.

c) „Ausfallhaftung" der TGV

Fraglich ist, welche Folge eintritt, wenn die Mittel eines TGV nicht ausreichen, um die auf das betreffende TGV entfallenden Kosten zu begleichen. Sofern die Haftung der InvAG auf die Vermögenswerte eines TGV beschränkt ist[1498], tragen die Gläubiger das Ausfallrisiko. Handelt es sich dagegen um Verbindlichkeiten, für die die InvAG unbeschränkt haftet, muss der ausstehende Teil der Forderungen aus den übrigen TGV beglichen werden[1499]. Aus den unter b) genannten Gründen sollte die Satzung vorsehen, dass der Ausfallbetrag nach dem Verhältnis des Wertes der TGV zum Gesellschaftsvermögen insgesamt oder nach dem Verhältnis der auf sie entfallenden Aktienzahl zur Gesamtzahl der Aktien der Gesellschaft verteilt wird.

Die Ausfallhaftung der TGV ist problematisch, da sie das Prinzip der horizontalen Vermögenssonderung durchbricht. Die Aktionäre der als Umbrella-Konstruktion ausgestalteten InvAG werden in diesem Fall gegenüber den Anteilinhabern des Sondervermögens benachteiligt, da die KAG, die nach § 31 Abs. 2 und 3 InvG sämtliche Verbindlichkeiten gegenüber den Gläubigern begleicht und sich hinsichtlich der ihr entstandenen Aufwendungen aus den Teilfonds befriedigt, etwaige Ausfallbeträge der Teilfonds übernimmt[1500]. Die Aktionäre der „ausgleichspflichtigen" TGV stehen zudem schlechter als sie als Aktionäre einer InvAG ohne TGV stehen würden, da das erneut zum Ausgleich herangezogene TGV überproportional an Wert verliert. Die Ausfallhaftung kann aber dadurch vermieden werden, dass TGV mit geringer Liquidität rechtzeitig aufgelöst oder auf andere TGV verschmolzen werden[1501]. Zudem kann die Satzung vorsehen, dass der Ausfallbetrag von dem den Unternehmensaktien zugeordneten Betriebs-TGV übernommen wird, soweit dessen Mittel ausreichen.

D. Die Rechtsstellung der Aktionäre

I. TGV als eigenständige Zweckvermögen

Die Aktionäre einer als Umbrella-Konstruktion ausgestalteten InvAG sind vollwertige Gesellschafter der InvAG. § 99 Abs. 3 Satz 1 i.V.m. § 34 Abs. 2a Satz 2 InvG bestimmt jedoch, dass die TGV im Verhältnis der Aktionäre untereinander als „eigenständige Zweckvermögen" zu behandeln sind. Hieraus folgt zum einen, dass die Aktionäre sich bei der Zeichnung der Aktien für die Teilnahme an einem bestimmten TGV entscheiden müssen. Die individuellen Merkmale der

1498 Siehe E. I.

1499 Vgl. Wegner, S. 216: „vertikal vermittelte, horizontale Haftungsübertragung".

1500 Schmitz, in: B/S/L, § 31 InvG Rn. 25; § 34 InvG Rn. 36.

1501 Vgl. § 100 Abs. 4 Satz 1, Abs. 5 InvG.

TGV sind in den Anlagebedingungen festgelegt[1502] und können dem Verkaufsprospekt entnommen werden[1503]. Zum anderen bringen § 34 Abs. 2a Satz 2 und 3 InvG zum Ausdruck, dass die Vermögensrechte der Aktionäre an die Ergebnisse des jeweiligen TGV anknüpfen. Die Aktionäre sollen ausschließlich an den Gewinnen und Verlusten „ihres" TGV teilnehmen.

II. Recht auf Teilnahme am Bilanzgewinn

Die Aktionäre haben das mitgliedschaftliche Recht zur Teilnahme an dem im festgestellten Jahresabschluss ausgewiesenen Bilanzgewinn (vgl. § 58 Abs. 4 InvG). Im Falle der Umbrella-Konstruktion ist das Gewinnbezugsrecht der Aktionäre entsprechend § 34 Abs. 2a Satz 2 und 3 InvG auf ein TGV beschränkt. Es stellt sich die Frage, wie der Bilanzgewinn in diesem Fall errechnet wird.

Vorbild für die Gewinnermittlung könnte die Spartenorganisation der AG sein. Das Gewinnbezugsrecht der Aktionäre ist in diesem Fall nach § 60 Abs. 3 AktG auf die Unternehmenssparte beschränkt, der ihre Aktien zugewiesen sind[1504]. Der Gewinn der betreffenden Unternehmenssparte kann allerdings nur dann vollständig an die Aktionäre ausgeschüttet werden, wenn der von der AG insgesamt erwirtschaftete Gewinn den Spartengewinn übersteigt[1505], da andernfalls das Verbot der Einlagenrückgewähr verletzt würde[1506]. Mit anderen Worten wird der Gewinn der jeweiligen Sparte durch die Verluste der übrigen Sparten begrenzt[1507].

Im Unterschied zur Spartenorganisation der AG ist es aufgrund der vermögens- und haftungsrechtlichen Trennung der TGV möglich, die Aktionäre der InvAG ausschließlich am Gewinn des betreffenden TGV zu beteiligen[1508]. Da sich der Gewinn aus der für das jeweilige TGV erstellten Bilanz errechnet[1509], kann das positive Ergebnis eines TGV ohne Rücksicht auf die Verluste anderer TGV an die Aktionäre weitergegeben werden. § 57 Abs. 1 Satz 1 AktG findet für die InvAG keine Anwendung[1510]. Verluste eines TGV wirken sich allerdings dann nachteilig auf die übrigen TGV aus, wenn diese ausnahmsweise für den

1502 § 97 Abs. 4 Satz 2 i.V.m. § 43 Abs. 4 Nr. 8 und 9 InvG.

1503 § 99 Abs. 3 Satz 1 i.V.m. § 42 Abs. 1 Satz 3 Nr. 7 und 8, Abs. 2 Satz 1 Nr. 2 InvG.

1504 Bader, S. 44; ausführlich Nolte, S. 332 ff.; Baums, in: FS Boujong, 1996, S. 19, 29.

1505 Bader, S. 45; Baums, in: FS Boujong, 1996, S. 19, 29; Sieger/Hasselbach, AG 2001, 391, 395.

1506 Tonner, S. 65.

1507 Vgl. Bader, S. 45 f.; Thiel, S. 9 f.; Tonner, S. 65 f.; Kuhn, S. 63; Nolte, S. 226 f.; Baums, in: FS Boujong, 1996, S. 19, 29; Fuchs, ZGR 2003, 167, 172; Sieger/Hasselbach, AG 2001, 391, 395.

1508 § 99 Abs. 3 Satz 1 i.V.m. § 34 Abs. 2a Satz 2 und 3 InvG.

1509 Tschesche/Hofmann, in: B/S/L, § 110 InvG Rn. 48.

1510 Siehe § 8 C. II. 2a).

Ausfall des TGV haften[1511]. Zudem wird die Wertentwicklung des gesamten Gesellschaftsvermögens für die einzelnen TGV relevant, wenn Ausschüttungen unterbleiben müssen, weil andernfalls das Mindestgesellschaftsvermögen in Höhe von 1,25 Mio. Euro unterschritten würde[1512].

III. Recht auf Teilnahme am Abwicklungserlös

Die Aktionäre der AG nehmen nach § 271 AktG entsprechend ihrer Kapitalanteile am Abwicklungserlös der AG teil. Gibt die AG Spartenaktien aus, kann dieses Recht auf den Erlös der jeweiligen Unternehmenssparte beschränkt werden[1513]. Die Verteilung des Überschusses steht jedoch nach § 271 Abs. 1 AktG unter dem Vorbehalt, dass das gesamte Gesellschaftsvermögen nach Abzug aller Verbindlichkeiten den Abwicklungserlös der betreffenden Sparte übersteigt. Die Spartenaktionäre tragen deshalb zwangsläufig die Verluste anderer Unternehmenssparten mit[1514]. Für die InvAG ermöglicht das InvG eine vom AktG abweichende Verteilung des Abwicklungserlöses. Aufgrund des Prinzips der vermögens- und haftungsrechtlichen Trennung der TGV, das auch in der Insolvenz der InvAG aufrechterhalten bleibt[1515], nehmen die Aktionäre nur am Abwicklungserlös des jeweiligen TGV teil[1516]. Das verteilungsfähige Vermögen wird daher in Abweichung von § 271 Abs. 1 AktG auf der Ebene des jeweiligen TGV und, von der Ausnahme der Ausfallhaftung abgesehen[1517], unabhängig vom Erlös der übrigen TGV ermittelt.

IV. Rückgaberecht

Entsprechend § 34 Abs. 2a Satz 2 und 3 InvG ist auch das Rückgaberecht der Aktionäre auf die Vermögensgegenstände des jeweiligen TGV beschränkt. Der Aktienwert wird in Abweichung von § 36 Abs. 1 Satz 1 InvG im Wege der Teilung des Nettoinventarwertes des betreffenden TGV durch die Zahl der diesem TGV zugeordneten Aktien ermittelt[1518].

1511 Siehe C. III. 2c).
1512 Siehe § 8 C. II. 2b).
1513 § 271 Abs. 2 2. Alt. AktG; Nolte, S. 228 f.; Tonner, S. 83 f.; Thiel, S. 236 f.; Bader, S. 47; Sieger/Hasselbach, AG 2001, 391, 396.
1514 Bader, S. 47.
1515 § 100 Abs. 2 InvG.
1516 Die TGV werden nach § 100 Abs. 4 Satz 1 InvG isoliert abgewickelt.
1517 Siehe C. III. 2c).
1518 § 99 Abs. 3 Satz 1 i.V.m. § 34 Abs. 2a Satz 5 i.V.m. Abs. 1 Satz 4 InvG.

V. Gegenständliche Beschränkung des Stimmrechts und Abstimmung in „Teilgesellschaftsversammlungen“

1. Gegenständliche Beschränkung des Stimmrechts

a) Bedürfnis für die gegenständliche Beschränkung des Stimmrechts

aa) Anlageaktien

Das Stimmrecht der Aktionäre einer InvAG der Umbrella-Konstruktion erstreckt sich grundsätzlich auf sämtliche Beschlussgegenstände der Hauptversammlung, da die Aktionäre vollwertige Verbandsmitglieder sind. Theoretisch ist vorstellbar, dass Gegenstände der Beschlussfassung ausschließlich Angelegenheiten einzelner TGV betreffen oder sich auf diese besonders stark auswirken. In diesen Fällen steht zu erwarten, dass die Aktionäre nicht betroffener TGV auf die Ausübung ihres Stimmrechts verzichten oder hiervon willkürlich oder im Drittinteresse Gebrauch machen. Vor diesem Hintergrund gestatten das luxemburgische und schweizerische Recht, das Stimmrecht der Aktionäre der SICAV auf die Angelegenheiten des jeweiligen TGV zu beschränken[1519].

Ob in der Praxis ein Bedürfnis für eine Beschränkung des Stimmrechts der Anlageaktionäre der InvAG besteht, kann bezweifelt werden[1520], weil diese Aktionäre typischerweise kein Stimmrecht haben und nicht zur Teilnahme an der Hauptversammlung berechtigt sind[1521]. Zudem sind die Aktionäre von den in der Hauptversammlung zu entscheidenden Angelegenheiten regelmäßig gleichermaßen betroffen (z.B. Bestellung der Aufsichtsratsmitglieder und des Abschlussprüfers[1522]). Maßnahmen, die ausschließlich einzelne TGV betreffen, sind der Hauptversammlung vielfach entzogen. Beispielsweise entscheidet nicht die Hauptversammlung, sondern der Vorstand der InvAG über die Ausgabe neuer Aktien, die Änderung der Anlagebedingungen und die Auflegung oder Auflösung von TGV oder Aktienklassen innerhalb eines TGV[1523]. Das InvG sieht lediglich für die Verschmelzung eines TGV eine Befassung der Hauptversammlung vor[1524]. Ein Bedürfnis, das Stimmrecht der Anlageaktionäre auf Angelegenheiten des „eigenen“ TGV zu beschränken, besteht somit nur in Ausnahmefällen, wenn die Anlageaktionäre stimmberechtigt sind und das InvG oder die Satzung in Angelegenheiten einzelner TGV Beschlusserfordernisse vorsieht.

1519 Vgl. IML, Circulaire 91/75, Kapitel J, Abschnitt III, S. 59 für die luxemburgische SICAV und Art. 62 Abs. 1 KAV für die schweizerische SICAV.

1520 Wegner, S. 176 f.; a.A. C. Fischer, S. 152.

1521 § 96 Abs. 1c Satz 2 InvG.

1522 § 99 Abs. 1 InvG i.V.m. §§ 119 Abs. 1 Nr. 1, 101 Abs. 1 AktG, § 110a Abs. 2 Satz 2 InvG.

1523 Siehe § 6 B. I. 2. und D.

1524 § 100 Abs. 5 Satz 2 InvG.

bb) Unternehmensaktien

Erst recht zweifelhaft ist, ob ein Bedürfnis für eine gegenständliche Beschränkung des Stimmrechts der Unternehmensaktionäre besteht. Einer solchen Beschränkung steht das Interesse der Unternehmensaktionäre am wirtschaftlichen Erfolg der von ihnen gegründeten InvAG entgegen. Dieses Interesse ist auch dann berührt, wenn in der Hauptversammlung über Angelegenheiten eines TGV zu entscheiden ist, an dem ausschließlich Anlageaktien teilnehmen[1525]. Zudem tragen die Unternehmensaktionäre nach der Vorstellung des Gesetzgebers für den Betrieb der InvAG eine besondere Verantwortung[1526], die auch durch die Beschränkung des Stimmrechts der Unternehmensaktionäre auf bestimmte Beschlussgegenstände der Hauptversammlung nicht aus den Angeln gehoben werden darf. Vielmehr ist die Entscheidung des Gesetzgebers, die Unternehmensaktien mit Stimmrechten auszustatten (vgl. § 96 Abs. 1b Satz 4 InvG), auch hinsichtlich des Umfangs der Stimmberechtigung als abschließend anzusehen.

b) Zulässigkeit der gegenständlichen Beschränkung des Stimmrechts

Sofern ein Bedürfnis für die Beschränkung des Stimmrechts der Anlageaktionäre auf Angelegenheiten des „eigenen" TGV besteht, stellt sich die Frage nach der rechtlichen Umsetzbarkeit. Gattungsstimmrechte, die die Aktionäre ausschließlich zur Abstimmung über Beschlussgegenstände der betreffenden Unternehmenssparte berechtigen, sind beispielsweise für U.S.-amerikanische Gesellschaften zulässig (*class voting*)[1527]. Allerdings sind entsprechende Gestaltungen für die AG nach h.M. nicht umsetzbar[1528]. Die Satzungsstrenge (§ 23 Abs. 5 AktG) stünde Gattungsstimmrechten entgegen, da das Stimmrecht nach §§ 12 Abs. 1, 139 AktG entweder „ganz oder gar nicht" ausgeschlossen werden könne[1529].

Für die InvAG findet § 23 Abs. 5 AktG indes nach § 99 Abs. 1 InvG keine Anwendung. Abweichungen von §§ 12 Abs. 1, 139 AktG sind daher zulässig, wenn die Bedürfnisse des Investmentgeschäfts eine Sonderregelung rechtfertigen und das InvG nicht entgegensteht. Die Besonderheiten der InvAG rechtfertigen eine Abweichung von den aktienrechtlichen Regeln. Während die Interes-

---

1525 Ähnlich Wegner, S. 176, der darauf hinweist, dass bei der Beschränkung des Stimmrechts auf Angelegenheiten des eigenen TGV die Notwendigkeit bestünde, für jedes TGV Unternehmensaktien auszugeben.

1526 Begr. RegE, BT-Drs. 16/5576, S. 84 li. Sp.

1527 Natusch, S. 28; Kuhn, S. 82 f.; Tonner, S. 116.

1528 Kuhn, S. 81; T. Bezzenberger, Vorzugsaktien, S. 88; Bader, S. 57 f.; Fuchs, ZGR 2003, 167, 190 m.w.N.; a.A. Sieger/Hasselbach, AG 2001, 391, 394 f.

1529 Hüffer, AktG, § 139 Rn. 13; T. Bezzenberger, Vorzugsaktien, S. 88; Bader, S. 58; Fuchs, ZGR 2003, 167, 190 m.w.N.; a.A. Sieger/Hasselbach, AG 2001, 391, 394 f.

sen der Aktionäre der AG auch in der Spartenorganisation eng miteinander verknüpft sind, da Verluste anderer Sparten die Gewinne der „eigenen" Sparte beschränken, haben die Anlageaktionäre der InvAG aufgrund der vermögens- und haftungsrechtlichen Trennung der TGV kein berechtigtes Interesse, über Angelegenheiten anderer TGV abzustimmen. Das InvG steht einer gegenständlichen Beschränkung des Stimmrechts der Anlageaktionäre nicht entgegen. § 34 Abs. 2a Satz 2 InvG betont vielmehr die Eigenständigkeit der TGV im Verhältnis der Aktionäre untereinander[1530]. Nach § 96 Abs. 1c Satz 2 InvG ist das Stimmrecht der Anlageaktionäre zudem von einer entsprechenden Satzungsbestimmung abhängig. Diese Vorschrift erlaubt als „Minus" zum vollständigen Stimmrechtsentzug auch eine Beschränkung des Stimmrechts auf bestimmte Beschlussgegenstände[1531]. Da das Stimmrecht der Unternehmensaktionäre anders als das der Anlageaktionäre nicht disponibel ist[1532], begegnet die Einschränkung des Stimmrechts der Anlageaktionäre auch unter dem Gesichtspunkt der Aktionärsgleichbehandlung keinen Bedenken.

2. Zulässigkeit der Abstimmung in „Teilgesellschaftsversammlungen"

Die Aktionäre der InvAG üben ihr Stimmrecht in der Hauptversammlung aus, die grundsätzlich allen Aktionären offensteht[1533]. Sofern Beschlussgegenstände auf der Tagesordnung stehen, für die nur Anlageaktionäre bestimmter TGV ein Stimmrecht besitzen, stellt sich die Frage, ob die Beschlussfassung unter Ausschluss der übrigen Anlageaktionäre erfolgen kann. Dies hätte den Vorteil, dass Mehrkosten, die für die Einberufung und Durchführung einer allen Aktionäre offen stehenden Hauptversammlung anfallen, eingespart werden könnten. In Luxemburg und der Schweiz sind solche „Teilgesellschaftsversammlungen" zulässig[1534].

Auch das AktG kennt Aktionärsversammlungen, die einem begrenzten Teilnehmerkreis offenstehen. Nach § 138 AktG ist die Abstimmung in einer gesonderten Versammlung zulässig, wenn das Gesetz oder die Satzung einen Sonder-

---

1530 § 34 Abs. 2a Satz 3 InvG kann keine Pflicht zur Beschränkung des Stimmrechts der Anlageaktionäre auf die Angelegenheiten des jeweiligen TGV entnommen werden, da diese Vorschrift trotz ihres Wortlauts ("Verwaltung") ausschließlich die Vermögensrechte der Aktionäre betrifft. Die gegenteilige Auslegung müsste sich entgegenhalten lassen, dass die Anteilinhaber des Sondervermögens keine Verwaltungsrechte haben und die Vorschrift in ihrer direkten Anwendung mithin keinen Sinn ergäbe.

1531 A.A. Wegner, S. 176; C. Fischer, S. 152 Fn. 339.

1532 Siehe § 5 C. II.

1533 Vgl. für die AG Brauer, AG 1993, 324, 328.

1534 Vgl. IML, Circulaire 91/75, Kapitel J, Abschnitt III, S. 59 für die luxemburgische SICAV und Art. 63 KKV für die schweizerische SICAV.

beschluss einer Aktionärsgruppe vorsehen[1535]. Aktionäre, die dieser Aktionärsgruppe nicht angehören, sind von der Teilnahme an der Versammlung ausgeschlossen[1536]. Diese Flexibilität muss der InvAG, für die die aktienrechtliche Satzungsstrenge keine Anwendung findet, erst recht eingeräumt werden. Durch Vorstandsbeschluss analog § 138 AktG[1537] oder Satzungsbestimmung kann daher festgelegt werden, dass über Beschlussgegenstände, die ausschließlich die Interessen einzelner TGV betreffen, im Rahmen gesonderter Versammlungen abgestimmt wird[1538].

VI. Auseinanderfallen von Stimmgewicht und Aktienwert

Der aktienrechtliche Grundsatz, dass jede Aktie in der Hauptversammlung eine Stimme gewährt, gilt auch für die InvAG[1539]. Die vom Wert der Aktie unabhängige Gewichtung des Stimmrechts könnte bei der als Umbrella-Konstruktion organisierten InvAG zu Konflikten führen. Sind auch die Anlageaktionäre mit Stimmrechten ausgestattet, könnte eine Situation entstehen, in der die Stimmenmehrheit in der Hauptversammlung auf ein TGV mit unterdurchschnittlicher Wertentwicklung entfällt.

Das Schweizer Recht sieht für die SICAV Maßnahmen zur Korrektur dieses Ungleichgewichts vor. Weicht der einem Teilvermögen zurechenbare Stimmanteil deutlich vom Anteil des Teilvermögens am Gesamtvermögen der SICAV ab, kann die Generalversammlung der SICAV mit Zustimmung der Aufsicht die Zerlegung (*split*) oder Zusammenlegung (*reverse split*) von Aktien beschließen[1540]. Die Aufsicht kann diese Maßnahmen auch eigenständig anordnen[1541].

Es stellt sich allerdings die Frage, ob die oben beschriebene Situation bei der InvAG tatsächlich korrekturbedürftig ist. Aus rechtlichen Gründen ist ein solches Bedürfnis nicht ersichtlich. Zwar geht das AktG davon aus, dass Stimmgewicht und Kapitalbeteiligung korrelieren[1542], da sich das Stimmgewicht der Aktionäre nach § 134 Abs. 1 Satz 1 AktG nach der Zahl bzw. dem Nennbetrag der Aktien im Verhältnis zur Gesamtzahl der Aktien bzw. dem Grundkapital der AG bemisst[1543]. Ob dem AktG darüber hinaus die Vorstellung zugrunde liegt, dass

---

1535 Z.B. §§ 141, 179 Abs. 3, 182 Abs. 2, 222 Abs. 2, 295 Abs. 2 AktG.

1536 Volhard, in: MünchKommAktG, § 138 Rn. 25.

1537 Volhard, in: MünchKommAktG, § 138 Rn. 20; Hüffer, AktG, § 138 Rn. 20.

1538 A.A. Wegner, S. 176 Fn. 404.

1539 § 99 Abs. 1 InvG i.V.m. § 134 Abs. 1 Satz 1 AktG.

1540 Art. 62 Abs. 2 KKV.

1541 Art. 62 Abs. 3 KKV.

1542 Begr. RegE BT-Drs. 13/9712, S. 20 re. Sp.; Wunsch, S. 50.

1543 Diese Regelung soll sicherstellen, dass das Stimmrecht der Beteiligung der Gesellschafter am Kapital und damit am unternehmerischen Risiko entspricht, Bader, S. 59 m.w.N.

alle stimmberechtigten Aktien zum selben Preis gehandelt werden[1544], ist zweifelhaft. Jedenfalls besteht keine gesetzliche Verpflichtung, einen Gleichlauf zwischen Stimmgewicht und Aktienwert herzustellen.

Ein Bedürfnis für einen solchen Gleichlauf könnte sich aus wirtschaftlichen Erwägungen ergeben. So könnte die Gefahr bestehen, dass Anleger von der Beteiligung an der InvAG absehen, wenn sie befürchten müssten, dass in der Hauptversammlung Entscheidungen gegen den Willen der wirtschaftlichen Aktionärsmehrheit getroffen werden[1545]. Zudem könnte die Gründung einer InvAG unattraktiv sein, wenn die Übernahme der InvAG durch den Erwerb „günstiger" Aktien befördert werden könnte[1546]. Diese Gesichtspunkte mögen in der Spartenorganisation der AG Anlass für Korrekturmaßnahmen sein. Die Interessenlage der InvAG stellt sich anders dar. Aufgrund der vermögens- und haftungsrechtlichen Trennung der TGV und der weitreichenden Vorstandskompetenzen sind Beschlüsse der Hauptversammlung, die sich für ein TGV begünstigend, für ein anderes aber belastend auswirken, praktisch nicht vorstellbar[1547]. Ein in der AG der Spartenorganisation möglicherweise denkbares Abstimmungsverhalten mit dem Ziel, die Aktionäre einer anderen Sparte faktisch finanziell „auszuhungern"[1548], ist bei der InvAG nicht vorstellbar. Für die Anlageaktionäre wäre es deshalb kaum hinnehmbar, wenn ihre Stimmrechte aufgrund einer wider Erwarten schlechten Performance ihres TGV nachträglich beschnitten würden. Auch die Gefahr einer Übernahme der InvAG durch den Aufkauf „günstiger" Aktien besteht nicht. Die InvAG ist als Zielobjekt einer Übernahme uninteressant[1549]. Zudem können die Gründer einer Übernahme der InvAG durch den Ausschluss der Stimmrechte der Anlageaktionäre begegnen. Es besteht somit auch kein wirtschaftliches Bedürfnis, das Stimmgewicht der Aktionäre an den relativen Wert ihrer Aktien anzugleichen. Überlegungen zur Herstellung eines Gleichlaufs erübrigen sich daher.

E. Die Rechtsstellung der Gläubiger

I. Die beschränkte Haftung der InvAG

Der Grundsatz der Haftungstrennung der TGV geht über die buchhalterische Zuordnung der Verbindlichkeiten der InvAG zu den einzelnen TGV hinaus. Für

1544 In diese Richtung Kuhn, S. 86.

1545 Vgl. zur Spartenorganisation der AG Fuchs, ZGR 2003, 167, 176 f., 192 ff.

1546 Vgl. zur Spartenorganisation der AG Tonner, S. 105; Kuhn, S. 86; Baums, in: FS Boujong, 1996, S. 19, 23; Fuchs, ZGR 2003, 167, 189 f.

1547 Siehe V. 1a) aa).

1548 Brauer, AG 1993, 324, 328.

1549 Siehe § 5 B. III.

die Teilfonds des Sondervermögens bestimmt § 34 Abs. 2a Satz 3 InvG, dass die Rechte der Gläubiger im Hinblick auf einen Teilfonds auf die Vermögensgegenstände des betreffenden Teilfonds beschränkt sind. Zudem haftet nach § 34 Abs. 2a Satz 4 InvG nur der betreffende Teilfonds für die auf diesen entfallenden Verbindlichkeiten. Aus der entsprechenden Anwendung dieser Vorschriften für die InvAG ergibt sich, dass die Haftung gegenüber den Gesellschaftsgläubigern auf einzelne TGV beschränkt sein kann[1550]. Die Voraussetzungen der Haftungsbeschränkung enthalten § 98 Abs. 1 Satz 2 und Abs. 2 InvG. Sofern die dort genannten Publizitätspflichten erfüllt sind, besteht die Haftungsbeschränkung kraft Gesetzes.

Bei der gesetzlichen Haftungsbeschränkung der InvAG handelt es sich um eine investmentrechtliche Besonderheit. Natürliche und juristische Personen haften grundsätzlich mit ihrem gesamten Vermögen für die durch sie begründeten Verbindlichkeiten und können Haftungsbeschränkungen nur individualvertraglich mit ihren Gläubigern vereinbaren[1551]. Diese Vereinbarung wird im Rahmen des InvG durch die besonderen Publizitätsanforderungen ersetzt[1552].

§ 98 Abs. 2 InvG beschreibt nicht nur die Voraussetzungen für die Haftungsbeschränkung, sondern bestimmt zugleich den Kreis der Gläubiger, denen gegenüber eine Haftungsbeschränkung bestehen kann. So verpflichtet § 98 Abs. 2 InvG die InvAG zur Publizität, wenn sie „im Rechtsverkehr lediglich für ein oder mehrere TGV“ tätig wird. Eine Haftungsbeschränkung kommt nach dem Wortlaut somit nur im Bereich rechtsgeschäftlichen Handelns in Betracht[1553]. In Anlehnung an die Grundsätze, die von der Rechtsprechung für das „Durchschlagen“ gesetzlicher Privilegierungen des Vertragsrechts auf die Deliktshaftung aufgestellt wurden[1554], sollte sich die Haftungsbeschränkung der InvAG auch auf Verbindlichkeiten erstrecken, die mit dem ursprünglichen, unter Einhaltung von § 98 Abs. 2 InvG abgeschlossenen Rechtsgeschäft im Zusammenhang stehen[1555]. Zudem kann eine Haftungsbeschränkung nur für Rechtsgeschäfte bestehen, die in Bezug auf bestimmte TGV abgeschlossen werden. Für Verbindlichkeiten aus sonstigen Rechtsgeschäften der InvAG kann die Haftung

---

1550 Vor der Konkretisierung der Vorschriften über TGV im Rahmen des InvÄndG war die Haftungsbeschränkung der InvAG zweifelhaft, vgl. Bödecker/Kuhn, in: Hdb. Investmentrecht, S. 421; C. Fischer, S. 109 ff.; Pütz/Schmies, in: Absolut Report 2004, Nr. 22, S. 46, 47 ff.

1551 BGHZ 142, 315, 319.

1552 A.A. Wegner, S. 113 f., der annimmt, die Haftungsbeschränkung beruhe auf individueller Vereinbarung mit der InvAG und § 98 Abs. 2 InvG für rechtspolitisch redundant hält.

1553 Hierauf weist auch Sachtleber, S. 128, hin.

1554 Vgl. BGHZ 93, 23, 27 f. = NJW 1985, 794, 796; Kramer, in: MünchKommBGB, § 241 Rn. 28 ff. m.w.N.

1555 Ähnlich Sachtleber, S. 128 f.

nur beschränkt werden, wenn offen gelegt wird, wie die Erwerbsgegenstände auf die einzelnen TGV verteilt werden[1556].

II. Gläubigerschutz durch Publizität

1. Rechtsformzusatz nach § 98 Abs. 1 InvG

Die Firma einer als Umbrellafonds strukturierten InvAG muss nach § 98 Abs. 1 Satz 2 InvG den Zusatz „mit TGV“ oder eine allgemein verständliche Abkürzung (z.B. InvAG TGV) enthalten. Die Vorschrift bezweckt wie ihre Vorbilder (vgl. §§ 4, 279 Abs. 1 AktG) den Schutz des Rechtsverkehrs durch die Publizität der Gesellschaftsverhältnisse[1557].

2. Offenlegungs- und Hinweispflicht nach § 98 Abs. 2 InvG

Die Haftungsbeschränkung setzt zudem nach § 98 Abs. 2 InvG voraus, dass die InvAG offen legt, dass sie nur für eines oder mehrere ihrer TGV tätig wird und auf die haftungsrechtliche Trennung der TGV hinweist.

a) Offenlegungspflicht

Die Offenlegungspflicht informiert den Gläubiger darüber, welches TGV ihm als Haftungsmasse dient und ermöglicht ihm, sich auf informierter Grundlage für oder gegen den Vertragsschluss zu entscheiden. Die begriffliche Unterscheidung zwischen „Offenlegung“ und „Hinweis“ in § 98 Abs. 2 InvG deutet darauf hin, dass die Offenlegungspflicht auch ohne ausdrückliche Erklärung erfüllt werden kann. In Anlehnung an die Grundsätze des unternehmensbezogenen Geschäfts[1558] sollte es genügen, wenn die Umstände darauf schließen lassen, dass das Rechtsgeschäft für Rechnung eines bestimmten TGV abgeschlossen werden soll. Unterbleibt die Offenlegung, haftet die InvAG mit ihrem ungeteilten Vermögen[1559].

b) Hinweispflicht

Der Hinweis auf die haftungsrechtliche Trennung der TGV informiert die Gläubiger über die Folgen eines Geschäftsabschlusses mit der für Rechnung eines bestimmten TGV handelnden InvAG. Der Hinweis muss grundsätzlich aus-

---

1556 Wallach, Der Konzern 2007, 487, 492 lässt diese Frage im Ergebnis offen. A.A. Sachtleber, S. 127: anteilige beschränkte Haftung aller TGV.

1557 Begr. RegE, BT-Drs. 16/5576, S. 86 re. Sp.

1558 BGH NJW-RR 1997, 527, 528 m.w.N.; Schramm, in: MünchKommBGB, § 164 Rn. 23.

1559 Zutreffend Sachtleber, S. 130; Einsele, AG 2011, 141, 151.

drücklich erfolgen[1560]. Unterbleibt er, haftet die InvAG mit ihrem gesamten Vermögen[1561]. Die Hinweispflicht, die vor dem Hintergrund der geringen Bekanntheit der InvAG mit TGV eingeführt wurde[1562], belastet die Geschäftsabwicklung, da Erwerbs- und Veräußerungsgeschäfte nicht notwendig schriftlich abgeschlossen werden[1563], weshalb ein Hinweis in standardisierter Form nicht immer praktikabel ist. Sie ist zudem rechtspolitisch zweifelhaft, da die Geschäftspartner der InvAG bereits durch den Rechtsformzusatz nach § 98 Abs. 1 Satz 2 InvG auf die besondere Haftungsverfassung aufmerksam gemacht werden. Zudem sind die Geschäftspartner der InvAG zumeist branchenkundige Fachleute, von denen erwartet werden kann, dass sie die Besonderheiten dieser Rechtsform kennen. Die Hinweispflicht sollte daher in absehbarer Zeit einer Überprüfung unterzogen und, sofern die Umbrella-Konstruktion in Wissenschaft und Praxis hinreichende Aufmerksamkeit erfahren hat, abgeschafft werden.

III. Gläubigerschutz durch Kapitalschutz?

Die Gläubiger, für deren Forderungen die InvAG beschränkt haftet, werden ausschließlich durch die Publizitätspflichten nach § 98 Abs. 1 Satz 2 und Abs. 2 InvG geschützt. Das InvG verlangt kein Mindestkapital oder -vermögen der einzelnen TGV. Der Vorschlag, die Schwellenwerte in Höhe von 300.000 und 1,25 Mio. Euro auf die einzelnen TGV zu erstrecken, wurde im Gesetzgebungsverfahren zum InvÄndG diskutiert[1564], aber mit der Begründung, dass für die Teilfonds eines Sondervermögens keine vergleichbaren Anforderungen gelten, verworfen[1565].

Fraglich ist, ob ein Kapitalschutz im Interesse der Gläubiger der InvAG mit TGV tatsächlich entbehrlich ist[1566]. Dies könnte bezweifelt werden, weil die rechtliche Situation dieser Gläubiger entgegen der Annahme des Gesetzgebers

---

1560 Ein ausdrücklicher Hinweis könnte in Anlehnung an § 305 Abs. 2 Nr. 1 BGB verzichtbar sein, wenn er wegen der Art des Vertragsschlusses nur unter unverhältnismäßigen Schwierigkeiten möglich wäre, vgl. Basedow, in: MünchKommBGB, § 305 Rn. 54.

1561 Unklar ist, ob dies auch dann gilt, wenn dem Gläubiger die Haftungsbeschränkung der InvAG bekannt war, z.B. aufgrund früherer Geschäfte.

1562 Begr. RegE, BT-Drs. 16/5576, S. 86 re. Sp.

1563 Wegner, S. 114.

1564 § 100 Abs. 6 InvG i.d.F. des RegE zum InvÄndG vom 27.4.2007 lautete: „Die InvAG hat der Bundesanstalt, den Unternehmensaktionären sowie den Anlageaktionären des betreffenden TGV das Absinken des Wertes eines TGV unter den Betrag von 1,25 Millionen Euro sowie unter den Betrag von 300.000 Euro unverzüglich anzuzeigen. § 96 Abs. 6 S. 3 gilt entsprechend."

1565 Beschlussempfehlung und Bericht des Finanzausschusses vom 25.10.2007, BR-Drs. 16/6874, S. 119 li. Sp.

1566 Dies verneinen Sachtleber, S. 124; Einsele, AG 2011, 141, 151 f.

nicht mit den Gläubigern der KAG vergleichbar ist. Gläubigern der KAG steht in erster Linie das durch eine Ausschüttungssperre gesicherte Gesellschaftsvermögen als Haftungsmasse zur Verfügung[1567]. Die Gläubiger der InvAG können nicht auf eine vergleichbare Haftungsmasse zurückgreifen. Das Verbot der Einlagenrückgewähr findet für die InvAG keine Anwendung[1568]. Der Schwellenwert in Höhe von 1,25 Mio. Euro, der Ausschüttungen der InvAG faktisch begrenzt[1569], bezieht sich auf das Gesellschaftsvermögen insgesamt und bietet Gläubigern, deren Forderungen auf ein TGV begrenzt sind, deshalb jedenfalls dann keinen Schutz, wenn der Wert der übrigen TGV diesen Betrag erreicht oder überschreitet. Auf der anderen Seite entscheiden sich die Gläubiger auf informierter Grundlage für die InvAG als beschränkt haftende Vertragspartnerin. Zudem sind die Vertragsgläubiger der InvAG typischerweise in der Lage, ihre Interessen selbst zu schützen, etwa durch das Einholen von Informationen über den aktuellen Vermögensstand oder die bisherige Entwicklung des betreffenden TGV[1570]. Mit den besonders schützenswerten „unfreiwilligen" Gläubigern (z.B. geschädigten Anlegern) besteht die Rechtsbeziehung regelmäßig kraft Gesetzes, so dass die InvAG zwingend unbeschränkt haftet. Im Ergebnis besteht für einen gesetzlichen Kapitalschutz auf der Ebene der einzelnen TGV kein Bedürfnis.

F. Zusammenfassung

1. Die InvAG kann nach § 99 Abs. 3 Satz 1 i.V.m. § 34 Abs. 2 Satz 1 InvG TGV bilden. Die Umbrella-Konstruktion ist für die Praxis von besonderer Bedeutung, da der InvAG andere Möglichkeiten zur Bildung separater Vermögenseinheiten nicht zur Verfügung stehen und die Anlageaktionäre durch die Bildung eines Betriebs-TGV von den operativen Risiken der Gesellschaft abgeschirmt werden können.
2. Kennzeichen der Umbrella-Konstruktion ist die vermögens- und haftungsrechtliche Trennung der TGV (horizontale Vermögenssonderung). Eine vertikale Vermögenstrennung, wie sie aufgrund der Trennung des Eigenvermögens der KAG vom Sondervermögen besteht, existiert für die InvAG nicht. Eine dingliche Surrogation analog § 30 Abs. 2 InvG findet nicht statt.
3. Verbindlichkeiten aus Rechtsgeschäften, die einzelnen TGV konkret zugeordnet werden können, werden aus dem jeweiligen TGV beglichen. Für sonstige Verbindlichkeiten sollte die Satzung die gleichmäßige Belastung des

1567 § 31 Abs. 2 Satz 1 InvG; § 30 Abs. 1 Satz 1 GmbHG bzw. § 57 Abs. 1 Satz 1 AktG.
1568 Siehe § 8 C. II. 2a).
1569 Siehe § 8 C. II. 2b).
1570 Siehe § 7 B. II.

Wertes aller Aktien vorsehen. Im Falle der Vermögenslosigkeit eines TGV ist der Ausfallbetrag grundsätzlich aus allen übrigen TGV zu begleichen.

4. Die Vermögensrechte der Aktionäre einer InvAG der Umbrella-Konstruktion sind auf die jeweiligen TGV beschränkt. Verluste anderer TGV schmälern die Gewinne der Aktionäre eines TGV grundsätzlich nicht. Die Verwaltungsrechte der Aktionäre beziehen sich auf die InvAG insgesamt. Die Satzung kann das Stimmrecht der Anlageaktionäre aber auf die Angelegenheiten der jeweiligen TGV beschränken. Über diese Angelegenheiten kann in einer gesonderten Versammlung abgestimmt werden. Die Stimm- und Teilnahmerechte der Unternehmensaktionäre können nicht beschränkt werden. Es besteht kein Bedürfnis für die Angleichung des Stimmgewichts der Aktionäre an den relativen Wert ihrer Aktien.
5. Die als Umbrella-Konstruktion ausgestaltete InvAG kann ihre Haftung gegenüber ihren Vertragspartnern unter den Voraussetzungen von § 98 Abs. 2 InvG auf einzelne TGV beschränken. Die Pflicht der InvAG zum Hinweis auf ihre besondere Haftungsverfassung sollte in absehbarer Zeit einer Prüfung unterzogen und ggf. abgeschafft werden. Die gesetzlichen Publizitätsanforderungen gewährleisten einen angemessenen Gläubigerschutz, weshalb für einen Kapitalschutz auf der Ebene der einzelnen TGV kein Bedürfnis besteht.

4. Abschnitt: Die fremdverwaltete InvAG

§ 14 Grundlagen der fremdverwalteten InvAG

A. Einleitung

Art. 29 Abs. 1 OGAW-RL gestattet die Fremdverwaltung von Investmentgesellschaften. Nach der in der Praxis gebräuchlichen Diktion werden Investmentgesellschaften, die eine Verwaltungsgesellschaft benennen, „fremdverwaltet". Investmentgesellschaften, die von dieser Option keinen Gebrauch machen, sind „selbstverwaltend" tätig[1571]. Heute haben zahlreiche EU-Mitgliedstaaten das Konzept der Fremdverwaltung implementiert[1572]. Beispielweise hat Luxemburg die Richtlinienvorgaben bereits im Jahre 2002 umgesetzt[1573]. Seither ist die Fremdverwaltung der SICAV in der dortigen Praxis die Regel[1574]. Der deutsche Gesetzgeber hat sich dieser Entwicklung erst spät angeschlossen und die fremdverwaltete InvAG im Zuge des InvÄndG vom 21. Dezember 2007 eingeführt.

Der folgende Abschnitt behandelt zunächst die Vorgaben der OGAW-RL für die Fremdverwaltung und würdigt deren Umsetzung im InvG (B.). Anschließend werden die Anforderungen an die Benennung einer Verwaltungsgesellschaft untersucht (C.). Die Ergebnisse werden abschließend zusammengefasst (D.).

B. Die Einführung der fremdverwalteten InvAG

I. Die Vorgaben der OGAW-RL

Der OGAW-RL lag ursprünglich ein rein produktbezogener Ansatz zugrunde. Die OGAW-RL regelte in erster Linie die Zulassung, die Beaufsichtigung, die Struktur und die Anlagepolitik von OGAW sowie die Anlegerinformationen. Für Verwaltungs- und Investmentgesellschaften enthielt die OGAW-RL nur rudimentäre Regelungen betreffend das Mindestkapital und die Verwahrstelle. Gleichwertige Bedingungen für den Marktzugang und die Ausübung des Investmentgeschäfts wurden hierdurch nicht geschaffen. Dieses Regelungsdefizit

---

1571 Vgl. Gemeinsamer Standpunkt (EG) Nr. 23/2001 vom 5.6.2001, ABl. C 297 vom 23.10.2001, S. 10, 33: „sich selbst verwaltende Investmentgesellschaften" bzw. „*self-managed investment company*" (englische Fassung).

1572 C. Fischer/Steck, in: B/S/L, § 96 InvG Rn. 31.

1573 Art. 27 loi du 17 décembre 2010 concernant les organismes de placement collectif.

1574 Zum 31.12.2008 existierten in Luxemburg 1443 SICAV, von denen 198 selbstverwaltende SICAV (*société d'investissement autogérées*) waren, vgl. CSSF, Rapport d'Activités 2008, Chapitre II, S. 54, 81.

wurde mit der RL 2001/107/EG beseitigt. Die Richtlinie stellt detaillierte Vorgaben für die Aufnahme und Ausübung der Geschäftstätigkeit von Verwaltungsgesellschaften auf. Zur Vermeidung einer Wettbewerbsverzerrung wurden entsprechende Bestimmungen für Investmentgesellschaften geschaffen[1575]. Dabei wurde erstmals danach differenziert, ob die Investmentgesellschaft eine Verwaltungsgesellschaft benannt hat oder nicht.

1. Investmentgesellschaften, die keine Verwaltungsgesellschaft benannt haben

Investmentgesellschaften, die „keine gemäß dieser Richtlinie zugelassene Verwaltungsgesellschaft benannt" haben, sind nicht nur Investmentprodukt (OGAW), sondern zugleich auch verwaltende Gesellschaft. Folgerichtig unterliegen sie weitgehend den für Verwaltungsgesellschaften geltenden Regeln[1576]. So benötigen selbstverwaltende Investmentgesellschaften für die Aufnahme ihrer Geschäftstätigkeit die Zulassung der Behörden des Herkunftsmitgliedstaates[1577], die insbesondere die Ausstattung der Gesellschaft mit einem Mindestanfangskapital in Höhe von 300.000 Euro[1578] und die Bestellung von mindestens zwei „ausreichend gut beleumundeten" und fachlich qualifizierten Geschäftsleitern voraussetzt[1579]. Dem Zulassungsantrag muss ein Geschäftsplan beigefügt werden, aus dem der organisatorische Aufbau der Investmentgesellschaft hervorgeht[1580]. Unterhält die Investmentgesellschaft enge Verbindungen zu natürlichen oder juristischen Personen, darf die Zulassung nicht erteilt werden, wenn hierdurch oder durch Rechts- und Verwaltungsvorschriften eines Drittlandes, denen eine dieser Personen untersteht, oder durch Schwierigkeiten bei ihrer Anwendung, die Aufsicht der zuständigen Behörden behindert würde[1581]. Die Mitgliedstaaten müssen Aufsichtsregeln erlassen, die die Gesellschaft insbesondere zur ordnungsgemäßen Verwaltung und Buchhaltung, zu Kontroll- und Sicherheitsvorkehrungen in Bezug auf die elektronische Datenverarbeitung sowie zu angemessenen internen Kontrollverfahren verpflichten[1582]. Die mitgliedstaatlichen Wohlverhaltensregeln müssen insbesondere gewährleisten, dass die Investmentgesellschaft bei der Ausübung ihrer Tätigkeit „recht und billig im bes-

---

1575 Gemeinsamer Standpunkt (EG) Nr. 23/2001 vom 5.6.2001, ABl. C 297 vom 23.10.2001, S. 10, 32.

1576 Gemeinsamer Standpunkt (EG) Nr. 23/2001 vom 5.6.2001, ABl. C 297 vom 23.10.2001, S. 10, 33: Die Vorschriften für Investmentgesellschaften sind analog zu den Vorschriften für Verwaltungsgesellschaften aufgebaut.

1577 Art. 27 Satz 1 OGAW-RL.

1578 Art. 29 Abs. 1 Satz 1 2. Alt. OGAW-RL.

1579 Art. 29 Abs. 1 Satz 2 lit. b OGAW-RL.

1580 Art. 29 Abs. 1 Satz 2 lit. a OGAW-RL.

1581 Art. 29 Abs. 1 Satz 2 lit. c und Satz 3 OGAW-RL.

1582 Art. 31 OGAW-RL.

ten Interesse" des von ihr verwalteten OGAW und der Integrität des Marktes handelt[1583].

2. Investmentgesellschaften, die eine Verwaltungsgesellschaft benannt haben

Mit der Zulassung der Fremdverwaltung von Investmentgesellschaften wurde einer in vielen Mitgliedstaaten bestehenden Praxis Rechnung getragen[1584]. Die Regulierung der fremdverwalteten Investmentgesellschaft ist im Wesentlichen auf die Produktebene beschränkt. Es gelten insbesondere die allgemeinen Regelungen für die Zulassung von OGAW[1585], deren Anlagepolitik[1586] und die Anlegerinformationen[1587]. Dagegen sieht die OGAW-RL für die fremdverwaltete Investmentgesellschaft in ihrer Eigenschaft als Fondsvehikel lediglich ein Zulassungserfordernis vor[1588], das weder an ein Mindestanfangskapital noch an das Vorhandensein von zwei qualifizierten Geschäftsleitern gebunden ist. Der Kapitalbedarf der Investmentgesellschaft soll in diesem Fall durch die zusätzlichen Eigenmittel der Verwaltungsgesellschaft gedeckt werden, die ab einem Gesamtwert des verwalteten Portfolios von 250 Mio. Euro vorgehalten werden müssen[1589]. Auch die laufende Aufsicht über die fremdverwaltete Investmentgesellschaft erfolgt nach dem Konzept der OGAW-RL mittelbar über die Beaufsichtigung der Verwaltungsgesellschaft[1590]. Die Verwaltungsgesellschaft tritt damit als „Surrogat der aufsichtsrechtlichen Freistellung" an die Stelle der verwalteten Investmentgesellschaft[1591].

II. Vorteile der fremdverwalteten Investmentgesellschaft nach dem Konzept der OGAW-RL

Die Vorteile der Fremdverwaltung ergeben sich daraus, dass die fremdverwaltete Investmentgesellschaft von der OGAW-RL nur als Investmentprodukt reguliert ist und anders als die selbstverwaltende Investmentgesellschaft nicht zu-

1583 Art. 30 Satz 1 und 2 i.V.m. Art. 14 Abs. 1 Satz 3 lit. a OGAW-RL.
1584 Fragos, S. 49.
1585 Art. 5 OGAW-RL.
1586 Art. 49 ff. OGAW-RL.
1587 Art. 68 ff. OGAW-RL.
1588 Art. 27 Satz 1 OGAW-RL.
1589 Erwägungsgrund 25 OGAW-RL; Gemeinsamer Standpunkt (EG) Nr. 23/2001 vom 5.6.2001, ABl. C 297 vom 23.10.2001, S. 10, 33. Die zusätzlichen Eigenmittel der Verwaltungsgesellschaft entsprechen 0,02 Prozent des Betrages, um den der Wert des Portfolios 250 Mio. Euro überschreitet, vgl. Art. 7 Abs. 1 lit. a i OGAW-RL.
1590 Erwägungsgrund 26 OGAW-RL; Gemeinsamer Standpunkt (EG) Nr. 23/2001 vom 5.6.2001, ABl. C 297 vom 23.10.2001, S. 10, 33.
1591 Fragos, S. 50 Fn. 153.

gleich als Fondsvehikel der Investmentaufsicht unterliegt[1592]. Das Zulassungsverfahren kann deshalb in kürzerer Zeit und mit weniger Aufwand durchlaufen werden. Da die für das Investmentgeschäft erforderlichen Mittel von der Verwaltungsgesellschaft vorgehalten werden, kann die fremdverwaltete Investmentgesellschaft mit einer schlanken personellen und sachlichen Infrastruktur ausgestattet werden[1593]. Für Verwaltungsgesellschaften bietet die Fremdverwaltung die Möglichkeit, die kollektive Vermögensverwaltung auch in Bezug auf OGAW der Satzungsform anzubieten. Da die OGAW-RL für die Verwaltung von OGAW einheitliche Bedingungen vorsieht, die unabhängig von der Organisationsform des jeweiligen OGAW gelten, ermöglicht die Einführung der fremdverwalteten Investmentgesellschaft zudem eine weitgehende Gleichstellung von Vertrags- und Satzungsform.

III. Die Umsetzung der OGAW-RL

1. Rechtslage nach dem InvModG

Das InvModG sah keine Option zur Fremdverwaltung der InvAG vor, weshalb die InvAG zwingend als selbstverwaltende InvAG ausgestaltet war[1594]. Allerdings wurden auch die Vorgaben der OGAW-RL für selbstverwaltende Investmentgesellschaften in den §§ 96 ff. InvG nicht konsequent umgesetzt[1595]. Der Gesetzgeber bediente sich stattdessen eines komplexen Verweisungsmechanismus, zu dem insbesondere ein Verweis auf die Vorschriften des KWG über Finanzdienstleistungsinstitute gehörte (§ 99 Abs. 2 Satz 1 InvG a.F.). Aus diesem Verweis folgten etwa die Pflicht zur Vorlage eines Geschäftsplans[1596], die Erlaubnisversagung aufgrund enger Verbindungen zwischen der InvAG und anderen natürlichen oder juristischen Personen[1597] sowie die Pflicht der InvAG zur Einrichtung einer umfassenden Compliance-Organisation[1598]. Wenngleich der Rechtsrahmen der InvAG in der Gesamtbetrachtung nicht hinter den Vorgaben der OGAW-RL zurückblieb[1599], standen die Rechtsunsicherheiten, die sich aus

1592 Vgl. Engert, Der Konzern 2007, 477, 484.
1593 Wallach, Der Konzern 2007, 487, 494.
1594 Einschränkend C. Fischer, S. 16: grundsätzlich.
1595 Die richtlinienkonforme Ausgestaltung der InvAG stand zum damaligen Zeitpunkt nicht auf der Agenda des Gesetzgebers, vgl. Begr. RegE, BT-Drs. 15/1553, S. 104 li. Sp.
1596 § 99 Abs. 2 Satz 1 InvG a.F. i.V.m. § 32 Abs. 1 Satz 2 Nr. 5 KWG.
1597 § 99 Abs. 2 Satz 1 InvG a.F. i.V.m. § 33 Abs. 3 Satz 2 Nr. 1 und 2 KWG.
1598 § 99 Abs. 2 Satz 1 InvG a.F. i.V.m. §§ 33 Abs. 1 Satz 1 Nr. 7, 25a Abs. 1 KWG a.F. und § 99 Abs. 3 i.V.m. § 9 Abs. 3 InvG a.F. Abweichend C. Fischer, S. 19 f., der die Umsetzung von Art. 31 OGAW-RL in den Rechnungslegungspflichten der InvAG gemäß §§ 110 f. InvG a.F., den Buchführungspflichten des § 238 HGB und den aktienrechtlichen Vorstandspflichten des § 99 Abs. 1 InvG a.F. i.V.m. § 91 AktG sowie dem DCGK sieht.
1599 C. Fischer, S. 9 ff.; Fragos, S. 195 Fn. 590.

der Verweisungstechnik ergaben, dem grenzüberschreitenden Vertrieb der Aktien unter dem Europäischen Pass im Wege[1600].

2. Richtlinienkonforme Ausgestaltung der selbstverwaltenden InvAG

Anlässlich des InvÄndG wurden die Vorschriften über die InvAG grundlegend überarbeitet. Um die InvAG richtlinienkonform auszugestalten, wurden die Vorgaben der OGAW-RL für selbstverwaltende Investmentgesellschaften weitgehend „eins zu eins“ in den §§ 96 ff. InvG umgesetzt und der Verweis auf das KWG gestrichen[1601].

3. Einführung der fremdverwalteten InvAG

Wenngleich das Ziel des Gesetzgebers, eine richtlinienkonforme InvAG einzuführen, mit der Umsetzung der Vorgaben der OGAW-RL für selbstverwaltende Investmentgesellschaften eigentlich erreicht war, wurde darüber hinaus in § 96 Abs. 4 InvG die Möglichkeit zur Fremdverwaltung der InvAG geschaffen. Die fremdverwaltete InvAG ist der selbstverwaltenden InvAG in regulatorischer Hinsicht weitgehend gleichgestellt. Insbesondere muss die fremdverwaltete InvAG ein Anfangskapital in Höhe von mindestens 300.000 Euro und zwei persönlich und fachlich geeignete Geschäftsleiter haben[1602]. Die Wohlverhaltensregeln, die nach der OGAW-RL nur für selbstverwaltende Investmentgesellschaften gelten[1603], finden nach § 106 Satz 2 InvG im Grundsatz auch für die Vorstandsmitglieder der fremdverwalteten InvAG Anwendung[1604]. Eine Deregulierung erfolgt aber insofern, als die fremdverwaltete InvAG von der Pflicht zur Einrichtung und Aufrechterhaltung einer umfassenden, investmentspezifischen Geschäftsorganisation befreit ist[1605]. Die Gesellschaft ist folgerichtig auch nicht verpflichtet, bei der BaFin einen Geschäftsplan einzureichen[1606]. Anders als im Falle der selbstverwaltenden InvAG enthält das InvG keine Verpflichtung der BaFin, die Erlaubniserteilung zu versagen, wenn die fremdverwaltete InvAG enge Verbindungen unterhält, die die BaFin bei der Erfüllung ihrer Aufsichts-

---

1600 Vgl. Wallach, Der Konzern 2007, 487, 489.
1601 Begr. RegE, BT-Drs. 16/5576, S. 50 re. Sp., 83 li. Sp.; Roegele/Görke, BKR 2007, 393, 399.
1602 §§ 106 Satz 1, 97 Abs. 1 Satz 3 Nr. 1 und 3 InvG.
1603 Art. 30 Satz 1 und 2 i.V.m. Art. 14 Abs. 1 OGAW-RL.
1604 Siehe § 6 B. III. 2.
1605 § 99a i.V.m. § 9a Abs. 1 InvG argumentum e contrario.
1606 § 97 Abs. 1a Nr. 1 InvG argumentum e contrario.

funktionen behindern könnten[1607]. Dennoch dürfte das Ermessen der BaFin[1608] in einem solchen Fall in der Regel auf null reduziert sein.

4. Das Problem der „Doppelregulierung“

Wie unter 3. ausgeführt, hat der Gesetzgeber den von der OGAW-RL eröffneten Spielraum zur Deregulierung der fremdverwalteten InvAG nur zum Teil genutzt. Die Anforderungen an die fremdverwaltete InvAG bleiben kaum hinter den für die selbstverwaltende InvAG geltenden Bestimmungen zurück. Der Umsetzungsüberschuss ist mit der OGAW-RL vereinbar, die insofern nur eine Mindestharmonisierung vorgibt[1609]. Es stellt sich aber die Frage, ob die „Doppelregulierung“, die dadurch entsteht, dass die als Verwaltungsgesellschaft benannte Gesellschaft regelmäßig vergleichbaren Anforderungen unterliegt, dem Ziel des Gesetzgebers, die InvAG als praxistaugliches und wettbewerbsfähiges Investmentvehikel auszugestalten, gerecht wird.

a) Mindestanfangskapital in Höhe von 300.000 Euro

Das Anfangskapital in Höhe von mindestens 300.000 Euro, zu dessen Aufbringung die fremdverwaltete InvAG nach §§ 96 Abs. 5 Satz 1, 97 Abs. 1 Satz 3 Nr. 1 InvG verpflichtet ist, könnte die Wettbewerbsfähigkeit der InvAG behindern. Die luxemburgische SICAV, die eine Verwaltungsgesellschaft benennt, kommt beispielsweise ohne ein Anfangskapital in dieser Höhe aus[1610]. Die schweizerische SICAV muss nur die Hälfte der Mindesteinlage leisten, wenn sie eine externe Fondsleitung mit der Administration beauftragt[1611]. Der hohe finanzielle Aufwand für die Gründung einer fremdverwalteten InvAG könnte zudem der Funktion der InvAG als Alternative zum Sondervermögen entgegenstehen. Für das rechtlich unselbständige Sondervermögen besteht kein Kapitalerfordernis. Hierfür besteht auch kein Bedürfnis, weil die verwaltende KAG nach § 11 InvG mit einem Anfangskapital und weiteren Eigenmitteln ausgestattet sein muss.

Der Gesetzgeber begründet das Anfangskapitalerfordernis der fremdverwalteten InvAG damit, dass auch diese Gesellschaft qua Rechtsform über ein Mindestkapital verfügen müsse[1612]. Diese Begründung kann in Anbetracht des ak-

1607 Vgl. § 97 Abs. 1a Nr. 2 und 3 InvG für die selbstverwaltende InvAG. Zum Begriff der engen Verbindung vgl. § 2 Abs. 19 InvG i.V.m. § 1 Abs. 10 KWG definiert.
1608 Vgl. Wallach, Der Konzern 2007, 487, 497.
1609 Erwägungsgrund 15 OGAW-RL.
1610 Art. 27 Abs. 1 Satz 1 loi du 17 décembre 2010 concernant les organismes de placement collectif; Kremer/Lebbe, Rn. 696.
1611 Art. 37 Abs. 2 und 3 KAG; Art. 54 Abs. 1 und 2 KKV.
1612 Begr. RegE, BT-Drs. 16/5576, S. 86 li. Sp.

tienrechtlichen Mindestkapitals von nur 50.000 Euro (§ 7 AktG) nicht überzeugen. Auch der Zweck des Anfangskapitals, eine reibungslose Betriebsaufnahme zu gewährleisten[1613], verfängt nicht. Die fremdverwaltete InvAG benötigt kein nennenswertes Startkapital, da die für den Betrieb erforderliche Infrastruktur von der Verwaltungsgesellschaft vorgehalten wird.

Das Anfangskapital der fremdverwalteten InvAG bildet auch nicht etwa den Ausgleich für eine vom Gesetzgeber bewusst vorgenommene Eigenmittelentlastung der KAG. Eine solche Rechtfertigung hätte sich vor dem OGAW-IV-UmsG daraus ergeben können, dass das Vermögen der fremdverwalteten InvAG bei der Ermittlung des Eigenmittelbedarfs der KAG nach § 11 Abs. 2 InvG i.d.F. des InvÄndG keine Berücksichtigung fand[1614]. Dies widersprach der OGAW-RL, die davon ausgeht, dass der Kapitalbedarf der fremdverwalteten Investmentgesellschaft von der benannten Verwaltungsgesellschaft gedeckt wird[1615]. Vor diesem Hintergrund wurde teilweise argumentiert, dass das über die OGAW-RL hinausgehende Anfangskapital der fremdverwalteten InvAG als Ausgleich für die geringeren Eigenmittel der KAG diene[1616]. Gegen dieses Verständnis sprach jedoch, dass das bei der Ermittlung der Eigenmittel zu berücksichtigende Vermögen in § 11 Abs. 2 InvG a.F. sowohl in positiver als auch in negativer Hinsicht festlegt war, so dass die fremdverwaltete InvAG in dieser Vorschrift in jedem Fall hätte Erwähnung finden müssen. Zudem sprach die Absicht des Gesetzgebers, die KAG richtlinienkonform auszugestalten[1617], gegen ein bewusstes Abweichen von der OGAW-RL. Dass es sich vielmehr um ein Versehen des Gesetzgebers handelte, bestätigt schließlich das OGAW-IV-UmsG, in dessen Rahmen in § 11 Abs. 2 InvG klargestellt wurde, dass bei der Eigenmittelberechnung die von der KAG verwalteten Investmentvermögen und damit auch das Vermögen der fremdverwalteten InvAG zu berücksichtigen sind[1618].

Da das Mindestanfangskapital der fremdverwalteten InvAG in Höhe von 300.000 Euro somit weder aus aktienrechtlichen Gründen geboten noch Ausdruck einer bewussten Eigenmittelentlastung der KAG ist, sollte de lege ferenda auf ein über § 7 AktG hinausgehendes Kapital verzichtet werden. Es ist daher zu

1613 Siehe § 8 C. I. 2a).

1614 Insbesondere konnte die fremdverwaltende InvAG nicht unter die „Investmentvermögen, die die KAG im Auftrag Dritter verwaltet" im Sinne von § 11 Abs. 2 letzter Hs. InvG a.F. subsumiert werden. Dieser Begriff bezieht sich auf die von der KAG nach § 16 InvG verwalteten Investmentvermögen.

1615 Siehe B. I. 2.

1616 So K. Steck/Gringel, in: B/S/L, § 11 InvG Rn. 14.

1617 Begr. RegE, BT-Drucks. 15/1553, S. 75 re. Sp.

1618 Die InvAG ist ein Investmentvermögen im Sinne von § 1 Satz 1 Nr. 1 InvG.

begrüßen, dass der Diskussionsentwurf des AIFM-UmsG vom 20. Juli 2012 für die fremdverwaltete InvAG kein Anfangskapitalerfordernis mehr vorsieht[1619].

b) Anforderungen an die Geschäftsleiter

Die fremdverwaltete InvAG muss nach §§ 97 Abs. 1 Satz 3 Nr. 3, 106 Satz 1 InvG mindestens zwei zuverlässige und zur Leitung der Gesellschaft geeignete Vorstandsmitglieder haben. Das InvG geht auch insofern über die OGAW-RL hinaus, die diese Vorgabe auf die selbstverwaltende Investmentgesellschaft beschränkt[1620]. Der Umsetzungsüberschuss könnte die Gründung einer fremdverwalteten InvAG unnötig erschweren, da die KAG, die selbst zwei persönlich und fachlich geeignete Geschäftsleiter haben muss[1621], zwei weitere Geschäftsleiter mit diesen Qualifikationen einsetzen muss, wenn sie eine InvAG in der Absicht deren späterer Fremdverwaltung gründet[1622]. Zudem werden die investmentspezifischen Leistungen in diesem Fall von der Verwaltungsgesellschaft erbracht, so dass auf eine besondere Qualifikation der Geschäftsleiter der InvAG verzichtet werden könnte.

Der Gesetzgeber rechtfertigt auch diese Doppelregulierung mit der aktienrechtlichen Verfassung der InvAG[1623]. Diese Begründung kann auf den ersten Blick nicht überzeugen, da das AktG den Einzelvorstand zulässt und keine dem InvG entsprechenden Anforderungen an die Eignung der Vorstandsmitglieder stellt[1624]. Es ist aber anerkannt, dass der Aufsichtsrat bei der Festlegung der Zahl und der Auswahl der zu bestellenden Personen keine völlig freie Hand hat. Vielmehr bestimmen sich Zahl und Qualifikation der Vorstandsmitglieder nach Art und Größe des Unternehmens[1625].

Da die InvAG kein operativ tätiges Unternehmen, sondern ein Vehikel für die Anlage des Vermögens der Aktionäre ist, das auf Verlangen der Aktionäre jederzeit ausbezahlt werden muss, betont die Regierungsbegründung zu recht, dass die InvAG eine besondere Verantwortung für das Aktionärsvermögen trägt, die unabhängig davon besteht, ob die InvAG selbstverwaltend tätig ist oder fremdverwaltet wird[1626]. Aufgrund dieser besonderen Funktion der InvAG wäre

1619 Siehe § 3 B. IV. 4.
1620 Art. 29 Abs. 1 Satz 2 lit. b OGAW-RL.
1621 §§ 7a Abs. 1 Nr. 3 und 4, 7b Nr. 2 InvG.
1622 Kritisch auch Engert, Der Konzern 2007, 477, 484; Wallach, Der Konzern 2007, 487, 494.
1623 Begr. RegE, BT-Drs. 16/5576, S. 86 li. Sp.; zustimmend Dornseifer, AG 2008, 53, 64 Fn. 65.
1624 Siehe § 6 B. II. 1 und 2.
1625 Spindler, in: MünchKommAktG, § 76 Rn. 95, § 84 Rn. 33; Seibt, in: Schmidt/Lutter, AktG, § 76 Rn. 19.
1626 Begr. RegE, BT-Drs. 16/5576, S. 89 li. Sp.

bereits nach aktienrechtlichen Grundsätzen die Bestellung eines mehrköpfigen und für das Investmentgeschäft qualifizierten Vorstands geboten. Durch die gesetzliche Verankerung dieser Anforderungen werden sie der Prüfung durch die BaFin zugänglich gemacht. Der Umsetzungsüberschuss stellt sich auch nicht zwingend als Hindernis für die Gründung der InvAG dar, da der Vorstand der InvAG mit Personen aus den Reihen der KAG besetzt werden könnte. Solche Doppelmandate erscheinen weder aus investmentrechtlichen[1627] noch aus aktienrechtlichen[1628] Gründen als per se unzulässig.

c) Unabhängiges Aufsichtsratsmitglied

Ebenso wie dem Aufsichtsrat der als Verwaltungsgesellschaft benannten KAG muss dem Aufsichtsrat der InvAG nach § 106a Satz 2 i.V.m. § 6 Abs. 2a InvG mindestens ein unabhängiges Mitglied angehören. Aufgabe des unabhängigen Aufsichtsratsmitglieds ist insbesondere die Wahrung der Interessen der Anlageaktionäre[1629]. In Anbetracht der Identität des geschützten Rechtssubjekts könnte die Pflicht der fremdverwalteten InvAG zur Bestellung eines unabhängigen Aufsichtsratsmitglieds als unnötige und die Wettbewerbsfähigkeit der InvAG behindernde Doppelregulierung kritisiert werden.

Diese Betrachtung ließe aber unberücksichtigt, dass die Überwachungsaufgabe des Aufsichtsrats auf die Geschäftsführung der jeweiligen Gesellschaft, d.h. die Geschäftsführung der KAG einerseits und den Vorstand der InvAG andererseits, bezogen ist. Auch muss die Unabhängigkeit des Aufsichtsratsmitglieds gegenüber unterschiedlichen Personengruppen bestehen, nämlich gegenüber den Unternehmensaktionären und Geschäftspartnern der InvAG einerseits und den Gesellschaftern und Geschäftspartnern der KAG andererseits[1630]. Zudem ist es zulässig, ein und dieselbe Person als unabhängiges Mitglied in den Aufsichtsrat von Verwaltungsgesellschaft und InvAG zu bestellen, sofern die Anforderungen an die Unabhängigkeit auf beiden Gesellschaftsebenen erfüllt sind. Schließlich kann seit dem OGAW-IV-UmsG auch eine in einem anderen EU-Mitgliedstaat oder EWR-Vertragsstaat ansässige Gesellschaft als Verwaltungsgesellschaft benannt werden, wenn die InvAG richtlinienkonform ausge-

1627 Eine Pflichtenkollision besteht nicht, da der Mandatsträger in beiden Organfunktionen zur ausschließlichen Wahrung der Interessen der Aktionäre der InvAG verpflichtet ist (§§ 106 Satz 2 Nr. 1, 6 Abs. 3 Satz 1, 9 Abs. 2 Nr. 1 InvG). Anders als die Depotbank nach § 22 Abs. 1 Satz 1 InvG ist die Verwaltungsgesellschaft zur Unabhängigkeit gegenüber der InvAG verpflichtet. Sofern im Einzelfall ein Interessenkonflikt besteht, ist dieser nach §§ 9 Abs. 2 Nr. 3, 106 Satz 2 Nr. 3 InvG unter Wahrung der Aktionärsinteressen zu lösen.
1628 BGH NZG 2009, 744, 745; Spindler, in: MünchKommAktG, § 76 Rn. 56; Krauel/Klie, WM 2010, 1735, 1738.
1629 Siehe § 6 C. III. 1.
1630 (§ 106a Satz 2 i.V.m.) § 6 Abs. 2a Satz 1 InvG.

staltet ist[1631]. In diesem Fall ist der Schutz der Aktionäre durch ein unabhängiges Aufsichtsratsmitglied der EU-Verwaltungsgesellschaft nicht gewährleistet.

C. Die Anforderungen an die Benennung einer Verwaltungsgesellschaft

§ 96 Abs. 4 Satz 1 InvG definiert die fremdverwaltete InvAG als InvAG, die eine Verwaltungsgesellschaft benennt. Mit dem Tatbestand der „Benennung" entspricht das InvG der OGAW-RL[1632]. Die Benennung entscheidet über den Status der InvAG und die damit verbundenen aufsichtsrechtlichen Erleichterungen. Vor diesem Hintergrund überrascht es, dass weder der Richtliniengeber noch der deutsche Gesetzgeber sich um eine Konkretisierung der Anforderungen an die Benennung bemüht haben[1633].

I. Angaben gegenüber der Aufsichtsbehörde

Die fremdverwaltete InvAG muss im Erlaubnisverfahren nach § 97 Abs. 1 Satz 3 Nr. 6 InvG die Benennung einer KAG nachweisen[1634]. Der Wortsinn verlangt lediglich die Mitteilung der Firma der ausgewählten KAG. Als Verwaltungsgesellschaft kann aber nur eine KAG benannt werden, die über eine gültige Erlaubnis verfügt und als Verwaltungsgesellschaft der konkreten InvAG geeignet ist[1635]. Der Erlaubnisantrag muss daher außerdem alle weiteren prüfungsrelevanten Angaben über die Gesellschaft enthalten.

II. Rechtsverhältnis zwischen der Verwaltungsgesellschaft und der InvAG

Die KAG übernimmt mit ihrer Benennung durch die InvAG die aufsichtsrechtlichen Rechte und Pflichten einer Verwaltungsgesellschaft. Aufgrund des allgemeinen Grundsatzes, dass niemand zur Besorgung fremder Angelegenheiten gezwungen werden kann[1636], ist die bloße Anzeige der ausgewählten KAG bei der BaFin nicht ausreichend. Die Benennung setzt vielmehr ein Einvernehmen zwischen InvAG und KAG voraus. Zu untersuchen ist, ob es sich hierbei um einen

---

1631 Vgl. § 96 Abs. 4 InvG. Siehe § 15 C. I. 2.

1632 Art. 29 Abs. 1 OGAW-RL. In der französischen Fassung heißt es „*société n'ayant pas designé une société de gestion*"; in der englischen Fassung „*investment company that has not designated a management company*".

1633 Kritisch auch Fragos, S. 49 f.

1634 Entsprechendes gilt, wenn eine EU-Verwaltungsgesellschaft benannt wird. § 97 Abs. 1 Satz 3 Nr. 6 InvG muss insofern berichtigend ausgelegt werden.

1635 Siehe § 15 C. I. 1.

1636 Spindler, in: MünchKommAktG, § 84 Rn. 21.

körperschaftsrechtlichen Bestellungsakt (1.), einen Unternehmensvertrag (2.) oder einen Schuldvertrag handelt (3.).

1. Körperschaftsrechtlicher Bestellungsakt

Der Benennung der Verwaltungsgesellschaft könnte ein organisationsrechtlicher Rechtsakt ähnlich der Bestellung der Organmitglieder einer Körperschaft zugrunde liegen[1637]. Voraussetzung für die Benennung wären zwei einseitige, inhaltlich aufeinander bezogene empfangsbedürftige Willenserklärungen[1638] in Form einer Bestellungserklärung der InvAG einerseits und einer Annahmeerklärung der KAG andererseits. Gegen einen solchen Rechtsakt spricht, dass die Bestellung ein Akt der Binnenorganisation ist, der deshalb einem bestimmten Gesellschaftsorgan zugewiesen ist[1639]. § 96 Abs. 4 Satz 1 InvG überlässt die Benennung der KAG indes der InvAG als solcher. Auch die Regierungsbegründung lässt keinen Zweifel daran, dass die Verwaltungsgesellschaft außerhalb der gesellschaftsrechtlichen Organisation der fremdverwalteten InvAG steht[1640]. Ein körperschaftsrechtlicher Bestellungsakt liegt daher nicht vor.

2. Unternehmensvertrag

Grundlage für die Benennung der Verwaltungsgesellschaft könnte der Abschluss eines Unternehmensvertrags im Sinne von §§ 291, 292 AktG sein. Der umfassende Aufgabenkreis der Verwaltungsgesellschaft[1641] legt die Annahme eines Beherrschungsvertrags im Sinne von § 291 Abs. 1 Satz 1 1. Alt. AktG nahe.

Diesem Verständnis steht entgegen, dass die Benennung einer Verwaltungsgesellschaft nach § 96 Abs. 4 Satz 3 2. Alt. InvG keinen Unternehmensvertrag begründet. Über die Gründe für die Ablehnung einer solchen Verbindung schweigt die Regierungsbegründung. Anzunehmen ist, dass nicht so sehr die Formalien für den Abschluss und die Änderung des Unternehmensvertrags[1642],

---

1637 Ähnlich Gschoßmann, S. 183 ff. für die Auswahl der Depotbank nach § 21 Abs. 1 InvG (§ 12 Abs. 3 Satz 1 KAGG); ablehnend Reiss, S. 157 f.

1638 Hüffer, AktG, § 84 Rn. 4.

1639 Vgl. z.B. § 84 Abs. 1 Satz 1 AktG für die Bestellung des Vorstands und § 101 Abs. 1 AktG für die Bestellung des Aufsichtsrats der AG.

1640 Vgl. Begr. RegE, BT-Druck. 16/5576, S. 85 re. Sp.

1641 Siehe § 15 C. III. 1.

1642 Zu den wichtigsten Formalien, die Wirksamkeitserfordernis für den Vertrag sind, gehören die Zustimmung der Hauptversammlung der AG mit der qualifizierten Mehrheit (§ 293 Abs. 1 und 2 AktG) und das Schriftformerfordernis (§ 293 Abs. 3 AktG, § 126 BGB). Der Vorstand hat über den Abschluss des Unternehmensvertrags einen schriftlichen Bericht zu erstatten, § 293a AktG. Der Unternehmensvertrag bedarf ferner der Prüfung durch einen oder mehrere sachverständige Prüfer, §§ 293b ff. AktG. Der Unternehmensvertrag wird mit der Handelsregistereintragung wirksam, § 294 Abs. 2 AktG.

sondern in erster Linie die Rechtsfolgen des Vertragskonzerns ausschlaggebend waren. Die Verwaltungsgesellschaft wäre aufgrund des Beherrschungsvertrags berechtigt, eine umfassende unternehmerische Zielkonzeption zu entwickeln, zu verfolgen und durch Ausübung ihres Weisungsrechts nach § 308 Abs. 1 AktG durchzusetzen[1643]. Sie könnte beispielsweise die Anlageziele und -strategien der InvAG verbindlich definieren und über die Auflegung und Auflösung von TGV entscheiden. Das Weisungsrecht der Verwaltungsgesellschaft wäre aufsichtsrechtlich problematisch[1644] und würde den wirtschaftlichen Interessen nicht gerecht. Die Initiatoren einer fremdverwalteten InvAG wollen die Fachkompetenz, Ressourcen und Verwaltungsleistungen der Verwaltungsgesellschaft nutzen, ohne die strategische Planung aus der Hand zu geben. Das Interesse der Verwaltungsgesellschaft ist umgekehrt nicht unternehmensstrategischer Natur, sondern auf die Vergütung der von ihr erbrachten Verwaltungsleistungen gerichtet. Daher kann der Verwaltungsgesellschaft auch keine Pflicht zur Übernahme der Verluste der InvAG auferlegt werden, wie es bei einem Beherrschungsvertrags nach § 302 Abs. 1 AktG der Fall wäre.

3. Schuldvertrag

Der Benennung könnte ein Schuldvertrag zugrunde liegen, in dem sich die KAG gegenüber der InvAG zur Wahrnehmung der Aufgaben einer Verwaltungsgesellschaft verpflichtet. Angesichts des Fehlens gesetzlicher Vorgaben besteht bereits ein praktisches Bedürfnis für eine vertragliche Vereinbarung, z.B. zur Regelung von Vergütungs- und Haftungsfragen. Zudem ist dem Investmentrecht die Unterscheidung zwischen einem Benennungsakt gegenüber der Aufsichtsbehörde und einem Vertrag im Verhältnis zwischen den Rechtssubjekten nicht fremd. Auch die Auswahl der Depotbank durch die InvAG, die der Genehmigung der BaFin bedarf[1645], setzt einen Depotbankvertrag zwischen der InvAG und dem ausgewählten Kreditinstitut voraus[1646]. Dies spricht dafür, dass auch das Rechtsverhältnis zwischen der InvAG und der Verwaltungsgesellschaft schuldrechtlicher Art ist.

Soweit sich die Literatur zur Rechtsnatur des Fremdverwaltungsvertrags äußert, wird zum Teil ein Vertrag eigener Art angenommen[1647]. Eine sui-generis-Qualifikation kommt aber nur dann in Betracht, wenn der Fremdverwaltungsver-

---

1643 BGHZ 103, 1, 6 = NJW 1988, 1326, 1327; Schenk, in: Bürgers/Körber, AktG, § 291 Rn. 6 m.w.N.

1644 Siehe § 6 B. I. 1.

1645 § 99 Abs. 3 Satz 1 i.V.m. § 21 Abs. 1 Satz 1 InvG.

1646 Köndgen, in: B/S/L, § 21 InvG Rn. 3; Beckmann, in: B/S/V, Kz. 410, § 21 Rn. 2 und 4.

1647 Hackländer/Iken, in: B/S/V, Kz. 410, § 96 Rn. 21; ähnlich Heeren/v. Tiling, in: Kempf, Investmentrecht 2007, S. 222.

trag nicht unter die im BGB geregelten Vertragstypen fällt. In Betracht kommt die Einordnung als Geschäftsbesorgungsvertrag im Sinne von § 675 Abs. 1 BGB[1648], der eine entgeltliche Geschäftsbesorgung im Sinne einer selbständigen Tätigkeit wirtschaftlicher Art zur Wahrnehmung fremder Vermögensinteressen zum Gegenstand hat[1649]. Im Fremdverwaltungsvertrag verpflichtet sich die KAG, die Leistungen einer Verwaltungsgesellschaft gegen Zahlung einer Vergütung zu erbringen. Zu diesen Leistungen gehören nach § 96 Abs. 4 InvG die Anlage und Verwaltung der Mittel und die Ausführung der allgemeinen Verwaltungsaufgaben der InvAG. Die Fremdverwaltung umfasst somit zweifelsohne die entgeltliche Wahrnehmung fremder Vermögensinteressen. Dass die KAG mit der Vertragserfüllung zugleich ihre eigenen öffentlich-rechtlichen Pflichten aus §§ 96 Abs. 4 Satz 2, 9 ff. InvG erfüllt, steht dem Fremdbezug der Leistungen nicht entgegen. Vielmehr ist anerkannt, dass es für die Wahrnehmung fremder Vermögensinteressen im Sinne von § 675 Abs. 1 BGB ausreicht, wenn die Parteien das Geschäft auf der Grundlage des geschlossenen Vertrags als Geschäft des Geschäftsherrn behandeln wollen[1650].

Der Fremdverwaltungsvertrag hat als Geschäftsbesorgungsvertrag überwiegend dienstvertraglichen Charakter. Hauptaufgabe der Verwaltungsgesellschaft ist nach § 96 Abs. 4 InvG die Anlage und Verwaltung der Mittel der InvAG. Hierbei handelt es sich um eine Dienstleistung im Sinne von § 611 BGB, da die Verwaltungsgesellschaft keinen vordefinierten Erfolg schuldet, sondern lediglich zur Erbringung einer erfolgsbezogenen, weil auf das Ziel einer Wertsteigerung gerichteten Anlagetätigkeit verpflichtet ist. Einzelne Vertragspflichten haben dagegen werkvertraglichen Charakter im Sinne von § 631 BGB, z.B. die Pflicht zur Vorbereitung der Sitzungen von Vorstand und Aufsichtsrat und der Rechnungslegung.

D. Zusammenfassung

1. Die OGAW-RL gestattet seit der RL 2001/107/EG die Fremdverwaltung von Investmentgesellschaften. Da die fremdverwaltete Investmentgesellschaft von den Anforderungen der OGAW-RL an den Geschäftsbetrieb von Investmentgesellschaften weitgehend befreit ist und die Regulierung auf der Produktebene sich nicht von der Regulierung von OGAW anderer Organisationsformen unterscheidet, ermöglicht die Einführung der fremdverwalteten InvAG eine weitgehende Gleichstellung von Vertrags- und Satzungsform.

1648 Campbell/Müchler, ILF Working Paper Series No. 101, 4/2009, S. 3; Einsele, AG 2011, 141, 152.

1649 Vgl. BGHZ 45, 223, 228 f.; Heermann, in: MünchKommBGB, § 675 Rn. 3 m.w.N.

1650 Seiler, in: MünchKommBGB, § 662 Rn. 22 f.

2. In Abweichung vom Konzept der OGAW-RL ist die fremdverwaltete InvAG der selbstverwaltenden InvAG in regulatorischer Hinsicht weitgehend gleichgestellt. Um die Wettbewerbsfähigkeit der fremdverwalteten InvAG zu stärken, sollte de lege ferenda auf ein über § 7 AktG hinausgehendes Mindestanfangskapital verzichtet werden. Der Diskussionsentwurf des AIFM-UmsG sieht dies vor.
3. Im Erlaubnisverfahren muss die fremdverwaltete InvAG der BaFin die Firma der ausgewählten Verwaltungsgesellschaft und sonstige prüfungsrelevante Informationen mitteilen. Der Benennung liegt ein Fremdverwaltungsvertrag zwischen der InvAG und der Verwaltungsgesellschaft zugrunde, der als Geschäftsbesorgungsvertrag im Sinne von § 675 Abs. 1 BGB einzuordnen ist.

§ 15 Aufsichtsrechtliche Besonderheiten der Fremdverwaltung

A. Einleitung

Das InvG lässt den Vertragsparteien bei der Ausgestaltung ihrer Vertragsbeziehung, so scheint es, freie Hand. Da die Verwaltungsgesellschaft für die InvAG die zentralen investmentrechtlichen Aufgaben, insbesondere die Portfolioverwaltung, wahrnimmt, müssen der Privatautonomie im Interesse einer lückenlosen Investmentaufsicht aber Grenzen gesetzt sein. Welche Anforderungen an den Inhalt des Fremdverwaltungsvertrags zu stellen sind, wird im Folgenden anhand einer Gegenüberstellung der Fremdverwaltung mit der Auslagerung untersucht.

Unter dem Begriff der Auslagerung (sog. Outsourcing) wird allgemein die mittel- bis langfristige Nutzung von externen Dienstleistungsangeboten an Stelle interner Funktionseinheiten verstanden[1651]. Die selbstverwaltende InvAG kann ihre Aufgaben unter den Voraussetzungen von § 16 InvG auslagern. Da auch im Rahmen der Fremdverwaltung Aufgaben dauerhaft von einem anderen Unternehmen für die InvAG wahrgenommen werden, könnte § 96 Abs. 4 InvG als Spezialfall der Auslagerung verstanden werden, so dass bei der Ausgestaltung des Rechtsverhältnisses zwischen der InvAG und der Verwaltungsgesellschaft auf § 16 InvG und die hierzu bestehende Verwaltungspraxis zurückgegriffen werden könnte. § 96 Abs. 4 Satz 3 1. Alt. InvG stellt jedoch klar, dass die Fremdverwaltung kein Fall der Auslagerung ist. Die für die Auslagerung geltenden Regeln können daher nicht auf die Fremdverwaltung übertragen werden. Dennoch könnten sich aus dem Vergleich von Fremdverwaltung und Auslagerung Erkenntnisse über das bislang noch recht vage Konzept der Fremdverwaltung ergeben (B. und C.). Zudem hat § 16 InvG auch im Rahmen der Fremdverwaltung Bedeutung, da die fremdverwaltete InvAG die Weiterverlagerung der übertragenen Aufgaben durch die Verwaltungsgesellschaft gestatten kann (D.).

1651 Kaetzler/Weirauch, BKR 2008, 265. Zu den ökonomischen Gründen für das Outsourcing ausführlich Konopatzki, S. 13 ff.; Dieterich, S. 13 ff.; speziell für die InvAG C. Fischer, S. 167 f.

B. Die Aufgabenübertragung im Wege der Auslagerung

I. Die rechtlichen Rahmenbedingungen für die Auslagerung

Die OGAW-RL enthält seit der RL 2001/107/EG Bedingungen für Auslagerungen von Verwaltungs- und Investmentgesellschaften[1652], die für die KAG in § 16 InvG und für die InvAG durch eine Bezugnahme auf diese Vorschrift in § 99 Abs. 3 Satz 1 InvG umgesetzt wurden.

§ 16 Abs. 1 InvG i.d.F. des InvModG enthielt einen Verweis auf § 25a Abs. 2 KWG. Diese Vorschrift regelt die Auslagerung von Tätigkeiten und Prozessen durch Kredit- und Finanzdienstleistungsinstitute. Aufgrund dieser Bezugnahme fand auch das zu § 25a Abs. 2 KWG erlassene Rundschreiben 11/2001 des ehemaligen BaKred Anwendung[1653]. Die Rundschreiben der Aufsicht sind als bloße Verwaltungsvorschriften über Art. 3 Abs. 1 GG für die Verwaltung, nicht aber für die Gerichte bindend[1654]. Durch das Finanzmarktrichtlinie-Umsetzungsgesetz (FRUG)[1655], das die RL 2004/39/EG über Märkte für Finanzinstrumente (MiFID)[1656] und die hierzu erlassene Durchführungsrichtlinie[1657] umsetzte, wurde § 25a Abs. 2 KWG mit Wirkung zum 1. November 2007 neu gefasst. Das Rundschreiben 11/2001 des BaKred wurde aufgehoben. Die Anforderungen an die Auslagerung wurden stattdessen im Rundschreiben 5/2007 der BaFin (Mindestanforderungen an das Risikomanagement – MaRisk)[1658] präzisiert. Da § 25a Abs. 2 KWG damit deutlich über die Vorgaben der OGAW-RL hinausging, wurde der Verweis in § 16 Abs. 1 InvG a.F. auf § 25a Abs. 2 KWG im Zuge des InvÄndG gestrichen und die Richtlinienvorgaben „eins zu eins" in § 16 InvG umgesetzt[1659]. Das Rundschreiben 5/2007 fand zunächst kraft ausdrücklicher Verwaltungsauffassung der BaFin für die KAG weiterhin Anwendung[1660]. Mit der Neufassung der MaRisk durch das Rundschreiben 15/2009 vom 14. August 2009[1661] wurde die KAG endgültig aus dem Anwenderkreis des Rundschreibens ausgeschlossen. Am 30. Juni 2010 veröffentlichte die BaFin ein

---

1652 Art. 30 Satz 1 und 2 i.V.m. Art. 13 OGAW-RL.
1653 C. Fischer, S. 172 ff.
1654 Köndgen, in: B/S/L, § 5 InvG Rn. 18.
1655 BGBl. I 2007, 1330.
1656 RL 2004/39/EG, ABl. Nr. L 145 vom 30.4.2004, S. 1 ff.
1657 RL 2006/73/EG, ABl. Nr. L 241 vom 2.9.2006. S. 26 ff.
1658 BaFin, Rundschreiben 5/2007 „Mindestanforderungen an das Risikomanagement – MaRisk" vom 30.10.2007.
1659 Begr. RegE, BT-Drs. 16/5576, S. 62 re. Sp.
1660 Vgl. Rundschreiben 5/2007, AT 2.1 Tz. 3; Beckmann, in: B/S/V, Kz. 410, § 16 Rn. 52; Kempf, in: Kempf, Investmentrecht 2007, S. 103 f.
1661 BaFin, Rundschreiben 15/2009 „Mindestanforderungen an das Risikomanagement – MaRisk" vom 14.8.2009.

Rundschreiben zu den Mindestanforderungen an das Risikomanagement für Investmentgesellschaften (InvMaRisk)[1662]. Abschnitt 9 des Rundschreibens enthält prinzipienorientierte Bedingungen für Auslagerungen der KAG und der selbstverwaltenden InvAG, die AT 9 der MaRisk nachgebildet sind.

II. Das Auslagerungsunternehmen

Auslagerungsunternehmen im Sinne von § 16 InvG ist jede andere Stelle, Einheit oder Person, die in Bezug auf die ausgelagerte Funktion oder Tätigkeit nicht dem auslagernden Unternehmen zuzurechnen und organisatorisch von ihm abgegrenzt ist[1663]. Die Anforderungen an das Auslagerungsunternehmen richten sich nach der Art des auszulagernden Bereichs. Grundsätzlich kann jedes in- oder ausländische Unternehmen, das unter Berücksichtigung der ihm übertragenen Aufgaben über die entsprechende Qualifikation verfügt und in der Lage ist, die übernommenen Aufgaben ordnungsgemäß wahrzunehmen, als Auslagerungsunternehmen beauftragt werden[1664].

Besondere Anforderungen gelten, wenn die Portfolioverwaltung der InvAG ausgelagert werden soll. In diesem Fall muss das Auslagerungsunternehmen für die Zwecke der Vermögensverwaltung zugelassen sein und einer wirksamen öffentlichen Aufsicht unterliegen[1665]. Dabei kann es sich auch um konzernangehörige Gesellschaften handeln, die nach § 2 Abs. 6 Nr. 5 KWG nicht als Finanzdienstleistungsinstitute gelten[1666]. Nicht als Auslagerungsunternehmen in Betracht kommen Depotbanken und andere Unternehmen, deren Interessen mit denen der InvAG oder der Aktionäre kollidieren können[1667]. Hat das Auslagerungsunternehmen seinen Sitz in einem Drittstaat, d.h. in einem Staat, der nicht EU-Mitgliedstaat oder EWR-Vertragsstaat ist, muss die Zusammenarbeit zwischen der BaFin und der zuständigen Aufsichtsbehörde des Drittstaates sichergestellt sein[1668].

1662 BaFin, Rundschreiben 5/2010 (WA) vom 30.6.2010 zu den Mindestanforderungen an das Risikomanagement von Investmentgesellschaften – InvMaRisk.

1663 BaKred, Rundschreiben 11/2001, Abschnitt III. Tz. 9.

1664 § 99 Abs. 3 Satz 1 i.V.m. § 16 Abs. 1 Satz 2 InvG.

1665 § 99 Abs. 3 Satz 1 i.V.m. § 16 Abs. 2 Satz 1 1. Hs. InvG.

1666 § 16 Abs. 2 Satz 1 2. Hs. InvG. Die Einschränkung des Konzernprivilegs ergibt sich bereits daraus, dass das Auslagerungsunternehmen die Portfolioverwaltung im Drittinteresse, nämlich im Anlegerinteresse, und nicht wie von § 2 Abs. 6 Nr. 5 KWG vorgesehen innerhalb der Unternehmensgruppe erbringt, vgl. für die KAG Begr. RegE, BT-Drs. 15/1553, S. 82 li. Sp.; Beckmann, in: B/S/V, Kz. 410, § 16 Rn. 20; Hanten, ZBB 2003, 291, 296; a.A. für die InvAG C. Fischer, S. 179.

1667 § 99 Abs. 3 Satz 1 i.V.m. § 16 Abs. 2 Satz 3 InvG; im Übrigen richtet sich die Auslagerung von Aufgaben auf die Depotbank nach Abschnitt 9 Tz. 8 InvMaRisk.

1668 § 99 Abs. 3 Satz 1 i.V.m. § 16 Abs. 2 Satz 4 InvG.

III. Öffentlich-rechtliche und zivilrechtliche Verantwortlichkeit

Die Auslagerung birgt die Gefahr der Entstehung aufsichtsrechtlicher Freiräume, da die InvAG auf diesem Wege Funktionen auf Unternehmen übertragen kann, die keiner Investmentaufsicht unterliegen. Oberste Maxime der Auslagerung ist daher, dass die Auslagerung weder die Aufsicht über das auslagernde Unternehmen noch dessen Fähigkeit zum Handeln im Anlegerinteresse beeinträchtigen darf[1669]. Die aufsichtsrechtliche Verantwortlichkeit für die Ordnungsmäßigkeit des Investmentgeschäfts verbleibt bei der InvAG[1670], die von der BaFin beaufsichtigt wird. Ob das Auslagerungsunternehmen einer Investmentaufsicht unterstellt ist, ist unerheblich[1671]. Ebenfalls unberührt bleibt die Verantwortlichkeit der InvAG gegenüber ihren Aktionären. § 16 Abs. 3 InvG stellt deshalb klar, dass die InvAG das Verschulden des Auslagerungsunternehmens in gleichem Maße zu vertreten hat wie eigenes Verschulden. § 16 Abs. 3 InvG statuiert nach seinem Wortlaut eine spezialgesetzliche Erfüllungsgehilfenhaftung[1672]. Zweifelhaft ist die Geltung der Vorschrift im Bereich der Deliktshaftung[1673].

IV. Umfang der Auslagerung

1. Grundsatz

Grundsätzlich sind alle Aktivitäten und Prozesse auslagerungsfähig[1674]. Selbst die Portfolioverwaltung als das Kerngeschäft der InvAG kann unter den Voraussetzungen des § 16 Abs. 2 InvG ausgelagert werden[1675]. Die vollständige Auslagerung der internen Revision ist zulässig, wenn die InvAG einen Revisionsbeauftragten benennt, der die Ordnungsmäßigkeit der internen Revision gewährleistet[1676]. § 16 InvG ist auf die Auslagerung von wesentlichen Aufgaben der InvAG beschränkt[1677]. Ob eine Aufgabe wesentlich ist, legt die InvAG aufgrund

---

1669 § 16 Abs. 1 Satz 3 InvG.

1670 Abschnitt 3 InvMaRisk.

1671 Auch § 25a Abs. 2 KWG unterscheidet nicht zwischen Banken und Nicht-Banken als Auslagerungsunternehmen, vgl. Eyles, WM 2000, 1217, 1223.

1672 Köndgen/Schmies, in: Bankrechts-Hdb., § 113 Rn. 123.

1673 Für die Einbeziehung der Deliktshaftung spricht, dass Art. 13 Abs. 2 Satz 1 und Erwägungsgrund 16 OGAW-RL allgemein von der „Haftung" der Gesellschaft sprechen; so auch die Begr. RegE, BT-Drs. 15/1553, S. 67 li. Sp.

1674 Abschnitt 9 Tz. 3 InvMaRisk; Kempf, in: Kempf, Investmentrecht 2007, S. 104.

1675 A.A. noch BaKred, Schreiben vom 29.9.1997 – V 1/02 – 17/97 und Eyles, WM 2000, 1217, 1225, da § 10 Abs. 1 KAGG ein eigenhändiges Fondsmanagement verlange.

1676 Abschnitt 9 Tz. 10 InvMaRisk; Kaetzler/Weirauch, BKR 2008, 265, 268 f.

1677 Abschnitt 9 Tz. 1 InvMaRisk.

einer Risikoanalyse eigenverantwortlich fest[1678]. Auslagerungen unterhalb der Wesentlichkeitsschwelle müssen lediglich mit den Organisationspflichten nach § 9a InvG im Einklang stehen[1679].

2. Verbot der Auslagerung von Leitungsaufgaben

Der Grundsatz der Auslagerungsfähigkeit aller Aufgaben der InvAG gilt nicht ausnahmslos. Seit der erstmaligen Regulierung der Auslagerung durch die Aufsicht[1680], spätestens aber seit dem Rundschreiben 11/2001, hält die BaFin daran fest, dass Leitungsaufgaben der Geschäftsleitung nicht ausgelagert werden können[1681]. Dieses Verbot hat in erster Linie einen aufsichtsrechtlichen Hintergrund[1682]. Die Geschäftspolitik soll auch tatsächlich von denjenigen Personen bestimmt werden, die gegenüber der BaFin als Geschäftsleiter benannt wurden[1683]. Die Geschäftsleiter des auslagernden Unternehmens werden ihrer Verantwortung für die ausgelagerten Bereiche nur dann gerecht, wenn sie das Auslagerungsunternehmen jederzeit wirksam überwachen und die mit der Auslagerung verbundenen Risiken steuern können[1684]. Lägen die Entscheidungen über grundlegende Fragen der Geschäftspolitik in den Händen des Auslagerungsunternehmens, wäre eine Steuerung der ausgelagerten Bereiche durch das auslagernde Unternehmen nicht mehr gewährleistet.

Nicht auslagerungsfähige Leitungsaufgaben sind die Unternehmensplanung, die Unternehmenskoordination, die Unternehmenskontrolle, die Besetzung von Führungspositionen sowie Aufgaben, die der Gesetzgeber explizit der Geschäftsleitung zugewiesen hat[1685]. Für die Auslagerung der Portfolioverwaltung folgt hieraus, dass die InvAG die Anlagegrundsätze und -richtlinien selbst festlegen muss[1686]. Auslagerungsfähig sind dagegen Funktionen oder Organisations-

---

1678 Abschnitt 9 Tz. 2 InvMaRisk; Beckmann, in: B/S/V, Kz. 410, § 16 Rn. 25 f.

1679 BaFin, Erläuterungen InvMaRisk, Abschnitt 9 Tz. 1; Beckmann, in: B/S/V, Kz. 410, § 16 Rn. 43.

1680 Umstritten ist, ob bereits die Entwürfe des Auslagerungsrundschreibens aus den Jahren 1998 und 1999 mit dem Verbot der Auslagerung des „Kernbereichs" ein Verbot der Auslagerung von Leitungsaufgaben der Geschäftsleitung begründeten; hierfür Lensdorf/Schneider, WM 2002, 1949, 1952; ablehnend Konopatzki, S. 166 ff.

1681 Abschnitt 9 Tz. 3 InvMaRisk.

1682 A.A. Konopatzki, S. 176 f., der einen gesellschaftsrechtlichen Hintergrund annimmt.

1683 K. Steck/Gringel, in: B/S/L, § 16 InvG Rn. 18.

1684 Abschnitt 3, 9 Tz. 7 InvMaRisk.

1685 BaFin, Erläuterungen InvMaRisk, Abschnitt 9 Tz. 3; Beckmann, in: B/S/V, Kz. 410 § 16 Rn. 34 f.; Braun, in: Boos/Fischer/Schulte-Mattler, KWG, § 25a Rn. 886; R. Fischer, in: Bankrechts-Hdb., § 128 Rn. 60; Dieterich, S. 124 ff.

1686 § 99 Abs. 3 Satz 1 i.V.m § 16 Abs. 2 Satz 2 InvG; Art. 13 Abs. 1 lit. c 2. Hs. OGAW-RL; ähnlich Begr. RegE, BT-Drs. 15/1553, S. 67 li. Sp.: „grundsätzliche Anlageentscheidung"; kritisch Köndgen/Schmies, WM 2004, Sonderbeil. Nr. 1, S. 2, 9.

einheiten, derer sich die Geschäftsleitung bei der Ausübung ihrer Leitungsaufgaben bedient[1687].

3. Briefkastenverbot

Eine weitere Grenze der Auslagerung ergibt sich aus Art. 13 Abs. 2 Satz 2 OGAW-RL. Danach darf die Aufgabenübertragung keinen Umfang annehmen, der das auslagernde Unternehmen zu einer „Briefkastenfirma" werden ließe. Hintergrund dieses sog. Briefkastenverbots ist die Befürchtung, dass die Aufsicht durch den Herkunftsmitgliedstaat, die Grundlage für die gegenseitige Anerkennung der Erlaubnis ist, durch umfassende Auslagerungen gefährdet werden könnte[1688]. Die Auslagerung ist deshalb jedenfalls im Grundsatz auf einzelne Tätigkeiten oder Prozesse beschränkt[1689].

Das Briefkastenverbot hat im Gesetzeswortlaut keinen Niederschlag gefunden. Hieraus lässt sich jedoch nicht schließen, dass der Gesetzgeber auf dessen Umsetzung verzichtet hat. Die Anforderungen des § 16 InvG stellen vielmehr in einer Gesamtschau sicher, dass die auslagernde Gesellschaft keine bloße Briefkastenfirma ist[1690]. Zu diesen Anforderungen gehört insbesondere, dass die Wirksamkeit der Investmentaufsicht und die Überwachung des Auslagerungsunternehmens durch die auslagernde Gesellschaft nach § 16 Abs. 1 Satz 3, Abs. 1a Satz 1 InvG nicht beeinträchtigt werden darf. Dass ein eigener Verbotstatbestand nicht erforderlich ist, folgt auch aus den Vorarbeiten zur RL 2001/107/EG, die bestätigen, dass das Briefkastenverbot als „Zusammenfassung" der allgemeinen Anforderungen an die Auslagerung zu verstehen ist[1691]. Zudem ist auch für Auslagerungen nach § 25a Abs. 2 KWG ein ungeschriebenes Verbot der „virtuellen Bank" anerkannt[1692]. Schließlich verlangen die InvMaRisk ausdrücklich, dass die Aufgabenübertragung der InvAG keinen Umfang annehmen darf, der die Gesellschaft zu einer Briefkastenfirma werden ließe[1693].

Diskutiert wird, ob das Briefkastenverbot und dessen Umsetzung in § 16 InvG einer Auslagerung aller unter aufsichtsrechtlichen Gesichtspunkten relevanten Bereiche entgegenstehen. Diese Frage ist vor allem für die InvAG von

---

1687 BaFin, Erläuterungen InvMaRisk, Abschnitt 9 Tz. 3.

1688 Erwägungsgrund 16 OGAW-RL.

1689 Vgl. Begr. RegE, BT-Drs. 16/5576, S. 85 re. Sp.: „einzelne Tätigkeiten".

1690 Ähnlich Vahldiek, in: Hdb. Investmentrecht, S. 148 f.; Dieterich, S. 203 ff.; C. Fischer, S. 170 Fn. 379.

1691 Mitteilung der Kommission, SEK/2001/1004, 3.2.2.5.; Kremer/Lebbe, Rn. 737.

1692 Eyles, in: Funktionsauslagerung, S. 73, 77 ff., ders., WM 2000, 1217, 1224 f.; kritisch Konopatzki, S. 191 ff.; einschränkend Braun, in: Boos/Fischer/Schulte-Mattler, KWG, § 25a Rn. 892.

1693 Abschnitt 9 Tz. 3 InvMaRisk.

Bedeutung[1694], da das Interesse der Initiatoren regelmäßig darauf gerichtet ist, als externe Dienstleister eine Vergütung zu erhalten. Bedenken gegen umfassende Auslagerungen könnten sich aus einer ehemaligen Verwaltungspraxis zu § 25a Abs. 2 KWG ergeben, die Auslagerungen untersagte, wenn die Gesamtheit der in der Einzelbetrachtung zulässigerweise ausgelagerten Bereiche die in der auslagernden Gesellschaft verbleibenden Bereiche deutlich übertraf[1695].

Das Briefkastenverbot steht komplexen Auslagerungslösungen nicht per se entgegen. Verfügt die InvAG über hinreichende personelle und sachliche Mittel, die eine effektive Überwachung und Steuerung der ausgelagerten Bereiche ermöglichen, handelt es sich bereits begrifflich um keine Briefkastenfirma[1696]. Dies stellen nun auch die InvMaRisk klar[1697]. Eine Beeinträchtigung der Investmentaufsicht ist dann ungeachtet des Umfangs der vorgenommenen Auslagerungen nicht zu befürchten[1698]. Auch dem Wortlaut von § 16 InvG lässt sich kein absolutes Verbot umfassender Auslagerungen entnehmen, da die Vorschrift der Auslagerung rein qualitative Grenzen setzt. Da die BaFin über die ordnungsgemäße Ausstattung der InvAG und die Ausführung der auslagerten Aufgaben wacht[1699], ist die Lückenlosigkeit der Investmentaufsicht gewährleistet. Im Ergebnis sind der InvAG umfassende Auslagerungslösungen gestattet, sofern den Anforderungen von § 16 InvG und den InvMaRisk genügt wird.

V. Anzeige- und Veröffentlichungspflichten

Der Verkaufsprospekt der InvAG muss eine Auflistung der ausgelagerten Bereiche der Gesellschaft enthalten[1700]. Die InvAG ist zudem verpflichtet, der BaFin die vorgenommenen Auslagerungen jährlich gesammelt anzuzeigen[1701].

VI. Anforderungen an den Auslagerungsvertrag

Der Auslagerungsvertrag muss schriftlich fixiert sein[1702] und einen Mindestinhalt haben, der sich aus § 16 InvG und den InvMaRisk ergibt. Die Leistungen

---

1694 C. Fischer, S. 176 f.; Pütz/Schmies, Absolut Report 2004, Nr. 19, S. 50, 53 f.

1695 Rundschreiben 11/2001, Abschnitt IV, Tz. 17; so auch für die KAG Beckmann, in: B/S/V, Kz. 410, § 16 Rn. 32.

1696 Eine Briefkastengesellschaft ist nach allgemeinem Verständnis ein Unternehmen, das lediglich eine Firmierung und eine Anschrift vorweisen kann, jedoch über keine eigene materielle Geschäftsleitung verfügt, Dieterich, S. 204; ähnlich OLG Hamm, NJW-RR 1995, 469, 471.

1697 Abschnitt 9 Tz. 3 InvMaRisk.

1698 Ähnlich Vahldiek, in: Hdb. Investmentrecht, S. 148 f.

1699 Vgl. Beckmann, in: B/S/V, Kz. 410, § 16 Rn. 93.

1700 § 99 Abs. 3 Satz 1 i.V.m. § 16 Abs. 4 InvG.

1701 § 99 Abs. 3 Satz 1 i.V.m. § 16 Abs. 5 InvG.

des Auslagerungsunternehmens müssen spezifiziert und von den Leistungen der InvAG abgegrenzt werden[1703]. Die InvAG muss sich vertraglich diejenigen Rechte vorbehalten, die zur wirksamen Überwachung des Auslagerungsunternehmens erforderlich sind[1704]. Hierzu gehören nach § 16 Abs. 1a InvG insbesondere Weisungsrechte und angemessene Kündigungsmöglichkeiten[1705]. Der Auslagerungsvertrag muss Informations- und Prüfungsrechte zugunsten der internen Revision der InvAG und externer Prüfer gegenüber dem Auslagerungsunternehmen festlegen und Maßnahmen zur Sicherstellung dieser Rechte sowie der Kontrollmöglichkeiten der BaFin beinhalten[1706]. Die Beachtung des Datenschutzrechts muss vertraglich gesichert sein[1707]. Der Auslagerungsvertrag muss die Möglichkeiten und Modalitäten der Weiterverlagerung der ausgelagerten Aufgaben regeln[1708]. Schließlich muss das Auslagerungsunternehmen vertraglich verpflichtet werden, die InvAG über Entwicklungen zu informieren, die die ordnungsgemäße Erledigung der ausgelagerten Aufgaben beeinträchtigen könnten[1709].

C. Die Aufgabenübertragung im Wege der Fremdverwaltung

I. Die Verwaltungsgesellschaft

1. Anforderungen an die KAG

Als Verwaltungsgesellschaft einer fremdverwalteten InvAG kann nach § 96 Abs. 4 Satz 1 InvG grundsätzlich nur eine KAG im Sinne von § 2 Abs. 6 InvG benannt werden[1710]. Andere regulierte Unternehmen (z.B. Kredit- oder Finanzdienstleistungsinstitute) kommen als Verwaltungsgesellschaften nicht in Betracht. Diese Einschränkung der Auswahlfreiheit beruht auf der OGAW-RL, die nur die Benennung einer „gemäß dieser Richtlinie zugelassenen Verwaltungsge-

---

1702 Bereits Rundschreiben 11/2001, Abschnitt V.1. Tz. 23; ausdrücklich § 25a Abs. 2 Satz 8 KWG.

1703 Abschnitt 9 Tz. 6 lit. a InvMaRisk.

1704 § 99 Abs. 3 Satz 1 i.V.m. § 16 Abs. 1a Satz 1 InvG.

1705 § 99 Abs. 3 Satz 1 i.V.m. § 16 Abs. 1a Satz 2 InvG; Abschnitt 9 Tz. 6 lit. d und f InvMaRisk. Auf die Vereinbarung von Weisungsrechten kann verzichtet werden, wenn der Vertrag die Leistungen des Auslagerungsunternehmens hinreichend klar bestimmt, BaFin, Erläuterungen InvMaRisk, Abschnitt 9 Tz. 6.

1706 Abschnitt 9 Tz. 6 lit. b und c InvMaRisk.

1707 Abschnitt 9 Tz. 6 lit. e InvMaRisk.

1708 Abschnitt 9 Tz. 6 lit. g InvMaRisk.

1709 Abschnitt 9 Tz. 6 lit. h InvMaRisk.

1710 Die Regierungsbegründung hebt dies als wesentliches Merkmal der Fremdverwaltung hervor, Begr. RegE, BT-Drs. 16/5576, S. 85 re. Sp.

sellschaft" erlaubt[1711]. Als Verwaltungsgesellschaft unterliegt die KAG den allgemeinen für die KAG geltenden Bestimmungen (§ 6 bis § 19 l InvG). Sie muss daher nach § 7 Abs. 1 Satz 1 InvG über eine gültige Erlaubnis verfügen. Mindestens einer ihrer Geschäftsleiter muss ausreichende Erfahrung auch in Bezug auf die Art des Investmentvermögens der InvAG haben[1712]. Die Aufsichtsratsmitglieder müssen nach ihrer Persönlichkeit und Sachkunde zur Wahrung der Interessen der Aktionäre der InvAG geeignet sein[1713]. Das nach § 6 Abs. 2a InvG gewählte Aufsichtsratsmitglied muss insbesondere auch von der InvAG unabhängig sein[1714]. Schließlich muss die KAG über Eigenmittel verfügen, deren Höhe nach § 11 Abs. 2 InvG unter Berücksichtigung des Wertes des verwalteten Vermögens der InvAG errechnet wird.

2. Benennung einer EU-Verwaltungsgesellschaft

Vor Inkrafttreten des OGAW-IV-UmsG mussten sich der Sitz und die Hauptverwaltung der benannten Verwaltungsgesellschaft nach § 6 Abs. 1 Satz 3 InvG im Inland befinden. Mit dieser Vorgabe entsprach das InvG dem in den meisten EU-Mitgliedstaaten geltenden Recht[1715]. Unklar war, ob die OGAW-RL auch die Benennung einer Verwaltungsgesellschaft mit Sitz in einem anderen Mitgliedstaat als dem Sitzstaat der Investmentgesellschaft zuließ. Ablehnende Stimmen stützten sich auf Art. 3 RL 85/611/EWG, wonach Sitz und Hauptverwaltung der Investmentgesellschaft in ein und demselben Mitgliedstaat belegen sein mussten[1716]. Durch die grenzüberschreitende Fremdverwaltung, so die Kritiker, würde die Hauptverwaltung der Investmentgesellschaft in den Sitzstaat der Verwaltungsgesellschaft verlegt. Die Teilung der Verantwortlichkeiten unter den Aufsichtsbehörden schwäche den Schutz der Anleger der Investmentgesellschaft, da OGAW der Vertragsform zwingend der Aufsicht des Herkunftsmitgliedstaates der Verwaltungsgesellschaft unterstellt seien[1717]. Die Gegenauffassung berief sich darauf, dass Art. 5 Abs. 2 RL 85/611/EWG keine Vorgaben hinsichtlich des Domizillands der OGAW enthalte[1718]. Zudem seien die Mitgliedstaaten nach Art. 6 Abs. 1 RL 85/611/EWG verpflichtet, Verwaltungsgesellschaften mit Sitz in einem anderen Mitgliedstaat die Ausübung sämtlicher

1711 Art. 29 Abs. 1 OGAW-RL.
1712 § 7a Abs. 1 Nr. 4 InvG.
1713 § 6 Abs. 3 Satz 1 InvG.
1714 A.A. C. Fischer/K. Steck, in: B/S/L, § 106b InvG Rn. 2.
1715 Wallach, Der Konzern 2007, 487, 493; Elvinger/Schmit, S. 1495, 1508.
1716 Fragos, S. 50.
1717 So die Kritik von Irland, Luxemburg und Frankreich, vgl. Elvinger/Schmit, S. 1495, 1508; Mansfeld, Die Bank 2009, 8, 11.
1718 Elvinger/Schmit, S. 1495, 1507; Wallach, Der Konzern 2007, 487, 493.

von der Erlaubnis erfassten Tätigkeiten zu ermöglichen[1719]. Schließlich stelle Erwägungsgrund 7 RL 2001/107/EG klar, dass die Erlaubnis von Verwaltungsgesellschaften die „Verwaltung der Sondervermögen von Investmentgesellschaften, die in anderen Mitgliedstaaten als dem Herkunftsmitgliedstaat der Gesellschaft gegründet wurden", erfasse[1720]. Aufgrund der bestehenden Unklarheiten forderten die nationalen Aufsichtsbehörden den Richtliniengeber auf, eine ausdrückliche Regelung zu treffen[1721].

Im Rahmen der Revision der OGAW-RL wurde dieser Forderung entsprochen. Investmentgesellschaften können nun nach Art. 16 Abs. 3 OGAW-RL Verwaltungsgesellschaften benennen, deren Sitz in einem anderen Mitgliedstaat als dem Herkunftsmitgliedstaat der Investmentgesellschaft liegt, sofern die Verwaltungsgesellschaft ihre Leistungen nach Maßgabe der Richtlinie durch Errichtung einer Zweigniederlassung oder im Rahmen des freien Dienstverkehrs erbringt[1722]. Die Verwaltungsgesellschaft muss den Behörden des Herkunftsmitgliedstaates der Investmentgesellschaft die schriftliche Vereinbarung mit der Verwahrstelle vorlegen[1723] und Angaben zu den Modalitäten der Aufgabenübertragung machen[1724]. Lücken in der Beaufsichtigung des Investmentgeschäfts sind nicht zu befürchten, da die OGAW-RL das auf die Tätigkeit der Verwaltungsgesellschaft anzuwendende Recht und die Zuständigkeiten der beteiligten Aufsichtsbehörden festlegt[1725].

Dementsprechend sieht § 96 Abs. 4 Satz 1 InvG seit dem OGAW-IV-UmsG für die richtlinienkonforme InvAG die Möglichkeit vor, anstatt einer KAG eine EU-Verwaltungsgesellschaft als Verwaltungsgesellschaft zu benennen. EU-Verwaltungsgesellschaften sind nach der OGAW-RL zugelassene und beaufsichtigte Verwaltungsgesellschaften, die ihren Sitz in einem anderen EU-Mitgliedstaat oder EWR-Vertragsstaat haben (§ 2 Abs. 6a InvG).

II. Öffentlich-rechtliche und zivilrechtliche Verantwortlichkeit

1. Verantwortlichkeit der Verwaltungsgesellschaft

Auch für die Aufgabenübertragung im Rahmen von § 96 Abs. 4 InvG gilt, dass die Wirksamkeit der Investmentaufsicht und der Aktionärsschutz nicht beeinträchtigt werden dürfen. Während dieser Maxime im Rahmen von § 16 InvG

1719 Elvinger/Schmit, S. 1495, 1507.
1720 Elvinger/Schmitt, S. 1495, 1507 f.
1721 CESR's guidelines for supervisors regarding the transitional provisions of the amending UCITS Directives (2001/107/EC und 2001/108/EC), Februar 2005, S. 9.
1722 Art. 16 Abs. 3 i.V.m. Art. 17, 18 OGAW-RL.
1723 Art. 20 Abs. 1 lit. a i.V.m. Art. 23 und 33 OGAW-RL.
1724 Art. 20 Abs. 1 lit. b OGAW-RL.
1725 Art. 19 OGAW-RL.

durch den Fortbestand der aufsichtsrechtlichen Verantwortung der InvAG für die ausgelagerten Bereiche Rechnung getragen wird[1726], ist dieser Weg im Rahmen von § 96 Abs. 4 InvG nicht gangbar. Die fremdverwaltete InvAG verfügt über keine Geschäftsorganisation, die ihr eine umfassende Überwachung und Steuerung der übertragenen Tätigkeiten erlauben würde[1727]. Die lückenlose Investmentaufsicht wird vielmehr dadurch sichergestellt, dass der Verwaltungsgesellschaft die ordnungsgemäße Aufgabenwahrnehmung als eigene öffentlich-rechtliche Pflicht obliegt[1728]. Die BaFin wacht darüber, dass die Verwaltungsgesellschaft ihre Aufgaben im Einklang mit dem InvG ausführt[1729]. Insbesondere muss die Verwaltungsgesellschaft die investmentspezifischen Risiken der InvAG in ihr internes Kontrollsystem einbeziehen.

Die Verwaltungsgesellschaft ist den Aktionären der fremdverwalteten InvAG für die durch ihre Organmitglieder oder sonstige Mitarbeiter verursachten Schäden nach § 280 Abs. 1, §§ 278, 31 analog BGB verantwortlich. Zwischen den Aktionären der InvAG und der Verwaltungsgesellschaft besteht ein gesetzliches Schuldverhältnis, dessen Rechtsgrund in der besonderen Verantwortung liegt, die das InvG der Verwaltungsgesellschaft im Interesse des Aktionärsschutzes auferlegt[1730]. Darüber hinaus können Schadensersatzansprüche der Aktionäre gegen die Verwaltungsgesellschaft wegen unerlaubter Handlung, insbesondere wegen Verletzung eines Schutzgesetzes im Sinne von § 823 Abs. 2 BGB, bestehen[1731].

2. Verantwortlichkeit der fremdverwalteten InvAG

Fraglich ist, ob die fremdverwaltete InvAG aus der aufsichtsrechtlichen Verantwortung für die übertragenen Aufgaben entlassen wird. Eine ausdrückliche Befreiung lässt sich dem InvG nur im Hinblick auf die Pflicht zur Einrichtung und Aufrechterhaltung einer Geschäftsorganisation im Sinne von § 9a InvG entnehmen. Darüber hinaus könnte es der Wille des Gesetzgebers gewesen sein, die fremdverwaltete InvAG von der Verantwortung für die Portfolioverwaltung freizustellen. Hierfür könnte die Regierungsbegründung sprechen, die ausführt,

---

1726 Siehe B. III.

1727 Siehe § 14 B. III. 3.

1728 §§ 96 Abs. 4 Satz 2, 9 f. InvG.

1729 Benennt die InvAG eine ausländische Verwaltungsgesellschaft, kann die BaFin die Verwaltung der InvAG untersagen, wenn die Verwaltungsgesellschaft den Anforderungen von Art. 19 Abs. 3 und 4 OGAW-RL nicht entspricht, vgl. § 96 Abs. 4 Satz 6 i.V.m. § 13a Abs. 4 Nr. 1 InvG.

1730 Ausführlich Campbell/Müchler, ILF Working Paper Series No. 101, 4/2009, S. 8 ff.; zustimmend C. Fischer/K. Steck, in: B/S/L, § 96 InvG Rn. 37; kritisch Einsele, AG 2011, 141, 152 f.

1731 Campbell/Müchler, ILF Working Paper Series No. 101, 4/2009, S. 16 f.

die mit der Portfolioverwaltung einhergehende „Verantwortung“ werde auf die Verwaltungsgesellschaft „übertragen“[1732]. Konsequenz dieses Verständnisses wäre aber die weitgehende Bedeutungslosigkeit des personellen Elements der Erlaubnis. Das InvG verlangt indes auch von der fremdverwalteten InvAG, dass zwei Vorstandsmitglieder bestellt werden, die über Spezialkenntnisse auf dem Gebiet des Investmentrechts verfügen und besonderen Verhaltensregeln im Hinblick auf die Verwaltung des Investmentvermögens unterliegen[1733]. Es besteht daher kein Raum für eine vollumfängliche Befreiung der fremdverwalteten InvAG von der aufsichtsrechtlichen Verantwortung.

Die Fremdverwaltung hat im Grundsatz auch keine Auswirkungen auf die zivilrechtliche Verantwortlichkeit der InvAG gegenüber ihren Aktionären. Allerdings kommen gegen die InvAG gerichtete Schadensersatzansprüche der Aktionäre ohnehin nur in Ausnahmefällen in Betracht[1734].

III. Umfang der Fremdverwaltung

1. Aufgaben nach § 96 Abs. 4 Satz 2 InvG

Nach § 96 Abs. 4 Satz 2 InvG übernimmt die Verwaltungsgesellschaft die Anlage und Verwaltung der Mittel der InvAG sowie die Ausführung der allgemeinen Verwaltungstätigkeit. Aufgrund dieser klaren Aufgabenzuweisung kann die InvAG diese Tätigkeiten nicht selbst durchführen[1735].

a) Anlage und Verwaltung der Mittel der InvAG

Hauptaufgabe der Verwaltungsgesellschaft ist nach § 96 Abs. 4 Satz 2 InvG die Anlage und Verwaltung der Mittel der InvAG. Die Portfolioverwaltung kann in die Bereiche der Planung, Umsetzung und Kontrolle von Anlageentscheidungen eingeteilt werden[1736]. Die Verwaltungsgesellschaft trifft die Anlagenentscheidungen für die InvAG und schließt die zur Umsetzung erforderlichen Verträge ab. Sie handelt dabei in den Grenzen des InvG, der Satzung und den Anlagebedingungen der verwalteten InvG nach eigenem Ermessen.

1732 BT-Drs. 16/5576, S. 85 re. Sp.; dies übernehmend Volhard/Wilkens, Absolut Report 2007, Nr. 41, S. 48, 50; Wallach, Der Konzern 2007, 487, 493.

1733 §§ 97 Abs. 1 Satz 3 Nr. 3, 106 Satz 1 InvG.

1734 Vgl. Campbell/Müchler, ILF Working Paper Series No. 101, 4/2009, S. 6 ff.

1735 A.A. C. Fischer/K. Steck, in: B/S/L, § 96 InvG Rn. 32.

1736 Schreiben des BaKred vom 29.9.1997 – V 1/02 – 17/97; Bonertz, DStR 2006, 932, 933.

b) Allgemeine Verwaltungstätigkeit

aa) Fondsadministration

Bei der allgemeinen Verwaltungstätigkeit im Sinne von § 96 Abs. 4 Satz 2 InvG handelt es sich um einen unbestimmten Rechtsbegriff, der der Konkretisierung bedarf. Eine erste Eingrenzung erfolgt durch die Regierungsbegründung, die klarstellt, dass es sich um die „allgemeine investmentrechtliche Verwaltungstätigkeit" handelt[1737]. Hieraus folgt, dass Aufgaben, die gesetzlich ausdrücklich dem Vorstand zugewiesen sind, bei der InvAG verbleiben[1738]. Eine nähere Begriffsbestimmung ist in Abgrenzung zur Portfolioverwaltung möglich. Hierbei kann auf die Terminologie der OGAW-RL zurückgegriffen werden. Nach Anhang II OGAW-RL obliegen Verwaltungs- und Investmentgesellschaften neben der Anlageverwaltung und dem Vertrieb „administrative Tätigkeiten", zu denen die Rechnungslegung, Kundenanfragen, Bewertungen und Preisfestsetzungen, die Überwachung der Einhaltung von Rechtsvorschriften, das Führen des Anteilinhaberregisters, Gewinnausschüttungen, die Anteilsausgabe und -rücknahme, Kontraktabrechnungen sowie das Führen von Aufzeichnungen zählen.

bb) Vertrieb

§ 96 Abs. 4 Satz 2 InvG lässt offen, ob die Verwaltungsgesellschaft auch den Vertrieb der Aktien übernimmt. Der Vertrieb wird üblicherweise nicht der allgemeinen Fondsadministration zugeordnet, sondern als eigenständiger Aufgabenbereich angesehen[1739]. Die fehlende Erwähnung des Vertriebs in § 96 Abs. 4 Satz 2 InvG könnte deshalb als bewusste Ausklammerung dieser Tätigkeit aus dem Aufgabenspektrum der Verwaltungsgesellschaft verstanden werden mit der Folge, dass die InvAG diese Aufgabe selbst wahrnehmen oder auf Dritte übertragen könnte.

Gegen dieses Verständnis spricht aber, dass eine umfassende Investmentaufsicht nur dann gewährleistet ist, wenn sämtliche aufsichtsrechtlich relevanten Aufgaben in das Risikomanagement- und Kontrollsystem der Verwaltungsgesellschaft einbezogen sind, da die fremdverwaltete InvAG mangels Geltung von § 9a InvG über keine entsprechende Organisation verfügt. Zudem kann Erwägungsgrund 12 OGAW-RL entnommen werden, dass die Erlaubnis von Verwal-

1737 Begr. RegE, BT-Drs. 16/5576, S. 85 re. Sp.

1738 Vgl. auch Begr. RegE, BT-Drs. 16/5576, S. 85 re. Sp., wonach die Verwaltungsgesellschaft keine „aktienrechtlichen oder sonstigen allgemeinen Zuständigkeiten und Aufgaben der InvAG" übernimmt.

1739 Hanten, ZBB 2003, 291; Linner, ZfK 2002, 815, 187. Anhang II OGAW-RL führt den Vertrieb ebenfalls gesondert neben der Anlageverwaltung und der administrativen Tätigkeit von Verwaltungs- und Investmentgesellschaften auf.

tungsgesellschaften auch zum Vertrieb von Anteilen fremdverwalteter Investmentgesellschaften berechtigen soll. Der Vertrieb gehört somit als Teil der allgemeinen Verwaltungstätigkeit im Sinne von § 96 Abs. 4 Satz 2 InvG zum Aufgabenspektrum einer Verwaltungsgesellschaft.

2. Übertragung von Leitungsaufgaben?

Fraglich ist, ob die Verwaltungsgesellschaft originäre Leitungsaufgaben des Vorstands der fremdverwalteten InvAG übernimmt. Die Übertragung von Leitungsaufgaben wäre aus aufsichtsrechtlicher Sicht bedenklich, da die fremdverwaltete InvAG weiterhin der Investmentaufsicht unterliegt[1740]. Aktienrechtlich stünde der Übertragung von Leitungsaufgaben das Prinzip der Leitungsverantwortung des Vorstands entgegen. Der Vorstand der AG ist nach § 76 Abs. 1 AktG berechtigt und verpflichtet, alle Entscheidungen zu treffen, die die Kernbereiche der Unternehmensplanung, -strukturierung und -koordination, -kontrolle sowie die Besetzung der oberen Führungsposten betreffen[1741]. Zudem nimmt der Vorstand alle Aufgaben war, die ihm gesetzlich als Kollektivorgan zugewiesen sind[1742]. Die Leitungsverantwortung kann nur durch den Abschluss eines Beherrschungsvertrags beschränkt werden[1743].

Für den Vorstand der InvAG findet § 76 Abs. 1 AktG entsprechende Anwendung[1744] und zwar unabhängig davon, ob die InvAG eine Verwaltungsgesellschaft benannt hat oder nicht. Zwischen der Verwaltungsgesellschaft und der InvAG besteht kein Beherrschungsvertrag[1745]. Der Fremdverwaltungsvertrag ähnelt in der Sache eher dem gesetzlich nicht geregelten Betriebsführungsvertrag, mit dem sich der Betriebsführer gegenüber der AG verpflichtet, den Betrieb der Gesellschaft für deren Rechnung zu führen[1746]. Für den Vorstand der AG findet § 76 Abs. 1 AktG bei Abschluss eines Betriebsführungsvertrags aber weiterhin Anwendung[1747]. Eine Delegation von Leitungsaufgaben des Vorstands der

1740 Siehe C. II. 2.

1741 Mertens/Cahn, in: KölnKommAktG, § 76 Rn. 5; Hopt, in: GroßKommAktG, § 76 Rn. 36; Hüffer, AktG, § 76 Rn. 8; Henze, BB 2000, 209, 210. Grundlegend Gutenberg, Unternehmensführung, Organisation und Entscheidung, 1962, S. 59 ff.; mit anderen Begrifflichkeiten Fleischer, in: Spindler/Stilz, AktG, § 76 Rn. 18; ders., ZIP 2003, 1, 5.

1742 Spindler, in: MünchKommAktG, § 76 Rn. 16; Hüffer, AktG, § 76 Rn. 8; Fleischer, ZIP 2003, 1, 6.

1743 Koppensteiner, in: KölnKommAktG, § 291 Rn. 20.

1744 Siehe § 6 B. I. 1.

1745 Siehe § 14 C. II. 2.

1746 Altmeppen, in: MünchKommAktG, § 292 Rn. 143; Krieger, in: MünchHdb. AG, § 72 Rn. 45.

1747 Altmeppen, in: MünchKommAktG, § 292 Rn. 170; Mertens/Cahn, in: KölnKommAktG, § 76 Rn. 57.

InvAG findet deshalb auch im Rahmen von § 96 Abs. 4 InvG nicht statt, so dass der Vorstand insbesondere für die Festlegung der Anlagepolitik der InvAG zuständig bleibt.

3. Ausnahme vom Briefkastenverbot?

Da die Verwaltungsgesellschaft die gesamte Hauptverwaltung der fremdverwalteten InvAG übernimmt, kann im Anwendungsbereich von § 96 Abs. 4 InvG an der Zulässigkeit einer umfassenden Aufgabenübertragung kein Zweifel bestehen. Die Frage, ob es sich bei der Fremdverwaltung um eine Ausnahme vom Briefkastenverbot der OGAW-RL handelt, hat daher rein theoretische Bedeutung.

Ein Verstoß gegen das Briefkastenverbot läge vor, wenn die fremdverwaltete InvAG nur noch als rechtlicher Bezugspunkt aufsichtsrechtlicher Pflichten bestünde. Dies ist nicht der Fall. Erstens obliegen dem Vorstand die ihm nach dem AktG zugewiesenen Aufgaben, die von der Fremdverwaltung unberührt bleiben[1748]. Zweitens setzt die fortbestehende Verantwortung der fremdverwalteten InvAG für die übertragenen Aufgabenbereiche[1749] voraus, dass die Gesellschaft über eine gewisse organisatorische Struktur verfügt, die ihr die Kontrolle und Steuerung der Verwaltungsgesellschaft ermöglicht. Eine „virtuelle InvAG" kann es somit auch im Rahmen von § 96 Abs. 4 InvG nicht geben.

IV. Anzeige- und Veröffentlichungspflichten

Da § 96 Abs. 4 Satz 2 InvG den Aufgabenkreis der Verwaltungsgesellschaft abschließend festlegt, besteht für die Anzeige der von der Verwaltungsgesellschaft übernommenen Tätigkeiten gegenüber der BaFin kein Anlass. Eine erschöpfende Aufzählung der Leistungen der Verwaltungsgesellschaft im Verkaufsprospekt der fremdverwalteten InvAG ist aus diesem Grund ebenfalls entbehrlich. Der Verkaufsprospekt sollte aber auf die Fremdverwaltung hinweisen und Informationen über die benannte Gesellschaft und deren Aufgaben enthalten[1750].

V. Schlussfolgerungen für die Gestaltung des Fremdverwaltungsvertrags

Aus dem Vergleich von Auslagerung und Fremdverwaltung ergeben sich für die Gestaltung des Fremdverwaltungsvertrags die folgenden Erkenntnisse:

In Anbetracht des gesetzlich festgelegten Aufgabenkreises der Verwaltungsgesellschaft besteht für eine vertragliche Spezifizierung und Abgrenzung

---

1748 Siehe C. III. 2.
1749 Siehe C. II. 2.
1750 Auch der Lagebericht der InvAG muss im Falle der Fremdverwaltung nach § 20 Abs. 2 Nr. 5 InvRBV besondere Informationen enthalten.

der Leistungen der Verwaltungsgesellschaft aus aufsichtsrechtlicher Sicht kein Bedürfnis. Die Festlegung umfassender Überwachungsrechte zugunsten der InvAG ist aus aufsichtsrechtlicher Perspektive ebenfalls nicht erforderlich, da die Verwaltungsgesellschaft bei der Wahrnehmung ihrer Aufgaben von der BaFin beaufsichtigt wird. Die fortbestehende aufsichtsrechtliche Verantwortung der InvAG setzt zwar voraus, dass die InvAG über gewisse Kontroll- und Steuerungsrechte gegenüber der Verwaltungsgesellschaft verfügt. Es ist aber zu berücksichtigen, dass die fremdverwaltete InvAG kein investmentspezifisches Risikomanagementsystem einrichten muss. Vor diesem Hintergrund erscheint eine Verwaltungspraxis, die die fremdverwaltete InvAG verpflichtet, die übertragenen Bereiche so zu überwachen und zu steuern, als nähme sie diese Aufgaben selbst wahr, unverhältnismäßig. In Anbetracht der laufenden Aufsicht, die die BaFin über den übertragenden und ausführenden Rechtsträger führt, kann das Ob und Wie der Überwachung der Verwaltungsgesellschaft durch die fremdverwaltete InvAG vielmehr in den Grenzen des Aktienrechts, die insbesondere durch die Leitungsverantwortung des Vorstands nach § 76 Abs. 1 AktG gezogen werden[1751], der Privatautonomie überlassen werden.

D. Die Weiterverlagerung von Aufgaben im Rahmen der Fremdverwaltung

I. Zuständigkeit der Verwaltungsgesellschaft

Obwohl Fremdverwaltung und Auslagerung nach § 96 Abs. 4 Satz 3 1. Alt. InvG rechtlich streng zu trennen sind, schließen sich die Sachverhalte nicht gegenseitig aus. Der Verwaltungsgesellschaft ist es unbenommen, einzelne von der InvAG übernommene Tätigkeiten oder Prozesse nach Maßgabe von § 16 InvG auf andere Unternehmen auszulagern[1752]. Die fremdverwaltete InvAG kann ihrerseits keine Auslagerungen vornehmen, da alle der Auslagerung zugänglichen, wesentlichen Aufgaben der Verwaltungsgesellschaft zugewiesen sind[1753]. Eine

1751 Die statthafte Aufgabendelegation lässt die Leitungsverantwortung des Vorstands der AG nicht entfallen, sondern gibt ihr einen anderen Inhalt. Insbesondere ist der Vorstand zur sorgfältigen Auswahl, Einweisung und Überwachung des Dritten verpflichtet, vgl. BGHZ 127, 336, 347 = NJW 1995, 327, 329 zu § 43 GmbHG; Spindler, in: MünchKommAktG, § 91 Rn. 19; Fleischer, in: Spindler/Stilz, AktG, § 93 Rn. 100. Angesichts der umfassenden Regulierung der Tätigkeit der Verwaltungsgesellschaft sind an die Auswahl-, Einweisungs- und Überwachungssorgfalt geringe Anforderungen zu stellen.

1752 Unstr., vgl. Begr. RegE, BT-Drs. 16/5576, S. 85 re Sp.; C. Fischer/K. Steck, in: B/S/L, § 96 InvG Rn. 32; C. Fischer, S. 226; Dornseifer, AG 2008, 53, 59; Wallach, Der Konzern 2007, 487, 493.

1753 Hiervon zu unterscheiden ist die Frage, ob die Verwaltungsgesellschaft Tätigkeiten auf die fremdverwaltete InvAG auslagern kann. Wenngleich das InvG dem nicht ausdrücklich

Auslagerung durch die fremdverwaltete InvAG selbst hätte zudem zur Folge, dass die ausgelagerten Bereiche nicht in das auf der Ebene der Verwaltungsgesellschaft bestehende Risikomanagementsystem einbezogen würden. Schließlich gelten die Anforderungen, die die OGAW-RL an die Auslagerung stellt, ausdrücklich nur für die selbstverwaltende Investmentgesellschaft[1754]. Im Interesse der Rechtssicherheit sollte der Gesetzgeber klarstellen, dass § 16 InvG für die fremdverwaltete InvAG keine Anwendung findet.

II. Zustimmung der InvAG

Ausweislich der Regierungsbegründung setzt die Weiterverlagerung der von der Verwaltungsgesellschaft nach § 96 Abs. 4 Satz 2 InvG übernommenen Aufgaben die Zustimmung der fremdverwalteten InvAG voraus[1755]. Fraglich ist, auf welcher Rechtsgrundlage das Zustimmungserfordernis beruht. Da der Fremdverwaltungsvertrag als Geschäftsbesorgungsvertrag im Sinne von § 675 Abs. 1 BGB anzusehen ist, könnte sich das Zustimmungserfordernis aus § 664 Abs. 1 Satz 1 BGB ergeben[1756]. Danach darf der Beauftragte die Aufgabenausführung im Zweifel keinem Dritten übertragen. Der Verwaltungsgesellschaft ist es somit grundsätzlich untersagt, Dritte ohne Zustimmung der fremdverwalteten InvAG mit der Wahrnehmung der von dieser übernommenen Aufgaben zu beauftragen. Soweit der Fremdverwaltungsvertrag dienstvertraglichen Charakter hat, ergibt sich das Zustimmungserfordernis zudem aus § 613 Satz 1 BGB. Die InvAG kann ihre Zustimmung im Einzelfall erklären oder sich bereits im Fremdverwaltungsvertrag mit bestimmten Auslagerungen einverstanden erklären.

III. Sonstige Voraussetzungen der Weiterverlagerung

Die Weiterverlagerung richtet sich im Übrigen nach den allgemeinen Regeln für die Auslagerung im Sinne von § 16 InvG. Als Auslagerungsunternehmen kommen daher alle in- und ausländischen Unternehmen in Betracht, die die gesetzlichen Anforderungen erfüllen[1757]. Ausgelagert werden können sämtliche von der InvAG übernommene Tätigkeiten und Prozesse, wobei die Verwaltungsgesell-

---

entgegensteht, entspricht die Rückverlagerung von Aufgaben auf die InvAG jedenfalls nicht dem Konzept der OGAW-RL, die die fremdverwaltete Investmentgesellschaft als reines Investmentvermögen sieht, siehe § 14 B. I. 2., II.

1754 Art. 30 Satz 1 i.V.m. Art. 13 OGAW-RL.

1755 Begr. RegE, BT-Drs. 16/5576, S. 85 re. Sp.; C. Fischer/K. Steck, in: B/S/L, § 96 InvG Rn. 32.

1756 Nach wohl h.M. ist die Vorschrift trotz der fehlenden Bezugnahme in § 675 Abs. 1 BGB auf den Geschäftsbesorgungsvertrag anwendbar; vgl. zum Meinungsstand Seiler, in: MünchKommBGB, § 664 Rn. 19.

1757 Begr. RegE, BT-Drs. 16/5576, S. 85 re. Sp.

schaft für die ordnungsgemäße Aufgabenausführung verantwortlich bleibt. Der zwischen der Verwaltungsgesellschaft und dem Auslagerungsunternehmen geschlossene Vertrag muss den Anforderungen von § 16 InvG und Abschnitt 9 der InvMaRisk genügen. Da die Verantwortung der fremdverwalteten InvAG für die der Verwaltungsgesellschaft übertragenen Bereiche prinzipiell fortbesteht[1758], darf die InvAG der Auslagerung nur dann zustimmen, wenn die Verwaltungsgesellschaft sich verpflichtet, der InvAG im Auslagerungsvertrag diejenigen Rechte einzuräumen, die ihr auch gegenüber der Verwaltungsgesellschaft vertraglich zustehen.

E. Zusammenfassung

1. Auslagerung und Fremdverwaltung sind rechtlich streng zu trennen. Die lückenlose Investmentaufsicht wird im Rahmen der Auslagerung durch den Fortbestand der Verantwortlichkeit der InvAG für die ausgelagerten Bereiche gewährleistet, weshalb der Auslagerungsvertrag umfassende Kontroll- und Steuerungsrechte zugunsten der InvAG vorsehen muss. Im Rahmen der Fremdverwaltung wird die Aufsicht maßgeblich durch investmentrechtliche Pflichten der Verwaltungsgesellschaft und deren Beaufsichtigung durch die BaFin gewährleistet. Aus diesem Grund kann das Ob und Wie der Überwachung der Verwaltungsgesellschaft durch die fremdverwaltete InvAG in den Grenzen von § 76 Abs. 1 AktG der Privatautonomie überlassen werden.
2. Die Verwaltungsgesellschaft kann einzelne der übernommenen Aufgaben unter den Voraussetzungen von § 16 InvG auf andere Unternehmen auslagern, wenn die InvAG zustimmt. Das Zustimmungserfordernis ergibt sich aus §§ 664 Abs. 1 Satz 1, 613 Satz 1 BGB. Die InvAG darf der Auslagerung nur dann zustimmen, wenn die Verwaltungsgesellschaft sich verpflichtet, der InvAG im Auslagerungsvertrag diejenigen Rechte einzuräumen, die ihr auch gegenüber der Verwaltungsgesellschaft vertraglich zustehen.

1758 Siehe C. II. 2.

4. Teil: Gesamtergebnis

§ 16 Zusammenfassung der Ergebnisse

A. Ergebnisse des 2. Teils

1. Die Gründung der InvAG richtet sich weitgehend nach den Vorschriften des AktG. Anders als die AG kann die InvAG aber erst nach Abschluss des aufsichtsrechtlichen Erlaubnisverfahrens in das Handelsregister eingetragen werden. Zudem muss das Anfangskapital in Abweichung von § 36a Abs. 1 AktG bereits im Zeitpunkt der Handelsregisteranmeldung vollständig aufgebracht sein. Seit dem OGAW-IV-UmsG kann die InvAG beteiligter Rechtsträger an einer Verschmelzung sein.
2. Das für die Publikums-InvAG geltende Sacheinlageverbot ist im Interesse der Sicherstellung der börsentäglichen Ermittlung des Inventarwerts berechtigt. Hinsichtlich der Ausgabe von Unternehmensaktien hätte aber Raum für eine Ausnahme von diesem Verbot bestanden. Die Spezial-InvAG kann ihre Aktien auch gegen Sacheinlagen ausgegeben.
3. Die InvAG bedarf zur Aufnahme ihres Geschäftsbetriebs der Erlaubnis der BaFin. Seit der Erweiterung der Definition der InvAG um das Rückgaberecht der Aktionäre steht nicht mehr zu befürchten, dass die AG von der Erlaubnispflicht erfasst wird. Die Beschränkung des Unternehmensgegenstands der InvAG auf die kollektive Vermögensverwaltung verhindert, dass die Aktionäre die Risiken aus sonstigen Geschäften tragen.
4. Die InvAG kann durch die Änderung ihres Unternehmensgegenstands und ihrer Firma auf die Erlaubnis verzichten (§ 97 Abs. 2 Satz 1 2. Alt. InvG). Die erforderliche Satzungsänderung bedarf der Zustimmung der Aktionäre der InvAG, da sie den Gesellschaftszweck ändert und einen schweren Eingriff in die Mitgliedschaft der Anlageaktionäre darstellt.
5. Die Aufhebung der aktienrechtlichen Satzungsstrenge (§ 23 Abs. 5 AktG) ist zu begrüßen, da sie eine praxisgerechte Weiterentwicklung der InvAG ermöglicht. Beeinträchtigungen des Aktionärsschutzes und der Fungibilität der Aktien sind nicht zu befürchten, da die Satzung der InvAG mit den Vorschriften des InvG im Einklang stehen muss.
6. Die Satzungsänderung der InvAG folgt dem aktienrechtlichen Verfahren, das durch das InvG modifiziert wird. Um die Anlagepolitik flexibel anpassen zu können, kann die InvAG neben der Satzung sog. Anlagebedingungen erstellen. Für die einzelnen TGV einer InvAG ist die Erstellung von Anlagebedingungen zwingend. Die Anlagebedingungen begründen keinen Vertrag zwischen der InvAG und ihren Aktionären.

7. Mit der Einführung von Unternehmens- und Anlageaktien nach dem Vorbild ausländischer Fondsstandorte verfolgte der Gesetzgeber in erster Linie das Ziel, die Willensbildung in der Hauptversammlung in die Hände der wirtschaftlich hinter der InvAG stehenden Personen zu legen. Zudem wurde der Theorie der feindlichen Übernahme der InvAG durch die mögliche Ausgabe stimmrechtloser Anlageaktien der Boden entzogen.
8. Unternehmensaktien werden nach § 105 Abs. 1 InvG vom Vorstand ausgegeben, sofern die Satzung die Zuständigkeit nicht der Hauptversammlung zuweist.
9. Die Unternehmensaktionäre leisten die Mindesteinlage und tragen entsprechend § 46 AktG die Gründungsverantwortung. Unklar ist der Inhalt der besonderen Verantwortung, die die Unternehmensaktionäre ausweislich der Regierungsbegründung zum InvÄndG auch im „weiteren Betrieb" tragen. Im Interesse des Anlegerschutzes sollten nur die Unternehmensaktionäre mit ihrer Einlage für die Betriebskosten haften. Die Unternehmensaktionäre haben zudem eine Treuepflicht gegenüber der InvAG und den Anlageaktionären, die sie verpflichtet, ihre Verwaltungsrechte auszuüben, soweit dies zur Gewährleistung der Funktionsfähigkeit der InvAG erforderlich ist, und auf das Gesellschaftsinteresse und die Belange der Anlageaktionäre angemessen Rücksicht zu nehmen. De lege ferenda sollte der Gesetzgeber das Betriebsvermögen der selbstverwaltenden Publikums-InvAG den Unternehmensaktien zuordnen und einen dauerhaft einzuhaltenden Mindestwert festlegen.
10. § 96 Abs. 1b Satz 3, 5 und 6 InvG enthalten besondere Vorkehrungen zur Sicherung der Pflichtenbindung der Unternehmensaktionäre, die durch das investmentrechtliche Inhaberkontrollverfahren ergänzt werden. Dem Bedürfnis für eine Beschränkung des Rückgaberechts der Unternehmensaktionäre wurde im Zuge des OGAW-IV-UmsG durch die Einführung von § 105 Abs. 2 Satz 3 InvG Rechnung getragen.
11. Anlageaktien gewähren grundsätzlich keine Stimmrechte und berechtigen nicht zur Teilnahme an der Hauptversammlung. Über den Wortlaut von § 96 Abs. 1c Satz 2 InvG hinaus sind alle versammlungsgebundenen Verwaltungsrechte ausgeschlossen. Die Anwendbarkeit versammlungsungebundener Verwaltungsrechte ist für jede Norm gesondert zu untersuchen. Anlageaktien unterscheiden sich grundlegend von den Vorzugsaktien des AktG. Das Investmentrecht gewährleistet eine wesentlich effektivere Kontrolle des Verwaltungshandelns, als durch die Einräumung gesellschaftsrechtlicher Mitwirkungsrechte zugunsten der Anlageaktionäre erreicht werden könnte.
12. Wie die AG hat auch die InvAG den Vorstand, den Aufsichtsrat und die Hauptversammlung als notwendige Organe. Die Aufgaben und Zuständigkei-

ten sowie die Zusammensetzung dieser Organe weichen jedoch vielfach von den aktienrechtlichen Vorschriften ab.

13. Der Vorstand der InvAG muss mindestens zwei Mitglieder haben, die zuverlässig sind und die zur Leitung der Gesellschaft erforderliche fachliche Eignung haben. Die fachliche Eignung der Geschäftsleiter muss sich auf die Anlagepolitik aller TGV beziehen. Vor dem Hintergrund der besonderen Pflichten, die das InvG der Geschäftsleitung auferlegt, kommt der aktienrechtlichen Leitungsverantwortung des Vorstands (§ 76 AktG) auch eine aufsichtsrechtliche Bedeutung zu.
14. AktG und InvG enthalten Vorkehrungen, um für die InvAG nachteilige Eigengeschäfte der Mitglieder von Vorstand und Aufsichtsrat zu unterbinden. Das Geschäftsverbot des § 106b InvG sollte dennoch beibehalten werden, da an der Zulassung von Eigengeschäften der Organmitglieder kein Gesellschaftsinteresse besteht und die Nichtigkeitsfolge des Geschäftsverbots den Vorteil einer klaren Sanktion bietet.
15. Der Aufsichtsrat hat eine wichtige Funktion im investmentrechtlichen Anlegerschutzsystem. Aufgabe des Aufsichtsrats der Publikums-InvAG ist die Wahrung der Interessen der Anlageaktionäre, die regelmäßig keine Möglichkeiten zur Einflussnahme auf die Geschäftsleitung haben. Die im Zuge des InvÄndG eingeführte Pflicht zur Wahl eines unabhängigen Aufsichtsratsmitglieds ist im Interesse des Anlegerschutzes zu begrüßen. Die Unabhängigkeit des Aufsichtsratsmitglieds muss gegenüber den Unternehmensaktionären und den Geschäftspartnern der InvAG bestehen.
16. Die Zuständigkeiten der Hauptversammlung richten sich weitgehend nach den aktienrechtlichen Vorschriften. Bestimmte Strukturmaßnahmen, über die bei aktienrechtlicher Betrachtung die Hauptversammlung entscheiden würde, sind jedoch dem Vorstand zugewiesen. In Abweichung vom Aktienrecht besteht die Hauptversammlung der InvAG regelmäßig nur aus den Unternehmensaktionären.
17. Die offene Fondsstruktur der InvAG erfordert eine besondere Beweglichkeit des Grundkapitals. Die aktienrechtlichen Vorschriften über die Kapitalerhöhung, den Erwerb eigener Aktien und die Kapitalherabsetzung können deshalb allenfalls in modifizierter Form Anwendung finden.
18. Die Kapitalstruktur der InvAG bricht mit den herkömmlichen Funktionen des Grundkapitals. Eine umfassende Vermögensbindung kann angesichts des Rückgaberechts der Aktionäre nicht bestehen. Die Kapitalziffer der InvAG ist aufgrund ihrer Unbeständigkeit kein geeigneter Anknüpfungspunkt für den Gläubigerschutz. Ein Bedürfnis für einen gesetzlichen Kapitalschutz besteht im Interesse „unfreiwilliger“ Gesellschaftsgläubiger. Sofern die Aktionäre mit ihrer Einlage nicht für sämtliche Risiken der InvAG haften sollen,

sind Kapitalschutzerwägungen allein im Hinblick auf eine vom Anlagevermögen getrennte Vermögensmasse gerechtfertigt.

19. Die Kapitalstruktur der InvAG kann abweichend von der KapitalRL ausgestaltet werden, da die InvAG unter die Freistellungsoption nach Art. 1 Abs. 2 KapitalRL fällt.
20. Zu den Wesensmerkmalen des veränderlichen Kapitals der InvAG gehören die Befugnis zur jederzeitigen Ausgabe und Rücknahme ihrer Aktien sowie der Gleichlauf von Gesellschaftsvermögen und Gesellschaftskapital. Das Gesellschaftskapital unterscheidet sich grundlegend vom Grundkapital der AG, da es auf keinen festen Nennbetrag lautet und den Wertschwankungen des Gesellschaftsvermögens unterliegt.
21. Das Mindestkapital der InvAG, das die Aktienrücknahme begrenzt, muss anfänglich mindestens 300.000 Euro betragen und darf keinesfalls so hoch sein, dass die InvAG bei wertender Betrachtung als geschlossener Fonds erscheint. Es ist unklar, welchem Zweck das die Aktienausgabe begrenzende Höchstkapital dient. Seiner Abschaffung steht jedoch Art. 1 Abs. 2 KapitalRL entgegen.
22. Das Anfangskapital der InvAG in Höhe von mindestens 300.000 Euro dient als Betriebskapital und hat vornehmlich Haft- und Garantiefunktion im Gläubigerinteresse. Der Schwellenwert in Höhe von 1,25 Mio. Euro, den das Gesellschaftsvermögen nach Ablauf von sechs Monaten nach der Eintragung der InvAG im Handelsregister erreicht haben muss, soll gewährleisten, dass die InvAG die Mittel für ein risikodiversifiziertes Portfolio einwirbt. Ausschüttungen, die zur Unterschreitung dieses Betrags führen würden, sind regelmäßig sorgfaltswidrig.
23. Das aktienrechtliche Prinzip der Vermögensbindung findet für die InvAG keine Anwendung.
24. Die Ausgabe neuer Aktien der InvAG vollzieht sich ausschließlich nach dem InvG. Die Aktienausgabe steht im pflichtgemäßem Ermessen des Vorstands und erhöht das Gesellschaftskapital unmittelbar. Die Aktien der InvAG werden als Stückaktien ausgegeben, die eine direkte Beteiligung am Gesellschaftsvermögen vermitteln und deshalb echten nennwertlosen Stückaktien angenähert sind. Die InvAG darf in Abweichung von § 8 Abs. 5 AktG „Bruchstückaktien" ausgeben. Der Ausgabepreis der Aktien ist anders als im Aktienrecht nicht frei bestimmbar, sondern entspricht dem anteiligen Nettoinventarwert ggf. zuzüglich eines Ausgabeaufschlags.
25. Die Unternehmensaktionäre und die stimmberechtigten Anlageaktionäre der InvAG sind nach § 104 Satz 2 InvG i.V.m. § 186 AktG zur bevorrechtigten Zeichnung neuer Aktien berechtigt. Das Bezugsrecht der stimmrechtslosen Anlageaktionäre ist gesetzlich ausgeschlossen. Die Funktion des Bezugs-

rechts erschöpft sich im Schutz der Aktionäre vor einer Minderung ihrer Stimm- und Beteiligungsquote. § 104 Satz 2 InvG ist insofern einschränkend auszulegen, als Bezugsrechte bei der Ausgabe stimmrechtsloser Anlageaktien nicht bestehen. Gibt die InvAG neue Unternehmensaktien aus, richtet sich das Bezugsrecht der stimmberechtigten Anlageaktionäre auf Aktien der eigenen Gattung, sofern der Vorstand zugleich beschließt, neue stimmberechtigte Anlageaktien im zur Bedienung der Bezugsrechte erforderlichen Umfang auszugeben.

26. Das Rückgaberecht der Aktionäre der InvAG (§ 105 Abs. 2 Satz 1 InvG) ist ein zentrales Anlegerschutzrecht, dessen Funktion vor allem in der Reduzierung des Kursrisikos und der Kompensation der fehlenden tatsächlichen und rechtlichen Möglichkeiten zur Einflussnahme auf die gesellschaftlichen Entscheidungsprozesse und zur Kontrolle der Geschäftsleitung besteht. Es handelt sich um ein originär investmentrechtliches Mitgliedschaftsrecht. Insbesondere sind die Aktien der InvAG keine rückerwerbbaren Aktien im Sinne von Art. 39 KapitalRL.
27. Das Rückgaberecht ist unabdingbar und kann nur in den gesetzlich geregelten Fällen beschränkt werden. Die Aktienrücknahme ist verboten, soweit durch die Rücknahme einer der in § 105 Abs. 2 Satz 2 und 3 InvG genannten Schwellenwerte oder das in der Satzung festgelegte Mindestkapital unterschritten würde. Die Zahlungsverbote des § 92 Abs. 2 AktG haben vor diesem Hintergrund keine praktische Bedeutung. Können an einem Rücknahmetermin nicht alle angedienten Aktien zurückgenommen werden, ist die Rücknahme auf den zulässigen Umfang beschränkt. Die Satzung sollte für diesen Fall die anteilige Rücknahme und ggf. die nachrangige Bedienung der Ansprüche der Unternehmensaktionäre vorsehen.
28. Die Aktienrücknahme der InvAG ist als investmentrechtlicher Sondertatbestand geregelt, der auch begrifflich vom aktienrechtlichen Erwerb eigener Aktien abgegrenzt ist. Die Kapitalherabsetzung erfolgt unmittelbar und kraft Gesetzes mit der Aktienrücknahme.
29. Das Anlagevermögen der InvAG ist anders als das Sondervermögen nicht zugunsten der Aktionäre „insolvenzfest". Die TGV können nicht selbst Gegenstand eines Insolvenzverfahrens sein. Es besteht auch kein Bedürfnis, ein Sonderinsolvenzverfahren für die TGV der InvAG einzuführen. Das InvG enthält Vorkehrungen, die in der Gesamtschau geeignet sind, einen angemessenen Schutz der Aktionäre vor der Insolvenz der InvAG zu gewährleisten, der jedoch hinter dem Schutz der Anteilinhaber des insolvenzfesten Sondervermögens zurückbleibt.

B. Ergebnisse des 3. Teils

1. Die InvAG kann nach § 99 Abs. 3 Satz 1 i.V.m. § 34 Abs. 1 Satz 1 InvG Aktienklassen bilden. Aktienklassen sind ein originär investmentrechtliches Gestaltungsinstrument und werden durch die Ausgabe von Aktien mit verschiedenen nicht-mitgliedschaftsbezogenen Merkmalen begründet. Über die Einführung neuer Aktienklassen beschließt der Vorstand nach Maßgabe der Satzung und der Anlagebedingungen. Darüber hinaus kann die InvAG nach § 99 Abs. 1 InvG i.V.m. § 11 AktG durch die unterschiedliche Ausgestaltung des Inhalts der Mitgliedschaft der Aktionäre in der Satzung Aktiengattungen bilden.
2. Die InvAG kann nach § 99 Abs. 3 Satz 1 i.V.m. § 34 Abs. 2 Satz 1 InvG TGV bilden. Die Umbrella-Konstruktion ist für die Praxis von besonderer Bedeutung, da der InvAG andere Möglichkeiten zur Bildung separater Vermögenseinheiten nicht zur Verfügung stehen und die Anlageaktionäre durch die Bildung eines Betriebs-TGV von den operativen Risiken der Gesellschaft abgeschirmt werden können.
3. Kennzeichen der Umbrella-Konstruktion ist die vermögens- und haftungsrechtliche Trennung der TGV (horizontale Vermögenssonderung). Eine vertikale Vermögenstrennung, wie sie aufgrund der Trennung des Eigenvermögens der KAG vom Sondervermögen besteht, existiert für die InvAG nicht. Eine dingliche Surrogation analog § 30 Abs. 2 InvG findet nicht statt.
4. Verbindlichkeiten aus Rechtsgeschäften, die einzelnen TGV konkret zugeordnet werden können, werden aus dem jeweiligen TGV beglichen. Für sonstige Verbindlichkeiten sollte die Satzung die gleichmäßige Belastung des Wertes aller Aktien vorsehen. Im Falle der Vermögenslosigkeit eines TGV ist der Ausfallbetrag grundsätzlich aus allen übrigen TGV zu begleichen.
5. Die Vermögensrechte der Aktionäre einer InvAG der Umbrella-Konstruktion sind auf die jeweiligen TGV beschränkt. Verluste anderer TGV schmälern die Gewinne der Aktionäre eines TGV grundsätzlich nicht. Die Verwaltungsrechte der Aktionäre beziehen sich auf die InvAG insgesamt. Die Satzung kann das Stimmrecht der Anlageaktionäre aber auf die Angelegenheiten der jeweiligen TGV beschränken. Über diese Angelegenheiten kann in einer gesonderten Versammlung abgestimmt werden. Die Stimm- und Teilnahmerechte der Unternehmensaktionäre können nicht beschränkt werden. Es besteht kein Bedürfnis für die Angleichung des Stimmgewichts der Aktionäre an den relativen Wert ihrer Aktien.
6. Die als Umbrella-Konstruktion ausgestaltete InvAG kann ihre Haftung gegenüber ihren Vertragspartnern unter den Voraussetzungen von § 98 Abs. 2 InvG auf einzelne TGV beschränken. Die Pflicht der InvAG zum Hinweis

auf ihre besondere Haftungsverfassung sollte in absehbarer Zeit einer Prüfung unterzogen und ggf. abgeschafft werden. Die gesetzlichen Publizitätsanforderungen gewährleisten einen angemessenen Gläubigerschutz, weshalb für einen Kapitalschutz auf der Ebene der einzelnen TGV kein Bedürfnis besteht.

7. Die OGAW-RL gestattet seit der RL 2001/107/EG die Fremdverwaltung von Investmentgesellschaften. Da die fremdverwaltete Investmentgesellschaft von den Anforderungen der OGAW-RL an den Geschäftsbetrieb von Investmentgesellschaften weitgehend befreit ist und die Regulierung auf der Produktebene sich nicht von der Regulierung von OGAW anderer Organisationsformen unterscheidet, ermöglicht die Einführung der fremdverwalteten InvAG eine weitgehende Gleichstellung von Vertrags- und Satzungsform.
8. In Abweichung vom Konzept der OGAW-RL ist die fremdverwaltete InvAG der selbstverwaltenden InvAG in regulatorischer Hinsicht weitgehend gleichgestellt. Um die Wettbewerbsfähigkeit der fremdverwalteten InvAG zu stärken, sollte de lege ferenda auf ein über § 7 AktG hinausgehendes Mindestanfangskapital verzichtet werden. Der Diskussionsentwurf des AIFM-UmsG sieht dies vor.
9. Im Erlaubnisverfahren muss die fremdverwaltete InvAG der BaFin die Firma der ausgewählten Verwaltungsgesellschaft und sonstige prüfungsrelevante Informationen mitteilen. Der Benennung liegt ein Fremdverwaltungsvertrag zwischen der InvAG und der Verwaltungsgesellschaft zugrunde, der als Geschäftsbesorgungsvertrag im Sinne von § 675 Abs. 1 BGB einzuordnen ist.
10. Auslagerung und Fremdverwaltung sind rechtlich streng zu trennen. Die lückenlose Investmentaufsicht wird im Rahmen der Auslagerung durch den Fortbestand der Verantwortlichkeit der InvAG für die ausgelagerten Bereiche gewährleistet, weshalb der Auslagerungsvertrag umfassende Kontroll- und Steuerungsrechte zugunsten der InvAG vorsehen muss. Im Rahmen der Fremdverwaltung wird die Aufsicht maßgeblich durch investmentrechtliche Pflichten der Verwaltungsgesellschaft und deren Beaufsichtigung durch die BaFin gewährleistet. Aus diesem Grund kann das Ob und Wie der Überwachung der Verwaltungsgesellschaft durch die fremdverwaltete InvAG in den Grenzen von § 76 Abs. 1 AktG der Privatautonomie überlassen werden.
11. Die Verwaltungsgesellschaft kann einzelne der übernommenen Aufgaben unter den Voraussetzungen von § 16 InvG auf andere Unternehmen auslagern, wenn die InvAG zustimmt. Das Zustimmungserfordernis ergibt sich aus §§ 664 Abs. 1 Satz 1, 613 Satz 1 BGB. Die InvAG darf der Auslagerung nur dann zustimmen, wenn die Verwaltungsgesellschaft sich verpflichtet, der InvAG im Auslagerungsvertrag diejenigen Rechte einzuräumen, die ihr auch gegenüber der Verwaltungsgesellschaft vertraglich zustehen.

Literatur

Ankele, Jörg, Zum Vorschlag der Kommission der Europäischen Gemeinschaften für eine Zweite gesellschaftsrechtliche Richtlinie, BB 1970, 988-992

Archner, Gernot, Das 4. Finanzmarktförderungsgesetz aus Sicht der Wertpapier-Investmentbranche, Die Bank 2001, 800-807

Assmann, Heinz-Dieter / Schütze, Rolf A. (Hrsg.), Handbuch des Kapitalanlagerechts, 3. Aufl. 2007, München; zit. Bearbeiter, in: Hdb. Kapitalanlagerecht

Bader, Klaus, Die Bildung von Sondervermögen als rechtspolitische Alternative zu Spartenaktien (Tracking Stocks) – eine rechtsvergleichende Untersuchung vor dem Hintergrund der italienischen Gesellschaftsrechtsreform 2003/04, 2005, Diss. Bochum

Baldamus, Ernst-August, Reform der Kapitalrichtlinie, 2002, Diss. Jena

Balk, Thomas / Eller, Roland / Gutmann, Helmut, Investmentfonds, Praxisleitfaden für Kapitalanleger, 2. Aufl. 1993, Bonn

Barocka, Egon, Investment-Sparen und Investment-Gesellschaften: eine volkswirtschaftliche und rechtspolitische Betrachtung, 1956, Stuttgart

Baums, Theodor, Spartenorganisation, „Tracking Stock" und deutsches Aktienrecht, in: Verantwortung und Gestaltung, Festschrift für Karlheinz Boujong, hrsgg. von Carsten Thomas Ebenroth, 1996, München, S. 19-35

ders. (Hrsg.), Bericht der Regierungskommission Corporate Governance, 2001, Köln; zit. Baums, Regierungskommission Corporate Governance

Baums, Theodor / Kiem, Roger, Die Investmentaktiengesellschaft mit veränderlichem Kapital, in: Festschrift für Walther Hadding zum 70. Geburtstag, hrsgg. von Franz Häuser, 2004, Berlin/New York, S. 741-757

Baur, Jürgen, Investmentgesetze: Gesetz über Kapitalanlagegesellschaften (KAGG) und Gesetz über den Vertrieb ausländischer Investmentanteile und über die Besteuerung der Erträge aus ausländischen Investmentanteilen (Auslandsinvestment-Gesetz – AuslInvestmG); Kommentar nebst Länderübersicht EG/EWR-Staaten, Japan, Schweiz, USA; 1. Teilband: Einleitung nebst Länderübersicht; §§ 1-25j KAGG, Berlin/New York, 1997, 2. Teilband: §§ 26-55 KAGG; AuslInvestmG; Anhang; Stichwortverzeichnis; Berlin/New York, 1997; zit. Baur, Investmentgesetze

Baur, Jürgen / Ziegler, Thorsten, Das Investmentgeschäft, 2. Aufl. 2008, Köln

Bayer, Walter / Habersack, Mathias (Hrsg.), Aktienrecht im Wandel, Band II, Grundsatzfragen des Aktienrechts, 2007, Tübingen; zit. Bearbeiter, in: Aktienrecht im Wandel

Beckmann, Klaus / Scholtz, Rolf-Detlev / Vollmer, Lothar (Hrsg.), Investment: Ergänzbares Handbuch für das gesamte Investmentgesetz; Kommentar zu den Rechtsvorschriften einschließlich der Steuerrechtlichen Regelungen, Erläuterungen und Materialen der Kapitalanlagegesellschaften und der Unternehmensbeteiligungsgesellschaften, Berlin, Loseblattausgabe, Stand: 3/2012, Bd. 1 bis 4; zit. Bearbeiter, in: B/S/V

Benckendorff, Andreas, Erwerb eigener Aktien im deutschen und US-amerikanischen Recht, 1998, Diss. Konstanz

Berger, Hanno / Steck, Kai-Uwe / Lübbehüsen, Dieter (Hrsg.), Investmentgesetz, Investmentsteuergesetz, Kommentar, 2010, München; zit. Bearbeiter, in: B/S/L

Bezzenberger, Tilman, Vorzugsaktien ohne Stimmrecht, 1991, Diss. München

ders., Das Bezugsrecht der Aktionäre und sein Ausschluss, ZIP 2002, 1917-1930

ders., Das Kapital der Aktiengesellschaft, 2005, Köln

Blankenheim, Johannes, Die Umsetzung der OGAW-IV-Richtlinie in das Investmentgesetz, ZBB 2011, 344-360

Bleckmann, Albert, Probleme der Auslegung europäischer Richtlinien, ZGR 1992, 364-375

Bödecker, Carsten, Handbuch Investmentrecht, 2007, Bad Soden/Ts.; zit. Bearbeiter, in: Hdb. Investmentrecht

Bonertz, Rainer, Outsourcing von Portfoliomanagement und Vermögensverwaltung aus umsatzsteuerlicher Sicht, DStR 2006, 932-937

Boos, Karl Heinz / Fischer, Reinfrid/ Schulte-Mattler, Hermann (Hrsg.), Kreditwesengesetz: Kommentar zu KWG und Ausführungsvorschriften, 4. Aufl. 2012, München, zit. Bearbeiter, in: Boos/Fischer/Schulte-Mattler, KWG

Brammer, Felix, Rückerwerbbare Aktien, 2008, Diss. Bonn

Brauer, Ulrich G.H., Die Zulässigkeit der Ausgabe von sog. „Tracking Stocks“ durch Aktiengesellschaften nach deutschem Aktienrecht, AG 1993, 324-334

Brinkhaus, Josef / Scherer, Peter (Hrsg.), Gesetz über Kapitalanlagegesellschaften, Auslandinvestment-Gesetz, 2003, München; zit. Bearbeiter, in: B/S

Brülin, Frank, Verschmelzung von Investmentfonds in Luxemburg, Deutschland und im europäischen Binnenmarkt unter Berücksichtigung der OGAW IV-Richtlinie vom 13. Juli 2009 (Richtlinie 2009/65/EG des Europäischen Parlaments und des Rates), 2012, Diss. Berlin

Bruppacher, C. Rud., Investment Trusts, 1933, Zürich

v. Büren, Roland / Hasler, Daniel, Ein Novum im schweizerischen Gesellschaftsrecht: Die Anlagegesellschaft mit variablem Grundkapital, in:

Wirtschaftsrecht zu Beginn des 21. Jahrhunderts, Festschrift für Peter Nobel zum 60. Geburtstag, hrsgg. von Robert Waldburger, 2005, Bern, S. 57-75

Bürgers, Tobias / Körber, Torsten (Hrsg.), Heidelberger Kommentar zum Aktiengesetz, 2. Aufl. 2011, Heidelberg; zit. Bearbeiter, in: Bürgers/Körber, AktG

Bujotzek, Peter/ Steinmüller, Jens, Neuerungen im Investmentrecht durch das OGAW-IV-Umsetzungsgesetz, DB 2011, 2246-2252 (Teil 1), 2305-2309 (Teil 2)

Bullock, Hugh, The Story of Investment Companies, 1959, New York

Bundesverband Investment und Asset Management e.V., Fondsanleger schätzen vor allem Kostentransparenz und Insolvenzschutz, Pressemitteilung vom 27.12.2008

ders., Jahrbuch Investment 2010, Daten, Fakten, Entwicklungen

ders., Stellungnahme zum Gesetzesentwurf der Bundesregierung zur Änderung des Investmentgesetzes und zur Anpassung anderer Vorschriften (Investmentänderungsgesetz) vom 28.6.2007; zit. BVI, Stellungnahme InvÄndG

v. Caemmerer, Ernst, Kapitalanlage- oder Investmentgesellschaften, JZ 1958, 41-50

Campbell, Nicole / Müchler, Henny, Die Haftung der Verwaltungsgesellschaft einer fremdverwalteten Investmentaktiengesellschaft, ILF Working Paper No. 101, 4/2009, abrufbar unter http://www.ilf-frankfurt.de/uploads/media/ILF_WP_101.pdf

Canaris, Klaus-Wilhelm, Bankvertragsrecht, 2. Aufl. 1981, Berlin/New York

Carl, Dieter / Förster, Wolfgang, Das Recht der Investmentfonds – Europarechtlicher Rahmen und nationale Gesetzgebung, 2. Aufl. 1994, Berlin

Chamorro Dominguez, Maria de la Concepción, Rückerwerbbare Aktien: ein Plädoyer für ihre Zulassung in Deutschland aus rechtsvergleichender Perspektive, AG 2004, 487-492

C & L Deutsche Revision (Hrsg.), Die Novellierung des Investmentrechts 1998 nach dem Dritten Finanzmarktförderungsgesetz, 1998, Frankfurt am Main; zit. Kempf/Tratz, Investmentrecht 1998

Coester-Waltjen, Dagmar, Die dingliche Surrogation, Jura 1996, 24-28

Coing, Helmut, Übernahme des Trusts in unser internationales Privatrecht?, in: Festschrift für Theodor Heinsius zum 65. Geburtstag am 25. September 1991, hrsgg. von Friedrich Kübler, 1991, Berlin/New York, S. 79-88

DekaBank, Stellungnahme zum Entwurf eines Gesetzes zur Änderung des Investmentgesetzes (Investmentänderungsgesetz) vom 2.7.2007; zit. DekaBank, Stellungnahme InvÄndG

Deutsches Aktieninstitut e.V., Stellungnahme für den Finanzausschuss des Deutschen Bundestages zu dem Regierungsentwurf eines Gesetzes zur Modernisierung des Investmentwesens und zur Besteuerung von Investmentvermögen (Investmentmodernisierungsgesetz) vom 10.10.2003; zit. DAI, Stellungnahme InvModG

Dieterich, Niklas, Outsourcing bei Kapitalanlagegesellschaften, 2005, Diss. Frankfurt am Main

Dörig, Adrian, Das neue schweizerische Kollektivanlagengesetz, RIW 2007, 169-177

Dornseifer, Frank, Die Neugestaltung der Investmentaktiengesellschaft durch das Investmentänderungsgesetz, AG 2008, 53-67

Dreier, Horst (Hrsg.), Grundgesetz Kommentar, 2. Aufl. 2004, Band I (Präambel, Artikel 1-19), Tübingen; zit. Bearbeiter, in: Dreier, GG

Dürre, Günther, Investmentsparen und Investmentgesellschaften, Sparkasse 1956, 147-149 (Teil I), 219-223 (Teil II)

Eckhold, Thomas, Struktur und Probleme des Aktienrechts der Investmentaktiengesellschaft unter Berücksichtigung des Entwurfs des Investmentänderungsgesetzes, ZGR 2007, 654-700

Einsele, Dorothee, Bank- und Kapitalmarktrecht: Nationale und internationale Bankgeschäfte, 2. Aufl. 2010, Tübingen

dies., Der Anlegerschutz bei der Investmentaktiengesellschaft, AG 2011, 141-154

Elvinger, Jacques / Schmit, Isabelle Maryline, Les sociétés de gestion d'organismes de placement collectif en droit luxembourgeois, in: Droit bancaire et financier au Luxembourg, Vol. 4, 2004, Brüssel, S. 1495-1537

Engert, Andreas, Kapitalanlagegesellschaften sind keine Banken: Die Ausgliederung der kollektiven Vermögensverwaltung aus dem Kreditwesengesetz, Der Konzern 2007, 477-486

Eyles, Uwe, Generelle Auslagerungsverbote im Licht des aktuellen Entwurfs eines Rundschreibens des Bundesaufsichtsamtes für das Kreditwesen zu § 25a Abs. 2 KWG, in: Funktionsauslagerung (Outsourcing) bei Kreditinstituten, Bankrechtstag 2000, hrsgg. von Walther Hadding, Klaus J. Hopt, Herbert Schimansky, 2001, Berlin/New York, S. 73-92; zit. Eyles, in: Funktionauslagerung

ders., Funktionsauslagerung (Outsourcing) bei Kredit- und Finanzdienstleistungsinstituten – Bank- und wertpapieraufsichtsrechtliche Rahmenbedingungen - , WM 2000, 1217-1234

Fischer, Carsten, Die Investmentaktiengesellschaft aus aufsichtsrechtlicher und gesellschaftsrechtlicher Perspektive, 2008, Diss. Frankfurt am Main

ders., Aktienklassen einer Investmentaktiengesellschaft, NZG 2007, 133-135

Fleischer, Holger (Hrsg.), Handbuch des Vorstandsrechts, 2006, München; zit. Bearbeiter, in: Hdb. Vorstandsrecht

ders., Zur Leitungsaufgabe des Vorstands im Aktienrecht, ZIP 2003, 1-11

ders., Legal Transplants im deutschen Aktienrecht, NZG 2004, 1129-1137

Fock, Till, Investmentbesteuerung im künftigen Recht, BB 2003, 1589-1593

ders., Das neue Recht der Investmentaktiengesellschaft, BB 2006, 2371-2376

ders., Investmentaktiengesellschaft mit veränderlichem Kapital im Umsatzsteuerrecht, UR 2006, 558-569

Fock, Till / Hartig, Helge, Ist die Investmentaktiengesellschaft überhaupt eine Aktiengesellschaft?, Festschrift für Sebastian Spiegelberger zum 70. Geburtstag, Vertragsgestaltung im Zivil- und Steuerrecht, hrsgg. von Thomas Wachter, 2009, Bonn, S. 653-666

Fragos, Nikolaos, Das neue europäische und deutsche Investmentrecht: die Änderungen in Folge der neuen OGAW-Richtlinie und des Investmentgesetzes, 2006, Diss. Köln

Fromm, Andreas, Die Investmentaktiengesellschaft mit veränderlichem Kapital: Haftungsfolgen im Falle einer Besteuerung der Anteilseigner nach § 6 InvStG, 2008, Diss. Köln

Fuchs, Andreas, ECLR Tracking Stock – Spartenaktien als Finanzierungsinstrument für deutsche Aktiengesellschaften, ZGR 2003, 167-217

Gerke, Wolfgang / Rapp, Heinz-Werner, Strukturelle Neugestaltung des deutschen Investmentrechts, ZBB 1992, 85-97

Geßler, Ernst, Das Recht der Investmentgesellschaften und ihrer Zertifikatsinhaber, WM 1957, Sonderbeil. Nr. 4, S. 10-28

Glaus, Andreas, Anlagefonds – Typen, Funktionen und nationale Märkte, 1997, Diss. St. Gallen

Großkommentar Aktiengesetz, Großkommentar zum Aktiengesetz, hrsgg. von Klaus J. Hopt und Herbert Wiedemann, 4. Aufl. 1992 ff., Berlin/New York; zit. Bearbeiter, in: GroßKommAktG

Gruhn, Alice Mareike, Die deutsche Investmentaktiengesellschaft – Ein Investmentfondsprodukt im Mantel einer Aktiengesellschaft, 2011, Diss. Freiburg

Grundmann, Stefan, Europäisches und deutsches Investmentrecht, ZBB 1991, 242-259

Grussendorf, Werner, Über den Begriff der Aktiengattung, AG 1959, 152-154

Gschoßmann, Bernhard, Rechtliche Grundlagen des Investmentgeschäfts, 1996, Diss. München

Gstädtner, Thomas / Elicker, Michael, Das Aufsichtsrecht der Hedgefonds – Anspruch und Wirklichkeit, BKR 2006, 91-96

Gutenberg, Erich, Unternehmensführung, Organisation und Entscheidungen, 1962, Wiesbaden

Habersack, Mathias, Die Mitgliedschaft: subjektives und „sonstiges" Recht, 1996, Tübingen

ders., Rückerwerbbare Aktien auch für deutsche Gesellschaften!, in: Festschrift für Marcus Lutter zum 70. Geburstag, Deutsches und europäisches Gesellschafts-, Konzern- und Kapitalmarktrecht, hrsgg. von Uwe H. Schneider, Köln, 2000, S. 1329-1346

ders., Wandlungen des Aktienrechts, AG 2009, 1-14

Habersack, Mathias / Mülbert, Peter O. / Schlitt, Michael (Hrsg.), Unternehmensfinanzierung am Kapitalmarkt, 2. Aufl., 2008, Köln; zit. Bearbeiter, in: Unternehmensfinanzierung am Kapitalmarkt

Habersack, Mathias / Verse, Dirk A., Europäisches Gesellschaftsrecht: Einführung für Studium und Praxis, 4. Aufl. 2011, München

Hammer, Markus, Ausschüttung aus einer „Black-Box", BB 2003, 1760-1763

Hanten, Mathias, Aufsichtsrechtliche Aspekte des Outsourcing bei Kapitalanlagegesellschaften, ZBB 2003, 291-298

Helios, Marcus / Löschinger, Andreas, Steuer- und aufsichtsrechtliche Praxisfragen bei der Restrukturierung und Auflösung von Investmentfonds und Investmentaktiengesellschaften, Der Betrieb 2009, 1724-1731

Henn, Günter, Die Gleichbehandlung der Aktionäre in Theorie und Praxis, AG 1985, 240-248

Henze, Hartwig, Leitungsverantwortung des Vorstands – Überwachungspflicht des Aufsichtsrats, BB 2000, 209-216

Hermanns, Marc, Die Investmentaktiengesellschaft nach dem Investmentmodernisierungsgesetz – eine neue Gesellschaftsform, ZIP 2004, 1297-1303

Hey, Friedrich E.F., Das neue Gesetz über Unternehmensbeteiligungsgesellschaften: Verbesserungen für Venture Capital Engagements, in: Festschrift für Albert J. Rädler zum 65. Geburtstag, hrsgg. von Gottried E. Breuninger, 1999, München, S. 271-304

Hoffmann-Riem, Wolfgang, Der Geltungsbereich der Investmentgesetze, BB 1972, 244-250

Hüffer, Uwe, Aktiengesetz, 10. Aufl. 2012, München

Jahr, Günter / Stützel, Wolfgang, Aktien ohne Nennbetrag. Ein Beitrag zur Überwindung von Missverständnissen im Aktienwesen, 1963, Frankfurt am Main

Jung, Peter, Individualschutz durch Wirtschaftsgrundrechte im Gesellschaftsrecht, JZ 2001, 1004-1017

Kaetzler, Joachim / Weirauch, Boris, Bankenaufsichtsrechtliche Aspekte von Outsourcingverhältnissen – Neue Anforderungen an die Auslagerungspraxis durch die Neufassung des KWG und der MaRisk, BKR 2008, 265-270

Kasberg, Linda Kristina, Steuerliche Aspekte der Investment-Aktiengesellschaft, 2007, Diss. Köln

Kaune, Clemens R. / Oulds, Mark K., Das neue Investmentgesetz, ZBB 2004, 114-126

Kempf, Arno (Hrsg.), Novellierung des Investmentrechts 2007, Ein Praxishandbuch, 2008, Frankfurt am Main; zit. Bearbeiter, in: Kempf, Investmentrecht 2007

Knöfler, Larissa / Ghedina, Veronika, Das Erlaubnisverfahren für KAGen nach dem Investmentgesetz – Wird der Standort Deutschland für KAG-Gründungen attraktiver?, WM 2008, 1341-1346

Kölner Kommentar, Kölner Kommentar zum Aktiengesetz, hrsgg. von Wolfgang Zöllner, 2. Aufl. 1986 ff.; 3. Aufl. 2004 ff.; Köln/Berlin/Bonn/München; zit. Bearbeiter, in: KölnKommAktG

Köndgen, Johannes / Schmies, Christian, Die Neuordnung des deutschen Investmentrechts, WM 2004, Sonderbeil. Nr. 1 zu Heft 11, S. 2-26

König, Markus, Anlegerschutz im Investmentrecht, 1998, Diss. Osnabrück

Konopatzki, Volker, Funktionsauslagerungen bei Kreditinstituten: Gesellschaftsrechtlicher und bankenaufsichtsrechtlicher Rahmen, 2008, Diss. Frankfurt am Main

Krafka, Alexander / Willer, Heinz / Kühn, Ulrich (Hrsg.), Handbuch der Rechtspraxis, Band 7, Registerrecht, 8. Aufl. 2010, München; zit. Bearbeiter, in: Krafka/Willer/Kühn, Registerrecht

Krauel, Wolfgang / Klie, Marcus, Lenkungsmöglichkeiten im Konzern unter besonderer Berücksichtigung des Aufsichtsrechts für Kreditinstitute und Versicherungen, WM 2010, 1735-1741

Kremer, Claude / Lebbe, Isabelle, Organismes de placement collectif et véhicules d'investissement apparentés en droit luxembourgeois, 2. Aufl. 2007, Brüssel

Kümpel, Siegfried / Wittig, Arne, Bank- und Kapitalmarktrecht, 4. Aufl. 2011, Köln; zit. Bearbeiter, in: Bank- und Kapitalmarktrecht

Kugler, Stefan / Rittler, Thomas, Viertes Finanzmarktförderungsgesetz – Aufbruch zu neuen Ufern im Investmentrecht?, BB 2003, 1001-1006

Kuhn, Christian, Tracking Stocks im deutschen Aktienrecht: unter besonderer Berücksichtigung eines Mischbeteiligungsmodells durch quotale Ausschüttung des Spartengewinns an mehrer Aktiengattungen, 2007, Diss. Düsseldorf *v. Landmann, Robert / Rohmer, Gustav* (Hrsg.), Gewerbeordnung und ergänzende Vorschriften, Gewerbeordnung Kommentar, Stand: 1. Januar 2009, München; zit. Bearbeiter, in: Landmann/Rohmer, GewO

Lang, Norbert, Das Investmentgesetz – Kein großer Wurf, aber ein Schritt in die richtige Richtung –, WM 2004, 53-59

Laux, Manfred, Auf dem Weg zu einer einheitlichen europäischen Investmentfonds-Philosophie?, ZfK 1996, 64-66

ders., Zur Umsetzung der Richtlinie zur Harmonisierung des europäischen Investmentrechts in das deutsche Investmentrecht, WM 1990, 1093-1099

Laux, Manfred / Päsler, Rüdiger, Wertpapier-Investmentfonds, 1992, Frankfurt am Main

Leistikow, Michael / Ellermann, Dirk, BB-Gesetzgebungsreport: Neuerungen nach dem Investmentgesetz, BB 2003, 2693-2701

Lensdorf, Lars / Schneider, Jan, Das Rundschreiben des Bundesaufsichtsamtes für Kreditwesen zur Auslagerung von wesentlichen Bereichen von Kredit- und Finanzdienstleistungsinstituten auf andere Unternehmen gemäß § 25a Abs. 2 KWG, WM 2002, 1949-1956

Leuschner, Lars, Gibt es das Anteilseigentum wirklich?, NJW 2007, 3248-3250

Liefmann, Robert, Beteiligungs- und Finanzierungsgesellschaften: Eine Studie über den Effektenkapitalismus, 5. Aufl. 1931, Jena

Linner, Corinna, Outsourcing bei KAGS – auch für Spezialfonds?, ZfK 2002, 815-817

v. Livonius, Hilger, Investmentrechtliche Rahmenbedingungen für Hedgefonds in Deutschland, WM 2004, 60-69

Mansfeld, Wolfgang, Die neue EU-Investmentrichtlinie: Implikationen für Markt und Wettbewerb, Die Bank 2009, 9-15

Markowitz, Harry, Portfolio Selection, The Journal of Finance, Vol. 7, No. 1 (1952), 77-91

Marsch-Barner, Reinhard / Schäfer, Frank A. (Hrsg.), Handbuch börsennotierte AG, 1. Aufl. 2005, 2. Aufl. 2009, Köln; zit. Bearbeiter, in: Hdb. börsennotierte AG

Maunz, Theodor / Dürig, Günter (Hrsg.), Grundgesetz, Loseblatt-Kommentar, 64. Ergänzungslieferung 2012, München; zit. Bearbeiter, in: Maunz/Dürig, GG

Meyer-Cording, Ulrich, Investment-Gesellschaften, ZHR 115 (1952), 65-90

Miederhoff, Markus, Bankaufsichtsrechtliche Beurteilung von Unternehmensverträgen unter vergleichender Berücksichtigung des Versicherungsaufsichtsrechts, WM 2001, 2041-2051

Mülbert, Peter O., Kapitalschutz und Gesellschaftszweck bei der Aktiengesellschaft, in: Festschrift für Marcus Lutter zum 70. Geburtstag: Deutsches und europäisches Gesellschafts-, Konzern- und Kapitalmarktrecht, hrsgg. von Uwe H. Schneider, 2000, Köln, S. 535-555

Mülbert, Peter O. / Leuschner, Lars, Die verfassungsrechtlichen Vorgaben der Art. 14 GG und Art. 2 Abs. 1 GG für die Gesellschafterstellung – wo bleibt die Privatautonomie?, ZHR 170 (2006), 615-672

Müller, Richard Colin, Die Investmentgesellschaft: Eine Untersuchung über die körperschaftlich organisierte kollektive Kapitalanlage unter besonderer Berücksichtigung des Bundesgesetzes über die Anlagefonds, 2001, Diss. Zürich

Münchener Kommentar zum Aktiengesetz, hrsgg. von Wulf Goette und Mathias Habersack, 2. Aufl. 2003 ff., 3. Aufl. 2008 ff.; München; zit. Bearbeiter, in: MünchKommAktG

Münchener Kommentar zum Bürgerlichen Gesetzbuch, hrsgg. von Kurt Rebmann, Franz Jürgen Säcker und Roland Rixecker, 4. Aufl. 2001 ff.; 5. Aufl. 2006 ff.; München; zit. Bearbeiter, in: MünchKommBGB

Münchener Kommentar zum Handelsgesetzbuch, hrsgg. von Karsten Schmidt, 2. Aufl. 2005 ff., München; zit. Bearbeiter, in: MünchKommHGB

Münchener Kommentar zur Insolvenzordnung, hrsgg. von Hans-Peter Kirchhof, Hans-Jürgen Lwowski und Rolf Stürner, 2. Aufl. 2008 ff., München; zit. Bearbeiter, in: MünchKommInsO

Münchener Handbuch des Gesellschaftsrechts, hrsgg. von Michael Hoffmann-Becking, Band 4, Aktiengesellschaft, 3. Aufl. 2007, München; zit. Bearbeiter, in: MünchHdb. AG

Natusch, Ingo, „Tracking Stock“ als Instrument der Beteiligungsfinanzierung diversifizierter Unternehmen, 1995, Diss. Münster

Neumann, Steffen, Die Besteuerung von Publikums-Investmentvermögen – Eine Untersuchung dem Grunde nach unter besonderer Berücksichtigung des Satzungstyps, 2011, Diss. Münster

Nickel, Carsten, Die Novelle des Investmentgesetzes – Die wesentlichen Änderungen für die Praxis, 2008, Stuttgart

Nienhaus, Julia, Kapitalschutz in der Aktiengesellschaft mit atypischer Zwecksetzung: eine rechtsvergleichende / europarechtliche Untersuchung für Deutschland, Frankreich, Belgien, Großbritannien und Irland, 2002, Diss. Mainz

Niessen, Hermann, Gründung und Kapital von Aktiengesellschaften im Gemeinsamen Markt, AG 1970, 281-296

Nolte, Alexander F., Tracking Stock Strukturen im US-amerikanischen und deutschen Aktienrecht, 2004, Diss. Trier

Obermann, Achim / Brill, Michael / Heeren, Stefanie, Konsolidierungen in der Fondsindustrie – Eine Untersuchung der aufsichtsrechtlichen und steuerrechtlichen Behandlung der Verschmelzung von inländischen Sondervermögen und Investmentaktiengesellschaften, DStZ 2009, 152-165

Ohl, Karl, Die Rechtsbeziehungen innerhalb des Investment-Dreiecks, 1989, Diss. Mainz

Paefgen, Walter G., Unternehmerische Entscheidungen und Rechtsbindung der Organe in der AG, 2002, Habil. Tübingen

Päsler, Rüdiger, Handbuch des Investmentsparens, 1991, Wiesbaden

Papier, Hans-Jürgen, Unternehmen und Unternehmer in der verfassungsrechtlichen Ordnung der Wirtschaft, in: Veröffentlichungen der Vereinigung der deutschen Staatsrechtslehrer, Bd. 35, 1977, Berlin, S. 55-104

Patzner, Andreas / Döser, Achim / Kempf, Ludger J., Investmentrecht, Aufsicht/ Besteuerung, Handkommentar, 2012, Baden-Baden

Paul, Thomas, New German Investment Fund Legislation: Amendments to the Investment Companies Act and the Foreign Investment Act (Part I), J.I.B.L. 1998, 185-192

Paul, Thomas / Päsler, Rüdiger, Das deutsche Investmentrecht / German Investment Law, 1. Aufl. 1999, Frankfurt am Main

Pentz, Andreas / Priester, Hans-Joachim / Schwanna, André, Bar- und Sachkapitalaufbringung bei Gründung und Kapitalerhöhung, ZGR 2006, Sonderheft Nr. 17, S. 42-90

Persé, Hermann Jos., Die Partner-Investmentgesellschaft: Die Eigenfinanzierung von Einzelunternehmen und Personengesellschaften durch Investmentgesellschaften, 1962, Diss. Köln

Piekenbrock, Andreas, Insolvenzprivilegien im deutschen, ausländischen und europäischen Recht, ZZP 112 (2009), 63-106

Pluskat, Sorika, Die Investmentaktiengesellschaft mit veränderlichem Kapital – Tot- oder Lebendgeburt?, WM 2005, 772-777

Podewils, Max, Investmentgesellschaften in der Bundesrepublik, 1960, Diss. Köln

Polte, Marcel, Aktiengattungen: eine rechtsvergleichende Untersuchung zum deutschen, US-amerikanischen und englischen Recht, 2005, Diss. Frankfurt am Main

Poß, Joachim, Investmentfonds und Viertes Finanzmarktförderungsgesetz – Anmerkungen der SPD-Bundestagsfraktion, ZfK 2001, 1378-1382

PricewaterhouseCoopers (Hrsg.), Die Novellierung des Investmentrechts 2002 nach dem Vierten Finanzmarktförderungsgesetz, 2002, Frankfurt am Main; zit. Kempf, Investmentrecht 2002

dies. (Hrsg.), Die Novellierung des Investmentrechts 2004 nach dem Investmentmodernisierungsgesetz, 2004, Frankfurt am Main; zit. Kempf, Investmentrecht 2004

Pütz, Achim / Schmies, Christian, Die Investmentaktiengesellschaft als Rechtsform deutscher Hedge Fonds – Teil 1, Absolut Report Nr. 19, 2004, 54-50; –Teil 2, Absolut Report Nr. 22, 46-50

Reiss, Malte, Pflichten der Kapitalanlagegesellschaft und der Depotbank gegenüber dem Anleger und die Rechte des Anlegers bei Pflichtverletzungen, 2006, Diss. Darmstadt

Reisser, Thomas, Änderungen im Recht der kollektiven Kapitalanlagen, Der Schweizer Treuhänder 2007, 278-284

Reuter, Gerhard, Investmentfonds und die Rechtsstellung der Anteilinhaber, 1965, Diss. Frankfurt am Main

Ringleb, Henrik-Michael / Kremer, Thomas / Lutter, Marcus / v. Werder, Axel (Hrsg.), Deutscher Corporate Governance Kodex, 4. Aufl. 2010, München; zit. Bearbeiter, in: Ringleb/Kremer/Lutter/v. Werder, DCGK

Roegele, Elisabeth / Görke, Oliver, Novelle des Investmentgesetzes (InvG), BKR 2007, 393-400

Roggatz, Claus C., Informationspflichten von Investmentgesellschaften: Analyse der gesetzlichen Publizitätsvorschriften zur Verbesserung der investmentrechtlichen Transparenz und des Anlegerschutzes, 2003, Diss. Hamburg

Roth, Günter H., Das Treuhandmodell des Investmentrechts: Eine Alternative zur Aktiengesellschaft?, 1972, Habil. Würzburg

Ruzik, Andy, Bankenkrisen und -insolvenzen – Ein besonderes Phänomen, BKR 2009, 133-141

Sachtleber, Ole W., Zivilrechtliche Strukturen von open-end-Investmentfonds in Deutschland und England, 2011, Diss. Göttingen

Schäcker, Hanns-Erhard, Die obligatorischen und dinglichen Rechtsverhältnisse der deutschen Investment-Gesellschaften auf der Grundlage des Kapitalanlagegesetzes vom 16. April 1957, 1961, Diss. Mainz

Schäfer, Frank A., Anlegerschutz und die Sorgfalt eines ordentlichen Kaufmanns bei der Anlage der Sondervermögen durch Kapitalanlagegesellschaften: unter besonderer Berücksichtigung der Theorien zur Aktienkursprognose und zur Zusammenstellung von Portefeuilles, 1987, Diss. Göttingen

Schäfer, Lars, Corporate Governance bei Kapitalanlagegesellschaften – Fund Governance, 2009, Diss. TU Darmstadt

Schelm, Joachim, Sorgfalts- und Loyalitätspflichten im Investmentrecht: eine rechtsvergleichende Untersuchung des Investmentrechts in den Vereinigten Staaten von Amerika und in Deutschland, 2008, Diss. Freiburg

Scheurle, Florian, Investmentfonds: Änderungen durch das Dritte Finanzmarktförderungsgesetz, DB 1998, 1099-1106

Schimansky, Herbert / Bunte, Hermann-Josef / Lwowski, Hans-Jürgen (Hrsg.), Bankrechts-Handbuch, Bd. III, 2. Aufl. 2001, Bd. II, 3. Aufl. 2007, Bd. II, 4. Aufl. 2011, München; zit. Bearbeiter, in: Bankrechts-Hdb.

Schmidt, Karsten / Lutter, Marcus (Hrsg.), Aktiengesetz Kommentar, I. Bd. §§ 1-149, II. Bd. §§ 150-410, SpruchG, 2. Aufl. 2010, Köln; zit. Bearbeiter, in: Schmidt/Lutter, AktG

Schmidt, Karsten, Gesellschaftsrecht, 4. Aufl. 2002, Köln/Berlin/München/Bonn

Schmolke, Klaus Ulrich, Die Regelung von Interessenkonflikten im neuen Investmentrecht – Reformvorschläge im Lichte des Regierungsentwurfs zur Änderung des Investmentgesetzes - , WM 2007, 1909-1916

Schröer, Henning, Zur Einführung der unechten nennwertlosen Aktie aus Anlass der Europäischen Währungsunion, ZIP 1997, 221-229

Schuler, Kapitalanlagegesellschaften, ihre Sondervermögen und Anteilscheine, NJW 1957, 1049-1053

Schulte, Stefanie, Prominente kontrollieren Fondsanbieter, Börsen-Zeitung, Ausgabe 95 vom 20.5.2008, S. 4

Schwark, Eberhard, Der gesetzliche Ordnungsrahmen der Kapitalanlagegesellschaften – Entwicklungslinien und gegenwärtiger Stand, in: Investmentgesellschaften in Geschichte – Gegenwart – Zukunft, 22. Symposium zur Bankengeschichte des Instituts für Bankhistorische Forschung, Bankhistorisches Archiv, Beiheft 36, 1999, S. 12-38

Sedlmaier, Holger, Die Investment-Rechnungslegungs- und Bewertungsverordnung – Überblick und kritische Würdigung, WM 2010, 1437-1444

Siara, Georg / Tormann, Wolfgang, Gesetz über Kapitalanlagegesellschaften vom 16. April 1957, 1957, Frankfurt am Main; zit. Siara/Tormann bzw. Neuburger, in: Siara/Tormann

Sieberer, Marcus, Das europäische Investmentrecht und das Investmentfondsgesetz 1993, 1996, Wien

Sieger, Jürgen J. / Hasselbach, Kai, „Tracking Stock“ im deutschen Aktien- und Kapitalmarktrecht, AG 2001, 391-399

Spindler, Gerald / Stilz, Eberhard (Hrsg.), Kommentar zum Aktiengesetz, Bd. 1 §§ 1-149, Bd. 2 §§ 150-410, SpruchG, SE-VO, 2. Aufl. 2010, München; zit. Bearbeiter, in: Spindler/Stilz, AktG

Stadler, Ralph A., Europäisches Investmentrecht und das schweizerische Anlagefondsgesetz, 1990, Diss. Zürich

Steck, Andreas / Kurz, Antje-Irina, Das neue Investmentgesetz – Aufsichtsrechtliche Gesichtspunkte, FB 2003, 737-751

Steck, Kai-Uwe, Regulierung von US-amerikanischen Investmentgesellschaften (Investment Companies), 2000, Diss. Osnabrück

Steck, Kai-Uwe / Schmitz, Rainer, Die Investmentaktiengesellschaft mit veränderlichem und fixem Grundkapital, AG 2004, 658-669

Steck, Kai-Uwe / Fischer, Carsten, Aktuelle Praxisfragen der Investmentaktiengesellschaft, ZBB 2009, 188-197

dies., Better than Sicav – The legal potential of a German fund, International Financial Law Review 2010, 58

Steinhauer, Carsten, Neue Formen der Unternehmensfinanzierung in Italien, RIW 2004, 772-778

Strauch, Dieter, Mehrheitlicher Rechtsersatz: ein Beitrag zur „dinglichen Surrogation“ im Privatrecht, 1972, Habil. Köln

Stumpf, Christoph A., Grundrechtsschutz im Aktienrecht, NJW 2003, 9-15

Szagunn, Volkhard / Haug, Ulrich / Ergenzinger, Ulrich (Hrsg.), Gesetz über das Kreditwesen in der Fassung vom 22. Januar 1996, Kommentar, 6. Aufl. 1997, Stuttgart/Berlin/Köln; zit. Szagunn/Haug/Ergenzinger, KWG

Thiel, Sandra, Spartenaktien für deutsche Aktiengesellschaften: Übernahme des US-amerikanischen Tracking Stock-Modells in europäische Rechtsordnungen, 2001, Diss. Berlin

Thoma, Georg F. / Steck, Kai-Uwe, Die Investmentaktiengesellschaft (closed-end fund), AG 2001, 330-337

Thoma, Katrin, Eigengeschäfte des Vorstands mit der Aktiengesellschaft: Eine vergleichende Untersuchung zum englischen, U.S.-amerikanischen und deutschen Recht, 2003, Diss. Osnabrück

Tonner, Martin, Tracking Stocks: Zulässigkeit und Gestaltungsmöglichkeiten von Geschäftsbereichsaktien nach deutschem Aktienrecht, 2002, Diss. Bonn

Tormann, Wolfgang, Die Investmentgesellschaften, 3. Aufl. 1968, Frankfurt am Main

Uhlenbruck, Wilhelm (Hrsg.), Insolvenzordnung, Kommentar, 13. Aufl. 2010, München; zit. Bearbeiter, in: Uhlenbruck, InsO

Veltmann, Till, Instrumente des Anlegerschutzes im Investmentrecht, 2007, Diss. Münster

Verse, Dirk A., Der Gleichbehandlungsgrundsatz im Recht der Kapitalgesellschaften, 2006, Tübingen

Volhard, Patricia / Kayser, Joachim, Die Investmentaktiengesellschaft – Status Quo und Entwicklungsmöglichkeiten, Absolut Report Nr. 30, 2006, 44-49

Volhard, Patricia / Wilkens, Sarah, Neue Möglichkeiten der Investmentaktiengesellschaft, Absolut Report Nr. 41, 2007, 48-52

Wallach, Edgar, Die Investmentaktiengesellschaft mit veränderlichem Kapital im Gewand des Investmentänderungsgesetzes 2007, Der Konzern 2007, 487-497

Weber, Rolf H., Aufbruch zu neuer juristischer Person: Investmentgesellschaft mit variablem Kapital, in: Grundfragen der juristischen Person, Festschrift für Hans Michael Riemer zum 65. Geburtstag, hrsgg. von Peter Breitschmid, 2007, Bern, S. 433-448

Wegner, Ralf, Die selbstverwaltete Hedgefonds- Investmentaktiengesellschaft mit Teilgesellschaftsvermögen: Ausgewählte aufsichtsrechtliche Fragen des InvG (2007) unter besonderer Berücksichtigung des Verbots des öffentlichen Vertriebs und unter Ausschluss bilanzrechtlicher Aspekte, 2010, Diss. Jena

Welling, Berthold / Kayser, Joachim, Tagungsbericht 10. Berliner Steuergespräch: Investmentmodernisierungsgesetz, FR 2004, 435-439

Wilderink, Wilhelm, Die Auflösung, die Übertragung und die Verschmelzung von Investmentfonds, 2003, Diss. Frankfurt am Main

Wolf, Manfred, Prinzipien und Anwendungsbereich der dinglichen Surrogation, JuS 1975, 643-646, 710-716

Würdinger, Hans, Aktienrecht und das Recht der verbundenen Unternehmen, 4. Aufl., 1981, Heidelberg/Karlsruhe

Wunsch, Thomas, Tracking Stocks – geschäftsbereichsbezogene Gewinnbeteiligungen bei Aktiengesellschaften: eine systematische gesellschafts- und steuerrechtliche Betrachtung, 2002, Diss. Bayreuth

Zentraler Kreditausschuss, Stellungnahme zum Regierungsentwurf eines Gesetzes zur Änderung des Investmentgesetzes und anderer Gesetze vom 18.5.2007; zit. Stellungnahme InvÄndG

Zetzsche, Dirk, Zwischen Anlegerschutz und Standortwettbewerb: Das Investmentänderungsgesetz, ZBB 2007, 438-454

Sonstige Materialien

Veröffentlichungen von deutschen Aufsichtsbehörden

BaKred, Schreiben vom 29.9.1997 – V 1/02 – 17/97

BaWe, Bekanntmachung zum Wertpapier-Verkaufsprospektgesetz (Verkaufsprospektgesetz), Bundesanzeiger Nr. 177 vom 21.9.1999, S. 16180

BaKred, Rundschreiben 11/2001 Auslagerung von Bereichen auf ein anderes Unternehmen gemäß § 25a Abs. 2 KWG vom 6.12.2001, I 3-272A – 2/98, zit. BaKred, Rundschreiben 11/2001

BaFin, Erläuterungen zu Auslegungsfragen des InvG hinsichtlich der Bildung von Anteilsklassen (Fragenkatalog Anteilklassen), Stand: 9.5.2005, zit. BaFin, Fragenkatalog Anteilklassen vom 9.5.2005

BaFin, Schreiben vom 8.7.2005 – WA 4/05-30, Fragenkatalog Anteilklassen (FAQ AntKl), zit. BaFin, Fragenkatalog Anteilklassen vom 8.7.2005

BaFin, Rundschreiben 5/2007 „Mindestanforderungen an das Risikomanagement – MaRisk" vom 30.10.2007, 17-K 3106-2007/0010

BaFin, Fragenkatalog Anteilklassen vom 6.11.2007

Merkblatt der Deutschen Bundesbank und der BaFin über die Erteilung einer Erlaubnis zum Betreiben von Bankgeschäften gemäß § 32 Abs. 1 KWG, Stand 31.12.2007

Jahresbericht der Bundesanstalt für Finanzdienstleistungsaufsicht 2007 vom 15.5.2008; zit. BaFin, Jahresbericht 2007

BaFin, Begründung zur Verordnung über die Inhalte der Prüfungsberichte für Kapitalanlagegesellschaften, Investmentaktiengesellschaften und Sondervermögen (Investment- Prüfungsberichtsverordnung – InvPrüfbV) vom 18.12.2008; zit. BaFin, Begr. InvPrüfbV

BaFin, Rundschreiben 10/2009 (WA) zum Erlaubnisverfahren nach §§ 7 ff. InvG vom 27.4.2009, WA 41-Wp 2136 – 2008/0007; zit. BaFin, Rundschreiben 10/2009

BaFin, Rundschreiben 15/2009 „Mindestanforderungen an das Risikomanagement – MaRisk" vom 14.8.2009, BA 54-FR 2210-2008/0001; zit. MaRisk

BaFin, Schreiben zur Anwendung der BVI-Wohlverhaltensregeln vom 20.1.2010, WA 41 – Wp2136 – 2008/2009

BaFin, Fragenkatalog zum Anwendungsbereich des InvG nach § 1 Satz 1 Nr. 3 InvG und zum Rundschreiben 14/2008 (WA), Stand: 21.1.2010, WA 41- Wp 2136-2008/0001

BaFin, Rundschreiben 5/2010 (WA) vom 30.6.2010 zu den Mindestanforderungen an das Risikomanagement von Investmentgesellschaften – InvMaRisk, WA 41-Wp 2136-2008/0009; zit. InvMaRisk

BaFin, Erläuterungen zu den InvMaRisk in der Fassung vom 30.6.2010 vom 30.6.2010; zit. BaFin, Erläuterungen InvMaRisk

Jahresbericht der Bundesanstalt für Finanzdienstleistungsaufsicht 2011 vom 5.6.2012; zit. BaFin, Jahresbericht 2011

BaFin, Liste der zugelassenen Kapitalanlagegesellschaften und der zugelassenen Investmentaktiengesellschaften, Stand 18.7.2012

Veröffentlichungen von luxemburgischen Aufsichtsbehörden

IML, Circulaire 91/75 (telle que modifiée par la Circulaire CSSF 05/177), 21.1.1991: Révision et refonte des règles auxquelles sont soumis les organismes luxembourgeois qui relèvent de la loi du 30 mars 1988 relative aux organismes de placement collectif

CSSF, Rapport d'Activités 1999, 2008, 2011

Frankfurter wirtschaftsrechtliche Studien

Herausgegeben von
Theodor Baums, Andreas Cahn, Brigitte Haar, Katja Langenbucher,
Tobias Tröger, Manfred Wandt, Peter von Wilmowsky

Band 1 Tomas Brinkmann: Unternehmensinteresse und Unternehmensrechtsstruktur. Aufgaben und Grenzen eines normativen Regulativs unternehmenspolitischer Prozesse. 1983.

Band 2 Rüdiger Hahn: Behinderungsmißbräuche marktbeherrschender Unternehmen. Eine Untersuchung der Beeinträchtigung von Wettbewerb und Marktstruktur durch horizontalen Nichtleistungswettbewerb als Gegenstand der Mißbrauchaufsicht nach § 22 Abs. 4 S. 2 Nr. 1 GWB. 1984.

Band 3 Peter Buchmann: Registerpublizität und Gläubigerschutz bei der Einmann-Gesellschaft. 1984.

Band 4 Christian Joerges/Eugen Hiller/Knut Holzscheck/Hans-W. Micklitz: Vertriebspraktiken im Automobilersatzteilsektor. Ihre Auswirkungen auf die Interessen der Verbraucher. 1985.

Band 5 Annette Boerner: Die Haftung des herrschenden Kommanditisten. 1985.

Band 6 Dirk H. Mahler: Rechtsmißbrauch und einstweiliger Rechtsschutz bei Dokumentenakkreditiven und "Akkreditiven auf erstes Anfordern": Eine rechtsvergleichende Untersuchung. 1986.

Band 7 Brigitte Kratz: Ausländische Eingriffsnorm und inländischer Privatrechtsvertrag. 1986.

Band 8 Dimitris Tsibanoulis: Die genossenschaftliche Gründungsprüfung. 1987.

Band 9 Jürgen Braun: Rechtsfragen des Transport-Unfall-Informations- und Hilfeleistungs-Systems der deutschen chemischen Industrie. 1987.

Band 10 Thomas Pfeiffer: Die Bedeutung des privatrechtlichen Immissionsschutzes. Eine Untersuchung zu §§ 1004, 906 BGB. 1987.

Band 11 Michael Bothe/Josef Brink/Christian Kirchner/Albrecht Stockmayer: Rechtsfragen der internationalen Verschuldungskrise. Voraussetzungen, Formen und Verfahren internationaler Umschuldungsmaßnahmen und Umschuldungsvereinbarungen. 1988.

Band 12 Felix Dörr: Die fehlerhafte GmbH. 1989.

Band 13 Rolf Trittmann: Anwendungsprobleme des Haager Beweisübereinkommens im Rechtshilfeverkehr zwischen der Bundesrepublik und den Vereinigten Staaten von Amerika. Exklusive Regelung zur Überbrückung der Unterschiede zwischen dem kontinental-europäischen und anglo-amerikanischen Zivilprozeßrechtssystem? 1989.

Band 14 Margaretha Sudhof: Dreieckige Rechtsverhältnisse im Wirtschaftsverwaltungsrecht - Am Beispiel von Konkurrentenklagen. 1989.

Band 15 Michael Weigel: Schriftformklauseln in Allgemeinen Geschäftsbedingungen. 1989.

Band 16 Hans-Peter Schröder: Der sichere Weg bei der Vertragsgestaltung. 1990.

Band 17 Matthias Haas: Haftungsfreizeichnungsklauseln in Allgemeinen Geschäftsbedingungen. Eine rechtsdogmatische und ökonomische Analyse. 1991.

Band 18 Andreas Hahn: Instandhaltungsverträge. Begriffe, Einordnung, Rechtsfolgenbestimmung, Auswirkung auf die Kautelarpraxis. 1991.

Band 19 Jürgen Götz: Der Entherrschungsvertrag im Aktienrecht. 1991.

Band 20 Friedrich Wächtershäuser: Das Gesellschaftsrecht des internationalen Joint Ventures. 1992.

Band 21 Christina Escher-Weingart: Nutzungsausfall als Schaden und sein Ersatz. 1993.

Band 22 Jean-Claude Zerey: Rechtliche Probleme der Finanzierung von *Leveraged Buyouts* und *Tender Offers* durch Banken in den USA und in der Bundesrepublik Deutschland. Eine rechtsvergleichende Studie über die Rolle der Banken bei Unternehmenskontrolltransaktionen in den USA und in der Bundesrepublik Deutschland. 1994.

Band 23 Markus Bauer: Gläubigerschutz durch eine formelle Nennkapitalziffer - Kapitalgesellschaftsrechtliche Notwendigkeit oder überholtes Konzept? Eine rechtsvergleichende Untersuchung der Gläubigerschutzkonzepte des amerikanischen und deutschen Kapitalgesellschaftsrechts. 1995.

Band 24 Marion Vollmann: Minderheitenschutz im aktienrechtlichen Beschlußmängelrecht. Eine Bestandsaufnahme und Vorschläge zu einer rechtspolitischen Reform. 1997.

Band 25 Lydia Klose-Mokroß: Gläubigerschutz im Kapitalgesellschaftsrecht am Beispiel der Lehre von der verdeckten Sacheinlage. 1997.

Band 26 Stephan Aubel: Der vereinfachte Bezugsrechtsausschluß. Aktionärs- und Gesellschaftsinteressen beim vereinfachten Bezugsrechtsausschluß nach Maßgabe des § 186 Absatz 3 Satz 4 AktG. 1998.

Band 27 Kurt Peter Dittrich: Die Privatplazierung im deutschen Kapitalmarktrecht. Eine Untersuchung der Vorschriften des Auslandinvestmentgesetzes, des Wertpapier-Verkaufsprospektgesetzes und des Gesetzes über Kapitalanlage-Gesellschaften unter Berücksichtigung des Rechts der Vereinigten Staaten von Amerika und des Vereinigten Königreichs. 1998.

Band 28 Viola Sailer: Aktienrechtliche Minderheitskompetenzen zwischen Mißbrauch und unternehmerischer Entscheidungsfreiheit. 1999.

Band 29 Marc Zimmerling: Kapitalerhaltung und Konzernfinanzierung. Eine Untersuchung der kapitalerhaltungsrechtlichen Problematik aufsteigender Sicherheiten im Konzern. 1998.

Band 30 Joachim Wichert: Die Finanzen der Kommanditgesellschaft auf Aktien. 1999.

Band 31 Kerstin Andrea Müller: Produktverantwortung und ihre Durchsetzung. Eine kartellrechtliche Beurteilung von Selbstverpflichtungen im Umweltrecht aus deutscher und europäischer Sicht unter besonderer Berücksichtigung der Altautoentsorgung. 1999.

Band 32 Bettina Friedrich: Konvergenzen im Gesellschaftsrecht. Recht-Fertigung durch Status- und Befundsicherung. 2000.

Band 33 Rudolf Lemke: Haftungsrechtliche Fragen des Ratingwesens – ein Regelungsproblem? 2000.

Band 34 Klaus R. Roller: Die Vergütung des Aufsichtsrats in Abhängigkeit vom Aktienkurs. 2000.

Band 35 Bettina Bokelmann: Personelle Verflechtungen über Aufsichtsräte. Aufsichtsratsmitglieder mit hauptberuflicher Vorstandsfunktion. 2000.

Band 36 Kai-Uwe Steck: Regulierung von US-amerikanischen Investmentgesellschaften (Investment Companies). Unter besonderer Berücksichtigung des National Securities Markets Improvement Act of 1996 (NSMIA) und anderer aktueller Rechtsanpassungen. 2000.

Band 37 Kristofer Bott: Wissenszurechnung bei Organisationen. 2000.

Band 38 Ursula Lenzen: Unerlaubte Eingriffe in die Börsenkursbildung. 2000.

Band 39 Martin Schulz: Verfassungsrechtliche Vorgaben für das Kollisionsrecht in einem Gemeinsamen Markt. Eine rechtsvergleichende Untersuchung zu den Grenzen einzelstaatlicher Anknüpfungsmethoden im internationalen Vertrags-, Delikts- und Gesellschaftsrecht am Beispiel der Vereinigten Staaten von Amerika. 2000.

Band 40 Maximilian Koch: Diversifizierung und Vorstandskompetenzen. 2001.

Band 41 Corrado Wohlwend: Die Hauptversammlung im Wandel der Kommunikationsformen. 2001.

Band 42 Michael Rozijn: Der Unternehmensmaklervertrag. Zur Anwendung des allgemeinen Maklervertragsrechts auf Mergers & Acquisitions-Dienstleistungen. 2001.

Band 43 Konstantinos N. Kyriakakis: Die Überwachung einer US-amerikanischen Aktiengesellschaft durch institutionelle Anleger. 2002.

Band 44 Uta Fredebeil: Aktienemissionen. Das underwriting agreement (der Übernahmevertrag) und seine spezifischen Klauseln. 2002.

Band 45 Michaela G. Döbler: Die Einführung des WTO-weiten Erschöpfungsgrundsatzes in das Markenrecht der EU und der USA. 2002.

Band 46 Jan Liersch: Regulierung des Blockhandels an den organisierten Aktienmärkten der Vereinigten Staaten, Großbritanniens und Deutschlands. 2002.

Band 47 Sascha Lotze: US-amerikanisches Kapitalmarktrecht und Internet. Aufsichts- und haftungsrechtliche Fragen des Internet-Einsatzes bei Wertpapieremissionen und im Wertpapierhandel. 2002.

Band 48 Boris Trautmann: Die Konkurrenz von Haftpflicht- und Versicherungsanspruch. Ein Beitrag zur ökonomischen Analyse des Rechts unter Berücksichtigung von Unsicherheit und Verhaltensanomalien. 2002.

Band 49 Matthias Möller: Rechtsformen der Wagnisfinanzierung. Eine rechtsvergleichende Studie zu den USA und zu Deutschland. 2003.

Band 50 Heiner Feldhaus: Die Eignung zur erheblichen Kursbeeinflussung bei der Ad-hoc-Publizität. Eine rechtsvergleichende und interdisziplinäre Untersuchung unter Berücksichtigung der europarechtlichen Vorgaben. 2003.

Band 51 Matthias Janke: Gesellschaftsrechtliche Treuepflicht. Neubewertung der richterrechtlichen Generalklausel im Rahmen einer rechtsvergleichenden und ökonomischen Analyse. 2003.

Band 52 Katrin Thoma: Eigengeschäfte des Vorstands mit der Aktiengesellschaft. Eine vergleichende Untersuchung zum englischen, U.S.-amerikanischen und deutschen Recht. 2003.

Band 53 Mathias Stöcker: Rechtsfragen grenzüberschreitender Unternehmenszusammenschlüsse – unter besonderer Berücksichtigung des Falles Daimler/Chrysler – 2003.

Band 54 Otto Korte: Zur mißbräuchlichen Wahrnehmung der aktienrechtlichen Anfechtungsbefugnis. 2003.

Band 55 Wilhelm Wilderink: Die Auflösung, die Übertragung und die Verschmelzung von In vestmentfonds. 2003.

Band 56 Anja Birkenkämper: Rechtsfragen feindlicher Übernahmen. Jurisitische Nachlese zum Fall Krupp/Thyssen. 2003.

Band 57 Manuel Lorenzo Alonso: Die Neuausrichtung der Zwischenstaatlichkeitsklausel der Art. 81, 82 EG. Folgen der neuesten Entwicklungen des Gemeinschaftsrechts für die Zwischenstaatlichkeitsklausel – unter besonderer Berücksichtigung des Bankenbereichs. 2003.

Band 58 Dirk Kocher: Kapitalgesellschaft & Co. KG in Finnland. Eine Untersuchung zur Frage der Übertragbarkeit der deutschen Grundtypenvermischung auf das finnische Recht. 2003.

Band 59 Ruiting Qin: Parteiautonomie: Eine rechtsvergleichende Untersuchung. Versuch zur Entwicklung einer Gerechtigkeitsjurisprudenz im IPR. 2003.

Band 60 René Runte: Walter Julius Derenberg – Leben und Werk. 2004.

Band 61 Udo Prinz: Umstrukturierung durch *Schemes of Arrangement* mit Gesellschaftern im englischen Recht. – Ein Vorbild? 2004.

Band 62 Rainer Schmitz: Die Haftung des Vorstands gegenüber den Aktionären. Eine rechtsvergleichende Untersuchung nach deutschem und US-amerikanischem Recht. 2004.

Band 63 York Oehlschläger: Die typische und atypische stille Beteiligung an einer Aktiengesellschaft. Möglichkeiten und Grenzen der Gestaltung für die stille Gesellschaft zwischen Personengesellschaftsrecht, Aktienrecht, Konzernrecht und Umwandlungsrecht. 2004.

Band 64 Stefan Klein: Die Rechtsstellung auswärtiger Gesellschaften im deutschen und US-amerikanischen Recht. Ein Beitrag zur Neuausrichtung des deutschen internationalen Gesellschaftsrechts unter besonderer Berücksichtigung des Europäischen Gemeinschaftsrechts. 2004.

Band 65 Knut Sauer: Haftung für Falschinformation des Sekundärmarktes. 2004.

Band 66 Michael Senger: Bankenaufsicht, Unternehmensverbindungen und Bankengruppen. 2004.

Band 67 Maximilian Rittmeister: Gewährleistung beim Unternehmenskauf. Die Gewährleistungshaftung des Verkäufers bei einem Unternehmenskauf seit In-Kraft-Treten des Schuldrechtsmodernisierungsgesetzes. 2005.

Band 68 Ole Ziegler: Der Anteilserwerb am Kapitalmarkt nach der Schuldrechtsreform. 2005.

Band 69 Maia Tacheva: Rechtsbehelfe des Käufers im Warenkaufrecht. Eine rechtsvergleichende Untersuchung des Übereinkommens der Vereinten Nationen über Verträge über den internationalen Warenkauf (CISG), des englischen Sale of Goods Act, des bulgarischen Kaufrechts und des deutschen Kaufrechts vor und nach dem Schuldrechtsmodernisierungsgesetz. 2005.

Band 70 Michael Lange: Rechtsfragen der Finanzierung eines feindlichen Übernahmeangebotes. Am Beispiel der großen Publikumsgesellschaft nach US-amerikanischem und deutschem Recht. 2005.

Band 71 Niklas Dieterich: Outsourcing bei Kapitalanlagegesellschaften. 2005.

Band 72 Julia Sernetz: Derivate und Corporate Governance. Kompetenzen und Pflichten des Vorstands von Aktiengesellschaften beim Einsatz von Derivaten. 2006.

Band 73 Marcel Polte: Aktiengattungen. Eine rechtsvergleichende Untersuchung zum deutschen, US-amerikanischen und englischen Recht. 2005.

Band 74 Jens Bornscheid: Stapled Stock (Verbundaktien). 2006.

Band 75 Robert F. Thoma: Der Wettbewerb um Stimmen im US-amerikanischen und deutschen Aktienrecht. 2006.

Band 76 Markus Lauer: Gemeinsam geführte Unternehmen im Bilanz- und Gesellschaftsrecht. 2006.

Band 77 Arne Christian Lawall: Die virtuelle Holding nach deutschem Aktienrecht. 2006.

Band 78 Marcel Barth: Schadensberechnung bei fehlerhafter Kapitalmarktinformation. 2006.

Band 79 Dirk Reidenbach: Aktienanalysten und Ratingagenturen – Wer überwacht die Überwacher? 2006.

Band 80 Jochen Herr: Neue EU-Wettbewerbsregeln für Technologietransfer-Vereinbarungen. 2006.

Band 81 Simon Markus Beck: Kritik des Eigenkapitalersatzrechts. Zugleich ein Beitrag zur Stärkung des insolvenzrechtlichen Gläubigerschutzes. 2006.

Band 82 Emrullah Kervankiran: Haftungsbeschränkung im türkischen Gesellschaftsrecht. Ein Rechtsvergleich. 2007.

Band 83 David C. Donald: Der Einfluss der Wertpapierabwicklung auf die Ausübung von Aktionärsrechten. Eine Untersuchung der Entstehungsgeschichte und Auswirkungen des U.S.-amerikanischen „Indirect Holding System". 2008.

Band 84 Mathias Eisen: Haftung und Regulierung internationaler Rating-Agenturen. 2007.

Band 85 Nina Bogenschütz: Neuausrichtung des Eigenkapitalbegriffs. Dogmatische Überlegungen im Lichte hybrider Finanzierungen. 2008.

Band 86 Hans-Jürgen Schmitt: Das Geldwäsche-Risikomanagement der Kreditinstitute. 2008.

Band 87 Daniel Komo: Grenzüberschreitende Zusammenschlüsse britischer und deutscher Unternehmen. 2008.

Band 88 Stefan Rothweiler: Der Informationsfluss vom beherrschten zum herrschenden Unternehmen im Gesellschafts- und Kapitalmarktrecht. 2008.

Band 89 Stefan Berg: Kreditderivate im deutschen Privatrecht. 2008.

Band 90 Christian Fischer: Rechtsfragen grenzüberschreitender Übernahmeangebote. 2008.

Band 91 Volker Konopatzki: Funktionsauslagerung bei Kreditinstituten. Gesellschaftsrechtlicher und bankenaufsichtsrechtlicher Rahmen. 2008.

Band 92 Nicolas A. Ostler: Stimmrecht ohne Beteiligungsinteresse. Erwerb und Ausübung des Aktienstimmrechts ohne das Vermögensinteresse an der Beteiligung. 2010.

Band 93 Stefan Brass: Hedgefonds als aktive Investoren. Rechtliche Schranken und rechtspolitische Vorschläge. 2010.

Band 94 Ulrike Blömer: Grenzüberschreitende Sachverhalte im Bankenaufsichtsrecht. 2010.

Band 95 Emanuel H. F. Ballo: Die AGB-Kontrolle von Kreditverträgen in der Akquisitionsfinanzierung. Eine Untersuchung am Beispiel des *Senior Multicurrency Term and Revolving Facilities Agreement*. 2010.

Band 96 Mathias Neumann: Gerüchte als Kapitalmarktinformationen. Die kapitalmarktrechtliche Behandlung von Informationen mit unsicherem Wahrheitsgehalt. 2011.

Band 97 Maren Gräfe: Squeeze-outs nach deutschem, französischem und spanischem Gesellschaftsrecht. Eine ökonomische und rechtsvergleichende Analyse unter Berücksichtigung der europäischen Rechtsentwicklung. 2011.

Band 98 Carsten Lammers: Der Prüfungsausschuss des Aufsichtsrats nach dem Sarbanes-Oxley Act und dem BilMoG. Zum Spannungsverhältnis zwischen US-amerikanischem Kapitalmarktrecht, europäischen Vorgaben und deutschem Aktienrecht. 2011.

Band 99 Andreas Wieland: Inhaberkontrollverfahren. Die Anteilseignerkontrolle beim Erwerb bedeutender Beteiligungen an Unternehmen des Finanzsektors. 2012.

Band 100 Henny Müchler: Die Investmentaktiengesellschaft mit veränderlichem Kapital. 2014.

www.peterlang.com